2019

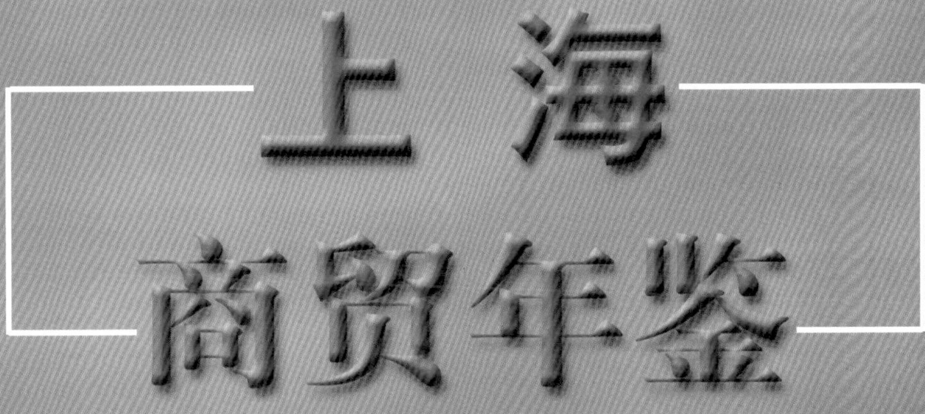

SHANGHAI BUSINESS YEARBOOK

《上海商贸年鉴》编纂委员会 编

上海科学普及出版社

图书在版编目(CIP)数据

2019上海商贸年鉴 /《上海商贸年鉴》编纂委员会编.——上海:上海科学普及出版社,2019.9

ISBN 978-7-5427-7627-3

Ⅰ.①2… Ⅱ.①上… Ⅲ.①地区贸易经济—上海—2019—年鉴 Ⅳ.①F727.51-54

中国版本图书馆CIP数据核字(2019)第180296号

2019上海商贸年鉴

《上海商贸年鉴》编纂委员会

责任编辑 吕 岷 李 明
美术编辑 姚 毅

出 版 上海科学普及出版社
地 址 上海市中山北路832号 (邮编200070)
印 刷 上海展强印刷有限公司
规 格 889×1194 1/16
印 张 19.5
插 页 42
字 数 700千字
版 次 2019年9月第1版
印 次 2019年9月第1次印刷
书 号 ISBN 978-7-5427-7627-3
定 价 350.00元

如有印装质量问题 请与印装单位联系 021-66510725
版权所有 不得翻印

首届中国国际进口博览会国家展·中国馆

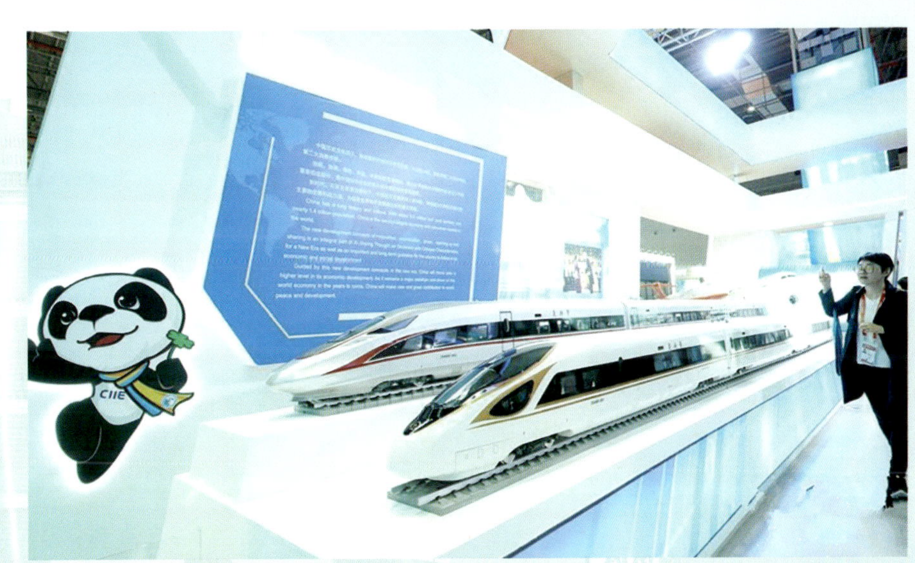

复兴号动车组列车模型在首届中国国际进口博览会中国馆内陈列

11月6日，首届中国国际进口博览会阿根廷展区的产品推介会

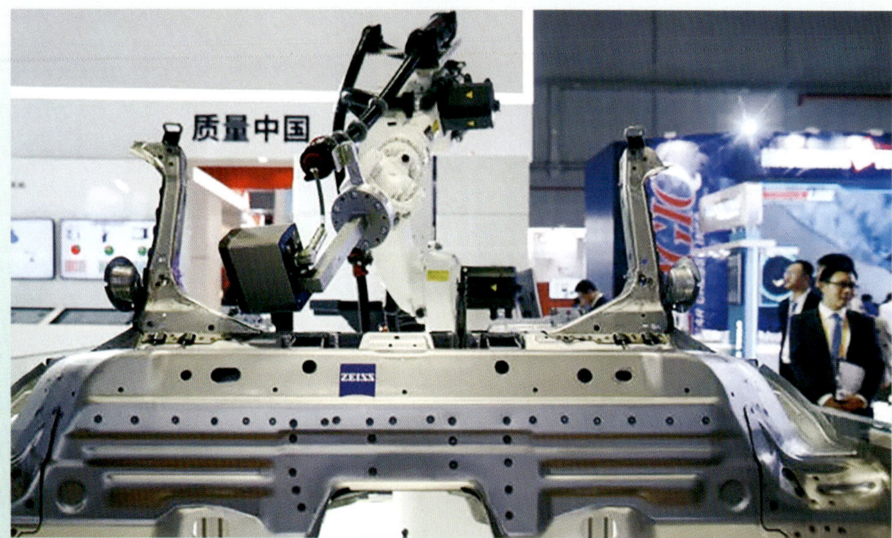

11月6日，德国卡尔蔡司公司的一架精密检测机器人在首届中国国际进口博览会上展出

11月8日，在首届中国国际进口博览会上，海产品吸引参观者驻足观赏

上海市商务委于12月6日召开首届中国国际进口博览会总结大会

8月3日，2018上海首届国际医药供应链高峰论坛召开

9月26日，第十七届中国（上海）国际跨国采购大会拉开帷幕

10月10日，市商务委举办首届进口博览会投资促进对接交流会

10月16日，第十六届上海软件贸易发展论坛成功举办

10月17日，商务部在上海召开全国供应链创新与应用试点工作会议

12月6日，第七届中国（上海）国际技术进出口交易会全国商务系统筹展工作会议在上海召开

10月27日，市政府举行外资大项目签约仪式，12个项目总投资达到234亿元人民币

10月9日，全国首张服务贸易领域“负面清单”在沪发布

12月18日，上海智慧城市应用新范式2018年度颁奖盛典暨2019年评选正式启动

2018年10月17日，东浩兰生集团进口商品展销中心开业试运营暨上海交易团常年展示交易中心揭幕仪式隆重举行

2018年12月6日，第二十九批跨国公司地区总部和研发中心颁证仪式顺利举行

2018年10月19日，西门子医疗上海实验室诊断新工厂奠基

中国（上海）自由贸易试验区

上海化学工业经济技术开发区

2018年1月16日，漕河泾开发区获评国家生态工业示范园区

上海丝绸集团股份有限公司的商务女装在第125届广交会上参展

在2018年进博会上利泰公司领导在澳大利亚驻上海领事见证下，与澳大利亚企业签约

东方集团上海市纺织品进出口有限公司在中国出口商品交易会上的展位

4月25日，上海外贸品牌推介会落幕

6月15日，上海全球新品首发地启动仪式举行

柯赛德（中国）有限公司的润滑油产品

顾客在大润发超市购物

上海紫尊农业科技股份有限公司生产的有机食品

上海大博文鞋业有限公司的产品之一

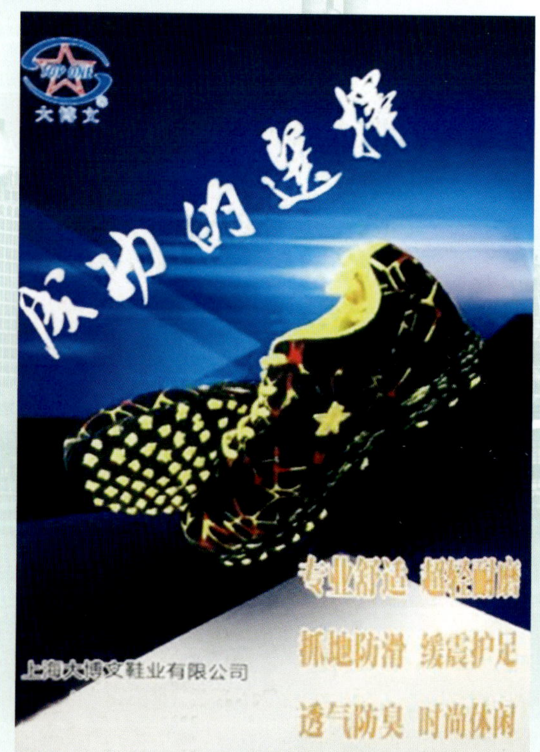

9月15日，2018年上海旅游节开幕大巡游活动在淮海路上精彩呈现

9月21—23日，2018第十四届上海酒节在北外滩音乐之门盛大启幕

9月23日，2018上海邮轮旅游节在宝山开幕

9月28日，2018上海旗袍文化艺术节在上海影视乐园开幕

《上海商贸年鉴》理事会

会长单位

中国（上海）自由贸易试验区管理委员会保税区管理局

副会长单位

上海化学工业区管理委员会

上海漕河泾新兴技术开发区发展总公司

东方国际集团上海纺织品进出口公司

上海丝绸集团股份有限公司

东方国际集团上海市利泰进出口有限公司

上海建工集团股份有限公司

◆◆◆《上海商贸年鉴》理事会◆◆◆

理事单位

（排名不分先后）

上海外经贸商务展览有限公司

上海现代国际展览有限公司

上海市国际展览有限公司

上海新国际博览中心有限公司

恩智浦（中国）管理有限公司

历峰商业有限公司

上海紫尊农业科技股份有限公司

捷普科技（上海）有限公司

安莉芳（上海）有限公司

金佰利（中国）有限公司

上海豫园集团有限公司

上海大博文鞋业有限公司

上海漕河泾开发区赵巷新兴产业经济发展有限公司

上海浦东发展银行股份有限公司上海分行

康成投资（中国）有限公司

保乐力加（中国）贸易有限公司

松下家电（中国）有限公司

亚玛芬体育用品贸易（上海）有限公司

《上海商贸年鉴》编辑部

主　　任 王垂芳（兼主编）
副主任 陈家祥　董明勇
编　　辑 俞　瑾　夏来清　王茂景

《上海商贸年鉴》特约撰稿人

（按姓氏笔画排序）

王　永　王　静　任　朕　李　琳　张玉肖　禹　忠
赵路易　查昱华　郭奇警　高　莹　缪　栋　戴　霞

编辑说明

一、《上海商贸年鉴》(简称年鉴)是一部大型的上海商贸行业工具书,由上海商贸年鉴编纂委员会负责组织编纂。其主要任务是全面收集上海每一年的商贸发展情况及资料信息,并编辑整理,汇集成册。

二、《年鉴》的前身为《上海对外经济贸易年鉴》,创刊于1995年,每年编纂出版1卷,已出版24卷,其中包含《上海商务年鉴》7卷。2016年起更名为《上海商贸年鉴》。2019版《年鉴》是其第二十五卷,主要记载2018年上海内贸,外贸,利用外资,对外经济合作,服务贸易,技术贸易,商贸体制改革等方面的发展情况,重点反映上海商贸企业改革及经营情况。

三、《年鉴》主要采用记叙及图表形式,全面记述和真实反映上海商贸情况。其编纂体例在突出上海商贸地方特色的前提下,力求同国家行政部门主办的商贸类年鉴相衔接,与海内外编辑的经济类年鉴接轨。

四、《年鉴》设置的编目,随着上海每一年商贸的发展,有增有减。本卷年鉴设总述,特载,互联网+商贸,企业和自贸试验区、开发区,企业与企业家,专集,专记,商贸统计和商贸便览十大编。

五、《年鉴》特载编介绍首届中国国际进口博览会情况。互联网+商贸编,着重反映传统商贸企业结合互联网技术,整合电子支付手段,建立线上线下联动,实现商贸企业战略转型新的业态。企业编,着重反映企业在扩大改革开放和转型升级做出的新成就,适当增加部分中小企业发展情况和上海老字号企业的介绍。中国(上海)自由贸易试验区与开发区编,重点介绍中国(上海)自由贸易试验区和外高桥保税区、洋山保税港区、浦东机场综合保税区的运转情况。专集编,继续保留国内外有影响的展览会和现代服务业集聚区。专记编,介绍部分上海名店、上海名镇、上海名景及最新商贸法律法规。商贸统计、商贸便览编,主要收录上海内、外贸经济数据及上海与"一带一路"沿线国家的进出口贸易情况和上海参与共建"一带一路"的资料,供读者需要时阅览。本卷年鉴充分反映上海商贸新的特色以及商贸系统在"创新驱动、转型发展"中出现的新成果和新经验。全书约70万字,收集图照150余幅。

(一)总述。总体介绍2018年上海商贸发展情况。

(二)特载。反映首届中国国际进口博览会情况。

(三)互联网+商贸。介绍传统商贸企业利用互联网技术,促转型求发展的新业态情况,共4篇。

(四)企业。收录上海内外贸集团、公司发展情况,共65篇。

1.内贸企业:介绍上海一些代表性的内贸企业和机制转换及贸易发展情况,共9篇。

2.外贸企业:介绍上海市对外贸易有影响的外贸企业,共6篇。

3.外资、外经企业:介绍上海市知名的外资、外经企业,共11篇。

4.展览企业:介绍对上海展览行业有贡献的企业,共4篇。

5.民营企业:介绍上海民营企业排行榜名列前茅的企业1篇。

6.上海老字号企业:介绍上海著名老字号企业,共8篇。

7.知名企业:刊登长期对年鉴大力支持的知名企业简介,共26家。

(五)自贸试验区与开发区。其中介绍自贸试验区、上海地区的国家级和市级开发区经营发展情况,共6篇。

(六)企业与企业家。介绍为上海经济发展做出贡献的知名企业和自强创新的优秀企业家,共3篇。

(七)专集。国内外有影响的展览会,上海创意产业园,共2个栏目,16篇。

1.国内外有影响的展览会:介绍内外贸最具规模,且有较大影响的展览会和交易会,共10篇。

2.上海创意产业园:介绍上海部分有代表性的创意产业园,共6篇。

(八)专记。选登上海名店、上海名镇和上海名景各6篇。商贸法律法规,收录国家及上海市最新商贸法律和法规文件名录。

(九)商贸统计。

1.对外贸易往来国家(地区)贸易情况分析。共16类。

2.收录上海与65个"一带一路"沿线国家(地区)进出口贸易统计资料。

3商业、服务业。收录上海市2018年国内贸易、对外贸易、利用外资和主要经济指标等统计资料,共17类。

(十)商贸便览。收录上海与全国有关商贸及主要经济数据对比资料,共27类。

六、本卷年鉴有关编目中的数据,由于统计口径不同、方法不一,如有差异,均以统计编中的数据为准。另外,有些资料及数据来自网上及相关报纸和杂志,仅供读者参考。

七、本卷年鉴在编纂过程中,得到各撰稿单位及有关人员的大力支持,在此谨表谢意,并请海内外读者对不足之处提出批评。联系地址:上海市四川中路49号101室,邮政编码:200002,电话(021)63218539,传真(021)63218539。

《上海商贸年鉴》编辑部

2019年5月

上海商贸年鉴(2019)
总　目　录

分 编 目 录

第一编　总　述

第二编　特　载

第三编　互联网+商贸

第四编　企　业

第六编 企业与企业家

第七编 专 集

第八编 专记

第九编　商贸统计

第十编　商贸便览

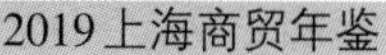

第一编　总　述

总　述

2018年，面对错综复杂的外部环境，全市商贸部门在市委、市政府的领导下，坚持稳中求进，全面贯彻新发展理念，按照高质量发展的要求，团结一心、迎难而上，商贸运行总体平稳、稳中有进，圆满完成各项目标任务，为全市经济社会发展做出了新的贡献。

一、发展规模实现新突破，迈上新台阶

本市对外贸易创历史新高，口岸贸易突破1.2万亿美元，货物进出口突破5000亿美元，服务进出口突破2000亿美元。新兴消费快速增长，网络购物交易额超过1万亿元，社会消费品零售总额超过1.2万亿元，电子商务交易额接近3万亿元，商贸业对全市税收增长的贡献率超过30%。双向投资更加均衡，实到外资173亿美元，同比增长1.7%(按商务部计算，上海同比增长5.3%，比全国快2.3个百分点)，对外直接投资170亿美元左右，新签承包工程合同额继续保持100亿美元以上。

二、动力转换涌现新亮点，形成新态势；首店经济持续飘红，引领消费新潮流

新品首发、新进首店大幅增加，全年超过3000个国际国内品牌在沪首发，新进首店835家，其中中国首店超过300家，是上年2倍以上，国际品牌首店约占全国半壁江山。品牌经济表现强劲，成为新增长点。光明、蜂花等200多家老家号发布2000余款新品，推出15款“上海优选伴手礼”，成为“双十一”热销国货品牌；外贸自主品牌出口增速明显快于全市平均水平，在一般贸易出口中的占比突破40%。总部经济加快发展，助力外资提质升级。新增跨国公司地区总部45家、外资研发中心15家，累计分别达670家和441家。新认定贸易型总部15家，累计137家，初步形成市区两级贸易型总部服务体系。民营企业活力增强，作用日益突出。进出口增长14.3%，分别快于国有和外资企业7.7个和10.4个百分点，占比提升至20%左右；对外直接投资增长69.9%，占比突破60%。政策支撑体系和企业服务体系不断完善。

一年来，全市商贸以推进供给侧结构性改革为主线，以举办首届中国国际进口博览会为契机，以深化自贸试验区改革创新为引领，以服务“一带一路”建设为依托，市区联动、部门联手、狠抓落实，做了“六件大事”。

1.聚焦服务国家战略，圆满完成首届中国国际进口博览会筹备保障任务

全市各区、各部门齐心协力，创新实践，提供了一流的城市服务保障。坚持党建引领，成立“进博一线党建联盟”，开展“进博先锋行动”“立功竞赛”等活动，全市筹备保障一盘棋、一条心。坚持挂图作战，制定城市保障总体方案和专项方案，实施倒计时200天、100天、60天、30天等重要节点行动计划，组织开展3场综合演练和240多场专项演练，协调解决了数百项问题，确保工作有序推进。坚持对标一流，圆满完成124个团组、316位副部级以上外国政

要、26位论坛重要嘉宾以及1051人次内宾接待任务，餐饮、公众组织等保障工作体现高水准。坚持精准有效，上海交易团首创“2+4+18”交易组织体系，累计成交突破60亿美元，占比达10.5%，居全国首位。

2.聚焦打响“上海购物”品牌，“要购物，到上海”进一步深入人心

市政府有关部门制订三年行动计划，提出“1+3+5+8”的总体思路，推动落实349项工作任务。全力打造全球新品首发地。推出9方面支持政策，新品首发“全城动员、全媒宣传”，上海国际零售商集聚度跃居全球第二。加快打造高品质商业载体。制定2条世界级商街、10个国内一流商圈、20个特色商业街区规划，南京路入选全国首批高品位步行街建设试点，陕西北路老字号专业街全新亮相。精心打造城市消费名片。上海购物节成为全城联动、全民参与、史上最长的购物嘉年华，上海时装周“亚洲最大订货季”角色日益凸显。持续打造最优最好购物环境。推动出台全国首部单用途预付消费卡管理地方性法规，发布国内首张城市新零售地图，全市智慧门店超过5000家，离境退税销售额占全国60%以上。

3.聚焦内贸流通创新发展，现代市场体系建设进一步完善

供应链创新与应用试点全面启动。快消品领域供应链效率提升35%，农产品领域降低蔬菜损耗率超过30%，汽车、钢铁、医药等重点行业供应链达到国际先进水平。大市场、大平台建设持续深化。全市商品销售总额突破12万亿元，平台经济交易额突破2万亿元，上海期货交易所标准仓单交易平台上线仅7个月交易额突破800亿元，上海宝玉石交易中心正式升级国家级交易平台。城市配送物流服务体系不断完善。出台快递末端综合服务站通用规范，全市布局超过2.5万组智能快递柜。区域市场一体化走深走实。成立长三角电商发展、时尚产业、重要产品追溯联盟，推广“带托(筐)运输”等物流标准化模式，举办长三角名品展、老字号长三角行、长三角“2018物流日”活动。

4.聚焦稳规模提质量优结构，外贸竞争新优势进一步增强

积极妥善应对中美经贸摩擦。全覆盖调研受影响企业，构建全方位监测、精准研判、政策协同和企业服务等“四位一体”的长效应对机制和重大事件报告制度，出台稳外贸20条措施。持续巩固外贸回稳向好势头。深入实施“四个100”专项行动，全市机电自动进口许可证签发时限压缩到8小时以内，重点企业10个工作日内予以出口退税、承保费率下降10%。跨境电商出口功能、进口再制造业务实现突破，外贸综合服务、汽车平行进口等放量增长。加快推进服务贸易创新发展。实施服务贸易主体培育计划，推动国家服务贸易创新发展引导基金在沪项目落地。发布全国首份数字贸易发展报告，上海与伦敦服务贸易合作纳入中英服务贸易工作组谅解备忘录。制定实施国际会展之都建设三年行动计划，全年展览面积突破1800万平方米。全力优化公平竞争的跨境贸易环境。货物整体通关时间压缩1/3以上，进口、出口边境合规成本分别下降58%和43%，世界银行跨境贸易排名由97位大幅提升到65位。发起设立产业国际竞争力合作联盟，提升本市企业应对境外不公平竞争做法的能力和水平，各类贸易摩擦应诉率达到100%，以低税率、无损害等结案比重超过75%。

5.聚焦打造对外开放新高地，全面开放新格局进一步形成

深化自贸试验区重大制度创新。率先发布全国首份跨境服务贸易负面清单，推动全国版负面清单缩减至48条，自贸区负面清单缩减至45条，54项开放措施落地项目超过2700个。着力营造亲商安商富商的投资环境。坚持营商环境提升与重大项目对接双轮驱动，成功推动一批标志性项目落地，特斯拉成为上海有史以来最大外资制造业项目。实施外资企业设立商务备案与工商登记“一口办理”改革，减少企业重复填报事项45%。加快推进“一带一路”桥头堡建设。夯实八大功能性平台，合作伙伴覆盖沿线主要国家和重要节点城市，亚

太示范电子口岸网络成员拓展至11个经济体19个口岸，对沿线直接投资、承包工程、货物进出口增速明显高于全市平均水平。

6.聚焦创造高品质生活，商贸服务保障民生能力进一步提高

生活服务重点行业提质发展。出台家政服务系列地方标准，培训家政持证上门服务人员8.5万名。新建早餐示范门店41家，2400家早餐门店开展跨企业跨品种“共享早餐”服务。家电维修持证上门服务覆盖率超过85%。主副食品流通体系加快健全。新建改建标准化菜市场62家，新增社区智慧微菜场575家，超额完成市政府实事项目。外延蔬菜生产基地增加到38个，总面积达13万亩(约0.87万公顷)。商贸扶贫稳步推进。开设标准化菜场“精准扶贫平价菜专柜”、设立批发市场扶贫产品专销渠道、开展特色农产品对口扶贫对接合作、建立“云嫂”“黔女”家政就业基地，全力助推打赢精准脱贫攻坚战。

三、2019年商贸工作打算

2019年，外部环境更趋复杂严峻，中美经贸摩擦仍是首要外部风险和最大不确定因素，商贸工作机遇和挑战并存，有望继续保持稳中有进的发展态势。消费受房市股市车市低迷、消费信心下滑影响，下行压力较大，但首店经济、中高端消费品等将成为新的增长点，预计2019年消费平稳增长，商品销售总额增速与经济增长保持同步，社会消费品零售总额增长8%左右，电子商务交易额增长18%左右。外贸受中美经贸摩擦冲击影响将逐步显现，企业反映经营成本压力依然较大，但上海近几年大力培育的自主品牌产品增势良好，有望成为稳增长的重要支撑，2019年口岸和本市货物进出口规模稳定、结构优化，服务进出口增长5%左右，新兴服务出口实现两位数增长，展览面积超过1900万平方米。外资受全球经贸格局变化、要素成本上升等影响，一般制造业、加工制造业存量外资转移调整(制造业占历年累计实到外资的26%)，但在一批总部经济、战略性新兴产业储备项目的推动下，实到外资有望保持170亿美元规模，新增跨国公司地区总部40家，对外投资健康有序发展。

为此，全市商贸部门重点要做好7方面工作。

1.抓机遇，着力发挥进博会对城市发展的战略支撑作用

围绕“越办越好”总要求和主场外交定位，提炼固化首届进博会成功举办的经验做法，在组委会统一指挥下，高规格做好城市服务，高质量提供智力支持，精心筹办好第二届进博会。

2.强消费，着力发挥消费对稳增长的“压舱石”作用

围绕“促进形成强大国内市场”，出台有力措施，做大做强“首店经济”，做实做好“商圈商街”，做精做深“品质消费”，做细做优购物环境，建设具有全球影响力的国际消费城市。2018年计划推动500个品牌首店落户上海，举办500场新品首发活动，同时加快推进南京路等高品位步行街建设，新建一个市内免税店，全力打造面向国际的消费市场。

3.畅流通，着力发挥流通对经济发展的促进作用

以强化供应链创新与应用为核心，培育一批示范企业，建设一批百千亿元级交易平台，形成一批新技术、新业态、新模式，打造供应链发展升级的生态体系，推进智慧供应链示范城市建设，推动现代市场体系建设再完善。全市将重点推动开展三单交易规则创新，深入推进期现联动试点，加快建设服务全国、面向国际、内外连接、期现联动的大市场。同时，用好长三角区域一体化上升为国家战略机遇，聚焦进口博览会服务保障、开放合作平台建设、供应链创新与应用、商贸业创新发展、农产品市场一体化建设、区域物流标准化建设、长三角单一窗口互联互通、市场环境优化八个方面，加快推进更高质量的长三角区域市场一体化。

4.稳外贸，着力发挥上海在全球贸易投资网络的枢纽作用

围绕服务经贸强国建设，积极稳妥应对中

美经贸摩擦，大力发展外贸新业态、新模式，加快培育外贸综合竞争新优势。要打好货物贸易“三个组合拳”：精准施策，打好稳企业、稳市场、稳就业等政策组合拳，再梳理出台一批企业关心的政策措施，切实帮助受影响企业减小压力、渡过难关；多方联手，打好关检、财税、银保联动等服务组合拳，深化“四个一百”企业服务，降低诚信度较高的企业查验率，当好服务企业的“店小二”；多管齐下，打好稳增长、调结构、促转型等动力转换组合拳，充分发挥进口博览会溢出效应，高标准规划建设“进口博览会常年保税展示交易场所”，培育壮大一批自主出口品牌和本土跨国企业，大力发展跨境电商、全球维修、离岸转手买卖等外贸新业态，做大做强贸易新增长点。建设服务贸易“一轴三区”。以实施跨境服务贸易负面清单管理模式为横向开放主轴，探索建设数字贸易跨境服务功能区、跨境生物医药保税研发区、文化旅游资源集聚区。

5.促投资，着力发挥投资对经济增长的带动作用

围绕“推动形成全面开放新格局”，坚持扩大开放不动摇、紧抓招商引资不放松、营造良好环境不减弱，推动双向投资提质增效，率先打造制度型开放新高地。主要是狠抓“三个一批”。扩围一批，抓住上海自贸试验区新增片区契机，进一步扩大外资开放领域，借鉴特斯拉项目落地经验，倒逼电信、教育、文化、医疗卫生等领域扩大开放，推动一批标志性项目落地。增资一批，做好存量外资增资扩股，加大土地、人才等方面的支持力度，全力安商留商富商，推动更多企业增资扩股，开展新项目投资。升级一批，加大高能级主体、高新技术企业和高端品牌等“三高”引资力度，积极构建面向全球的双向投资促进工作网络，鼓励在沪跨国公司地区总部向多功能总部升级，支持外资研发中心向全球研发中心升级，推进一般制造业向先进制造业和战略性新兴产业升级。同时，围绕促进“一带一路”贸易畅通，做实做强八大功能性平台，积极引导企业配置境外创新和优势资源，推进全球价值链高端资源整合。

6.优环境，着力发挥国际一流营商环境的吸引力

坚持对标国际最高标准、最好水平，以更大力度，在更宽范围，以市场主体的实际感受度、获得感为衡量标准，构建以信用为核心的现代化流通治理新秩序，着力降低企业制度交易成本，推动投资经营更便利、推动跨境贸易更便捷、推动规则体系更完善，推动国际贸易单一窗口区域化、国际化，加快打造一流营商环境。

7.惠民生，着力提升商贸惠民的能力和水平

持续推进生活性服务业质量提升三年行动计划，全面提升生活性服务业标准化、规范化、专业化、便利化、精细化、诚信化和品牌化水平，让生活服务更有温度。打造家政服务品牌，推动家政从业人员职业化、家政机构规范化、市场运营信息化、行业发展产业化，再培训4万名家政服务持证人员，开展“上海阿姨”星级评定。全市实施“早餐示范工程”。新建30家早餐示范门店，试点全市早餐工程和老字号餐饮企业组团式发展，拓展“便利店+早餐”服务功能新模式，大力发展“共享早餐”。在全市范围创建1000家“绿色餐厅”。为了建设社区便民服务中心，推动建成一批集养老、家政、餐饮、维修、快递、再生资源回收等为一体，线上线下相融合的社区便民服务中心示范项目。着力提升“菜篮子”保障水平，新建改建50家菜市场、新建500家社区智慧微菜场，持续推进重要产品追溯体系建设，确保主副食品市场充足供应、价格基本稳定、安全更有保障。

第二编　特　载

特　　载

首届中国国际进口博览会

中国国际进口博览会(简称进博会,China International Import Expo,CIIE),由商务部、上海市政府主办,旨在坚定支持贸易自由化和经济全球化、主动向世界开放市场。举办中国国际进口博览会是中国坚定支持贸易自由化和经济全球化、主动向世界开放市场的重大举措,有利于促进世界各国加强经贸交流合作,促进全球贸易和世界经济增长,推动开放型世界经济发展。中国愿与各国一道,将中国国际进口博览会打造成为世界一流的博览会,为各国开展贸易、加强合作开辟新渠道,促进世界经济和贸易共同繁荣。

2018年11月5—10日,首届中国国际进口博览会在国家会展中心(上海)举行,中国国家主席习近平出席首届中国国际进口博览会开幕式并发表主旨演讲,强调共建创新包容的开放型世界经济,宣布中国扩大开放新举措:(1)激发进口潜力。(2)持续放宽市场准入。(3)营

2018年11月5日,首届中国国际进口博览会在国家会展中心(上海)举行

造国际一流营商环境。(4)打造对外开放新高地。(5)推动多边和双边合作深入发展。宣布增设中国上海自由贸易试验区新片区,在上海证券交易所设立科创板并试点注册制,支持长江三角洲区域一体化发展并上升为国家战略。

进博会作为世界上第一个以进口为主题的大型国家级展会,包括展会和论坛两个部分。展会即国家贸易投资综合展(简称国家展)和企业商业展(简称企业展),论坛即虹桥国际经贸论坛。国家展是本届中国国际进口博览会的重要内容,共有82个国家、3个国际组织,设立71个展台,展览面积约3万平方米,各参展国均展示本国形象、经贸发展成就和特色优势产品。国家展中,印度尼西亚、越南、巴基斯坦、南非、埃及、俄罗斯、英国、匈牙利、德国、加拿大、巴西、墨西哥12个主宾国均设立了独具特色的展馆。作为东道主,中国设立中国馆,包括港澳台展区。

中国馆以“创新、协调、绿色、开放、共享”的新发展理念为主线,展示中国改革开放的巨大成就,以及中国发展、共建“一带一路”给世界带来的新机遇。

企业展分7个展区,展览面积27万平方米,有来自130多个国家的3000多家企业签约参展。

(一)展馆展区

1.国家贸易投资综合展区

展示贸易投资领域有关情况,包括货物贸易、服务贸易、产业状况、投资旅游,以及各国有特色的产品。只展示不成交。

2.消费电子及家电展区

展示移动设备,智能家居,智能家电,虚拟现实与增强现实,电子游戏,健康运动产品,音频产品,视频与高清设备,生活科技,显示技术,在线与家庭娱乐,产品与系统解决方案等。

3.服装服饰及日用消费品展区

展示服装、纺织品、丝绸产品、餐厨用品、家居用品、礼品、家居装饰品、节日用品、珠宝首饰、家具、婴童用品、玩具、文化用品、美容美发护理产品、运动及休闲产品、箱包、鞋、钟表、陶瓷和玻璃制品等。

4.汽车展区

展示智能驾驶汽车与技术,互联网汽车与技术,新能源汽车与技术,品牌汽车等。

5.智能及高端装备展区

展示人工智能,工业自动化与机器人,数字化工厂及物联网,材料加工及成型装备,工业零部件,信息通信技术装备,节能环保装备,新能源电力电工装备,航空航天技术装备,动力传动与控制技术装备,3D打印等。

6.食品及农产品展区

展示乳制品、肉制品、水产品、蔬果、茶和咖啡、饮料及酒类、甜食及休闲食品、调味品、罐头及方便食品等。

7.医疗器械及医药保健展区

展示医疗器械,药品,健康及保健品,传统医学产品,医美产品,养老与康复,制药机械与设备等。

8.服务贸易展区

展示新兴技术,服务外包,创意设计,文化教育,旅游服务,物流服务,综合服务等。

(二)贸易论坛

虹桥国际贸易论坛于2018年11月5日在国家会展中心(上海)举行,直接服务于进口博览会的总体目标,紧扣当前国际国内经贸发展的新趋势和新变化,体现开放发展新理念,着眼于推进开放、包容、普惠、平衡、共赢的经济全球化和构建开放型世界经济,促进全球贸易增长。有关国家政要以及全球商界和学界领军人物纵论世界经济大势,直击国际贸易发展关键问题,以及新经济新业态等展开精彩纷呈的思维交锋,为新时期国际贸易发展建言献策。

论坛包括开幕式和三场平行论坛,聚焦“贸易与开放”“贸易与创新”“贸易与投资”等议题,并重点就推进贸易投资自由化便利化、构建开放型世界经济、推动贸易创新增长,以及促进贸易投资可持续发展等内容进行讨论。此外,邀请世界贸易组织、联合国工发组织等相关国际机构作为合作单位,为论坛提供

智力和技术支持。

（三）展会特点

1.出席嘉宾多、规格高，国内外影响广泛

11月5日上午，习近平主席出席开幕式并发表题为“共建创新包容的开放型世界经济”的主旨演讲。15名外国国家元首、政府首脑和王室代表出席开幕式，多米尼加总统梅迪纳、肯尼亚总统肯雅塔、埃及总理马德布利、匈牙利总理欧尔班、巴基斯坦总理伊姆兰·汗、俄罗斯总理梅德韦杰夫、越南总理阮春福，以及国际货币基金组织总裁拉加德、世界银行行长金墉、世界贸易组织总干事阿泽维多在开幕式上致辞。1500余名国内外各界嘉宾出席开幕式。参加首届进博会境外嘉宾（副部级以上）390位，充分体现了进博会的吸引力和影响力。

2.展览规模大，展示水平高，经贸成果丰硕

国家贸易投资综合展共有82个国家（含中国）和世贸组织、联合国工发组织、国际贸易中心等国际组织参展，设立展台71个。12个主宾国和其他参展国展馆风格各异，突出本国特色，充分利用高科技手段和多样化的展现形式展示本国独特地域文化和特色优势产业，涵盖货物贸易、服务贸易、产业状况、投资旅游及特色优势产品等。中国馆展馆面积约1500平方米，以“创新、协调、绿色、开放、共享”的新发展理念为主线，展示中国改革开放的巨大成就和给世界带来的新机遇，成为国家展的一张靓丽名片。

企业商业展共有来自全球151个国家和地区的3617家企业参展，展览面积27万平方米。据初步统计，全球或中国大陆首发新产品、新技术或服务570余件。首届进博会还吸引来自72个国家和地区的3600多位境外采购商。首届进博会交易采购成果丰硕，按一年计，累计意向成交578.3亿美元。其中，智能及高端装备展区成交164.6亿美元，消费电子及家电展区成交43.3亿美元，汽车展区成交119.9亿美元，服装服饰及日用消费品展区成交33.7亿美元，食品及农产品展区成交126.8亿美元，医疗器械及医药保健展区成交57.6亿美元，服务贸易展区成交32.4亿美元。此外，与“一带一路”沿线国家累计意向成交47.2亿美元。

其中，加拿大成功参与了此次进博会，并获得数量骄人的加中合作订单，商业合作关系网得以不断扩展。借助进博会的号召力，加拿大与中国企业之间新签署48项商业合同和协议，涵盖生命科学、农产品及航空等多个行业。展览期间所达成的协议展现了加拿大在满足中国中产家庭消费市场快速增长的需求方面的优势。这些新签署的协议将进一步加强加拿大和中国已有的繁荣商业关系。加拿大是中国第四大农产品和海产品供应国。加拿大企业也与中国企业在清洁技术、绿色建筑和航空领域开展密切合作。

英国罗尔斯罗伊斯国际有限公司与东航集团成功签署Trent XWB发动机采购及长期维护协议。罗尔斯罗伊斯民航客户高级副总裁保罗·弗里斯通难掩兴奋地说:“我们很高兴能与东航在这样重要的场合签署协议。”另一家英国企业英国航空公司大中华及菲律宾地区执行总裁范蔚蓝说，英航作为本届进博会主宾国英国的代表企业之一亮相，打造了新颖别致的展台，让观众有了更多互动体验的机会，也更深入地了解了中国市场需求。

德国著名汽车零部件生产商采埃孚公司在进博会期间与中国企业客户进行广泛交流并签署相关协议，加强智能驾驶及电驱动等方面的合作。

新加坡参展商也对进博会的收获感到满意。进博会新加坡唯一指定组展机构——新加坡工商联合总会主席张松声说，至少有10家新加坡参展商与中国企业签署了合作协议。

塞浦路斯农业部长科斯塔斯·卡迪斯很早就与中方签订了出口乳制品协议。展会期间，他还与中方接洽，计划将塞浦路斯的土豆、水产品和葡萄酒出口到中国。“对塞浦路斯来说，中国是一个非常有潜力的市场，我们肯定会参加2019年进博会。”

南非多家企业每天展会结束时，都是开心

地捧着刚签署的合同离场。鞋履制造商首席执行官凯特·赫恩说，参展期间，公司同电子商务网站、贸易公司和政府官员等均有接洽。

进博会期间，还举办370多场配套活动。在11月6—8日为期3天的供需对接会上，来自82个国家和地区的1178家参展商、2462家采购商进行了多轮现场“一对一”洽谈，达成进一步实地考察意向601项、意向成交657项。

3.虹桥国际经贸论坛有力发出“虹桥声音”

首届虹桥国际经贸论坛上，40多位有关国家和地区领导人、重量级产学界嘉宾和国际组织负责人围绕“激发全球贸易新活力，共创开放共赢新格局”这一主题展开热烈讨论、对话交流，2400多名来自有关国家和地区的政府代表、参展商、采购商及企业代表参会。

在“贸易与开放”平行论坛上，与会嘉宾围绕推进经济全球化进程，以开放驱动新一轮贸易发展进行了互动讨论。嘉宾们高度评价中国通过改革开放所取得的伟大成就，赞扬中国在首届进博会上宣布的一系列扩大开放举措，表示各国应共同抵制保护主义、单边主义，只有开放才能使不同国家相互受益、共同繁荣、持久发展。

在“贸易与创新”平行论坛上，与会嘉宾聚焦各种新经济、新业态带来的机遇与挑战，呼吁各国应紧抓第四次工业革命带来的新机遇，创新经济模式，拓展贸易方式、激发贸易活力，打造更安全、更公平、更繁荣的世界，推动全球经济向更加健康、高质量、可持续方向迈进。

在“贸易与投资”平行论坛上，与会嘉宾就如何重振国际贸易与投资，为全球经济增长注入持久动能议题展开深入讨论。与会嘉宾认为，全球经贸摩擦和保护主义正在给国际投资前景蒙上阴影，应积极探求创造性解决方案，为推动世界经济可持续发展建言献策。

虹桥国际经贸论坛已成为共商国际经贸问题的高层次交流对话平台，为新时期国际经贸发展贡献了“虹桥智慧”和“虹桥方案”。

4.打造一流现场服务，场馆保障优质高效

进博会秉持“以人为本，以客为尊”的服务理念，主动对标国际一流展会，以展客商需求为导向，着力打造专业、便利、高效、绿色的一流服务，得到展客商的好评。

在展商服务方面，馆内设立4个大型综合服务区，近百处服务点、咨询点，提供展务、金融、政策等各类专业服务。知识产权保护和商事纠纷处理服务中心运行顺畅，共接到20多个国家和地区的咨询80余件，涉及在中国申请知识产权、商标和专利保护等，均得到妥善处理。

在观展导览方面，官方APP下载量达20余万次，实现手机在手，观展无忧。发放采购商手册、参观指南等材料累计超过100万份，极大地便利人员参展参会。

在综合保障方面，餐饮供应充足，进博会期间累计提供餐食近67万份。数千名志愿者在展馆内提供现场服务。在展馆内设立5个医疗站，为参会人员提供便捷的医疗和急救服务。

（四）展会亮点

1.中国市场巨大，消费和进口快速增长

中国拥有全球最多的人口，是全球第二大经济体、第二大进口国和消费国。中国已经进入消费规模持续扩大的新发展阶段，消费和进口具有巨大增长空间。未来五年，中国将进口超过10万亿美元的商品和服务，为世界各国企业进入中国大市场提供历史性机遇。

2.上海优势突出，辐射全国效果明显

上海地处长江三角洲经济区，区位优势突出，经济实力雄厚，服务行业发达，具有全球资源配置能力。上海港集装箱吞吐量连续七年位居世界第一，空港旅客吞吐量超过1亿人次，航班网络遍布全球282个城市。

3.展会规模盛大，配套活动丰富精准

首届中国国际进口博览会有约100多个国家和地区的企业参展。进博会将举行供需对接会、行业研讨会、产品发布会等配套活动。

4.多种措施并举，保障服务全面高效

进博会主办方提供通关、检验检疫等方面的便利措施，长期提供线上线下一站式交易服务，加大知识产权保护力度，保障客商权益。

5.采购需求强劲,专业采购商数量众多

进博会主办方以中国各省、自治区、直辖市为单位,组织各地企业到会采购,同时邀请第三国客商到会采购。预计国内外专业采购商达到15万家。

(五)进博会之"最"

首届中国国际进口博览会展馆内,来自全球各地展品让参观者大饱眼福。参观者们纷纷合影进博会之"最"的"网红"展品。

1.大块头也有小"心机"

首届进博会的最大展品,是由德国瓦德里希科堡公司研发的"金牛座"龙门铣床。这个"巨无霸"展品能加工各种复杂零件,可适用于汽车及航空航天领域。这个"大块头"高约8米,占地面积约200平方米。由于体积过大,由海路从德国汉堡运往上海洋山港时,被拆分成26个部分,装进12个集装箱,总重达156吨。"金牛座"龙门铣床的魁梧的体型下,有颗细腻的心,其精度可以控制在4微米,也就是一根头发丝的1/20,达到传统机床的3倍。

德国瓦德里希科堡公司研发的"金牛座"龙门铣床

2.小器材带来大福音

进博会医疗器械及医药保健展区吸引了一批世界500强和行业龙头企业,许多企业借此机会推出各式各样的"世界之最"产品。美国美敦力公司展出了全球最小的心脏起搏器,直径只有硬币大小,重量仅2克,相比传统起搏器缩减了90%。美敦力公司人员介绍,这款设备也是全球首款无导线心脏起搏器,更小的体积,意味着手术中对患者造成的创伤也越小。

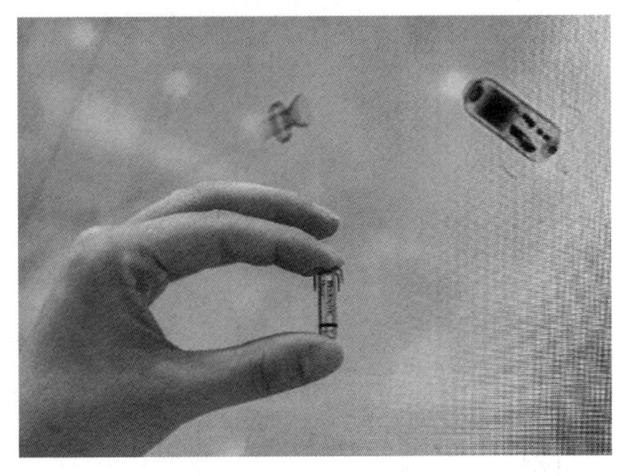

美国美敦力公司展出全球最小的心脏起搏器

意大利莱奥纳多直升机公司生产的AW189型直升机

3.最贵展品

意大利莱奥纳多直升机公司生产的AW189型直升机，从布展时就成了展会的"网红"。其价格更是高达2亿元，被一些媒体称为展会上最贵的单体展品。该公司工作人员介绍，这是目前最新型的高性能超中型双发直升机，重约8.6吨，主要贵在3个卖点：搭载着通用电气公司的大功率涡轮发动机；全程数控技术，避免了机械化带来的不安全和不稳定；泛用性强，可灵活应用于海上通勤、搜救、执法等各种复杂环境下的作业类型。

4.钻石鞋等待"灰姑娘"

浑身镶嵌了粉红色钻石的高跟鞋，在粉红色的花墙中成为众人目光的焦点，来自英国的奢侈品品牌纪娜梵的展台堪称极致梦幻。纪娜梵带来的这款钻石高跟鞋，鞋体有4颗1克拉主石，超一万颗共300克拉的粉红钻石雕琢，鞋子的设计和制作过程历时2年，光钻石的手工镶嵌就花费360小时，可谓最奢华展品。这款高跟鞋由知名华裔设计师周仰杰和其义子洪大钧设计。周仰杰在接受记者采访时说："我们期待进口博览会能让全世界看到我们的优良设计以及我们的工匠精神。"这款高跟鞋价值3000万元。

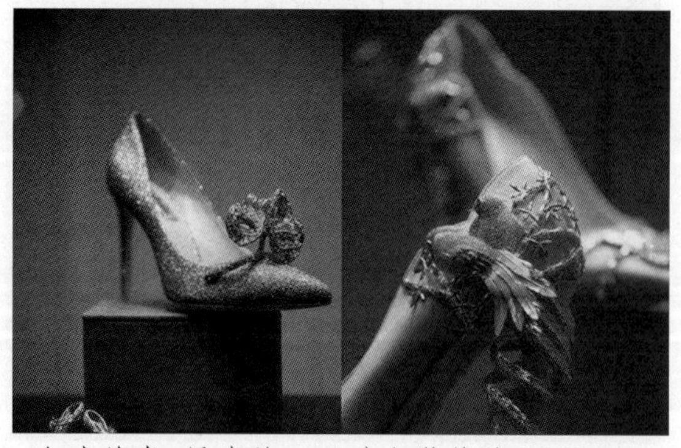

全球首发，最贵的一双珠宝鞋价值3000万元

5.未来已来，会飞汽车or会跑飞机

斯洛伐克科技公司Aeromobil研发的"飞天"汽车这几天吸足了眼球，堪称最科幻的展品之一。这款飞行汽车集合了汽车和航空领域的最新技术，不由让人感叹科技发展已经越来越接近科幻水平。这辆汽车由驾驶模式转换至飞行模式用时不超3分钟，起飞滑跑仅需595米。驾驶模式时，最大速度每小时160千米，飞行模式时，最大速度可达每小时360千米。

Aeromobil工作人员在现场介绍，这件展品究竟该被称为会飞的汽车还是会跑的飞机，答案在参观者心中。Aeromobil发言人斯蒂芬·瓦多次表示，新的交通方式在中国不断涌现，新的交通工具市场正在中国形成，我们愿参与其中。

（六）点赞中国

1.国际展商对取得的成果感到欣喜，为中国宣示开放、分享机遇和助力合作的创举点赞

斯洛伐克科技公司Aeromobil研发的“飞天”汽车

以色列：以色列经贸界对此次进口博览会表现了高度的热情。以色列共有包括钻石珠宝公司、金属切削刀具公司、乳制品企业、移动医疗健康企业等10家企业参展，为进博会带来了领先世界的钻石切割工艺、医疗、食品等领域的许多高端产品和概念。以色列负责推动中以经贸合作的非政府组织“丝绸之路”创始人兼首席执行官利奥·瓦罗纳在接受记者采访时表示，非常高兴有10家以色列企业参加了在上海举办的首届中国国际进口博览会，这为中以企业间的交流合作提供了非常广阔的新平台。近年来，随着中以两国政府官员、企业家和科技专家频繁互访，中以科技创新伙伴关系不断提升，中以两国在科技和创新等领域的合作必将不断迈上新的台阶。

土耳其：土耳其安卡拉政策研究中心专家于米特对记者表示，进博会是世界上第一个国家级的进口博览会，对全球贸易具有开创性意义。对中国国内而言，进博会是中国继续扩大对外开放的重要标志。1978年改革开放以来，中国已经成长为世界第二大经济体。对外，进博会则加深了中国与世界各国的贸易合作，并将中国取得的经济成就分享给全世界。来自172个国家、地区和国际组织，超过3600家企业参加了进博会，远超预期，显示了世界对于进博会的重视程度。中国作为世界工厂的同时，还拥有庞大的人口和巨大经济体量。通过这次进博会，中国展示了其不仅要对外出口，还要更多地进口商品的意愿和决心。他说：“通过这次进博会，中国发出明确信号——中国将坚定推进全球化和多边主义贸易政策。中国一直在向全世界表明，中国现在是、将来也是经济全球化的一部分。这次进博会的举办，表明中国反对贸易保护政策是真正的付诸行动。中国开放的大门不会关闭，只会越开越大，这对全球贸易和发展中国家而言是强有力

的信号。中国在言论和行动上对经济全球化的支持,给予了全球经济的未来和稳定以希望。”

土耳其共有38家企业参加了进博会,这些企业得以直接了解中国消费者的需求,这对两国发展贸易关系具有重要意义。土耳其在此次进博会中拥有本国的展台,这是两国关系良好的体现。相信中国国际进口博览会将成为两国贸易关系向更高水准迈进的开端。

捷克:捷克总统顾问、布拉格“新丝绸之路研究会”主席科胡特表示:进博会肯定会越办越好。针对“中国将进一步降低关税,提升通关便利化水平”等措施,这一举措推动世界上更多优质商品进入中国,对中外双方都是利好消息。减税有助于促进贸易平衡,市场改良,这一政策还会使中国与世界各国更加相互理解和尊重。针对“中国将保护外资企业合法权益,加快出台外商投资法规”的措施。

捷克著名经济学家施维赫利科娃表示,这证实了中国长期以来支持自由贸易的决心。中国正处于进一步改革开放的紧要关头,采取更加开放的姿态,会给中国带来更大的发展。捷克著名政论家克莱伊齐认为,进博会再次证明中国是负责任的大国,他对习近平主席在开幕式上提到的关于中国经济是大海而不是小池塘的比喻表示深深认同。

捷克工贸部前部长、捷应用经济研究所所长姆拉代克表示,减税及去除贸易壁垒是现代国际贸易的发展趋势,中国的关于进一步降低关税的主张将有效促进中捷双边关系。姆拉代克称,进博会是好的开始,肯定会越办越好。捷克企业都对增加对华出口感兴趣,未来的参加热情会更高,中捷两国应继续给予大力支持。

德国:德国黑森州欧洲及国际事务司前司长、中国商务部荣誉顾问、法兰克福德中经济文化交流协会副主席博喜文表示,进博会给他留下了深刻的印象:博览会展览的范围非常广泛,几乎涵盖了商品和服务市场中所有部门。商品贸易包括智能制造、汽车、电子设备、服装、食品及医疗产品。在服务业领域,包括新兴技术、服务外包、创新设计、文化、教育甚至旅游业。

博喜文表示,除了这些令人印象深刻的特点,本届博览会还有更广泛的政策含义,即中国向世界释放强烈信号,进一步开放市场。进口博览会的主题是“新时代,共享未来”,强调了中国在国际贸易中关注的是“团结”,而不是“冲突”。中国正在坚定不移地履行坚持“全球化”和“自由开放的全球贸易”的承诺。博喜文特别强调,进博会召开恰逢中国改革开放40周年。他认为,首届中国国际进口博览会是中国庆祝这一周年的纪念礼物。

美国:美国马拉松国际参业有限公司创始人姜铭涛对进博会组织的专业性印象深刻。他在会上结识了许多新商家与客户。中国是美国花旗参农的大市场。通过这次参展,他对中国市场需求有了进一步了解。

奥地利:奥中商业协会主席章格说,举办进博会彰显了中国开放市场的决心,并为中国与其他国家合作开辟了更广阔的空间。

日本:松下中国首席品牌官、官方发言人张婷说,进博会不仅是中国深化改革开放的重要一步,也引领全球交流与合作进入新时代。作为世界上第一个以进口为主题的国家级展会,进博会能够成功举办,中国的得力组织功不可没,这也让各国展商感触颇深。

新加坡:新加坡企业参加进博会的过程很顺利,这应当归功于中方所做的大量准备工作。进博会规模巨大,组织严谨,非常成功。

巴西:巴西DOT数码集团创始人兼首席执行官路易斯·阿尔贝托·费拉认为“这是一场盛会”,产品丰富,观者云集,他对展会的组织和呈现十分满意。

韩国:韩国现代汽车相关负责人表示,进博会将促进韩中汽车领域的交流,并将成为引领汽车行业发展趋势的新平台。

2.国际媒体广泛关注首届中国国际进口博览会

法国《欧洲时报》发表评论说,中国的开放

脚步不会停歇。各国的新产品、新技术得以在进博会上展示,有助于各国经济的融合、联动、共享,进而释放发展潜力。

意大利安莎社报道说,中国强调世界各国都应该坚持开放的政策取向,旗帜鲜明反对保护主义、单边主义,"重申了对推动全球自由贸易和经济全球化的承诺"。

巴基斯坦《每日时报》刊登巴学者伊贾兹·侯赛因的专栏文章说,一方面,进博会为世界各国领导人提供讨论共同关心的国际问题的机会;另一方面,在全球经济贸易体制遭遇保护主义挑战的背景下,进博会为各国各地区和全球企业提供了加强互动、交流思想、探索如何实现共赢的机会。它还有助于增进不同参展国之间的文化交流和相互理解。

拉美社报道说,首届进博会在全球具有特殊意义,是促进企业商谈、开展国际贸易、推动国际一体化的良机。

埃及《金字塔报》报道说,埃及很荣幸作为主宾国参与如此重要的展览会,进博会为埃中双方在经贸和投资领域提供了合作机会。《埃及公报》报道说,进博会期间,埃及代表团官员邀请中国相关官员、企业到埃及考察,希望能够建立联合交流机制促进双方合作,达到互利共赢的目的。

英国政府网站称,进博会为中英两国的企业、投资者和消费者提供了一个独特的平台,有助于在两国关系"黄金时代"继续加强长期合作。

匈牙利主流媒体《匈牙利时报》发表社论说,匈牙利为能以主宾国身份亮相首届中国进博会感到自豪,这也凸显匈牙利政府推行的"向东开放"政策取得实效。

墨西哥《经济学家报》发表文章说,墨西哥将借展会契机宣传本国文化,加深中国民众对墨西哥历史、传统与文化的认识。

俄罗斯《生意人报》在头版文章中指出,俄罗斯打算在本届进博会上与中国的合作伙伴落实"全新、更深入"的商业合作。本届进博会为改变当前两国贸易结构带来了机会。在未来,如果进博会能够定期举行,俄罗斯将成为每届会展的参与者。

俄罗斯《消息报》也刊文表示,进博会不是单纯的商业行为,而是向全世界展示了中国对外开放、继续推动全球化、反对贸易保护主义的决心。

《巴基斯坦观察家报》报道说,巴基斯坦在进博会上设立了自己的展台,展示了各种产品。当前巴国内经济发展形势严峻,如果巴基斯坦商品在中国市场取得更大份额,有助于给国家创造更多税收和就业。

巴西班德电视台在报道进博会时说,巴西一共有87家企业参加了本次展会,期望进入中国市场。该电视台节目援引巴西出口投资促进局主席罗伯托·雅瓜里贝的话说,我们希望把高附加值的巴西产品带到中国,不仅是在食品领域,在游戏、软件、服务、医疗设备、航空等领域也一样。

德国媒体报道说,有约160家德国企业参加了进博会,希望借助进博会的舞台展示德国产品形象,深化两国经贸合作。

海外媒体还将进博会看作中国为世界经济提供的公共产品、为全球各经济体搭建的优势互补平台。丰硕成果的背后,是参展企业拓展中国市场的强烈意愿,是对中国以实际行动进一步扩大开放、支持自由贸易和多边主义的赞许。国际展商对取得的丰硕成果感到欣喜,为中国宣示开放、分享机遇和助力合作的创举点赞,并对下一届展会充满期待。

首届进博会取得圆满成功,离不开世界各国、社会各界、与会嘉宾的大力支持,离不开各部门、各地方所做的大量精心细致的筹办工作。特别是广大新闻媒体和记者的积极参与、热情投入、深度报道,使大会成果更突出、亮点更多样、影响更深远。

习近平主席在开幕式主旨演讲中对进一步办好进口博览会提出了更高标准和要求,强调"中国国际进口博览会不仅要年年办下去,而且要办出水平、办出成效、越办越好",为今后进一步办好进博会指明了方向。进博会将以习近平新时代中国特色社会主义思想为引领,认真贯彻落实习近平主席重要指示精神,按照党中央和国务院的决策部署,在筹委会的统一领导下,全面总结经验,对标国际一流博览会,不断提升进博会的国际化、专业化、市场化、品牌化水平,把进博会办得一届比一届更精彩!

第三编　互联网+商贸

互联网+商贸

无人酒店·无人餐厅应运而生

阿里巴巴集团建设、运营的未来酒店(无人酒店)在杭州开始试运营。它将基于阿里经济体的一系列技术创新,全力打造智能化的酒店服务体验。

阿里未来酒店外景

客人进入无人酒店大堂后,互动景观大屏将映入眼帘,没有前台,而替代以机器人"天猫精灵福袋"迎宾,指引客人在大堂自助机刷脸办理入住或在手机上凭电子身份证完成check in。基于覆盖酒店内全场景的客人身份识别,无感梯控、无触门控将自动进行人脸识别,智能点亮客人入住楼层,自动开启房间门。借助无感体控定位系统,客人离开房间的瞬间,电梯也将自动响应等候。一旦进入房间,客人专属的客房管家天猫精灵智能音箱已

经被唤醒，可直接对室内温度、灯光、窗帘、电视等进行语音控制。客人还可以通过客房管家发出送餐、送水等客房服务指令，随即会有机器人“天猫精灵太空蛋”和“天猫精灵福袋”将服务送到客房。

(一)无人酒店体验过程

1.入住

客人到达酒店后，一个1米高的机器人取代了传统的人工接待。它通过人脸识别技术，首先记住了客人的样子。登记入住时，客人只需在大堂自助机刷一次脸，后台就会对接公安系统确定客人身份信息。随后，客人的个人信息能覆盖酒店内全场景。这意味着客人的脸从此成了一张通行证，无需任何服务员引导，只需刷脸就能享受酒店所有服务。

登记完毕后，电梯会启动等候系统，这时机器人带客人去房间就不必再费时间等电梯了。电梯通过无感体控系统，识别客人身份，判断乘坐电梯的意图后，最后直接在入住的楼层停下来。到达房间门口后，摄像头识别出身份，房门自动开启，客人就能进房休息了。

2.吃喝玩乐

传统酒店进门必须插卡才能取电，但在阿里未来酒店，这类东西统统消失了。进门无需插卡，灯光会自动进入欢迎模式，电视机自动开启，房间内的空调、灯光、窗帘等设备全部不用手工操作，客人只要对着天猫精灵下达指令，一切躺着进行都可以。

刷脸登记入住

无人酒店登记时酒店系统会记住客人身份，也就是说去餐厅、健身房、游泳池只需带着一张脸就行了。比如，客人走进餐厅，人脸识别系统就会识别出他的身份和房间号，所点的餐品将自动被记录到消费清单。客人不需要再结账或签单，用完餐或者健身后拍拍屁股就能走。如果你不想出房间，只需在手机上点单，机器人就能把食物和水送到你手上。

3.退房

我们在传统酒店退房时，前台会派卫生阿姨前去查房，但在未来酒店，客人只需在手机上退房，系统就会弹出客人的所有消费金额，

点击确认，随时可以离店。在离开房间的一瞬间，电梯也已经启动程序等候客人了。此时，房间会自动生成一张打扫订单，就像“滴滴”一样，附近的卫生阿姨接到订单就会前来打扫房间，酒店无需专门请清洁工。

未来酒店凝聚了阿里豪华的阵容:达摩院负责架构，阿里云提供大数据，人工智能实验室设计机器人，智能场景事业部完成酒店数字化运营和智能服务中枢，天猫则为酒店床品提供供应链。我们从眼前看，服务员在未来酒店失去用武之地，但长远看来，是不是可以理解为阿里给解放服务员提供了宝贵经验呢?

在杭州的街头，马云的第一家无人餐厅开业了。无人餐厅使用手机淘宝或者支付宝扫码直接进店点餐，没有一个点菜员、没有收银员、没有钱包和手机，全程智能点餐，刷脸支付，吃完就走。

(二)无人餐厅体验过程

1.进店

顾客第一次来到餐厅后需要先用支付宝扫码授权，刷脸确认身份，此时，系统会永远记住顾客的身份，以后就可以永远撇开手机了。

2.落座

未来智能餐厅的桌面实际上就是一张大尺寸的触控显示屏，顾客入座后，系统自动识别身份，然后通过轻触桌面或手势动作，即可打开智能点餐界面进行点餐。

3.点餐

桌面显示屏上，菜品的单价和详细信息，如式样、主料、辅料、口味等都一览无遗。点餐界面还支持多人同时操作，小伙伴们再也不用抢菜单了。值得注意的是，这个智能屏幕还能记住你的过去点餐记录，根据你的喜好进行个性化推荐，这对一时选择困难的人来说绝对是一个福音。而且，如果嫌等菜太无聊，还可以在桌面打打游戏上上网。

4.结账

吃完饭，直接走人。走出去的同时，支付宝会自动为你买单，全程可以不用服务员和收银员。当然，如果需要人工服务，服务员还是随时待命的。

无人餐厅不依赖服务员，不用手机，没有

客人正在点餐

纸质菜单，吃完就走，可见无人餐厅其实已经不是未来。它不仅给消费者带来巨大的方便，也可借此掌握大量用户口味、喜好等大数据，日后通过数据分析，制定和调整餐厅经营战略。

海底捞斥资1.5亿元打造的“无人餐厅”在北京正式营业。昔日穿梭不息的服务员，瞬间被机器臂和机器人取代，一切来得太突然。店里没有洗菜工、没有配菜员、没有传菜员，就连表演拉面的小哥和美甲擦鞋的服务员都不见了。没有服务员的日子，这家海底捞的成本降了四成。同时机器人全年无休、不要加班费、不会发脾气、出错率又低，轻而易举就替代了人工服务员。

另一个互联网巨头京东也奋起直追，推出“JOY’S智慧餐厅”，点菜、做菜、传菜全程无人化，预计在2020年，将运营1000家无人餐厅。24小时无人餐厅的普及已经不可阻挡。未来3~5年，餐饮业将面临着一场前所未有的大冲击，也将是一场波及全中国餐饮行业的大风暴。

（三）再见，朝九晚六的生活

在世界物联网博览会上，马云认为人类即将迎来一场解放。在可预见的20年内，人类每天只需工作4小时，每周只上3天班。未来世界程序化的工作都会被机器所取代，那些流水线、收银员、餐饮人，甚至编辑、文案、程序员等职位都会被颠覆。职业被颠覆的那部分人去哪里？并不是无工可打，而是去瓜分机器无法取代的那些行业里的工作，缩减他们的工作时间。

人工智能将取代人类的工作，人类无需太过担心，未来人类每天只需工作4小时，每周工作3天。我们将有更多时间陪家人、去旅游、去吃喝玩乐，把精力花费在美好事物上面，而不是现在的朝九晚六。

人工智能将彻底改变人类工作模式，第一幕PC互联网和第二幕移动互联网即将成为过去式，第三幕人工智能已经来临。技术革命，不论你喜欢不喜欢，都会发生。比如蒸汽机和电力的发明，都会因解放劳动力造成大量的失业，难道我们现在不是生活得更好吗？

随着自动化在未来成为常态，可供人类选择的工作岗位可能会越来越少，人们也将获得更多的闲暇时光、更好地享受生活。我们可以对未来怀疑，但我们必须看到事实:蒸汽机取代人力后，工人每天工作12小时；电力取代蒸汽机后，工人每天工作8小时，每周休2天；人工智能到来后，毫无疑问，人类的时间将得到更大解放。

智慧商圈建设，用大数据为实体商业重聚人气

上海第一个智慧商圈——南京西路智慧商圈正式投入运用。南京西路商圈是被称为“中华商业第一街”的南京路的西半部，跨黄浦、静安两区。其精华段都集中于静安区，东起西藏中路，西迄延安西路，全长3833米，穿越静安寺闹市地区，横贯静安全境。拥有恒隆广场、中信泰富、梅龙镇所形成的“金三角”与会德丰广场、越洋广场、嘉里二期等组成的“金五星”交相辉映；同时还坐落着众多名特商店，汇全区商业之精华。南京西路商圈所聚集的知名品牌多达1200多个，国际品牌就有750多个，而且国际上八成的顶级品牌都在这里开有旗舰店或专卖店，因而南京西路商圈是当今沪上最高档的购物场所之一。

南京西路商圈通过上海数据交易中心一块大屏幕，上面实时显示全天24小时商圈的人流热力图。每时每刻，商圈中有多少顾客，他们是男是女，从哪里来，年龄几何，消费能力，都一目了然。大屏幕以“热力地图”这种直观的方式，展示南京西路商圈的实时人流。大数据主要通过手机信号的路径来跟踪进入南京西路的人群，而这些人群的消费数据则是通过

南京西路商圈街景

与银联以及第三方支付企业获取。商圈可以通过数据来推算购买者消费是在万一级还是在千一级，来判断购买者的消费能力。到底是买高档的奢侈品有可能，还是买中档的商品有可能。消费者打开这个APP，很快就会收到与购买者消费层次和习惯相匹配的推送信息。购买者买了这个包以后，APP会告诉你，可能还需要一套服装跟你相配，那么这个服装在什么位置，APP还可以推送给购买者。购买者买了服装以后，APP又可以告诉购买者，吃饭时间到了，旁边有一家川菜馆你是不是可以试一下。因为通过大数据的运算，已经知道这位消费者平时是喜欢吃川菜还是淮扬菜，或是上海菜。通过这些精准的营销推送，来带动我们整个商圈的销售。

推进智慧商圈建设，不仅能让单一商家有的放矢，还能把南京西路商圈以往各自为战的商家串联起来，形成不同业态的关联性营销。

在南京西路商圈APP系统可以重点帮助同类商家分析，消费者看过了什么品类的商品，线上关注什么品牌，店铺客流的一个来源去向，如果你去了同类店铺，然后还来到你的店铺，就说明消费者在同类店铺里面并没有满足需求，这就是你店铺的机会。消费者购物完了在哪里吃饭？这时候系统就会告诉消费者，关注这个品牌的消费者往往比较喜欢吃西餐，系统向消费者推荐一个西餐店，如果消费者愿意去，甚至可以给消费者一张优惠券。吃完饭后系统可以推荐消费者边上有个电影院，现在在上映什么电影。把整个消费场景都串联起来，这就是智慧商圈要提供的“异业营销”服务。

商圈大数据的现有功能中，在宏观层面展示南京西路的熙来攘往。更有意义的是，它能在中观和微观层面解析，解读商圈的运营肌理，而这是统计、调研、咨询等传统手段很难触

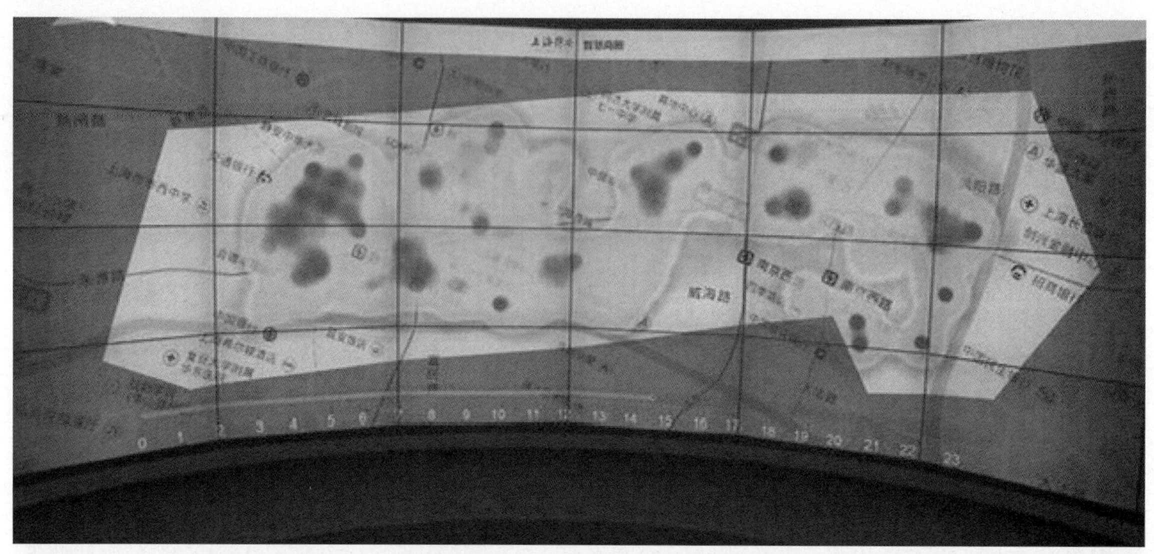

南京西路商圈的人流热力图

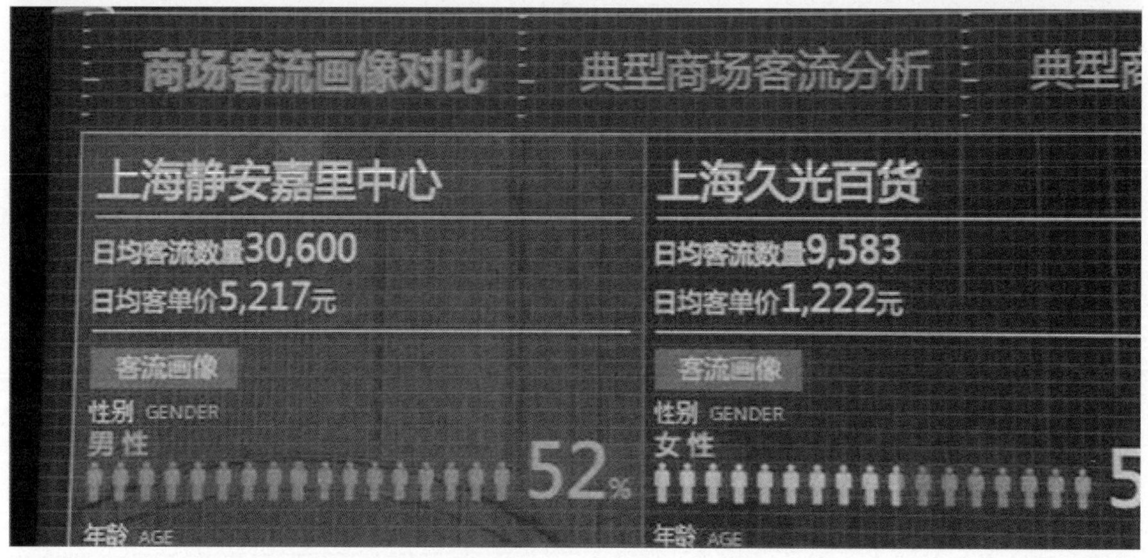

南京西路商圈的顾客客流分析屏

及的。比如，大数据系统运行几个月来，发现南京西路商圈的消费者中，30岁以下群体超过60%，国际客流占比达7%(来自日韩的最多)，外省市和本市顾客比例约为2比1。商圈大数据至少可以根据查询需求，自动给出超过10万种数据，一旦涉及人，数据量将增加成千上万倍。比如，在南京西路逛街的消费者中，有多少在陆家嘴上班，从事金融行业月收入超过1万元的有多少，学历、年龄和是否有房有车等数据。

商圈大数据的核心能力是为消费者画像，对人群进行细分，从而重构商业服务链，是商业创新最方便、最有效、最科学的手段。

在当前消费升级的大趋势下，居民消费结构正从商品型消费向品质型消费转型，实体商业凭借较高的体验度，迎来了新的机遇。本市商业集聚度最高的静安区、黄浦区通过大数据分析、线上线下融合等手段，推进智慧商圈建设，为实体商业重聚人气。

一场快递物流业的颠覆性革命已经来临

快递物流的智能化已经成为电子商务下物流发展的一个方向。智能化是物流自动化、信息化的一种高层次应用，物流作业过程中大量的运筹和决策，如库存水平的确定、运输(搬运)路线的选择，自动导向车的运行轨迹和作业控制，自动分拣机的运行、物流配送中心经营管理的决策支持等问题，都可以借助专家系统、人工智能和机器人等相关技术加以解决。除了智能化交通运输外，无人搬运车、机器人堆码、无人叉车、自动分类分拣系统、无纸化办公系统等现代物流技术，都大大提高了物流的机械化、自动化和智能化水平。

2018年9月28日，京东物流第一台智能配送机器人正式落地运营，并在中山大学新华学院校园里完成首单配送。这对深化物流行业智能化运营和规模化应用具有里程碑式的意义。

无论在封闭园区还是开放道路，京东物流配送机器人均积累了大量运营经验。本次在中山大学新华学院投入使用的配送机器人，是京东X事业部自主研发的第三代配送机器人产品，载重重量100千克，能够根据配送机器人当前位置及周围环境实时动态生成有效可行驶路径。穿梭在校园的道路间，能够自主规避障碍和往来的车辆行人，安安稳稳地将货物送达目的地。配送过程中，配送机器人顶的激光雷达会自动检测前方行人车辆，靠近3米左右会自动停车。遇到障碍物会自动避障，还可以攀登15°的上坡。配送运营人员将货品装入京东物流配送机器人隔口，京东物流配送机器人

京东物流的智能配送机器人正式上路

选择路线后发车前往宿舍区、教学区或图书馆区域进行配送。机器人从京东派出发时，客户会收到一条短信通知收货时间和地点，京东物流配送机器人来到配送点后，客户输入提货码后打开配送机器人的货仓，就可以取走自己的包裹，如果客户当时不方便接收，也可以通过APP约定时间由配送机器人再次配送。

目前，京东物流配送机器人已经在北京、上海、广州等数十个城市布局用机器人配送，正在以科技消除"最后一公里"的配送障碍，让消费者感知机器人配送带来的魅力。京东物流的智能配送机器人正式上路，这是全球首次全场景常态化配送运营。20多台京东配送机器人整装待发。随着调度平台发出命令，首批载有订单的配送机器人自动发出。这些配送机器人可以识别、躲避障碍物，辨别红绿灯，还能自动驾驶、路线规划、主动换道、车位识别、自主泊车。智能配送机器人快到目的地时，后台系统将取货信息发送给用户。"我是京东智能配送机器人，已顺利抵达您的楼下，请凭提货码提取商品。"消费者可自由选择人脸识别、输入取货验证码、点击手机APP链接等三种方式取货，十分方便。

在"6·18"促销创造1600亿元新高之后，京东宣布:正式立项的超重型无人机项目——第一架重型无人机正式下线。这架超重型无人机，有效载重量达到40~60吨，飞行距离超过6000公里。100%自主知识产权。无人机送货是最佳运货工具，它可以飞直线，不受地形的影响，更不用像汽车一样走弯路兜圈子。现在，京东已经拿到了无人机空域批文。也就是说，无人机送货，不是天方夜谭，而是可以实际操作了。

技术发展日新月异，人脸识别等新技术已经在京东物流配送机器人的升级计划之中，作为整个物流系统中末端配送的最后一环，配送机器人所具备的高负荷、全天候工作、智能等优点，将为物流行业带去全新的解决方案。

第一架重型送货无人机正式下线

京东带来的物流创新和颠覆，不仅仅是上述的无人机、配送机器人，还有无人智慧配送站、无人仓。现在，京东的无人"机、车、仓、配送站"已经实现无缝衔接。也就是说，消费者在京东购物，从下单到配送的全流程无人化，已经实现。同时，京东物流已成功搭建全球首个全流程无人仓、无人机运营调度中心、全流程智慧化无人机机场和全球首个无人配送站等一系列智能基础设施。随着无人科技的不断创新及广泛应用，必将大幅降低全社会的供应链成本，提升效率，创造出更大的价值，拓展出更加广阔的服务空间，为用户体验的再一次升级带来质的飞跃。

比如，京东的无人仓库，日处理订单能力

将超过20万单。而传统的仓库一天的订单处理量只有3~4万单,也就是说,无人仓库是人工仓库效率的4~5倍。具体过程是:

1.立库存储

2.分拣机器人自动分拣

3.通过视觉检验智能分拣

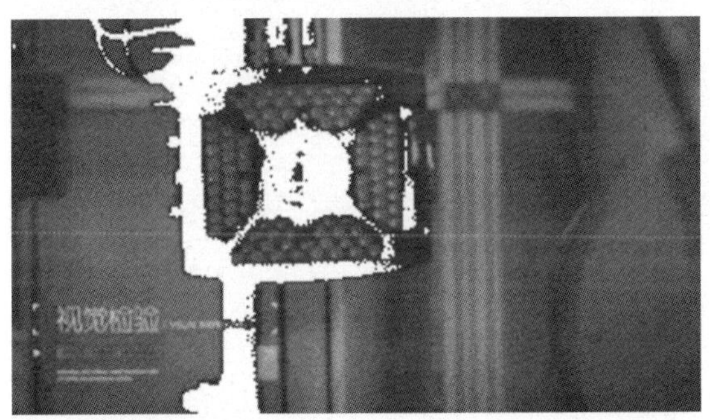

4.运输机器人自动运输货物

5.打包机器人自动打包

6.装车出厂

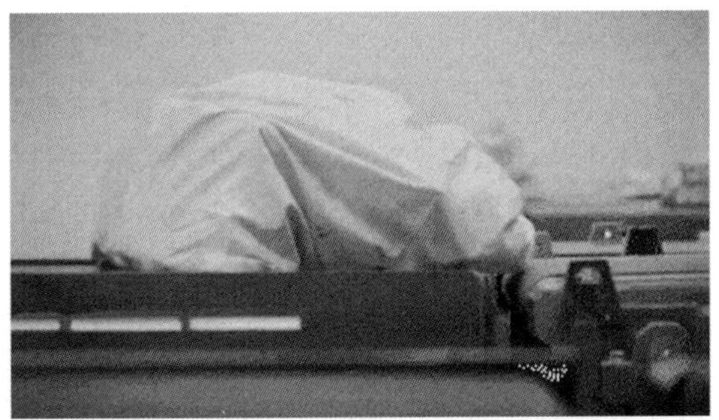

再比如,京东自主研发的全球首个无人智慧配送站,是全球独一无二,真正的全流程、全系统智能化的无人配送站。京东无人智慧配送站面积14.4平方米、高3.6米,可存储至少28个货箱,具有1个发货箱,能存放1辆终端无人车并为其充电。无人机将货物送到无人智慧配送站顶部,并自动卸下货物。从入库、包装,到分拣、装车,全程100%由机器人操作,一个配货员、分拣员、打包员都没有。这样的配送站,适用于城乡山区等多种环境,兼备自提、退换货、收发件等服务,非常便捷。而且其运行成本十分便宜,不需要人工费用,只需要支付租金和机器维护费用。

随社会发展和进步,智能物流(无人配送)的推广应用,在物流业有着广阔的发展前景,近年来更是呈现出前所未有的发展态势。这对深化物流行业智能化运营和规模化应用具有里程碑式的意义,一场快递物流业的颠覆性革命已经来临。

"大健康"服务的新模式

在当今时代，互联网不仅早已融入百姓生活的方方面面，而且也早已深深植入用户的习惯中。用户已习惯了网上购物，唯独医药相关产品无法便捷、快速通过互联网送达。叮当快药毫无疑问填补了市场的这一空白。

叮当快药是一款基于O2O的医药健康类互联网产品，是协助药店提供便民服务的第三方信息展示平台，其APP已在各大应用市场上线。叮当快药旨在为传统药店打造互联网信息服务平台，用户通过该APP下单后，职业药剂师会及时提供安全的用药指导，同时药店专业配送人员实现28分钟免费送药上门。尽管当前涉足互联网医药健康领域的企业众多，但是真正进入核心用药环节并打通上下游产业链的，叮当快药还属全国首家。

叮当快药与200家知名药企共同打造了FSC(Factory Service Customer)，即药企联盟健康服务工程，联合传统医药企业，整合行业资源，通过联盟成员原材料、包装材料、辅料等的集中采购，从产业链上游降低药品成本，从而降低药品价格，真正做到优质产品的工业直达，减轻百姓的用药负担，是连接用户与厂家的纽带。

药企联盟健康服务工程(FSC)启动仪式

(一)主要功能

叮当快药旨在为传统药店打造互联网信息服务平台，用户通过APP下单后，药店专业配送人员会免费送药上门，核心区域24×7服务，服务范围内28分钟免费送到家。用户还可以通过叮当快药得到执业药师的用药指导。

叮当快药发起的药店联盟填补了市场空白，力求以专业服务抢占市场先机。叮当快药

还将通过数据分析对用户的健康进行管理，打造“大健康”的服务模式。

(二)产品优势

叮当快药在新零售理念的打磨下，线上和线下联动作用显著，叮当快药赋能线下，扩大门店服务半径，实现从500米到5千米的跨越。叮当智慧药房整合线上线下资源，重构传统药店价值，持续反哺线上。

叮当快药与其他平台不一样的是，线下店及配送团队均为叮当快药自营。在医药电商原有线上服务的基础上，大力布局线下，重构线上线下资源，以线下店有效承接线上需求，切实打造叮当健康大生态圈，实现健康管理闭环。

2018年1月28日，正值叮当三周年庆，叮当快药宣布获得新一轮融资，投资方为软银中国资本(SBCVC)，这也是软银中国进一步在医药电商行业进行布局。新一轮融资后，叮当快药将持续搭建这种可持续发展的生态体系，持续升级手机购药服务，接入更多医疗服务机构，丰富和完善医护到家、医师问诊等产品矩阵，打造专业的手机购药平台，持续布局药店新零售，夯实叮当智慧药房业务，拓宽智能健康场景服务，引领极致的健康服务。

2018年1月28日，叮当快药和软银中国资本战略合作签约成功

叮当快药不仅加大内外联动优势，而且不断完善FSC联盟。此前，叮当快药联合中美史克、拜耳、广誉远等460余家国内外知名药企，整合上下游资源，丰富药品类型，打造连锁药店O2O新业态，通过构建直营药房体系，整合线上线下资源，切实为消费者带去福利。实际上为传统线下药店提供信息支持和发布、品牌包装、送药培训、店员业务的操作标准等服务，扩大连锁药店发展的想象空间。

叮当快药与200家知名药企共同打造的“药企联盟健康服务工程”压缩了供应链，连接用户与厂家，降低药品成本，真正做到优质产品让用户得到方便、快捷、实惠的体验。

(三)拓展规划

叮当快药利用电子围栏，用户可根据自身的GPS位置得到最近药店的深度服务。叮当快药将进一步开拓上海、广州、深圳等一线城市市场，在打造标准化服务流程的同时，提升

服务质量。

叮当快药不仅仅是一个医疗健康类APP，还是一座搭建在医药行业与用户之间的桥梁。目前叮当快药整合传统药企、服务用户只是第一步，后续这个平台还将带来更大的服务空间。未来，叮当快药还将通过数据分析，对用户的健康进行管理，打造“大健康”的服务模式，提供更个性化的服务内容。

在当前互联网大潮的冲击下，以及新一轮医改深化进程中，无论是医药行业，还是用户，都在呼唤传统医药行业必须与互联网深度融合，以更高效、更便捷的方式，为百姓提供专业、便捷、经济的全面健康服务。线上与线下的结合，不仅为传统药企、药店开辟了新的行销渠道，而且是“大健康”服务的新模式，也是市场的大势所趋。

第四编　企　业

内贸企业

外贸企业

外资、外经企业

展览企业

民营企业

上海老字号企业

知名企业

一、内贸企业

上海豫园(集团)有限公司

上海豫园(集团)有限公司成立于1997年,并于2002年5月与西门集团合并重组,是黄浦区区属国有商业企业集团。集团主要从事投资和国内外贸易,经营项目涉及小额贷款、典当拍卖、餐饮宾馆、黄金珠宝交易、进出口贸易、南北货、服饰、纺织品、紧固件以及真空包

上海豫园(集团)有限公司

装机和灯具制造等行业。经过20多年来持续不断的发展，目前，集团拥有下属企业35家，有大富贵、全泰、老同盛、宝大祥、协大祥、信大祥和五华7个中华老字号品牌与南市螺丝、海鲸、银星3个上海老字号品牌。2018年集团完成营业收入9.43亿元，实现利润1.05亿元，上缴落地税收5205万元。

豫园集团按照竞争类企业的发展要求和产业定位，坚持发展食品餐饮业和金融服务业两大核心主业，稳步推进两个平台建设。积极探索集团新的发展亮点，加快企业调整步伐，优化资源配置，提高运营效率，努力打造为区域内最具活动和影响力的企业。

一是核心主业稳步发展。集团坚持以大富贵连锁经营的向外拓展为抓手，坚持以多区域、多层次、多模式来打造品牌发展战略，大力推进大众化餐饮的经营发展。充分利用上海市早餐联盟盟主单位的优势，结合城区商务商业发展和居民生活服务的需求，优化布点，拓展规模。不断加强传统业态发展新模式的探索，强化新零售业态合作，尝试大型综合商城经营模式，探索“丹凤楼·雅宴”中高档餐饮精品模式，入驻进博会“上海特色小吃馆”，丰富品牌时代内涵，目前拥有门店34家。新金融服务业发展稳定，上海黄浦豫园小额贷款股份有限公司和天成典当行严控业务风险，强化管理和服务，加强专业技术人才引进，对接各类社会平台，积极拓展新业务。国泰拍卖行强化司法拍卖辅助功能建设，争取各类社会标的，努力拓展股权债权拍卖、破产清算拍卖、金融不良资产等拍卖新领域。新金融服务业的平稳发展，缓解了区域内中小企业融资难等问题，为促进区域经济发展提供重要的金融服务。

二是平台建设有序推进。南市螺丝紧固件平台紧紧围绕品牌专业特色，依托全国紧固件行业协会会长单位的优势，坚持以非标产品作为核心竞争力，稳步推进紧固件商务信息平台建设。维护好紧固件自营平台销售，强化与各大搜索引擎合作，完成与京东工业品第三方平台的合作签约，目前整体网络交易平台框架基本成型。黄金珠宝藏品交易平台发展规模不断壮大，以打造贵金属产融结合的现代经济体系发展理念，努力发展贵金属代理交易业务、黄金租赁业务和银行授信业务，服务实体经济。继续探索豫园银楼专柜模式可持续发展道路。

三是老字号品牌创新转型发展。集团7家中华老字号和3家上海老字号品牌，坚持深挖掘品牌价值，改革传统技术，创新商业模式，应用互联网和现代信息技术发展电子商务，支持老字号企业在保持传统特色的基础上挖掘新产品，开拓新市场，取得新发展。集团所属其他传统企业十六铺、综贸、外贸、包机、苏州商厦、豫新、永联等在坚持创新转型中稳步向前发展。

豫园集团将在深入学习贯彻十九大会议精神的基础上，不忘初心，牢记使命，牢牢把握习近平新时代中国特色社会主义思想主线，在十九大治国理政的新理念、新思想、新战略的科学指引下，牢牢把握聚重点、提能级、补短板、促改革的工作主基调，紧扣集团年度目标任务，抢抓机遇力争先手，攻坚突破奋力而为，保持战略定力，增强信心决心，攻坚克难，奋发进取，以优异成绩庆祝中华人民共和国成立70周年！

百联奥特莱斯广场(上海·青浦)

百联奥特莱斯广场(上海·青浦)于2006年4月28日正式开张营业,是以销售国际、国内著名品牌折扣商品为主,集购物、休闲和旅游为一体,是国际化、现代化、时尚化的大型购物广场。

百联奥特莱斯广场(上海·青浦)坐落于沪青平公路2888号,南靠佘山国家旅游度假区,西临淀山湖、朱家角、周庄等著名江南水乡风景区,距市中心人民广场26千米,车程仅30~40分钟。广场地处沪渝高速、沈海高速、京沪高速和沪昆高速路网中央,优越的交通位置极大地方便本市及江浙两省的消费者前来休闲购物。

百联奥特莱斯广场(上海·青浦)占地面积16万平方米,总建筑面积约11万平方米。广场拥有能停放2000余辆机动车的大型停车场。广场内按经营功能分为三大板块:A区主要经营国际一线服饰品牌的折扣商品,包括ARMANI、BURBERRY、ZEGNA等;B区主要经营国际知名运动休闲品牌、国际二线品牌以及国内著名品牌,进驻的有COACH、POLO、NIKE等品牌商铺;C区大部分为男女休闲品牌,另设有餐饮休闲区,有避风塘、星巴克、麦当劳等20余家餐饮企业。目前广场拥有400余家商铺,国际品牌汇聚度之高已跻身同行前列,多年蝉联全国奥特莱斯销售业绩排行榜榜首。

百联奥特莱斯广场(上海·青浦)提供给顾客的是货真价实的国际名品、令人惊喜的折扣

百联奥特莱斯广场庆祝店庆

低价和轻松舒适的消费环境。经过10余年来的经营和实践，逐步形成了“真品、真价、真情”的经营理念，树立了共同的价值观念和发展目标。

在营销方式上，百联奥特莱斯广场(上海·青浦)一直坚持“两节一单”的营销策略。“两节”即店庆、圣诞，“一单”即单品促销。本着“活动不求多，但求精”的经营宗旨，在打折浪潮中，以口碑吸引广大顾客前来购物，从而树立良好稳定的企业形象。

除传统营销外，广场推出了微信营销。前期推出的订阅号在内容编辑、营销策略上都已引起市场的广泛关注。并且也以微信为接口，打开并架构了微博、BBS、视频网站、社交媒体等电子化的营销闭环。随着“即市”APP的上线，百联奥特莱斯广场(上海·青浦)将更致力于在商品信息电子化、营销电子化、服务电子化的展开。

百联奥特莱斯广场(上海·青浦)精心打造了轻松愉悦的购物环境，营造清新典雅的休闲氛围。广场内韵味十足的水景，优雅动听的音乐，温暖明亮的灯光，舒适悠闲的长椅等，使消费者在购物的同时身心也得到极大的放松。

为了更好地服务消费者，近年来百联奥特莱斯广场(上海·青浦)还在建筑、环境等方面进行大范围的升级改造，一个全新的奥特莱斯呈现在大众面前。通过原有的1层变2层，增加约15000平方米的经营面积。此外，在广场B单、B双二层之间增设了天桥连廊，使消费者在二层区域购物时不走回头路，尽情选购品牌。

10年多时间，百联奥特莱斯广场(上海·青浦)已经成为广大消费者喜爱和认可的一个著名品牌，先后获得了“全国五一劳动奖状”　“上海市文明单位”“上海市模范集体”“上海市工人先锋号”“上海商业创新奖”“上海商业优质服务先进集体”“中国长三角最具影响力购物中心”等多项荣誉证书。

带着合作伙伴的期望，承载着广大消费者的厚爱，百联奥特莱斯广场(上海·青浦)将全力打造现代时尚的休闲购物天堂，以更一流的品牌、更动心的价格、更优质的服务、更优雅的环境迎接世界各地的消费者，创造更加辉煌的明天。

中国出口信用保险公司上海分公司

中国出口信用保险公司(简称中国信保)成立于2001年,是由国家出资设立、支持中国对外经济贸易发展与合作、具有独立法人地位的国有政策性保险公司。中国信保的主要任务是:“通过为对外贸易和对外投资合作提供保险等服务,促进对外经济贸易发展,重点支持货物、技术和服务等出口,特别是高科技、附加值大的机电产品等资本性货物出口,促进经济增长、就业与国际收支平衡。”

截至2018年末,中国信保的业务范围已覆盖全球228个国家和地区,业务规模从2002年的27.5亿美元到2018年的6122.3亿美元,年均增长率超过40%,累计承保金额3.9万亿美元,向企业支付赔款超过120.6亿美元,服务外经贸企业超过14万家,保险规模及主要险种规模稳居全球官方出口信用保险机构第一位。作为国家“一带一路”建设工作领导小组成员单位,2013年以来,中国信保支持我国企业向“一带一路”沿线国家出口和投资达到7124.3亿美元,业务范围覆盖沿线所有国家,为“一带一路”项目出具保单2300多张,累计向企业支付赔款超过27亿美元。

中国出口信用保险公司宣传画

中国信保上海分公司作为中国信保首批成立的一级分支机构，主要负责上海地区信用保险工作，业务范围包括：中长期出口信用保险业务、海外投资租赁保险业务、短期出口信用保险业务、信用担保业务等出口信用保险服务及信息咨询业务。

2018年以来，本市外贸企业面临国际市场变动加剧、风险频发的严峻挑战，外贸总体增速放缓、形势复杂。面对严峻复杂的外贸形势，分公司积极落实国家和总公司要求部署，出台专项服务方案，创新产品服务模式，提升风险服务水平，努力扩大信用保险覆盖面，提高信用保险渗透率，助力本市企业开拓国际市场。

（一）全力支持本市开放型经济增长

2018年，出口信用保险对本市外经贸的支持规模达361.8亿美元，同比增长16.3%，政策性出口信用保险覆盖面进一步扩大，出口信用保险的逆周期政策性支持作用进一步凸显。累计服务企业3409家，同比增长14.5%。一般贸易渗透率（承保金额占同期本市一般贸易出口总额的比重）达到34.1%。累计向147家出口企业赔付案件263宗，支付赔款7522万美元，帮助企业实现出口减损超过9900万美元，有效挽回企业和国家的损失。

（二）坚持问题导向优化企业服务

为解决“政策不了解”问题，分公司组织开展各类专题类政策宣讲43场，覆盖本市外经贸企业2700余家。为解决“保障不充分”问题，进一步提高限额支持力度，2018年成为全国唯一一家限额满足率超过90%的分支机构，实现“应保尽保”。为解决“操作不便利”问题，在上海国际贸易“单一窗口”增设信用保险小微企业服务“WE”平台，累计承保超3000家，提升贸易便利化水平，央视等媒体进行专题报道。与市中小微企业政策性融资担保基金管理中心合作，推出“保易融”业务，解决中小企业融资难题。为解决“转型有困难”问题，服务支持“一带一路”出口64.6亿美元，支持企业赔款和追偿金额分别同比增长136.18%和36%。为解决“风控有难度”问题，通过单一窗口发布国家及行业风险信息超过1200条，覆盖全球130多个国家及地区，为全市进出口企业提供了及时有效的海外风险预警。

（三）服务“一带一路”建设

在服务产能合作方面，有效推进中巴经济走廊上海电气塔尔煤矿/燃煤电站项目，帮助本市企业中标中埃产能合作项目，帮助项目东道国发展经济、改善民生；在保障贸易畅通方面，支持对“一带一路”沿线国家（地区）一般贸易出口54.1亿美元，助力本市企业与“一带一路”沿线国家（地区）的经贸合作不断加深；在促进融资便利方面，与国开行等8家银行合作，服务覆盖面进一步扩大，落实融资类上海电建菲律宾考斯瓦根项目，支持中船贸、江南船厂、沪东中华船厂等一批船舶海工项目，助推高端船舶制造业发展，充分体现信用保险金融服务能力。加快本市国有重点企业的“走出去”步伐，分公司支持上汽投资印尼、印度整车厂项目，海联投投资俄罗斯圣彼得堡项目，推进上海电力投资土耳其胡努特鲁项目，均取得阶段性成果。加大民营企业“走出去”支持力度，承包晶澳太阳能越南投融资项目、海隆石油境外工程项目，推进鼎信投资印尼哥沦达洛等一批民营企业的外经类合作项目。

上海海通国际汽车物流有限公司

上海海通国际汽车码头有限公司和上海海通国际汽车物流有限公司，是上海口岸专业从事整车和零部件物流的公共物流服务商。其业务是集成口岸物流供应链资源，打造口岸整车和零部件两个物流平台，为客户提供一体化汽车物流解决方案。

（一）服务产品及资源

1.整车物流平台已形成供应链管理、信息服务、码头装卸、整车检测、加装改装、售前检查、仓储管理、整车运输、进出口代理、国际中转十大类服务产品。

海通外高桥码头拥有岸线1019米，可同时靠泊3艘5万吨级以上滚装船和1艘3000吨级以上江轮，拥有场地116万平方米。海通洋山码头拥有岸线318米，可靠泊1艘5万吨级以上滚装船，拥有场地近14万平方米。

海通目前拥有3座大型室内立体停车库，正规划新建1座室内立体停车库和1座自动立体停车库。

海通配备齐全的专业设备和经验丰富的专业团队，可为客户提供各类特种车及重大件装卸服务。

上海海通国际汽车物流有限公司的无人叉车AGV亮相中国（广州）国际物流装备展

30多家船公司在海通开辟的20多条航线通达全球各大口岸，每月超过100艘次的国内和国际班轮，能为客户提供便捷的江海联运服务。

海通是国内同行中首家获得CNAS资质的企业，平均每天为超过1200辆汽车出具权威的检测报告，同时根据客户的要求提供各类增值服务。

海通目前为40多个世界知名汽车品牌提供港口和一体化物流服务，不断提升的服务能力将更好地为长江、中国沿海和全球客户服务。

2.零部件物流平台已形成供应链管理、信息服务、零部件多式联运、口岸零部件集拼、进出口代理五大类服务产品。

海通零部件目前在国内外设立沈阳、烟台、武汉、韩国仁川等11个零部件物流网点，成熟运作的南北航线和致力开拓的长江航线，构建了覆盖我国主要汽车生产基地的沿海、沿江“T”字形物流网络。

海通零部件目前拥有国内首个口岸零部件物流中心，具备内外贸零部件集散功能，总面积12万平方米，可日处理零部件1300标准箱。

海通零部件物流业务目前已覆盖韩国、印度、埃及等5个国家和地区，为35家各类汽车厂商提供一体化零部件物流服务。

（二）技术和质量

海通致力于提供中国最好的口岸汽车物流技术服务和质量服务。目前在产品技术能力上，《滚装作业安全操作规程》已成为国家标准；参与主编的《滚装码头》成为国内第一本大学专用教材；拥有覆盖全部增值服务的符合厂商要求的技术工艺标准；自主研发的专业工具和设备获得国家专利。

在信息技术能力上，整车物流平台拥有定制的R-TOPS、LMP、VLMS等系统；零部件物流平台拥有定制的WMS、TMS、HLMS等系统。整车和零部件两大可视化信息系统，为客户提供船舶靠离港、作业计划、货物状态和位置等实时信息，实现物流供应链全程可视化管理，确保每一个物流环节的安全可靠。

在质量管理能力上，海通获得挪威船级社管理体系认证，帮助公司持续推动质量和风险管理水平的提升。

（三）发展规划

海通目前正编制新一轮发展规划，尝试从口岸物流服务提供商，转向为客户和消费者提供创新服务产品的综合供应商， 建设以商贸服务平台与物流金融为特色的业务新形态；根据绿色物流的发展要求，打造新能源汽车和船舶的服务能力；追求客户服务的准确度和感受度，追求客户满意，实现客户价值。

上海外联发商务咨询有限公司

上海外联发商务咨询有限公司坐落于中国(上海)自由贸易试验区核心区域——外高桥保税区,为中国(上海)自由贸易试验区管委会指定服务外包供应商,是上海自贸试验区的招商主力团队。公司拥有丰富的外商直接投资、土地开发、房地产经营管理、境外投资服务经验,为区内企业提供海关、税务、外汇、工商、境外投资等全程指导商务咨询服务,同时为国内外项目提供融资顾问服务。

公司拥有80多人的强大专业咨询团队,精通英、日、德等多国语言,拥有丰富咨询经验和实务能力。公司商务咨询涉及跨国投资设立、企业营运顾问、财税策划、境外投资、关务支持、代理记账等10多个专业领域,20多项专业服务,100多类细分咨询服务产品。公司在日本设有代表处,全球合作伙伴遍及美、日、德、意等18个国家,招商业绩显著。

1990年,当中国第一家保税区——外高桥保税区成立之际,上海外联发商务咨询有限公司的前身——上海外高桥保税区联合发展有限公司咨询团队也随之为第一批注册落户的跨国公司提供投资咨询和营运咨询服务。团队成功引进中国保税区第一家外资控股公司、中国保税区第一家商贸型企业。

2003年,当外高桥保税区投资企业即将突破1万家之际,上海外联发商务咨询公司正式

2018年11月15日,由外高桥集团股份下属上海外联发商务咨询有限公司(UDC)与上海市日本学会共同主办的主题为"日美贸易摩擦回顾与上海国际贸易城建设"的第九期"UDC智库沙龙"在外高桥举行

成立,从事招商引资、投资咨询、企业营运咨询及相关商务支持服务。公司成功申请了中国保税区第一家营运中心、中国保税区第一家分拨中心。

2009年,当上海市政府成立上海综合保税区,整合三港三区(上海外高桥保税区、洋山保税港区和浦东机场综合保税区)之际,外联发商务咨询积极扩展业务区域,设立日本东京办事处、江苏启东办事处等。公司参与政府多项课题研究,并申请成为中国保税区第一家国际贸易结算中心。

2013年,当中国(上海)自由贸易试验区揭开面纱之际,外联发商务咨询再次走入政策研究和投资咨询的前沿,对自由贸易试验区中多领域投资进行了价值分析,形成咨询报告。咨询团队全力迎接物流运输、银行金融、商业零售、文化娱乐等多个开放领域的第一批落户项目,也助力众多国内企业进行海外投资,帮助中国资本通过自贸区走向国外。

如今,随着中国(上海)自由贸易试验区境外投资服务平台(www.shftz.cn)、上海自贸区境外投资服务联盟、全球并购网(www.globalma.com.cn)等相继成立,结合自贸区丰富的合作伙伴资源,UDC将为国内投资者提供境外投资全生命流程服务,并为全球范围内的注册会员提供集信息、交易、服务、社交为一体的O2O项目资本对接平台。

上汽大通汽车有限公司

上汽大通汽车有限公司（简称上汽大通），是上海汽车集团股份有限公司全资子公司。公司成立于2011年3月21日，总部位于上海市杨浦区军工路2500号，注册资本58.2亿元。

上汽大通下设无锡分公司、南京分公司、上海临港分公司、上汽大通房车科技有限公司、无锡申联专用汽车有限公司及上汽大通汽车销售服务有限公司，设有2个智能研发中心、2个海外制造基地、4个国内智能制造基地。

目前，上汽大通主要业务包括“MAXUS”品牌的MPV、SUV、宽体轻客、皮卡、智能房车等乘商并举的产品组合及各类改装车的研发、生产和销售，正积极推进新能源汽车、互联网汽车的商业化，并开展智能驾驶等技术研究和产业化探索。

作为上汽集团旗下的国际汽车品牌，上汽大通销量持续快速增长，产品以“国宾车”品质，多次服务于APEC峰会、G20峰会、上合组织峰会、青奥会、博鳌亚洲论坛、金砖五国等国际级高规格会议。海外市场方面，上汽大通全球经销网络初步建立，形成了五大重点核心市场，产品覆盖全球45个国家和地区，澳大利亚、新西兰、英国、爱尔兰等发达国家成为海外销量主要国家，上汽大通正成为走向世界的中国品牌。

上汽大通坚持“科技、信赖、进取”的品牌核心价值，在汽车行业中首创了C2B业务模式，与用户在整条价值链上进行实时、在线的透明互联，开展个性化产品定制、智能化制造等，通过业务模式和商业模式创新变革，致力于成为“用户驱动、提供具有全球竞争力的汽车产品和生活服务，为用户创造价值”。

上汽大通汽车有限公司

上海吴淞口国际邮轮港发展有限公司

上海吴淞口国际邮轮港发展有限公司，是由上海市宝山区政府与中外运上海长航联合成立的企业，主要负责吴淞口国际邮轮港的建设、运营和管理及配套服务；客运旅游及相关旅游服务；游艇基地及相关服务；船舶运输、滚装运输；锚泊服务；船舶代理、邮轮及其他船舶供应；船舶检修及相关服务；交船服务等。

公司码头水域规划岸线总长1500米，一期岸线长度774米，新建2个大型邮轮泊位，同时可靠泊1艘10万吨级邮轮和1艘20万吨级邮轮，一期工程已竣工，2011年10月15日正式开港运营。吴淞口国际邮轮码头是上海重要的城市基础功能，弥补了上海港无大型邮轮专用码头的缺陷，与北外滩国际客运中心共同形成我国规模最大、功能最全的国际邮轮母港，使上海成为我国邮轮产业中心。

吴淞口国际邮轮码头具有优越的地理优势，S20、G1501、逸仙路高架等快速干道与轨道交通1号线、3号线、7号线和四通八达的地面公交，共同形成了完善的综合道路网络和轨道交通系统，快速公路网、铁路、航空更可以迅速、舒适、便捷地将客人送往长三角及国内各个区域。吴淞口国际邮轮码头二期建成后，这里将形成以吴淞口为母港的上海邮轮、游船观光旅游圈，与沿海著名港口城市合作，共同打造沿海水上旅游黄金岸线；同时，吴淞口将致力于成为世界邮轮旅游航线的重要轴心。

上海吴淞口国际邮轮港

上海华氏大药房有限公司

(一)概况

上海华氏大药房有限公司成立于1998年4月22日,是上海医药旗下以药品零售为核心业务的连锁企业。2009年1月,上海医药集团按照上海市政府打造上海医药支柱产业的要求,将上海华氏大药房有限公司、上海雷允上药品连锁经营有限公司、上海信谊大药房有限公司组成新的药品零售系统。截至2012年新华氏门店数达753家,公司零售网点分布江苏、浙江、安徽、贵州、上海四省一市,其中上海地区的门店数已达557家,遍布上海市18个行政区域,已成为上海药品零售行业的一个重要的服务窗口。2012年公司年销售额为12.6亿元,在上海的市场份额超过20%,全国市场综合排名前十位。

(二)品牌建设

华氏大药房是医药零售连锁行业首个获得"上海名牌"(服务类)、"上海优秀服务商标"的企业,连续三次获得"上海市著名商标""上海市A类纳税信用单位",连续四次被评为"重合同守信用AAA企业"。同时还获得"上海市文明单位""中国商业名牌企业""国家级诚信企业"等荣誉称号。

华氏大药房在创建上海名牌工作中,依托各门店优势,以上海城市功能标志为对象,按照"典型引路、分步推进"的原则,积极参与创

上海华氏大药房有限公司

建上海名牌，并在2005年、2008年被推荐为“上海名牌”企业。通过创建上海名牌活动，“华氏”品牌知晓度和美誉度已得到广大市民的高度认可，企业无形资产价值叠加上升，充分显示了企业名牌集聚效应。

（三）新的经营模式

竭尽所能为消费者提供满意的健康服务是华氏的经营理念。处处为顾客着想，做到小病当医生、大病当参谋，重病当亲人。华氏是全国医药零售系统率先使用远程视频药学咨询服务系统的企业，顾客可以在华氏各门店与医生进行视频咨询互动活动。2009年8月，华氏大药房电子商务网——医药零售网yplsw.com运行开通，2012年12月，华氏大药房正式进驻天猫hsdyf.tmall.com，华氏大药房旗舰店正式上线，实现了网上和店铺销售联动服务效应。2012年12月28日，华氏大药房自助购药机入驻上海各大地铁站，为市民购药提供便捷，新设立的24小时购药咨询热线更为顾客用药安全提供保障。公司还通过发行电子商务卡的模式，将华氏商务卡与华氏会员制结合在一起，是新华氏发展的新的经营模式。

（四）专业化服务

一心为顾客，服务最光荣是华氏的服务理念，华氏将“专业化服务、规范化服务、便利化服务、社区化服务、人性化服务”作为自己核心品牌。为了进一步培养对客户的忠诚度，公司长期坚持对员工实行专业培训，每名员工需参加三个阶段培训:药学专业基础、新药新品知识、临床医学知识。要求员工熟知300种以上常用药品的主要成分、适应证和禁忌证等知识，对顾客陈述的症状作出判断，推荐合理用药，使员工朝着“全能药师”的方向发展。在全方位、立体化、多层次围绕“专业”系统的培训下，公司先后涌现出一批服务态度优、专业技能强的星级营业员，他们中间有全国青年岗位能手、星级服务明星、上海市三八红旗手等。华氏中心店魏骏多次荣获“上海市劳动模范”、“上海市青年岗位能手等光”荣称号；华氏大药房强华店樊水玉因其出色的表现被评为上海市国资委系统新世纪最具影响力先进人物。提升专业化服务为华氏赢得了广泛的市场份额，回头客和慕名而来的顾客占有较大的比重，成为业务发展的重要保障。

（五）社会公益活动

多年来，企业在取得经济效益的同时，时刻不忘回馈社会，勇于承担服务公众的社会责任。华氏十周年公司庆，公司出资20余万元向上海200多家社区捐赠轮椅、拐杖400余套。“5·12”汶川大地震华氏为灾区捐款捐物，举办“携手同心，赈灾义卖”活动。2010年世博会召开前夕，率先向上海市药品零售业同行发出“为世博添彩，做健康卫士”倡议书，以实际行动奉献世博。2011年4月26日华氏大药房携手触动传媒共同举办“出租车司机关怀”活动，为强生5000辆出租车的司机，在指定的188家门店，提供一年免费的饮用水、测量血压和健康指导等暖心便捷服务。2012年10月借助华氏·雷允上膏方节，向癌症康复俱乐部捐赠10万元药品。多年来，作为一家知名企业“华氏”积极参与“3·15”消费者权益保护日等各类公益活动，同时华氏大药房也积极参与上海市商务委开展的诚信建设的各项活动，为营造诚信经营的市场环境，发挥企业应有的作用。

上海华氏大药房有限公司将不断创新、探索，从聚焦核心市场、培育核心人才、发掘核心产品、锁定核心顾客、形成核心技术、提升核心品牌、形成核心价值来提升华氏大药房的核心竞争力。华氏人正积极努力实现公司的愿景:公众认可、员工满意、行业领先、持续发展的好公司。

德必集团

——上海德必文化创意产业发展(集团)股份有限公司

上海德必文化创意产业发展(集团)股份有限公司(简称德必)创立于2003年,是中国领先的,专业致力于文创、科创企业发展的服务商,也是中国文科创园区连锁经营领先品牌。目前已与上海、北京、广州、深圳、南京、杭州、成都、苏州等城市,以及美国硅谷、意大利佛罗伦萨、意大利米兰、泰国曼谷等全球创新创意之都成功签约70多个文科创产业园区,园区面积150多万平方米,成功吸纳和培育了一批优秀的文科创企业,总数超过10000家。目前在营园区平均出租率高达98%以上,园区企业的平均落税率达75%,经济和社会效益非常显著。

为了全方位服务不同发展阶段的企业,德必开发了多形态的产品,从为中小企业提供带有订制特色的“德必易园”系列,到与共创伙伴共同研发订制的“德必WE”系列,再到集聚众多运动企业的“德必运动LOFT”系列,再到能够节省30%空间预算的拎包入驻、120~300平方米的精装标准小户型办公空间“DoBe·Space”系列,以及为在营园区加盟打造的“DoBe Union”系列等。德必不断探索从企业出生到鼎盛发展的全过程服务解决方案,打造轻公司生态圈,助力全球创意创新产业发展。

随着德必品牌标准及运营模式的成熟,德必智慧园区管理系统(ICS)——wehome平台研制成功。wehome平台,为空间智能管理平台,是一款专为园区、楼宇及企业提供整体智能解决方案的服务系统。wehome独创的ICS (Intelligence Community System service)智慧园区管理系统,基于移动互联网、物联网技术与云计算服务,创新出智慧园区管理系统、招商管理系统、服务管理系统,以及针对白领的平台级社群服务系统,帮助客户在提升管理效能,降低运营成本的同时,搭建起更加开放的社群环境,创新物业运营模式,实现物业与企业间、白领间的自由交流与合作。

在运营上,德必率先提出“园区经营是产业链的经营”的经营理念,将园区的经营与普通办公楼的经营进行区分,从文创、科创企业的发展需求出发,开辟了德必文化创意企业服务中心,为园区企业提供除了基础服务之外的十大增值服务。2014年,德必在企业服务上又作出了新的思考和实践,形成四个重要“转变”:

(一)从“选商”到“育商”

在招商上,德必始终坚持严格的选商标准,使得园区产业定位集中,发挥了产业集聚生态效应。

近年来,更把选商发展为“育商”,先后与方糖小镇、黑马会、创始人互动俱乐部、楚仕会、创客新车间、B座12楼、罗辑思维、飞马旅等知名创业扶持组织及多家风险投资机构合作,持续投入资金和场地,为培育优秀中小企业提供肥沃的土壤,为创业企业搭建了一个庞大的积累资源、获取资讯、展示交流的“育商”平台。

(二)从“园区出租”到“企业发展全过程服务解决方案”

为了全方位服务不同发展阶段的文科创企业,德必开发了多形态的产品。从孕育小微企业的Workface创业学院,到为中小企业提供带有订制特色的“德必易园系列”,再到与共创伙伴共同研发订制的 “德必WE”系列。德必在探索一个从企业出生到鼎盛发展的全过程服务解决方案。

(三)从"实体园区"到"虚拟园区"

从"新媒体产业园"到"移动互联网产业园"、从"电商服务园"到"设计服务园",德必不断探索主题园区定位,致力于促进新兴产业发展。

从创业扶持机构、律师事务所,到VC、PE、财务顾问公司,从网络众筹到创业微信群,从猎头服务到云计算办公平台,德必正在构建一个对企业的全方位的线上线下服务体系,实现从"实体园区"到"虚拟园区"的跨越式发展。

(四)从中国到全球

在上海市文创办、经信委、设计之都促进中心的指导下,2014年,德必承建的上海佛罗伦萨中意设计交流中心,正式对外运营。作为中国在欧洲的第一个文化创意产业园区项目,基地位于意大利佛罗伦萨市中心,已成为上海时尚与设计企业进入欧洲市场的桥头堡,推动中意两国在设计、时尚领域的交流和项目合作。2014年3月,上海市委前副书记李希亲赴意大利,与佛罗伦萨市长共同为中心揭幕,开启了设计企业走向海外的新里程。德必正在逐步探索"双核驱动"的全球发展模式,帮助文创企业在"一带一路"的国家战略下,实现抱团式的全球扩张发展路径。

在不断转变,积极探索后,2016年,德必提出"轻公司生态圈"。创意创新能力代表着中国未来的生产力,文化创意与科技创新企业的发展将成为中国经济发展的双翼。德必一直服务着这样的公司,称它为"轻公司",轻盈灵动,锐意进取。轻资产、轻体量、高智力、创意与创新思维是它们的核心竞争力。德必通过搭建"轻公司生态圈"(SMART CIRCLE),帮助轻公司相互联接与更好地发展。德必相信,在经济的森林中,既要有参天大树的"巨无霸",更需要灌木草丛的"小清新"。轻公司,或以小而精致的模式创新突破,或以独领风骚的优势技术获得发展,或以创意精英特立独行的思维取胜。德必园区连接5000余家轻公司,通过搭建企业服务体系,与园区内外部资源对接,即企业与资源,企业与企业,人与人,内外圈层,跨界合作,自由联接。德必轻公司生态圈,从空间到人,联结共创未来。

德必,秉持着做"文创科创企业全球大使馆"的伟大使命,从中国走向世界。愿与世界各国的创业者、创业企业分享发展经验,输出成功案例和发展模式,开创合作共赢的新模式。德必集团在坚守自己的品牌理念,树立中华民族的文化自信的同时,也在实践中国品牌走向世界的道路上逐步探索出一条"双核驱动"的全球化发展道路,切实有效地帮助文创、科创企业在"一带一路"的国家战略下,实现抱团式的全球扩张发展路径,最终达成战略对接、优势互补、资源联盟、合作多赢。

德必构建全球化的园区服务平台,作为企业"大使馆",为有意进入中国市场的国际性文科创企业铺路,也为国内企业走向国际开设绿色通道。提供国际化的双向服务,实现双核驱动全球的发展战略。德必,愿与各国的创意园区加强创新合作,响应"一带一路"科技创新行动的号召,积极开展科技人文交流活动,共建科技园区合作新模式。

未来3年,德必将在全球10多个国际化城市,陆续建立遍布全球的国际园区。同时,也将着重发展国内核心城市文化创意产业园区建设。

德必坚信,"创新是一个民族进步的灵魂,是一个国家兴旺发达的不竭源泉,也是中华民族最鲜明的民族禀赋。"文创、科创企业的发展是中国经济"创新驱动、转型发展"的关键之一。德必作为文创、科创企业发展的服务商,要在创新发展观的指引下,不断创新,持续领先,为企业的成长插上翅膀——这也正是德必的目标与使命: 助力中国创意!

二、外贸企业

上海丝绸集团股份有限公司

董事长　徐伟民

一、概述

2018年以来，国际经济环境跌宕起伏，复杂多变。外贸出口受到中美贸易摩擦、汇率波动等诸多不确定因素的影响。国内消费市场升级，新零售蓬勃发展，使零售行业面临巨大挑战。

尽管形势严峻，但公司上下齐心协力，在"十三五"发展规划指导下，加快推进业务转型升级，着力培育竞争新动能，基本实现公司稳中有进的发展。2018年公司主营业务收入431407万元，增幅4.27%，归属于母公司净利润8009万元，增幅1.90%。

二、2018年对外贸易

(一)出口贸易

出口35691万美元，同比增加202万美元，增幅0.57%。出口的产品主要有棉、麻、丝、毛、化纤等各类梭织、针织服装以及丝绸、人棉、家

2018年公司出口贸易方式情况表

贸易方式	出口额(万美元)		占比(%)		比上年(±%)
	2018年	2017年	2018年	2017年	
合计	35691	35488	100.00	100.00	0.57
一般贸易	33622	33115	94.20	93.31	1.53
来料加工	194	266	0.54	0.75	−27.13
进料加工	1875	2107	5.25	5.94	−11.01

2018年公司主要出口商品情况表

商品名称	出口额(万美元)		占比(%)		比上年(±%)
	2018年	2017年	2018年	2017年	
合计	35691	35488	100.00	100.00	0.57
服装服饰	25012	23294	70.08	65.64	7.38
纺织品	9683	10240	27.13	28.85	–5.44
其他	996	1954	2.79	5.51	–49.03

2018年公司出口商品主要输往地情况表

出口地区	出口额(万美元)	占比(%)	比上年(±%)
合计	35691	100.00	0.57
北美	11219	31.43	–3.72
欧盟	7546	21.14	9.00
中南美	4198	11.76	21.61
非洲	3803	10.66	–0.12
大洋洲	2998	8.40	11.93
日本	2359	6.61	–1.16
中东	2117	5.93	–32.62
东盟	762	2.13	11.42
中国港澳台	150	0.42	–23.58
韩国	87	0.24	294.40
俄罗斯	36	0.11	96.95
其他地区	416	1.17	–20.90

纺等各类纺织品。主要销往北美、欧盟和非洲等80多个国家和地区。

(二)进口贸易

2018年,公司进口规模达到4752万元人民币,同比减少18.71%。

2018年,公司进口商品主要有服装面料、辅料等产品。公司进口商品主要来自中国台湾、韩国、日本和意大利等近十个国家和地区,比上年有所下降。

(三)货源基地

2018年,公司向供应商采购金额达到29.99亿元人民币,同比上年减少4.94%。合格供应商近1700家,构建了稳定庞大的供应商网络。

2019年,公司两大自有生产基地江镇厂和宣城厂结合公司业务发展的总体要求,积极引进自动化设备,不断提升产能和管理水平,分别成为外贸出口和品牌内销的重要基地,为公司的内外贸发展提供实业支撑和保障。

三、品牌运营

LILY品牌在去年业绩大幅增长的基础上,继续保持快速增长的势头,品牌运营卓有成效。(1)规划品牌2019蓝图。未来LILY将扩充品牌的受 众群体,为更多年龄层的女性人群提供更有针对性的商务场合服装,2019年蓝图的完成将更好地促进LILY的后续发展。(2)完善过程管理。2018年上半年完成PLM系统上线,通过两个季度的应用,为后期提升开发效率和精准度奠定基础，并为核定开发绩效积累了评价依据。(3)缩短产品开发流程。对产品的开发周期进行变革，大大缩短了开发周期，使企划团队有更多的时间来把控时尚趋势的准确性，使产品更贴近顾客需求。(4)建成LILY尚时生产基地。目前LILY尚时生产基地有11条生产线，已能承接LILY快反和追单的需求。同时，加工品类也由之前的裤子、衬衣等简单款逐步转向的大衣、风衣、西装等复杂款，且产量也有了较大提升。(5)完成线下店铺区域性标杆店铺和新零售店铺设立。上海南京西路旗舰店于5月29日正式营业，是LILY目前单店面积最大的店铺，也是智慧门店和新零售的标杆店铺。开业同日LILY首次和天猫合作完成线上商务女装的新品类发布。2018年LILY还在北京开设东方新天地店铺，作为北京的战略重点店，在形象和顾客体验方面都成为北京的示范店，这将增强了LILY品牌在北方地区的影响力。截至年底，LILY线下实体店铺将达到840家，其中智慧门店139家。(6)稳步提升电商业绩。2018年天猫旗舰店业绩增长超过50%，整体电商的增长率为30%；“双十一”当日取得单日销售业绩首次破亿元，达到年初设定的目标，跻身天猫平台亿元品牌俱乐部。(7)持续加强品牌推广。继续在北京、上海和深圳地铁投放广告，同时顺应年轻消费者的习惯，加强数字营销的推广和线上的推广，进一步加深顾客对LILY品牌的认知。

WHOUS2018年预计实现收入4500万元，店铺数12家。9月1日起，公司正式收回经营权，重新建立商品和供应链团队，健全商品运营体系，同时建立店铺盈利模型。12月第二周店铺业绩开始回升，部分店铺业绩同比实现正增长。过季库存处理完成40%。店铺运营优化，完成店铺缺编补位，同时建立培训体系，提升员工服务意识。

另外，公司2018年收购上海丝绸集团文化发展公司，旗下品牌海上丝韵定位丝绸文创产品，目前也正处于成长期。

四、发展趋向

2019年，外部环境复杂严峻，经济面临下

上海丝绸集团股份有限公司商务女装备受海外客户关注

在第124届广交会上海外贸品牌推介会上，LILY女装成功举办专场秀

行压力。尽管中美经贸摩擦暂停，但国际环境不确定、不稳定因素仍然较多。外部环境正在发生深刻变化。国内消费市场升级，零售业态变革等也将使零售业面临更多挑战。新的一年，公司仍将处于业务模式转型升级、新旧动能接续转换的关键阶段。公司要适应新形势、把握新特点，围绕外贸出口和品牌运营，着力形成新的竞争优势，促进公司可持续发展。

面对2019年的新形势、新挑战，公司将围绕创新、协调、绿色、开放、共享的发展理念，在公司"十三五"发展规划指导下，继续坚持稳中求进的总基调，加快推进业务转型升级，着力形成发展新动能，充分发挥品牌效应，实现公司更有效益、更高质量的发展。

东方国际集团上海利泰进出口有限公司

一、概述

党委书记、总经理　赵晓东

2018年外贸形势依然严峻复杂。世界经济复苏乏力，中美贸易摩擦加剧，国际贸易政策不确定因素很多，客户订单向东南亚国家转移趋势加大，原材料、劳动力等要素成本不断提高，优质供应商持续短缺，在这样的情况下，公司进出口业务总体规模仍有小幅增加，经营利润也有所回升，扭转了多年以来企业效益持续滑坡的状况。面对外贸发展面临的新形势和新要求，公司认真贯彻落实"稳增长、调结构"的决策部署，积极融入全球价值链和供应链，努力提高服务水平，推动创新发展，较好完成年初确定的经营目标。

（一）树信心，采取多种措施力争稳定外贸主业

虽然欧盟和美国两大传统市场仍旧保持增长态势，但是公司还是面临各类成本居高不下、订单持续转移等不利因素。因此公司积极采取措施，将力争扭转外贸主业下滑趋势作为2018年的重要工作目标，稳主业初见成效。

1.凝心聚力，树立战胜困难的信心和决心

内外部环境的变化使公司原有的一些优势在弱化，新的优势还在培育之中。在这种转换过程中，公司近年来一直面临较大的经营压力，员工的消极情绪不断堆积。为此，公司领导班子加强与公司员工特别是管理和业务骨干的沟通，在充分了解员工思想动态的同时，客观分析公司的现状及面临的问题，让更多的员工全面了解国际贸易形势、集团战略规划和公司发展前景，进而提出要看到公司仍然拥有的业务资源和人才优势，面对困难，要树立信心，要保持奋发有为的精神状态，创造新的良好的发展氛围，凝聚发展共识，稳中求进，努力培育新优势，充分调动员工的积极性和主动性，共同为迎来新的发展周期做好思想准备。

2.采取各种措施鼓励和支持业务开拓

鼓励自营业务员更加积极地走出去，加大出访力度，加强与客户的沟通，了解一手市场信息；引导业务员多参加国内外业务方面的商展，对部分与公司业务拓展关联度较大的专业展会予以一定的展会补贴，多渠道开拓市场；对于积极开拓新的业务机会的外销员，公司予以一定的费用补贴；鼓励驻外企业多做业务，提出对新增部分业务予以适当奖励；鼓励业务员借助中国国际进口博览会的契机，积极开拓进口业务，促进公司转型升级。公司各部门针对越来越严峻的外部环境，想方设法加大业务开拓力度，在变化的环境中及时发现和把握贸易机会，拓展生存空间。

（二）推转型，不断增强公司核心竞争力

1.加大自有品牌商品在港澳地区的拓展力度

为充分利用公司自有品牌"雪花"在港澳地区传统的品牌效应，扭转近年来自有品牌商品在港澳地区销售下滑的趋势，在公司品牌领导小组的组织下，公司成立品牌工作小组，由市场部协同有关业务部门销售人员、设计部门开发人员、香港美达飞公司和自属祥虹毛衫厂共同推进品牌开发与市场拓展工作。新的"雪花"商标已在香港注册完成。品牌工作小组采

第124届广交会利泰展位

取积极的营销策略，通过努力开发新品种，加强与港澳地区经销商合作，开拓销售渠道，使“雪花”产品的销售得到较大幅度提高。澳门地区的新商标申请已被正式受理，国内新商标申请工作也在持续推进中。这是公司培育自有品牌，提升核心竞争力的又一次新尝试。

2.利用中国国际进口博览会契机，积极开展进口业务

公司对第一届进博会极其重视，专门成立进博会领导小组和工作小组统筹安排相关工作。在国内外客户中大力宣传进博会，认真组织专业团队报名参加进博会，在展前阶段做好与参展商信息沟通，为参展商提供申请展位、沟通信息、落实布展、衔接国内采购商等各项服务工作。公司引进三家境外客户参加了进博会，与十几家境外客户签订战略合作协议（总代理），取得了一定的成效。

3.进一步推动下属生产型企业调整整合

根据公司年初制定的自属生产型企业深化调整方案，在尽量减少对业务影响的前提下，对原有的三家工厂进行了“三厂整合”。整合完成后，进一步明确工厂的功能定位，充实和壮大工厂打样试样及配合设计中心研发功能，保留部分小批量生产能力，以确保大级别优质客户的小批量中高档订单。一方面为继续吸引和巩固公司重要毛衫客户发挥积极作用，另一方面为公司自有“雪花”品牌产品的开拓提供更加多样化的品种和服务，为公司主营业务发展助力。

（三）狠抓重点项目，做大做强毛衫业务

1.充分认识东方国际集团和上海纺织集团联合重组带来的挑战和机遇，积极开拓转型发展新路径

公司积极推动与原上海纺织集团相关企

“雪花”品牌

业的业务对接工作，争取通过发掘双方优势，取得1+1>2的业务联动效果。同时，为做好公司中长期发展规划，已着手开展一系列调研和考察工作，探索以各种创新模式做大做强主业。

2.积极探索孟加拉国毛衫厂扩大规模的模式，继续帮助工厂解决经营管理中遇到的各种困难

自开业以来，随着公司孟加拉事业部对当地国情和业务的深入了解，以及孟加拉国的工人对中国式管理的逐步适应，工厂总体运营情况良好，接单能力增长明显，订单数量稳步提升，客户信任度逐渐提高，工厂发展前景可期。然而，随着工厂的良性发展，无论是工厂的规模还是产能都逐渐暴露出无法满足客户各项需求和日益增长的订单量这一短板。目前，工厂在公司的支持下，租赁同一厂址内的其他厂房，配套相关设备，暂时解决了产能的问题。但是考虑到工厂未来的发展，公司成立孟加拉厂专项工作领导小组，探讨扩大产能的可行性和具体方案。公司还继续帮助工厂和孟加拉事业部招聘相关人员，确保工厂管理团队和孟加拉事业部能有充足的人员配备；同时，公司还在继续加强各业务部门与孟加拉工厂的协作，充分利用孟加拉厂的成本优势吸引各方订单，力争孟加拉工厂在公司和集团毛衫业务中发挥更大的作用。

3.积极开发国内大型生产基地

为加强供应链建设，积极寻找国内具有资源优势的生产制造基地，8月，公司总经理带队考察新疆某地区纺织工业城，实地走访了合作方在当地投资建设的毛衫生产项目工地及多家当地知名毛、棉针织企业，拜会当地行署及纺织工业城主要负责人，了解当地投资环境、劳动力资源及成本。鉴于新疆地区有较强的政策性优势和劳动力成本优势，公司与当地政府及合作方商定利用各自资源和优势合作建设毛衫生产基地的方案。合作方在建的阿克苏毛衫厂项目，将成为公司重要的成规模的毛衫产业基地和毛衫业务发展的重要支撑点。

4.在河南成立南阳领泰服饰有限公司，拓宽毛衫自营出口渠道

7月，公司与北方最大的毛衫制造企业共同投资创办南阳领泰服饰有限公司，主营毛衫制造和出口。领泰公司将充分利用股东双方各自在毛衫业务方面的客户渠道、设计研发、

生产制造、业务团队和供应链管理等优势，在客户、产品、生产和市场开发、技术研发等方面取得突破，既加强巩固现有重要的目标客户，又为开拓新的大客户创造条件，以持续强化毛衫自营出口业务，实现合作共赢和毛衫业务的跨越式发展。

5.与供应链上游企业签订战略合作协议，借助外力不断延伸公司毛衫供应链

本着发挥各自优势、互惠互利、共同发展的原则，就加大、加深产品研发、市场互融、针织服装产品供应链建设等领域的合作，公司与供应链上游企业，即部分大型原料生产商达成共识并签订战略合作框架协议。双方一致同意就纺织纱线原料供应、其他纺织原辅料进出口、纺织领域产业链建设等开展长期合作，同时通过纺织原料产品共同研发，双方现有市场互补融合的辅助方式，实现双方未来市场扩张策略，共同打造一流的针织服装产品供应链。

（四）抓风控，持续完善经营管理制度

1.坚持不懈抓风险控制，严密防范经营风险

在业务经营难度越来越大的情况下，公司经理室一贯坚持在风险可控的情况下开展业务。在各种会议上，多次强调提高防范风险的意识。针对新开发的业务、预付款业务、融资业务，公司经理室仔细论证，反复探讨，分析可能存在的问题和风险，提出防范措施，帮助业务人员尽可能在风险可控的情况下开拓业务。为充分发挥信保支持业务拓展的作用，公司2018年继续采取统保的方式，使公司所有出口业务都纳入信保范围。为进一步加强风险控制，公司调整风险控制评审小组人员及职责。调整后，小组将全面负责公司进出口业务的风险评估、预审、预付款评审、制定或完善公司风控制度并监督执行和对业务及相关人员的风险培训教育等工作。为进一步完善管理制度，公司成立规章制度修订完善领导小组和工作小组，着手全面梳理、修订现有规章制度，不断提高经营管理水平。

2.通过海关一般认证的重新认证

经过海关认证工作小组和各部门的努力，公司在2018年11月通过了海关一般认证的重新认证。通过此次认证工作，不仅重新梳理和完善公司在内部控制、财务状况、守法规范和贸易安全等方面的各项规章制度，进一步规范了公司进出口流程，也因此发现公司在业务流程的不完善和制度建设上缺失的部分，从而及时组织整改和修整，对提升公司管理水平和风险防范起到了积极作用。

3.通过ISO9001:2015质量管理体系审核

经过各部门的努力，公司在2018年4月初通过中国认证检验集团上海公司（CQC）的换版后的第一次监督审核。对提高公司精细化管理水平，与国际管理模式接轨创造了良好条件。

4.坚持做好财务管理

协调各方加强资金筹措，提供资金使用效益和效率，加强对运营项目的财务分析，加强对汇率波动的研究，确保公司主业和转型资金需求。切实加强费用管理，努力降低各类费用。

5.认真做好安全工作

公司组织员工观看安全警示片，组织开展消防演练，不断提高员工安全意识及相关技能。公司安委办多次对各部门及子公司安全生产情况进行监督检查，确保一方平安。

（五）坚持优化人员组合，不断完善激励机制

1.完成新一届中层管理人员聘任，新聘若干名中层管理人员

经过考核，在保持稳定的原则下，2018年1月底完成了新一届中层管理人员的聘任工作，同时新聘部分青年骨干为中层管理人员，进一步为公司的跨越式发展做好干部准备。

2.对部分部门和人员进行适当调整

为更好地开展公司的各项工作，公司根据需求设立了市场部、业务运营保障部和企业规划发展办公室，协调整合公司资源，加强市场和客户服务与开发，打造“利泰”整体服务品牌效应；继续加强经营管理所需人才的引进和培养；帮助孟加拉工厂招聘部分人员，尽可能缓

解孟加拉工厂关键岗位人才短缺的矛盾。

3.完成员工岗位工资调整

根据相关岗位工资调整方案，首先调整非外销人员岗位工资；出台劳务人员薪酬办法，完善劳务人员薪酬管理；根据业务部实际情况，调整部分业务费用分摊办法；根据劳动力市场情况，结合公司实际，调整新进应届毕业生津贴水平。

二、对外贸易

(一)出口贸易

2018年，公司进出口总额210359万元人

2018年主要商品出口情况表

商品名称	出口额(万元)		占比(%)		比上年(±%)
	2018年	2017年	2018年	2017年	
年出口总额	207292.29	204046.84	100.00	100.00	1.59
针织及钩编服装	108351.20	118341.69	52.27	58.00	-8.44
非针织及非钩编服装	31252.72	23532.00	15.08	11.53	32.81
鞋 帽	9923.42	8711.03	4.79	4.27	13.92
化学纤维短纤	11374.35	12615.35	5.49	6.18	-9.84
机电设备	10130.93	9018.18	4.89	4.42	12.34
棉 花	5867.95	7107.07	2.83	3.48	-17.43
化学纤维长丝	4328.54	4110.98	2.09	2.01	5.29
其他纺织制品	3883.27	3376.24	1.87	1.65	15.02
金属制品	2340.60	2709.10	1.13	1.33	-13.60
箱 包	1084.29	934.10	0.52	0.46	16.08
特种机织物	1147.46	794.30	0.55	0.39	44.46
其 他	17607.56	12796.80	8.49	6.27	37.59

2018年出口商品主要输往地情况表

国别(地区)	出口额(万元)	占比(%)	比上年(±%)
年出口总额	207292.29	1.59	
欧 盟	56711.29	27.35	-13.27
美 国	61217.96	29.53	21.00
日 本	13618.55	6.56	-8.43
大洋洲	13539.97	6.53	-22.85
俄罗斯	3326.55	1.60	-27.45
瑞 士	568.11	0.27	-23.40
加拿大	8401.16	4.05	-14.70
非 洲	12824.58	6.18	-0.53
拉丁美洲	16485.88	7.95	34.55
东 盟	7449.25	3.59	88.10
中 东	3082.72	1.49	-19.91
挪 威	2121.87	1.02	-23.17
其 他	7944.40	3.83	7.50

2018年主要进口商品情况表

商品名称	进口额(万元)	占比(%)	比上年(±%)
年进口总额	3067.34	100.00	-29.64
纺织原料及纺织制品	1179.42	38.45	-40.28
箱　包	551.57	17.98	18.98
医疗设备	15.85	0.52	-97.79
贱金属及其制品	306.31	9.99	77.94
其　他	1014.19	33.06	-2.56

2018年进口商品主要来源地情况表

国别(地区)	进口额(万元)	占比(%)	比上年(±%)
年进口总额	3067.34	100.00	-29.64
日　本	177.62	5.79	-80.18
欧　盟	1890.83	61.64	-0.54
拉丁美洲	3.57	0.12	33.97
韩　国	105.16	3.43	-71.15
东　盟	267.28	8.71	7529.48
其　他	622.88	20.31	-47.71

民币,同比增长0.94%。其中纺织类商品为公司的主营业务,占进出口总额的82%,非纺织类商品占进出口总额的18%。

2018年公司出口商品主要销往欧盟、美国、日本等101个国家或地区,比上年减少1个。

2018年公司出口贸易方式以一般贸易为主,占出口总额的99.37%;来料和进料加工贸易为辅,占总额的0.61%。

(二)进口贸易

2018年,公司进口总额为人民币3067.34万元,比上年减少29.64%。进口商品结构与去年基本相仿,主要为纺织原料及纺织制品、箱包等。

2018年公司进口商品主要来自欧盟、日本、韩国、拉丁美洲等27个国家或地区,比上年减少3个。

(三)货源基地和国内营销

在持续高成本压力下,公司多方努力改善供应商现状,积极支持业务部门和业务人员加强与内地工厂的合作,挖掘新的优质供应商,降低成本,增加产能,增强竞争力。

富井、祥虹、众合等下属生产型企业在各类要素成本持续上升和订单不断转移的情况下,经营压力和困难日益凸显,为此,公司积极推动三厂的合理化整合,相关生产和人员等资源共享,明确功能定位,降低工厂成本,减少企业亏损,减轻公司整体经营压力。

公司境外生产基地孟加拉毛衫工厂也在经历并克服了流动资金缺乏、订单不确定、运营团队人手不足和经营管理头绪多等诸多困难后,基本实现国外接单,国内组织,国外加工成品,国内出口原料的新的运营模式,生产和贸易环节都渐渐步入正轨。

东方国际集团上海市纺织品进出口有限公司

一、概述

总经理 朱毅

东方国际集团上海市纺织品进出口有限公司成立于1957年，是建国以后最早成立的专业外贸公司之一，现坐落于上海市虹口区四平路200号盛泰国际大厦。公司主要经营高、中、低档天然纤维和人造纤维织造的纱、坯布、漂布、色布、印染布、色织布；各类呢绒面料；多品种混纺织物；各类服装和纺织制成品以及其他非纺织商品的进出口贸易。自20世纪80年代以来，公司年进出口总额持续超过3亿美元，始终位于上海市最大出口企业排行榜的前例。

2018年，公司围绕东方国际集团“抓好主业、抓好市场、抓好品牌、抓好创新、抓好改革”，突出“巩固基础、融和升级、风险可控、提质发展”的工作方针，从公司自身特点出发，依靠规模和品牌优势，大力创导主营业务的发展，坚持“一个中心、三个支撑”（主营业务健康发展为中心，品牌战略、人才战略、工贸结合为三个支撑），根据内外部市场环境的变化，适时采取应对措施，转变经营策略，顺应市场要求，在逆境中求突破。在集团领导关心与全体员工的共同努力下，公司全年经历了年初的大亏到二季度的小盈，再到年底全面盈利，取得了来之不易的成绩。2018年公司出口创汇达32141万美元（海关统计数），公司主营收入252357万元。

二、主要工作

（一）确保主业健康稳定，力保完成全年任务

为实现“千亿平台、百亿增长”的集团目标以及“成为面料出口集成商”的公司目标，2018年公司继续大力发展主营业务，主要做了以下几方面的工作：一是及时开展调研提振信心。公司在2018年初出口额和利润双双下降，6个子公司的经营成绩单都高挂红灯，为此公司及时开展专题调研，对各业务经营单位在经营中碰到的问题，采取应对措施以及今后的业务走势情况进行摸排，在一季度工作会议上公司领导要求在困难面前各部门一定要坚定决心、树立信心、咬定目标不放松，无论困难再大，也不能放弃市场、放弃客户，抓住自营多成交。也正因为一、二季度的大量成交，公司享受到了下半年汇率大幅贬值的红利。截至年底，公司不仅完全弥补了上半年的亏损缺口，同比还略有增长，大大超出了预期。二是开源节流，降本增效。公司发扬纺织品公司历来艰苦奋斗的精神，严控成本，杜绝浪费，减少三公费用支出，特别是对已具备相对垄断地位的主营商品T/C布上大做文章。公司整合了五大优势——客户的优势、市场占有量的优势、货源生产集中的优势、著名商标的优势、订单量大的优势，通过市场细分，加大分市场、分品种、分客户的力度，适时提价，增加了一定的经济效益，弥补了上半年的部分利润缺口。三是上下一心，抱团取暖。在最困难的时候，公司群策群力，努力完成扭亏、减亏、控亏的目标任务。四是掌握市场需求变化，开拓新兴市场。公司各经营单位积极研判国际市场新变化、新需求，把握市场开拓的重点和机遇，积极响应“一带一路”的倡议，开发沿线国家市场，2018年对这些沿

线国家的出口呈明显的增长。五是坚持"自营和代理业务并举,两条腿走路"的方针。公司继续推行自营业务和代理业务两条腿协同迈进的经营方针。按照不同的代理对象,确定了不同的经营对策和方式。对于健康无风险的代理业务,就尽可能接下来;对于有潜力可挖的代理业务,通过强化服务意识来融入客户的各个环节中去,增强客户的依赖性;对于小客户的代理业务,只要是不增加风险,就千方百计地扶持他们把代理业务做大。

(二)坚定落实党建工作,为经济活动"保驾护航"

2018年是学习、宣传、贯彻党的十九大精神和习近平新时代中国特色社会主义思想的重要一年,公司党委牢记习主席"抓党建是最大的政绩、业绩",不断丰富党建内涵,坚持党建服务于经济工作,工作推进到哪里、党的声音就出现在哪里、党员骨干就跟进到哪里。一是健全组织保障机制。年初集团与公司党委、公司党委与各党支部分别签订党风廉政建设责任书,为公司深化转型发展提供坚强保障。2018年,根据《党章》的规定,公司顺利完成党委和党支部的换届工作,进一步增强党在公司经营活动中的领导力和把控力,公司下属锦达公司在2018年荣获上海市五一劳动奖章,这是公司历年来所获得的最高集体荣誉,也说明市领导对公司党建工作的充分肯定。二是突出抓好政治学习。2018年,公司党委把学习党的十九大精神作为重要内容,先后组织学习习近平系列讲话,参观"中共一大会址"和"龙华烈士陵园",观看教育片《我是党员》《厉害了,我的国》,各级党员干部进党校参加党的十九大精神集中轮训,进一步强化公司党员干部的理想信念和党性修养。三是创新发展党建工作。2018年,公司首次将党建工作通过一体化网络平台集成,实施党务的信息化管理,管理形式的创新为了党员教育常态化、随时化创造条件。其次是党支部生活丰富多彩,内容创新抒党情。四是继续抓好党建日常管理,包括:坚持高标准、严程序,做好发展党员工作,加强发展党员的管理;通过使用《全国党员信息系统》完成党员信息动态管理,加强存量党员的管理;严格每季度支部书记例会制度,交流基层党建的新思路、新经验和新探索。

(三)坚持工贸结合战略,合作步伐显著加快

专业外贸公司的生存和发展离不开强大的货源支持。2018年,许多供应商也遇到了与公司相似的困难,但在工贸联动上,无论是公司还是工厂,都想方设法挖掘潜力,使工贸结合的步伐非但没有停止,而且明显加快。公司下单量较大的几家工厂精心做好计划调度,合理安排车间轮岗作息,留出一定的产能,力保与纺织品公司的加工产量达到最大化,极大地配合公司贯彻和落实工贸结合战略,也增加了工贸双方各自的接单能力。

(四)加大人才培养力度,提升企业含金量

人才战略是公司的三大支撑之一,2018年公司继续将"人才是公司的软实力和价值源泉"的人才战略贯穿于经营管理和转型发展中。公司采取校园和网络招聘双管齐下引进人才,共收到应聘简历百余份,组织了20多场面试,及时引进紧缺性岗位人员,经过速成培养,使他们及时融入集体团队的工作中,解决了各科室和子公司的用人缺口。此外,公司在计划制度、选拔培养、考核激励等方面主动对接集团标准,参与"3070"领军人才队伍建设的调研并选拔推荐10多人到集团"70-80-90"三梯队干部培养项目中,用好的用人机制激励干部职工的责任与干劲,吸引更多的人才为公司各项事业不懈奋斗,为公司提升核心竞争力,打造百年外贸老店汇集人才、积淀智慧。经过这些年的不断探索、总结、凝练和提升,公司逐步形成具有自身特色、符合企业发展实际的人才引进、使用、培养和激励四大机制。公司成功的人才培养机制在一些部门形成老师傅好带徒弟,徒弟追赶老师傅,甚至超过老师傅的良性循环。

(五)全力配合服务进博会,借力发展进口贸易

2018年在上海举办的进博会是公司发展

进口业务的一次绝佳机遇。为此公司做了以下工作：一是公司领导重视，组织有力。公司于年初就成立进博会领导小组，开了专题会，进行了推进路演，与集团签订决战进博会专项责任书。按照要求，公司的各经营单位广开渠道，利用出国和交易会契机，积极宣传中博会。公司还对担当主力采购的核心专业观众，按个人所长进行了分工，大大提高在展会上采购意向的签约率。二是通过海外公司积极联络参展客商。公司驻澳洲的迈进公司做出很大贡献。不仅第一时间联络多家客户，成功引入参展商；而且为公司在展会期间的采购工作牵线搭桥，还为集团在虹桥的进口商品国别展示中心输送多种进口商品。三是踊跃争当专业观众，对接参展客商。尽管进博会前的广交会准备工作非常繁忙，公司还是事先赶制宣传册，多次召开动员会，为便于联系建立公司进博联络群，组织50多名专业观众和志愿者去展馆现场对接客户，实实在在签订几项采购意向。四是设立进口部，尝试开展进口业务。年初公司设立为进博会配套的由副总经理亲自挂帅的进口部，参加7月和9月的集团的进口业务培训，积累了一定的进口知识，并试做一笔黄麻制品的进口业务，尽管单笔金额不大，但毕竟是公司主动寻求进口商机的第一单，打破了公司在一般贸易进口业务上的空白，同时也锻炼了队伍。

（六）加强内控制度管理，防范各类经营风险

公司在2018年进一步加强风控管理，为防止颠覆性的风险发生，做到“一个严格”“两个强化”“三个重视”。公司经过前几年质量管理体系的改版升级和高级认证企业的海关认证，在制度上有了保障，2018年强调必须严格地刚性执行，所谓“一个严格”就是要求对各经营部门的内部审查、年度审计和年终管理检查时严格考核各子公司的制度执行力，特别是“预付款管理”“风险预警管理”“三重一大决策”等涉及风险的管控制度，查出谁，处理谁，谁出问题，谁负责。所谓“两个强化”，一是强化职工风险意识。公司2018年实施中信保的统保，将风险防范覆盖到公司所有出口业务，为使投保有效，公司进行多次信保知识培训，还参加中国信保分级管理考试，并动员子公司使用启信保平台查询客商资信。在集团2018年“贸易风险提示手册”的培训会上，公司总经理朱毅向全体职工授课。公司还参与“一带一路”沿线国家出口风险论坛以及财会人员的外汇专题讲座。这些都增强不同层面职工的风险意识。二是强化资金安全使用。公司对应收账款、存货，逐笔查清账龄、金额、产生原因、已计提减值准备，并拟定采取的清理措施等。同时还加强对各子公司财务人员的统一管理，便于对资金流进行集中调控，从而既达到有效运作资金，又规避资金流失的风险。所谓“三个重视”，一是高度重视汇率风险。年初人民币大幅升值，下半年又开始大幅贬值，随着剧烈的汇率波动，伴之而来的是各种收汇风险和履约风险，公司采取措施等方式，充分利用出口信用保险，加大客商预付款比例和提单控制，从而最大限度加强对收汇和货权转移的控制；公司还采用锁定成本等金融工具以最大程度弱化汇兑损失。二是高度重视中美贸易战带来的风险。在贸易战打响之前，公司摸清输美商品是否涉及美国出台的“500亿美元清单”和“2000亿美元清单”，较早做出应对策略，即尽量经第三国加工后再运往美国，成功地避开了关税壁垒，使得公司对美出口基本未受影响，风险得到及时化解。三是高度重视放账业务的风险。2018年，普华永道对公司的风控管理进行专项审计，梳理出高风险、低效业务等问题，公司对这类业务及时进行压缩，并提出今后三年高风险代理业务规模的具体压缩计划。

（七）巩固完善信息化基础工作

公司的信息化体系是以ERP系统为主体的平台，为提升信息化有序运行的质量，保障业务的顺利开展，除了日常维护和管理工作外，2018年着重展开两项工作：一是考虑到数据共享既是集团整体的需要，也是公司未来发展的自身需要，公司配合集团主数据管理实施项目，补充和完善集团主数据管理和标准规

范。二是提升网站空间服务商的安全防护机制，包括防护墙的基础和高级服务进行再次确认，修改了网站密码，提高了密码的安全性，制定三个月更改密码的制度；对新员工的入职培训时重点强调定时启动安全机制对系统进行查杀及禁止访问来路不明的网站等事项，公司还投入资金，确保有相当规模的硬件防控设施，做好安全防护工作。

（八）加强安全防范措施

一是公司改组了安委办工作人员，按照公司第一责任人与集团签订的《安全生产工作责任书》的要求，落实领导值班制度，做好定期和节假日的安全例行检查，组织消防演习和安全上岗证书培训，2018年起每月排查物业有限空间安全隐患，并上网报备，每一次防台防汛结束后撰写专题报告。二是出色完成进博会期间的安全保障工作。三是丰富安全教育形式。除了安全月活动几项特色活动外，公司还利用微信进行安全知识考试，线上播放安全警示片。

（九）融合中提升管理水平

2018年是集团重组后的第一个完整年，为响应集团“融合提升”的工作方针，公司积极支持集团各项业务创新转型，不仅协助集团及兄弟公司的提质发展，也促使自己重新梳理一遍资产，摸清了家底，看到差距和不足以及提升的空间。

（十）完善职工各项福利保障措施，营造“和谐纺织”的企业文化

2018年，公司继续落实对员工福利的支出，实施年度职工体检计划，组织疗休养活动，并且普加工资。公司还组织参加集团第一届声势浩大的职工运动会，取得不错的成绩，既强健职工的体质，也增加团队凝聚力，又丰富职工的业余生活。公司的企业文化充分体现公司的发展需要并依赖职工上下一心的努力以及和谐向上的合作氛围，而公司的成果也能让全体职工共同分享。

二、对外贸易

（一）出口贸易

2018年公司出口总额32141万美元，比上年下降4%；出口收汇31831万美元，比上年下降0.34%

主要出口商品有化纤布、服装、非纺织品和全棉布四大类。

出口商品销往122个国家和地区，比上年减少1个。出口贸易的主要方式为自营出口、

2018年主要出口商品情况表

商品名称	出口额(万美元)		占比(%)		比上年(±%)
	2018年	2017年	2018年	2017年	
年出口总额	32141	33378	100.00	100.00	-4
化纤布	14643	12627	45.56	37.83	15.97
服　装	6749	7501	20.99	2247	-10.03
非纺织类	4494	5815	13.98	17.42	-22.72
全棉布	3725	4211	11.59	12.62	-11.54

2018年出口商品主要输出地情况表

国家和地区	出口额（万美元）	占比（%）	比上年（±%）
年出口总额	32141	100.00	-4
亚　洲	8744	21.21	-9
非　洲	8938	27.81	11

（续表）

国家和地区	出口额(万美元)	占比(%)	比上年(±%)
年出口总额	32141	100.00	-4
欧 洲	1976	6.75	-21
拉丁美洲	3537	11	19
北美洲	6342	19.73	-26
大洋洲	2604	8.1	52
中 东	2939	9.14	-12
东 盟	2943	9.16	-6

代理出口和来进料加工复出口等。

（二）进口贸易

2018年，公司进口总额368万美元，比上年增长2%。进口商品主要有纺织品、磨具。公司进口商品来自9个国家和地区，与上年持平。

2018年主要进口商品情况表

商品名称	进口额(万美元)	占比(%)	比上年(±%)
年进口总额	368	100.00	1.94
纺织品	172	46.74	142.25
磨 具	196	53.26	28.94

公司总经理朱毅陪同集团领导在中国出口商品交易会视察展位

三、品牌建设

纺织品公司拥有多年的品牌经营基础，自主品牌是企业核心竞争力的重要组成部分，是公司实现转型发展的必要条件。目前公司拥有34个注册商标，形成具有一定规模的自主品牌体系，是公司保持基本业务的稳定器。为了继续扩大自主品牌商品的影响力，2018年公司在自主品牌建设上投入资金约200多万元，主

银河商标

要做了五个方面的工作：一是继续做好自有品牌商标的基础工作。公司对到期商标进行工商及海关备案，重新申请并再次蝉联"上海名牌"的称号。二是进一步加强关企合作和自主品牌知识产权维权工作。公司参与多次海关知识产权保护培训和授课，"龙腾行动"期间，公司作为上海海关推荐的重点保护企业之一，与海关就维权意识、经验、能力、投入等方面进行充分沟通。三是通过组团参加自主品牌商品主要销售地区的展销会，扩大自主品牌的影响力和知名度。利用各种参加展销会的契机进行推广和宣传自主商标，展示面料集成，开拓中高端面料。四是对自主品牌出口有突出贡献的部门和人员，制订专门的奖励政策。五是严格落实大客户保护政策。公司的大客户支撑公司一大半的自营业务量，为避免内部的恶意竞争，依然维持大客户保护标准，从制度上保护公司的整体利益。

四、展望

2019年，公司将从打造纺织面料集成商的战略目标出发，紧紧依托集团的整体优势，围绕"一个中心、三个支撑"的方针，坚持做大做强自营业务，继续保持主要出口品种的规模化经营。不断探索和调整经营理念和经营品种，丰富主业内涵，在转型中谋发展。进一步提升企业核心竞争力，实现经营业绩稳中有升。

重点工作：

（一）坚持规模化经营策略和主营业务稳定发展的方向。公司要做好五项工作，一是充分认识和客观分析2019年出口工作所面临的困难。二是鼓励外销员积极进攻进取心态。三是主动出击，加大贸易推销力度。四是提高经营质量、提升经营业绩。五是依然坚持自营和代理并举的方针。

（二）立足公司长远发展，强化商品结构调整。

（三）创新经营模式，寻找新的增长点。

（四）加强人才资源培养，解决公司急需人才。

（五）进一步提升管理水平，向管理要效益。

东方国际集团上海家纺有限公司
东方国际商业集团有限公司

2018年，世界经济单边主义与贸易保护主义抬头，全球贸易摩擦不断升级，中国经济保持总体平稳，呈稳中有升态势。在这一年中，东方国际集团上海家纺有限公司、东方国际商业（集团）有限公司围绕年初制定的“稳主业，调结构，强管控，促发展”的工作方针，全力以赴稳定主营业务，坚定不移推进结构调整，不断夯实发展基础，有效提升发展质量。

一、主要经济指标完成情况

根据统计数据显示，1—12月，家纺、商业公司共计实现进出口2.65亿美元，同比增长12.4%，其中出口2.59亿元，同比增长13.06%；进口662万美元，同比下降8.15%。1—12月，家纺、商业公司实现主营业务收入16.2亿元，同比增长9%。

二、主要工作

2018年，家纺、商业公司资源整合后正式合署办公，完成新三年发展规划编制工作，确立资源整合后企业发展的新方向，同时肩负推进扩大自营业务、拓展进口业务等转型任务，故2018年全年工作主要以夯实发展基础为主，同时积极调整业务结构，切实提升管控能力，在稳定的基础上推进有质量、可持续的发展。

（一）以“稳定主业”为总体基调，以“转型提质”为目标驱动，全力优化业务结构

公司多措并举稳定主营业务规模，在确保稳定的基础上，积极推动业务转型，探索和培育新的业务模式和业态，自营业务以自主设计产品为突破口，进口业务以重点项目为切入点，积极培育和发展自主品牌，加强企业发展的核心竞争力，提升企业发展的质量和内涵。

1.抓整体提升，积极夯实发展基础，业务总体呈现稳中有进、稳中向好态势

家纺、商业公司2017年初在东方集团的战略部署下进行资源整合，2018年，无论是家纺公司还是商业公司，出口规模均实现同比增长，公司大部分业务部门齐头并进，形成合力，使得公司整体发展基础进一步夯实。

公司在稳主业方面采取了一系列措施：一是在整合初期积极引进年轻外销员进行重点培养，增强队伍的活力。年轻外销员2018年开始独当一面，业务实现显著增长。二是两家公司平稳度过了资源整合的过渡期，办公环境和面貌焕然一新，公司通过资源共享、优势互补提升了平台的优势，给业务的进行和开展提供了更高效、更便捷的服务，原先因公司整合存在种种顾虑的客户也打消了这些顾虑，业务资源得到进一步稳定，且更优质的服务带来了业务的增量。三是公司通过积极走出去，联合参加广交会、华交会及法兰克福展会等，抓市场机遇促成交，开发了新客户新业务。四是通过2018年加入中信保统保，公司利用信保政策在防控风险的同时，进一步促进业务拓展。

2.抓产品开发，筹建产品开发中心提升核心竞争力，自营业务实现持续发展

（1）筹建产品开发设计中心。为配合发展企业自营业务，实现三年规划最终自营业务翻一番的目标，公司年初从零开始筹建产品开发中心，引进设计专业学生以及经验丰富的打样技术顾问，配置专业的软、硬件设施，目前已经能为公司的产品配套提供打样及图形设计。

（2）加强产品设计及开发功能，提升核心竞争力。公司以自主设计的产品作为发展自营业务的主要突破口，同时积极探索功能性面料在公司主打的家居用品、厨房用品上的运用，提升产品的市场竞争力。

3.抓进口成交,积极提供资源对接推进办,进口业务得到全面拓展

(1)积极与东方集团推进办开展资源对接。输送人力资源,全力支持推进办进博会筹备工作。公司积极向集团推进办输送5名工作人员,进博会期间,公司2名志愿者也积极为场内场外提供支持和服务。

介绍客户资源,配合推进招展工作及"6+365"项目落地。公司在进博会筹备前期,积极推荐客户资源配合推进办招展工作。公司领导班子成员带队和推进办成员组成联合出访斯里兰卡,拜访客户,参加斯里兰卡商会组织的论坛活动,并在论坛上推广中国首届进博会。公司从斯里兰卡进口的农产品如腰果、茶叶等农产品,从日本进口的咖啡等饮品已经正式进入元中国别馆和虹桥展示中心进行展示和销售。

(2)以进博会为契机,促场内场外成交。进博会期间,公司组织业务员积极进场对接,拜访参展,促进成交,与斯里兰卡国家馆、食品及农产品展区、高端智能设备展区对接外,并在对接"一带一路"国家参展的过程中,与肯尼亚、埃塞俄比亚、斯里兰卡亚等国家展位就饮料、咖啡豆、红茶等商品达成初步成交意向。

(3)着眼未来,探索新模式,推进企业转型战略目标的实现。公司以本次进博会为契机,适时与推进办开展更深层次的业务合作与对接,探索商业公司作为集团推进办进口业务的主要操作平台的可能性,在配合推进办开展进口业务的同时,也以此为契机推进企业本身的业务转型,实现新三年规划中商业公司逐步发展成为以进口公司为主的战略定位。

4.抓品牌建设,打造自主品牌提升发展内涵

公司2018年除了做好既有品牌的维护工作外,还完成了EZU(easy you)品牌的设计工作,该商标6月已在美国注册成功,今后将广泛用于公司自主设计的系列家居产品上,通过加强品牌推广和建设增加市场的认知度,增加产品的竞争力,提升产品的内涵和价值。

(二)以"强化管控"为工作主线,以"队伍建设"为关键抓手,着力提升管理效能

1.规范流程,统一管理,推进信息系统对接,提升平台服务功能

(1)扎实推进信息系统对接工作。根据集团部署,家纺商业作为老东方第一批试点单位对接东方集团业务财务信息系统,为配合系统顺利上线,公司专门成立了信息化领导小组和工作小组,同本地项目组一同推进信息对接工作。公司还升级了硬件环境,铺设了专线,安排业务部门根据不同的业务模式编制操作手册,并积极开展平行测试。

此外,公司也积极配合集团主数据工作的开展,参加各类主数据项目培训,完成主数据相关的人力资源、公司及下属子公司、海外机构的信息收集工作。

(2)规范管理,扩充资质,提升企业平台专业化水平。2018年家纺、商业公司全面纳入中信保统保范围,通过统一投保,加强外部风险管控能力,还专门邀请信保公司开展业务培训讲座,进行案例分享及模拟理赔,提升业务员的风险管控意识,同时进一步规范业务操作。

商业公司根据开展进口业务需要,对原有的食品流通范围进行了扩充,为可能开展的生鲜、冷冻冷藏类食品业务做好准备。

2.加快引进,重点培养,进一步加强人才队伍建设

为进一步优化人才结构,公司今年加大推进人才引进工作,加大人才培养力度,着力提升人才队伍质量,确保企业可持续发展。

(1)加强力度,多渠道加快人才引进。公司今年结合企业发展与业务转型需要,加大人才招聘力度,通过校园招聘、社会招聘等方式,共计引进管理人员、设计人员、业务人员9名。新入职的年轻员工在管理、业务岗位上开始发挥作用,给企业增添了新活力和可持续发展的动力。

(2)打破常规,加快实战型人才培养。公司悉心培养新入职人员,通过业务平台,帮助他们快速成长,尽快适应岗位的需要。特别是

家纺公司自主设计的展品首次在2018年秋交会上展出

新入职的设计人员，公司领导鼓励他们多接触市场，多看多学，并带他们至兄弟公司参观取经，鼓励他们参加各种面料展，熟悉产品了解趋势。本次秋交会，首次展出了新进设计师自主设计的家居产品。

3.常抓不懈，层层落实，强化安全责任管理

公司始终将安全工作放在重要位置，不断加强安全管理工作，落实安全检查，强化全员安全管理意识和安全责任意识，确保一方平安。

（1）加强安全检查，抓好常态化管理。公司安委办定期对出租物业、仓库、下属企业、办公楼进行安全检查，将安全检查纳入常态化管理当中，发现隐患及时整改。同时，做好防台防汛工作，积极排查安全隐患，为配合进博会的顺利召开，公司成立了进博会安全工作领导小组和工作小组，以及安全信息应急工作小组，制定了《安全信息应急预案》，确保绿色的网络运营环境。

（2）做好宣传和培训工作。2018年，公司有2名安全工作人员参加安全管理工作培训并取得证书，同时结合安全宣传月的主题，通过宣传栏等载体进行了消防安全、交通安全的宣传，并和团委共同组织开展“抓住现在，生命不等待”的急救知识讲座培训，积极宣传安全知识，提升全员安全防范意识。

三、2019年重点工作

2019年家纺、商业公司将步入提质增效阶段，在这一阶段，公司在稳定主营业务的基础上，将更多重心转移到提升发展质量、探索新的驱动和关注新的增长模式上，进一步深化结构调整，加快创新转型、提升管理效益，聚焦发展质量，推动自营业务、进口业务持续增长，产品向专业化、个性化延伸，平台管控能力进一步增强，人才队伍质量进一步提升，结构调整

效果逐步显现。具体做到:(1)继续坚持主业稳中有进,夯实发展基础,提高发展质量。(2)继续深化业务转型,优化业务结构,培育发展新动能。(3)继续聚焦产品开发,紧贴市场需求推进产品形成系列化、集成化。(4)继续强化自主品牌建设,提升发展内涵,加强市场竞争力。(5)继续加强管控,规范流程,根据集团部署推进信息系统上线。(6)继续加强人才队伍建设,打造高质量人才队伍。

上海大博文鞋业有限公司

上海大博文鞋业有限公司可追溯到上世纪20年代，中国飞跃球鞋诞生地——上海胶鞋一厂。1993年12月由上海兰生股份有限公司与上海大孚橡胶总厂(前称上海胶鞋一厂)合资组建。现隶属上海市国资委东浩兰生集团属下企业。

上海大博文鞋业有限公司是飞跃品牌的唯一传承和发展者。可喜的是大博文鞋业有限公司从单纯飞跃球鞋生产到目前集品牌战略、技术研发,涵盖生产硫化鞋、冷粘鞋、注塑鞋等各类运动休闲鞋。传承“Feiyue品质，提升大博文品牌”、大博文工匠精神，是新时代赋予公司的责任。

公司目前主要生产橡胶布面、皮面运动鞋，休闲鞋，冷粘鞋。产品曾获上海市名牌产品称号。公司传承上海大孚橡胶总厂近百年胶鞋生产经验，拥有一支集研发、品管、生产、管理的胶鞋人才队伍。

公司拥有先进的胶鞋生产设备及检测设备，并经国家商标总局批准注册的“大博文”“TOP ONE”商标，享有“飞跃牌”商标使用权。同时公司承接外贸、匡威、LEVIS等国际品牌的研发和生产制造。

公司生产的“大博文”“TOP ONE”牌田径鞋，乒乓鞋，马拉松鞋，足球鞋等运动、休闲鞋在国内、国外享有较高知名度，深受广大消费者喜爱。

公司秉承:体育运动是民生健康之本，大博文是民生健康之基，大博文努力塑造时尚、健身、运动新形象。

公司愿与全国各地及海内外经销商等竭诚合作，共同促进“大博文”“TOP ONE”民族品牌不断创新和发展!

江铜国际贸易有限公司

一、设立

2010年8月江铜股份出资6亿元设立江铜国际贸易有限公司，2012年引入中国兵工和(香港)港丰投资两个战略投资者，注资增至10亿元，2017年底完成首批员工持股试点。

江铜国际广场

二、主营业务

公司主营铜、铅、锌、铝以及稀散稀贵金属等产品及原料贸易，运用国内外市场平台，辅以金融资源和期货手段，开展有色金属及其他产品的国内外现货贸易、进出口贸易和转口贸易等多形式。公司目前设金属事业部、原料事业部、铜加工品部、衍生品交易部4个业务部门，以及贸易执行中心、资金管理中心、企业管理中心、企业行政中心、风险管理部、法律事务部、计划财务部7个执行和管理部门。

三、经营业绩

公司2011—2017年累计实现销售收入4175亿元，累计实现利税总额约14.9亿元，其中累计纳税额3.52亿元。公司2017年(未经审计)累计实现销售收入771亿元，实现报表利润983万元，另有2.27亿元表外利润，完成纳税金额8520万元。公司年均净资产收益率10%以上，连续几年获得浦东新区外商投资百强前十位及税收总量奖的荣誉，公司已列国内大型有色贸易企业前位。

四、子公司分布

公司下设5家全资子公司:其中上海江铜物流公司和香港保弘公司主要为大宗贸易的平台公司;保理子公司目前已形成总资产31.5亿元规模,年利润超1亿元;供应链子公司项下的洋山江铜有色金属分拨基地项目已完工,目前拟着力开展仓储、物流业务,相关业务开展申请已获江铜集团批准;新加坡子公司着力开拓中国台湾、东南亚市场,目前形成年销售收入60亿元,利润近千万元。

五、人员及机制

公司目前总人数153人,本科以上学历占比近90%,其中本科人数98人,硕士及以上人数31人。公司主要管理层包括总裁1名、党委书记1名、副总裁1名、专业总监3名和总裁助理3名。

公司除少数高管由股东方委派外,用人完全市场化,采用员工"能进能出"、管理人员"能上能下"、收入"能增能减"的用人机制,推行末位淘汰制并落实360度全方位考核体系。

六、员工持股试点改革

2016年11月,江铜国际贸易有限公司向省国资委提出员工持股试点申请,2017年3月,省国资委下发批复批准江铜国贸等4家企业列入试点名单。9月底公司完成向省国资委的备案工作,并领取评估备案表,12月底完成在产交所的产权交割并于2018年初完成所有工商变更。

七、目标

未来5年,公司的发展目标是成为拥有一定有色金属资源、以大宗商品贸易为核心、贸融投相结合的国际化全产业链大型商品贸易集团。

三、外资、外经企业

上海建工集团股份有限公司

党委书记、董事长　徐　征

2018年，上海建工集团股份有限公司营业总收入1705亿元，全年新签合同额3037亿元，在全球250家最大承包商中名列第九位。

一、对外工程承包

2018年，上海建工在境外共有53个在建项目，分布在亚(14)、非(10)、美(5)、大洋(1)四大洲共30个国家和地区，全年对外工程承包完成营业额67452万美元，新签合同额47542万美元。

(一)工程建设整体受控，多个项目竣工并启用

5月，萨摩亚法莱奥罗国际机场升级改造项目竣工，这是集团在境外承建的第一个机场设计施工总承包项目，在不停航施工下对原机场升级改造，获得萨政府颁发的"最佳公共建筑工程奖"。蒙古129.4千米道路项目克服严冬大雪、沙尘暴等恶劣天气影响，紧密安排工期，11月23日举行了临时通车仪式。11月，援毛里塔尼亚体育场维修改造项目通过验收，这是上海建工贯彻落实援外新政的首个项目，对后续援外项目的实施管理将起到示范作用。援尼泊尔加德满都内环路改造项目经过逾5年的艰苦努力，克服拆迁缓慢、特大地震、边境封锁等困难，顺利通过商务部竣工验收，施工质量被评为优良。香港莲塘项目经过三年精细化管控，12月顺利完工，获得香港政府满意评价。加拿大Connaught公寓楼项目一期96个单位的验收交房工作顺利完成。

厄特电站顺利完成质保移交业主。厄特涉农代运营服务和移交稳步推进，3座冷库已向厄特畜牧业公司进行实质性移交。制罐厂完成二期代运营服务，PVC及PE制管厂四期代运营将于2019年1月结束，后续运营及移交工作正稳步推进。

(二)优化项目类型，实现"一带一路"新突破

2018年的新签项目中，国际承包项目占86%，资金来源多元，哈萨克斯坦项目为亚洲

开发银行资金，越南高层项目为业主自筹资金。援萨摩亚公园和艺术中心项目由惠州市政府出资，是利用地方资金开拓海外市场的重要突破。援津巴布韦议会大厦项目是中国在南部非洲最大的援建工程，也是集团有史以来承接的最大援外项目。

"一带一路"沿线市场全年新签合同额约15亿元，占同期总额的25%。中标哈萨克斯坦阿克托别—马卡特道路升级改造工程两个标段，合计金额3.4亿元，实现了中亚地区零的突破。越南胡志明市金山公寓楼项目开工建设，合同金额约9亿元，是集团海外实施主体与总包集团积极联动的重要成果，总高度267.5米，不仅开拓了"一带一路"新市场，也是集团海外建超高层项目的重要突破。

东帝汶市场展现了持续发展的良好势头，新签5个合同。南太市场继萨摩亚法莱奥罗国际机场项目竣工之后，下半年连续中标3个项目，总额约2.3亿元，保持了持续发展的态势。

2018年5月17日，集团党委副书记、总裁卞家骏会见来华访问的特立尼达与多巴哥共和国总理基思·罗利一行

（三）履行社会责任，品牌建设展现新亮点

在2018对外承包工程企业社会责任绩效评价中，上海建工首次取得最高评价等级："企业社会责任领先型企业"，《上海建工匠心打造加勒比地区首座儿童医院展中国质量和速度》获优秀案例。

2017年末厄特电站建设完成，质保期间项目团队积极推进代运营服务，为业主提供备品备件采购及维保、老系统升级改造等服务，以"授人以渔"的方式培训当地员工，帮助业主方尽快熟练掌握电站运营及维护技能，2018年10月质保完成，电站平稳移交。

9月，集团领导出席第十五届"中国—东盟博览会"，中共中央政治局常委、国务院副总理韩正巡视了上海建工展台，反响热烈，为集团赢得更多关注。展览期间，集团领导与柬埔寨首相洪森对话交流，推进柬埔寨市场持续发展。此外，集团还分别出席澳门国际基础设施投资与建设高峰论坛、香港"一带一路"高峰论坛等重大活动，起到良好的宣传效果的同时，也为市场拓展起到了积极的推动作用。

海外事业部工程管理中心副总监张常剑荣膺承包商会“2018国际工程杰出人物”。

此外，集团凭借良好的海外工程、劳务业绩，荣获“2017中国对外承包工程信用等级评价AAA企业”“2017中国对外劳务合作信用等级评价AAA企业”和“2017机电商会信用等级评价AAA企业”称号(均为最高级)。

2018年对外工程承包主要市场情况表

国家或地区		新签合同额		完成营业额	
		金额(万美元)	占比(%)	金额(万美元)	占比(%)
合计		47542	100.00	67452	100.00
亚洲	柬埔寨	35	0.07	8946	13.26
	中国香港			2170	3.22
	越南	13606	28.62	534	0.79
	中国澳门	5837	12.28	28800	42.70
	文莱	223	0.47	223	0.33
	东帝汶	2640	5.55	2162	3.21
	蒙古			2150	3.19
	尼泊尔	636	1.34	1239	1.84
	马来西亚			609	0.90
	哈萨克斯坦	5927	12.47	158	0.23
	巴基斯坦	157	0.33	157	0.23
	菲律宾	49	0.10	49	0.07
	约旦	666	1.4	666	0.99
	印度尼西亚	937	1.97	95	0.14
非洲	科摩罗			740	1.10
	赞比亚	167	0.35	210	0.31
	多哥			1917	2.84
	津巴布韦	9786	20.59	934	1.39
	坦桑尼亚	184	0.39	55	0.08
	几内亚	991	2.08	213	0.32
	肯尼亚	105	0.22	131	0.19
	毛里塔尼亚	62	0.13	1247	1.85
	尼日利亚	1055	2.22	294	0.44
	厄立特里亚			2701	4.00
北美洲	美国			6825	10.12
	加拿大	1189	2.50	2525	3.74
	智利	333	0.70	333	0.49
	玻利维亚	230	0.48	230	0.34
	特立尼达和多巴哥	1240	2.61	98	0.15
大洋洲	东萨摩亚	1487	3.13	1041	1.54

二、对外投资

厄特科卡金矿项目运营平稳,矿石处理量、平均品位及合质金产量增幅明显。累计产合质金8.85吨(纯金7.82吨),其中2018年产金3.61吨,生产黄金199块,处理矿石69.7万吨,实现销售收入1.35亿美元。

三、援外培训

第三期"'一带一路'基础设施建设国际人才研修班"在秋季开班,来自斯洛伐克、马来西亚、柬埔寨等5个国家19位学员在华进行为期2周的培训。这已成为集团响应国家倡议,支持"一带一路"国家能力建设的"品牌项目"。

四、对外劳务合作

外经商务公司继续加强内部联动,深化"管家式"服务理念,为集团海外工程业务提供优质的设备采购、物流运输等配套服务,2018年为厄特金矿共完成164份订单、合计出口约848万美元的物资设备;自营贸易业务实现增长,为缅甸二手设备出口、印度地铁UAA04项目等提供服务。在巩固德国护士、德国厨师等劳务外派业务同时,深入柬埔寨等第三国劳务基地。

五、对外贸易

建工钢构新签对外销售合同3100万元;市政总院新签设计合同2600万元。

集团24家单位注册成为首届中国国际进口博览会的采购商,共有1500名员工参加进博会。进博会期间外经集团在洽谈医疗设备代理,预计未来5年订单约165亿元。

德高集团(中国)公司

德高集团公司(JCDecaux Group)创立于1964年,是全球领先的户外媒体公司,并在巴黎Euronext上市。2018年公司收入达到36.19亿欧元,业务遍布全球超过80个国家,运营1074113个广告位。

作为唯一一家专注于户外广告的世界级媒体公司,德高集团公司在街道设施、广告大牌及交通媒体的三大业务范围内努力不懈地提供最佳服务。

世界领先的街道设施运营商:50多年来,德高集团公司在68个国家的2110个城市中致力提供结合大都会发展及公共服务设施的解决方案。

欧洲领先的广告大牌运营商:德高集团公司在56个国家运营约174670个媒体,包括2775个城市的楼顶射灯广告、单立柱大牌、霓虹灯及广告路牌等,保证达到城区人口的最大覆盖。

世界领先的交通媒体运营商:德高集团公司交通媒体出现在巴黎、伦敦、纽约、中国香港、上海等全球各地250个交通运输网系统和215个机场中运营广告业务。

随着中国户外广告市场的高速成长,德高集团公司在中国的表现已成为集团在全球市场中的一个亮点。从2005年进入中国市场以来,德高集团公司的业务已覆盖到中国(含香港及澳门)的13座城市。城市的交通媒体(地铁媒体、巴士车身媒体、机场媒体)以及街道设施媒体(巴士候车亭媒体)已成为公司的主营业务。

上海浦东机场携手德高推出系列优质电子媒体产品

(一)德高(中国)地铁媒体——中国领先的地铁媒体网络

德高集团(中国)公司在中国地铁媒体市场中占主导地位,其业务覆盖中国8个经济快速发展的城市:北京、上海、广州、天津、南京、重庆、苏州和香港,运营1159个地铁站的广告空间,87675个广告位,近20个种类的媒体形式。

2008年,德高集团(中国)公司在上海地铁率先推出了创新十幅联动103英寸PDP电子屏媒体,在人流最密集的人民广场站打造了最大的PDP电子屏联动空间效果。随后几年,德高先后在中国地铁推出65英寸DP双屏、32英寸DEC电子梯牌等电子媒体,并将机场中常见的48封超级灯箱引进到地铁中,提升机场服务的钟表实物也出现在地铁里。2012年,德高集团(中国)公司又创新地在高档购物商场汇聚的上海地铁黄陂南路站推出亚洲首个电子站,6种大型电子媒体尽收其中,通过灵活配合满足各类品牌需求。

同年,上海地铁徐家汇站推出了史上最长的地铁投影画廊,在换乘通道两侧各建造了长23米、高2米的悬挂式屏幕,通过18台大型投影无缝拼接出高清绚丽画面。德高集团(中国)公司在为客户提供创新媒体选择的同时,也为地铁乘客创造了充满活力的空间体验。

(二)德高(中国)中国巴士媒体——中国领先的巴士车身媒体网络

巴士是中国使用最频繁、最受欢迎的大众交通工具之一。巴士每天穿梭于城市的各个角落,是接触广大市区人群最有效的媒体之一。德高(中国)巴士媒体网络覆盖全国包括上海、南京、成都、武汉、深圳、重庆、梧州及香港8个经济活跃城市,德高集团(中国)公司是目前唯一提供全国巴士车身媒体网络的运营商,每日接触近1.5亿的城市人口。

大幅广告画面和高移动性的特点,使巴士车身媒体摇身成为品牌推广的大牌,实现户外广告媒体中最广泛的覆盖。全车、横幅、双层品牌车等多样化的媒体形式,符合客户不同的预算需求;德高推出的R&F户外受众评测调研则量化了巴士媒体效果和收益,让媒介策划有据可依:针对不同的地点和不同的目标受众,配合不同的广告目的与需求,从全国性套装,到单一城市投放,再到线路的选择,德高(中国)的媒体产品都能为客户提供针对不同的目标对象的弹性设计。

德高运用新材料在巴士车身媒体上,如冷光源、反光材料等,为客户的广告创造了创新的话题。仅仅是技术的创新,德高集团(中国)公司在运用专业的服务能力和强大的执行能力,创造了"巴士百变"产品,实现了百部巴士一夜上就的突破,"巴士百变"管理创新案例更获得了集团的"高效率"奖项。

(三)德高(中国)机场媒体——国际领先标准的机场媒体

德高集团公司与全球知名建筑师及设计师的多年合作,加之德高集团公司在全球215座机场的运作经验,使德高集团公司成为机场媒体设计的专家。公司高品质的媒体产品与机场的设计完美融合,极富冲击力的媒体效果,以及国际客户的广泛引入,为德高集团公司在中国机场媒体的运作,打下了坚实的基础。目前,德高集团(中国)公司已成功搭建了涵盖北京首都国际机场、上海浦东国际机场、上海虹桥国际机场、成都双流国际机场、重庆江北国际机场、香港国际机场和澳门国际机场的媒体发布网络,2018年覆盖了超过3.71亿旅客。北京首都机场和上海浦东、虹桥机场是进出中国大陆的主要航运枢纽。自2018年起,德高中国的机场媒体网络还将拓展涵盖广州白云国际机场。

中国机场媒体受众主要是高端消费群体、商务人士。针对此特点,德高集团(中国)公司打造了一个优雅与国际化的机场媒体平台,帮助客户塑造品牌与产品的高品质形象,为其带来最有效的媒体解决方案。德高集团(中国)公司在上海虹桥国际机场打造了奢侈品广告区域,特别设计了大型竖幅高品质灯箱,加之高精度的印刷,为客户打造了巨幅高端杂志画

面效果,并突出了奢侈品独享空间的广告环境设置。德高集团(中国)公司的努力获得了众多国内外知名品牌的认可,其选择与德高集团合作,在中国机场媒体平台中推出一系列极富冲击力的广告投放,包括巨幅灯箱、墙贴、互动展台等不同形式。

(四)德高(中国)巴士候车亭媒体——高品质的巴士候车亭媒体

1964年,德高创始人Jean-Claude Decaux开创街道设施理念,并在里昂建立了第一个巴士候车亭媒体。2012年,德高集团公司将其在全球户外广告的成功运作经验引入中国大陆市场,为梧州打造一流的、高品质的巴士候车亭媒体。此外,德高集团(中国)公司也在中国香港、中国澳门运营街道设施媒体,如巴士候车亭,城市信息牌媒体等。

在力求为客户提供最优质的媒体平台和服务的同时,德高集团(中国)公司也始终努力承担相应的社会责任。几年来,德高集团(中国)公司成为世界自然基金会(WWF)“地球一小时”活动在中国的第一家合作企业,气候组织“百万森林”项目的推广合作伙伴,壹基金的推广合作伙伴,中国妇女发展基金会的媒体合作伙伴以及国际爱护动物基金会(IFAW)的推广合作伙伴等。2014年,正值中法建交50周年,也恰逢德高集团公司成立50周年。作为一家法国企业,又是法国领事馆的“战略广告媒体合作伙伴”,德高集团(中国)公司利用自身的地铁、机场以及候车亭媒体资源为“中法建交50周年”项目提供宣传推广支持。

三菱电机

三菱电机是制造和销售电气与电子产品及系统的世界领先品牌企业，其产品及系统在信息处理和通信、空间发展和卫星通讯、消费电子、工业技术、能源、交通和建筑设备等众多领域和应用中得到广泛使用。三菱电机经营理念是“Changes for the Better”，环保宣言是“eco changes 精于节能，尽心环保”，三菱电机作为一家全球领先的绿色环保公司，90多年来，始终通过自身的领先技术为社会和人们的日常生活做出贡献。

三菱电机的工业自动化产品自20世纪60年代进入中国，如今已被广泛应用于汽车、纺织、包装印刷、食品饮料、电子半导体、机床、新能源等领域，见证了中国工业的发展。同时，也为社会基础设施建设提供有力支持，例如楼宇、电力、水处理、轨道交通等。

三菱电机FA事业在中国的开展，从1993年设立“菱电国际（上海）有限公司”开始。随着中国经济的发展，事业不断扩大。从本地化生产，到全国服务网络的完善；从产品的推广销售，到综合解决方案的提供；从TCOE（Total Cost of Ownership Engineering）降低客户综合成本到TVOE（Total Value of Ownership Engineering）为客户提供整合价值方案，三菱电机着眼于未来，不断变革和创新，与时俱进。

三菱电机的工业自动化综合解决方案e-F@ctory，融合FA-IT技术将生产现场与信息系统无缝连接，真正实现“人、机器与IT协同”的柔性生产，在提升生产效率的同时，降低生产成本。e-F@ctory智能制造解决方案通过可视化、可分析、可改善的领先技术，实现制造系统感知理解、分析预测、决策优化等应用，削减工程链、供应链的综合成本，实现制造经营的最优化，支持客户的改革，协助客户提高自身核心竞争力。

ML3122VZ10-20XF　二氧化碳激光加工机

集荟商业管理(上海)有限公司

——上海悦荟广场

上海悦荟广场位处上海最繁华的南京东路步行街中央地段，紧邻三个地铁出入口，轨道交通2号线和10号线地铁线穿行而过。该项目建筑面积约40270平方米，整个营业区域分为7层，涵盖购物、餐饮、时尚和娱乐等多元业态，是南京路上最新潮、最娱乐化的购物中心代表之一。

上海悦荟广场外景

上海悦荟广场以娱乐、新潮为最大特色，是上海最吸引当地年轻人与游客的理想地标之一，与全球家庭娱乐巨头默林娱乐集团合作，带来亚洲首家惊魂密境；联手意大利百年经典运动品牌FILA，打造其大中华区店铺面积最大的旗舰店；创立“潮荟社”——潮流市集概念街区，涵盖时尚彩妆、美食茶饮和最in的服饰潮牌。在餐饮方面，上海悦荟广场聚集了众多潮流餐饮品牌以提供丰富的用餐体验：星巴克，喜茶、牛New寿喜烧、皇茶、荷宝街、72闹咖啡、溪雨观、山人垚、煲宫和角屋等。H&M、FILA、PULL&BEAR等时尚零售品牌的入驻，满足了更多年轻消费者的潮流购物需求。此外，上海悦荟广场于2019年携手“米域”将联合办公引进购物中心，打造适合年轻、创意、自由一代的新型工作空间。

上海悦荟广场是Pradera Retail Asia在中国管理的四家零售地产项目之一，其他三个项目分别位于重庆、青岛和西安。Pradera Retail Asia成立于2016年9月，由两家全球顶尖的行业巨头合资成立，致力于在亚洲范围内提供整合、优质的资产管理服务。公司的投资方之一是拥有雄厚专业实力与卓越零售资产管理能力的Pradera，另一方为在大中华区有逾20载地产事务经验的麦格理基础设施及有形资产(MIRA)，双方强强联手开拓亚洲市场。

上海K11购物艺术中心

国内首家购物艺术中心——上海K11于2013年6月28日举行盛大开幕庆典。作为首个把艺术·人文·自然三大核心元素融合的全球性原创品牌,K11将艺术欣赏、人文体验、自然绿化及购物消费相互融合,为大众带来前所未有的独特感官体验。K11秉承品牌核心理念,运用独特的绿色设计,糅合多维的艺术欣赏与交流,汇聚国际潮流品牌,让商业变身艺术,全情打造最大的互动艺术乐园、最具舞台感的购物体验及最潮的多元文化生活区。

上海K11购物艺术中心

K11是一个让商业变身艺术的地方。K11将艺术、文化、时尚与设计的力量有机融合,定期举办各类艺术展览及充满想象力的活动,使K11变身为一座艺术乐园,为日常生活增添如舞台般多姿多彩、充满活力与激情的元素。让消费者在这所艺术乐园中,使普通的购物之旅,变成活泼奇幻、充满艺术感的旅程。

位于K11购物艺术中心B3层的chi K11美术馆占地3000平方米,自2013年开幕以来,美术馆举办超过52场艺术展览,包括大师展如"印象派大师·莫奈特展""跨界大师·鬼才达利"、艺术与时尚跨界的展览"BAGISM包·当代""薇薇安·威斯特伍德:复兴生活"、德国艺术家卡塔琳娜·格罗斯中国首场个展"呢喃的泥土"等各式当代艺术展;向公众开放逾300场多种多样的公共文化项目,包括展览系列讲座论坛、艺术工作坊、戏剧演出等。不论老幼,chi K11美术馆为艺术爱好者们提供了绝佳的近距离接触当代艺术的机会。

上海K11购物艺术中心,不仅仅是一座购物中心,更是一间艺术博物馆、环保体验中心、主题旅游景点和展示人文历史的绝佳场所。

凭借其创新的多维平台优势，满足了广大消费者的高端购物需求，为淮海路商圈的整体业态升级贡献力量。未来上海K11将持续不断地为大众提供接近艺术、体会艺术、欣赏艺术的人文空间，继续传递艺术与时尚流入生活的律动，引领公众开启焕然一新的旅程，在全面感受和体验这座艺术乐园的缤纷之余，尽享购物赏游之乐。

无印良品(上海)商业有限公司

1980年无印良品诞生于日本,主推服装、生活杂货、食品等各类优质商品,作为日本最大的生活形态提案店,无印良品旨在将简约、自然,质感的理念和产品传播给全世界。

无印良品(上海)商业有限公司作为株式社会良品计划的全资子公司,自2005年登陆中国市场,始终向消费者传达着优质生活的理念,始终带着遇见未来地球规模消费的视点,探索最合适的素材、制法和态度,保持着诞生之初的核心理念,如指北针继续指向生活的"基本"和"普遍"。

截至2018年末,无印良品的足迹已遍布全国多座大中城市,开设门店256家,在上海、北京、南京、苏州、杭州、宁波、青岛、天津、沈阳、大连、成都、深圳、厦门、重庆等多座大中城市开设品牌专卖店,商品种类也遍及服装、生活杂货、食品、书籍乃至家居领域,成为良品计划在海外最具活力的子公司。

无印良品大事记

2005年　上海1号店

2013年　100家店铺达成

2014年　世界旗舰店"成都远洋太古里"开业

2015年　世界旗舰店"上海淮海755"开业

2016年　200店店铺达成

2017年　MUJI Diner 开业

2018年　MUJI HOTEL SHENZHEN/BEIJING 开业

2018年　世界旗舰店"南京东方福来德"开业

2019年　世界旗舰店"杭州工联CC"开业

淮海755旗舰店

上海7-ELEVEN

1927年创立于美国德州达拉斯的7-ELEVEN，初名为南方公司(The Southland Corporation)，主要业务是零售冰品、牛奶、鸡蛋。到了1946年，推出了当时便利服务的创举，将营业时间延长为早上7时到晚上11时，自此，7-ELEVEN传奇性的名字于是诞生。

一、便利安心商品

7-ELEVEN善于挖掘消费者潜在需求，从“便利”的核心概念出发，不论是首创24小时营业的购物型态、推出代收服务、ATM提款机，或是深耕鲜食产业，推行自有品牌、国际采购与预购商品，充分展现7-ELEVEN强大的商品力，创造市场新典范。

为提供消费者多样化、多选择的商品服务，7-ELEVEN每两周即有新商品上市，各式流行、畅销商品应有尽有，为不断强化商品结构，除了以国际采购方式，引进国外畅销商品，也透过制贩同盟模式全力发展7-ELEVEN自有品牌，不仅在质量上严格把关，同时强调注重“设计”质感，以优良的质量及设计美感呈现商品价值，提供兼具价值与质感的商品，颠覆了消费者对通路自有品牌原有的印象。

通过饭团、烩饭、面食、生鲜蔬果等产品的推出，7-ELEVEN跨足鲜食产业，一日二配、保证鲜度的概念严格要求每个制程。

二、贴心生活服务

7-ELEVEN提供各项生活上的便利服务，为民众创造生活乐趣，也引导消费流行趋势。消费者可以轻易的在住家附近的7-ELEVEN，选购各地名产、缴交各项费用、使用ATM提款

7-COFFEE 深受上海广大的消费者喜爱

机，以及网络交货便、退货便、使用黑猫宅急便寄件。为满足数字化时代需求，“ibon便利生活站”提供票务、缴费、红利、打印等八大服务，让外出上班族与学生均可随时影印、传真、彩色打印各类文件，提供消费者更丰富、多样的便利生活。并结合智能型手机APP、数字事务机、ibon机台与网络页面软硬件系统互相整合，打造出全球独有的跨媒体行动商务中心。

7-ELEVEN 24小时不打烊的代收服务，从水、电、燃气等基本民生消费等，成为7-ELEVEN最受好评的服务之一。

上海7-ELEVEN致力开发具差异化且符合本地消费者习惯的商品，引领消费潮流，未来仍坚持以顾客为本位，提供更多、更新、更优质的服务，追求并实现消费者的便利生活。公司本着“客户第一，诚信至上”的原则，以实力和质量获得业界的高度认可。

养乐多(中国)投资有限公司

1930年,创始人代田稔医学博士强化培育出以他名字命名的“干酪乳杆菌代田株”。1955年养乐多集团成立,作为世界知名活菌型乳酸菌乳饮品制造商之一,1935年开始在日本生产“养乐多活菌型乳酸菌乳饮品”,至今已有80多年的历史。自1964年进入中国台湾地区以来,养乐多的足迹已经遍布全球39个国家和地区,日销量达4000万瓶。

自创业以来,养乐多一直专注于生命科学领域的研究与探索。位于日本东京的养乐多中央研究所拥有数百名专业科研人员,致力于肠内菌群分析、未知肠道细菌探索、免疫调节分析、癌症预防研究以及临床应用的研究,始终走在益生菌领域研究最前沿,并不断将这些研究成果应用到益生菌产品中。为借助欧洲先进的益生菌科研理念,大力发展世界最前沿的肠内菌群解析技术。2005年,养乐多于比利时根特市设立了养乐多欧洲研究所,为养乐多海外工厂提供技术支持、产品安全性评价等服务。

一、养乐多(中国)集团有限公司成立

养乐多(中国)集团于2002年首先在广东省广州市开始活菌型乳酸菌乳饮品的推广事业,为中国大陆的消费者提供乳酸菌饮品,并传播养乐多的健康理念。随后于2003年进入上海市场,为了植根中国,更加稳健有力地统筹和发展中国大陆事业,2005年4月,养乐多(中国)投资有限公司在上海成立。作为一家专业生产活菌型乳酸菌乳饮品的企业,养乐多始终将产品品质作为企业命脉,始终坚持当地生产、当地销售的原则。分布全球的38家养乐多工厂,都严格按照全球统一的标准进行建造和管理,遵循国际标准的质量管理体系。从原料进口、菌种培养、调和、容器成形、充填、出库到流通的每个环节,都遵循严格的品质管理标准,确保品质卓越。目前养乐多(中国)集团拥有广州、上海、天津、无锡等6家生产基地和46家分(子)公司,并在广东、上海、北京、天津、厦门和福州开展了家庭配送服务。

随着大众健康意识的提升和对热量以及

养乐多产品

糖分控制的需求，养乐多在2016年1月起在中国大陆市场推出新产品——养乐多低糖。此款产品的亮点在于保留原味产品的口味，含糖量则减少了70%，热量降低约40%；其次增加了钙和维生素D，更好地为身体补充钙质，强健骨骼。上市以来，养乐多低糖“小蓝瓶”已成为众多消费者的“新宠”，深受消费者的喜爱。

二、养乐多坚持高标准生产

17年来，养乐多一直秉承最高的生产标准，凭借严格的品质管控、前沿的技术研发和健康理念，获得口碑与销量的双丰收。数据显示，养乐多刚进入中国大陆时，日均销售量约为6万瓶，截至目前，这一数字已达到750万瓶。也就是说，现在中国大陆地区每天约有750万人正在饮用养乐多。据上海市饮品行业协会官方统计，“养乐多活菌型乳酸菌乳饮品”连续10多年高居上海地区乳酸菌饮料销售额市场占有率的榜首。

与此同时，养乐多也与中国本土的科研机构合作，2015年养乐多与江南大学成立“校外共建基地”，并已经和中国农业大学、苏州市立医院等高校及临床机构开展共同研究，围绕干酪乳杆菌代田株的肠内存活性和对人体健康的益处展开研究。养乐多坚持用尖端科技为人类肠道健康保驾护航。

三、养乐多积极投身公益事业

在社会公益方面，养乐多坚持以一种有利于社会的方式进行经营和管理，肩负起属于自己的社会责任，积极投身于公益事业。持续和全国各大高校联合开展养乐多“肠乐会”活动，向各大高校师生普及肠道健康的重要性及益生菌的健康理念；通过与上海科普教育发展基金会合作设立“养乐多健康教育专项基金”；与第一财经合作参与“1份早餐”“双城日记”“树的等待”等公益活动，长期、稳步地推动公众对自身肠道健康重要性的认知，为国民健康知识普及贡献一己之力。除此之外，在每年5月29日，养乐多会结合“世界肠道健康日”这一概念，广泛开展形式多样的活动，坚持不懈地普及肠道知识，连续13年赞助由中国食品科学技术学会主办的“益生菌与健康国际研讨会”，与专家探讨益生菌领域的最新科研发展，并围绕益生菌健康知识对消费者开展一些列的肠道健康教育普及活动。在食品安全方面，也获得了权威性的认可，作为乳酸菌乳饮品制造企业，通过严格的第三方综合评审，连续7年获得中国食品健康七星奖，荣获“七星企业”称号。

养乐多将对产品品质、食品安全、健康理念的坚守凝结在每一个养乐多的小瓶子里，牢记着自己作为食品生产企业的责任，未来养乐多会继续努力，做好守护食品安全和消费者肠道健康的卫士。

上海飞牛集达电子商务有限公司

一、公司成立

高鑫零售集团旗下上海飞牛集达电子商务有限公司(简称公司),2013年6月7日经上海市政府商务委批准,2013年6月18日经上海市工商局登记注册成立。公司投资总额45亿元人民币,注册资本15.5亿元人民币。公司注册地:上海市静安区江场西路220号6楼。

公司开设大型电子商务网站:"飞牛网",并于2014年1月16日正式上线营业,是大润发超市的线上购物平台,是全品类电商网站。

二、经营模式

依托大润发采购供应链优势,"飞牛网"与"大润发"线上线下一体化打通。推出包括手机数码、电脑办公、家用电器、家庭清洁、厨卫清洁、家居家纺、服饰鞋靴、美容化妆、个人护理、饮料、酒水、台湾精品、进口食品、文具图书、母婴玩具、宠物商品、生鲜商品17个大类,上百万种商品。向顾客提供国内互联网具有价格竞争力、兼具品质保障的商品,上线不久即深受广大电商网购客户的好评。

2017年1月,"飞牛网"上线全国B2B业务。针对中小型零售商及各类快消品用户开发了全国第一家含生鲜品项的全品类B2B平台——"大润发e路发"。经营品类涵盖:果蔬鱼肉、酒水饮料、休闲零食、米面粮油、清洁护理、母婴用品、调料干货、进口食品、日用百货、文体办公、大小家电、低温食品等,拥有20000多个SKU。为小店提供"飞牛便利"与"大润发e路发"双品牌授权合作模式,通过"大润发e路发"APP进行订货,并派员协助商铺经营管理、

大润发旗下新零售业态"飞牛优鲜"正式更名为"大润发优鲜"后,顾客在挑选商品

丰富商品结构,指导小店陈列促销等保姆式服务,让小店赚钱更轻松。2017年10月,制定"开万家飞牛便利、招万名城镇代理"全国扩张计划。

随着新零售浪潮的兴起,"飞牛网"在新零售领域进行了一次全新的尝试。2017年7月,O2O生鲜电商"大润发优鲜"在"大润发"上海杨浦店率先上线。11月,"大润发"全国门店线上线下全打通,实现了全国线上线下全覆盖。"大润发优鲜"是年轻、时尚、便捷、精致的互联网生鲜超市。通过"大润发优鲜"APP和线下门店为顾客提供优质商品,全国"大润发"门店周边3千米区域,下单后1小时即可送达。新鲜商品6000多种,贴近顾客,满足顾客随时随地随意的购物需求。

2018年2月5日,"飞牛网"全面升级,改版为"大润发优鲜"。"大润发优鲜"依托于"大润发"全国近400家门店,为门店周边3千米的顾客,开启了1小时生活圈的急速新体验。至此,全国近3000万户家庭都列入"优区房"范围,得以享受新零售为生活带来的新鲜便利。

三、业内殊荣

2017年9月9日中国社会福利基金会:"公益合伙人";

2017第二届新零售峰会组委会:"媒体影响力2017年零售创新大奖";

2017年第七届中国SEO排行榜(CHINA SEO RANING AWARD):"特别奖"。

香港太古地产有限公司

香港太古地产有限公司(简称太古地产)是中国香港及内地领先的综合项目发展商、业主和营运商。公司尤其专注发展商业项目,在透过活化市区环境以创造长远价值方面,拥有卓越的成绩。太古地产于1972年在香港成立,现已在香港联合交易所上市,包括旗下附属公司在内聘任员工总数超过5000人。

公司业务涵盖三大主要范畴:(1)物业投资,即发展、租赁及管理商业、零售及少数住宅物业。(2)物业买卖,即发展及兴建物业项目,当中大部分为供出售的优质住宅项目。(3)投资及营运酒店。

公司主要竞争优势在于能从构思、设计、发展以至管理规模及影响力的商业项目,并活化社区环境,累积超过40年实力和经验。

一、香港投资物业组合

太古地产的投资物业组合主要包括办公楼、零售物业、服务式住宅、酒店及优质住宅项目。公司在香港应占投资物业组合总楼面面积逾140.3万平方米,主要物业包括太古坊、太古城及太古广场,三者皆能尽显太古地产建设社区的优势。

二、香港物业买卖组合

多年来,太古地产在香港港岛及九龙区多个地段致力发展及出售优质住宅物业,包括甘道三号、5 Star Street、殷然、肆然、瀚然、蔚然、DUNBAR PLACE、MOUNT PARKER RESIDENCES、海峰园、港运城、港涛轩、鲤景湾、逸涛湾、傲璇、维景湾畔、柏蕙苑、雍景台、蕙逸

北京三里屯太古里,香港太古地产在内地的第一个商业项目

居、太古城、雅宾利、逸意居、逸桦园、东堤湾畔及海堤湾畔、星域轩、WHITESANDS及又一村花园。

三、香港以外业务

除了中国香港，太古地产业务遍及中国内地、新加坡及美国。

1.中国

太古地产于中国内地应占的物业项目总楼面面积逾80.8万平方米，包括五个分别位于北京、广州、成都和上海的综合发展项目。

北京三里屯太古里，坐落北京朝阳区。三里屯太古里为公司在中国内地首个零售物业发展项目。三里屯太古里为开放式、低密度发展项目，包括两个邻近的零售区域及一间由太古酒店管理的豪华酒店瑜舍。整个发展项目的总楼面面积逾13.6万平方米。三里屯太古里网罗约230间商店和餐厅，包括旗舰店、休闲品牌专门店，以及提供地区及国际美食的餐厅。公司全资拥有此项目。

北京颐堤港，位于北京市朝阳区，是以零售为主导的综合发展项目，总楼面面积约17.6万平方米，拥有一座购物商场、一幢甲级办公楼和一家提供369间客房的休闲式商务酒店，与北京地铁14号线相连。项目于2012年开幕。公司持有此项目50%权益。

广州太古汇，位于广州商业中心天河区的太古汇，为总楼面面积约35.7万平方米的综合发展项目。项目坐落于广州交通枢纽，并与广州地铁直接相连。太古汇设有一座优质购物商场、两幢甲级办公楼、一间附有服务式住宅单位的文华东方酒店，以及一座由第三方拥有的文化中心。太古汇的商场和办公楼于2011年启业，而文华东方酒店亦于2013年进驻。公司持有此项目97%权益。

成都远洋太古里，坐落成都市锦江区，毗邻春熙路购物区，是一个以零售为主导的大型发展项目，总楼面面积约20.5万平方米。项目包括一个开放式、低密度的街区形态购物中心、一间提供100间客房及42个服务式住宅单位的精品酒店“博舍”及一座甲级办公楼“睿东中心”。项目与成都地铁2号线及3号线交汇站直接连通，尽享便利交通。购物中心于2014年开业，公司持有此项目50%权益。

上海兴业太古汇，是一个以零售为主导的大型综合发展项目，位于上海南京西路商圈。项目的位置优越，交通便捷，总楼面面积逾32.2万平方米，包括1座购物商场、2幢办公楼、2家酒店及1幢服务式住宅大厦。上海兴业太古汇购物商场于2017年11月正式开业。两幢办公楼租户已于2016年12月起陆续迁入。由太古酒店管理的精品酒店“镛舍”于2018年开幕。公司持有此项目50%权益。

2.美国

Swire Properties Inc.在1979年于迈阿密成立，为南佛罗里达州具领先地位的国际发展商之一，发展办工楼、酒店及住宅物业。公司以耗资10亿美元、位于佛罗里达州迈阿密的碧琪箕发展项目最广为人知。这个综合发展社区小岛包括2座办公楼、零售商业物业、8幢住宅大厦以及迈阿密文华东方酒店。

3.新加坡

太古地产亦于新加坡发展Draycott Park 2号的住宅项目，提供20个单位。

四、酒店投资组合

太古酒店的业务始于2008年，专责建设及管理旗下于中国香港、中国内地及美国的酒店。House Collective品牌酒店包括奕居、瑜舍、博舍及镛舍，为顾客提供高度个人化服务。每间酒店意象独特，由才华横溢的建筑师和设计师设计建造。

东隅酒店品牌同样发展迅速，中国香港东隅于2010年启用，设有345间客房，其天台酒吧Sugar深受欢迎，并渐成热门的消遣地标。另外，颐堤港项目中的北京东隅亦于2012年启用，而位于美国迈阿密Brickell City Centre的东隅则已于2016年开幕。

格朗吉斯铝业(上海)有限公司

格朗吉斯铝业(上海)有限公司于1996年9月成立。是瑞典格朗吉斯集团的独资企业,是一家全球领先的专门生产钎焊铝热交换器轧制铝材的供应商。公司开发、生产并销售高端的铝材,这些铝材既可以提高客户制造过程的生产经济性,同时也能够提高最终产品钎焊热交换器的性能。世界上有很多轧制铝材生产厂商,但能够轧制钎焊热交换器专用铝材的却很有限。只有一家全球化的公司在该领域做到了全面的专业化——Gränges。

正是因为专注,才使得Gränges在这一领域成为全世界的领头企业。这一地位的形成,基于公司对价值链中所有环节的深入理解。公司同热交换器制造商密切合作,而他们正是公司的直接客户。公司正在携手共进,以解决汽车行业的终端客户正面临的挑战。

全球汽车的数量正在不断增加,技术也正变得越来越先进。如今在一辆汽车里,可以发现多达10种不同的热交换器应用。同时,可持续性的要求也正变得日益严格。为了降低油耗并减少排放,必须采用更加轻量化和更高效的设计。

这些要求正是Gränges的核心竞争力所在,也正是公司提供的创新型产品的基础。公司的愿景有着清晰的表述:帮助客户创造更小、更轻和更具定制性的热交换器,以提高经济效率并减少对环境的影响。

格朗吉斯铝业(上海)有限公司

四、展览企业

上海市国际展览有限公司

董事长　顾春霆

2018年上海市国际展览有限公司（简称国展公司）在上海市国际贸易促进委员会（简称贸促会）的领导下，完成展览面积约60万平方米，接待观众约30万人次。其中，高质量完成首届中国国际进口博览会的筹备和服务保障工作；以全新面貌入驻虹桥正荣中心办公；“第18届中国国际模具技术和设备展览会”“2018中国上海国际婚纱摄影器材展览会（秋季）”“2018上海国际儿童摄影展览会（秋季）”“第20届上海国际摄影器材和数码影像展览会”顺利迁馆至国家会展中心，再创佳绩；“2018一带一路名品展”在上海和重庆顺利举办，服务于共建“一带一路”的国家战略；积极实施“走出去”战略，3个项目在重庆实质性落地。国展公司获得以下荣誉：上海市工人先锋号、上海市“进博先锋行动”先进基层党组织、上海市青年突击队（标杆）、上海市重点工程实施项目立功竞赛优秀团队；陆洋同志获得市总工会颁发的“进博会先进个人”称号。

（一）凝心聚力，出色完成首届进博会筹备和现场工作

2017年5月，习近平主席在“一带一路”国际合作论坛上宣布，中国将举办中国国际进口博览会。6月中央深改组决定首届进口博览会在上海举办，8月市贸促会接到商务部和上海市商务委的指令和委托，参与筹备工作。国展公司作为主力军，研究落实相关承担工作的目标要求，迅速切入筹办工作核心业务范畴，紧张有序地开展前期筹备工作。随着进博览会筹办工作的逐步推进，国展公司配合贸促会参与服务各阶段工作，做到了“高标准对接、高效率推进、高质量落实”。

*一是主动为筹办建言献策。*进博会筹办之初，国展公司靠前作为，积极向商务部、上海市商务委献言献策，从整体策划、招展招商、宣传及现场运营等工作条线出发，提出了一系列专业建议，被广泛采纳确定为官方实施方案予以推广执行，确保了博览会初期工作按期迅速启动。国展公司最早提出的全球路演的建议

得到了组委会高度认可，在工作推进中还根据筹委会的需要提供了各类专业咨询服务，并选派具有丰富策展办展经验的员工参与进博会全球推广、招展招商、场馆运行保障等工作。

二是及时提供专业意见。中国国际进口博览局成立之后，国展公司配合上海市贸促会，迅速组织上海方面专家，组成“现场指挥部专家委员会”，贸促会会长杨建荣任副主任。专家委员会对筹委会现场指挥部编制的《首届中国国际进口博览会筹备工作总任务书》以及《关于国际一流博览会主要评价维度和指标的建议（征求意见稿）》进行论证，并就《首届中国国际进口博览会演练工作总体安排建议方案》给出了专业性建议和意见，按照“全面、细致、不漏项”的要求，为进口博览会现场指挥工作的快速决策和顺利实施提供重要的智力支持。

（二）依托会展全产业链专业优势，高效完成进博会招展布展任务

经过30多年的发展，国展公司的会展业务已经形成涵盖境内外的会展主办、展馆运营、展览运输、展览展示等全产业链。在进博会上，国展公司发挥上海办展主力军作用，勇当重任，以“高效、专业、出色”为目标，落实好筹委会、进口博览局和城市保障领导小组交办的各项工作。

一是以“标杆”精神率先完成汽车馆招展业务。经过国家商务部的比选，国展公司作为全国6家承担招展任务的单位之一，负责汽车展区的招展。公司依托贸促会联系海外工商界的优势，发挥举办上海国际车展与海外车企多年培育的良好合作关系，以第一名成绩率先超额完成汽车展区招展任务，为顺利打开进博会前期招展局面做出突出贡献，实现净面积13660平方米，参展企业69家，展出各类新发整车113辆，全球著名汽车品牌悉数到齐，得到了筹委会的肯定。

上海市市长应勇等领导参观了汽车展区，对展区的展出效果和代表前沿技术的汽车展品给予了充分肯定。

二是以“万无零失”要求落实信息化保障。在商务部、公安部和上海市公安局网安总队的协调指导下，国展公司的信息部门承建了

首届进博会——国展公司信息部汽车展项目组合照

进博会的官网、官微和APP等业务系统的建设、运行和维护工作。参与的工作人员放弃节假日和双休日,夜以继日,全情投入,按照组委会要求的时间节点完成了一个综合门户、八个业务系统——招展系统、招商系统、展商服务系统、媒体管理系统、证件管理系统、分析系统、虹桥国际贸易论坛注册报名系统、国家展展区服务管理系统及中英文版的开发,2017年12月31日准时上线投入使用,为进博会顺利进行奠定了良好基础。展会期间,安全运行成交统计系统,做好包括虹桥经贸论坛、参展商、采购商、国家展参展人员、特邀嘉宾、媒体记者、参加配套活动人员等总计几十万的人员报名及管理工作。

三是以"最优服务"标准做好布展相关工作。国展公司下属上海国际展览运输有限公司以第一名的成绩中标进博会场馆运输服务商,负责国家会展中心(上海)1H服务贸易馆和2H汽车馆的展品货物进出口操作及现场操作任务,为数百家展商及搭建商提供了包括境内外运输、进出口报关、展馆现场操作等在内的展品运输全流程专业化服务。公司加强业务创新,强化操作标准,为参展企业进境报关90批次,承接现场进出货量近2万立方米,保障了展品入境、到位、布展的顺利完成。

国展公司下属上海贸促展览展示公司是中博局通过公开招标,授权的独家广告代理服务商以及特装展台搭建服务供应商。在筹备阶段,公司配合中博局进行约2万平方米商业广告及1.2平方米大会形象的规划,承担2部进博会官方宣传片的制作等重要任务;进馆布展阶段,为俄罗斯、荷兰、西班牙、瑞士、巴拿马等9个国家提供展台设计与实施服务,承担正大集团、美敦力、德国米技等5家国际顶尖企业的特装展位搭建,公司优质高效的服务得到了参展企业的一致好评。

(三)开拓创新,公司业务发展再上新高

1.2018年春秋两季"中国上海国际婚纱摄影器材展览会""上海国际摄影器材和数码影像展览会"和"上海国际儿童摄影展览会"续写佳绩

面对行业下行压力增大、影楼市场萎靡等不利因素,中国上海国际婚纱摄影器材展览会牢牢把握市场动态,在创新求变、转型发展上下大功夫。2018年春秋两季"中国上海国际婚纱摄影器材展览会""上海国际摄影器材和数码影像展览会"和"上海国际儿童摄影展览会"总面积30万平方米,吸引海内外66个国家地区。7月成功迁馆后,展会规模、总体形象更上新台阶。首次设立了海外婚纱品牌区、高端精品区,并跨界引进上汽大通婚纱摄影房车参展。同期共举办包括WPC世界杯优秀摄影作品展、婚纱品牌发布秀在内的48场活动。改成3天展期的婚纱展、儿童展比原来4天的观众人数更多。摄影器材展上,尼康佳能富士索尼等知名企业都以翻番面积参展,并把不少新品放在展会上首发。

2.展与会结合,"2018中国国际染料工业及有机颜料、纺织化学品展览会"和"2018上海国际数码印花及印染自动化技术展览会"领跑行业发展

随着国家对环保的高度重视,面对化工企业停产关闭、整合搬迁、分类整治的严峻局势,项目团队将工作重点放在绿色环保企业,在拓展上下游产业链上挖深挖透、做大做强。"2018中国国际染料工业及有机颜料、纺织化学品展览会"和"2018上海国际数码印花及印染自动化技术展览会"于4月11—13日在上海世博展览馆圆满举办,展出面积5万平方米。借中国染料工业100周年之际,同期举办了中国染料工业百年辉煌总结表彰大会、亚洲染料工业联合会成立大会,成功打造了一场集展示、贸易及研讨等多功能为一体的全球最大染化料行业盛会。

3.移师国家会展中心,"第19届中国国际模具技术和设备展览会(2018DMC)"携"2019上海国际汽车模具和成形工艺装备展览会"各项指标创纪录

面对模具行业增长后劲乏力的问题,以及多方位竞争压力,模具展团队克服重重困难,

2018年中国上海国际婚纱摄影器材展—婚纱秀

大力开拓新板块，寻找相关产业链的延伸。“第十九届中国国际模具技术和设备展览会（2018DMC）”携“2018上海国际汽车模具和成形工艺装备展览会”于6月5—9日首次成功移师国家会展中心，以三个馆加北厅10万平方米规模，围绕“精密加工”“模具智造”和“汽车成形”三大板块，实现了以模具制造为中心的上下游全产业链展出。精准组织的“百团大战”——120个参观团再次成为本届亮点，并巩固了国际国内模具制造业第一大展的地位。

4.“2018一带一路名品展·上海”圆满落幕

以“品质生活　你我共享”为主题的第二届“一带一路”名品展于6月29日至7月1日在上海展览中心再次闪亮登场。项目团队积极招展，参展国别从第一届的28个国家地区增加到本届的45个国家和地区。展出规模近15000平方米。展会同期还举办了20场论坛推介，13场文化演绎，近130场贸易配对活动，更有手绘表演、珠宝鉴赏等缤纷秀场。

5.沪渝合作成果丰硕，“2018重庆国际汽车零部件及相关服务展览会”“首届重庆国际时尚生活展”“2018一带一路名品展·重庆”三展完美收官

依托“上海车展”的强大汽车产业资源，“2018重庆国际汽车零部件及相关服务展览会”9月19—21日于重庆国博中心隆重举办，展览总面积近15000平方米，吸引了近200家企业参展，包括众多国际一二线零部件企业及国内自主品牌旗下零部件企业，以及50余家企业组成的日本展团。同期还举办了“2018国际汽车关键技术论坛”“汽车动力系统技术发展高峰论坛”“全球智能汽车供应链创新峰会”等。

“首届重庆国际时尚生活展”于11月22—24日在重庆国博中心成功举办，规模12000平方米，参展企业达150余家，展品覆盖婚纱儿童摄影和花卉两大板块，同期还举办了包括第三届中国西部（重庆）花艺大赛决赛、花店运营大咖讲堂、西部地区婚纱儿童影楼中小企业发展论坛等精彩纷呈的活动。

“2018一带一路名品展”继6月在上海展出后，于11月23—25日首次成功落地重庆，规模12000平方米。来自38个国家和地区的逾150家企业带来了具有当地特色的各国产品、技术和文化，境外展商比例高达70%，同期共举办41场舞台推介，142场贸易配对，41项展台体验，为我国西部市场成功打造了一个集展览展示、经贸交流、消费体验、文化演绎于一体的平台。

6.满足行业要求，“2018亚洲国际染料工业暨有机颜料、纺织化学品展览会”巡展越南

“2018亚洲国际染料工业暨有机颜料、纺织化学品展览会”于11月21—24日在越南胡志明市成功举办，来自6个国家和地区的70余家展商参展。同期还组织了展商代表参观越南当地纺织印染企业，帮助企业加深对越南市场的认识，积极推进染化业上下游的进一步合作。

7.“第十届中国数控机床展览会”“2018国际商用及公务船舶展”，获各方一致好评

由中国机床协会和国展公司共同举办的“第十届中国数控机床展览会”于4月9—13日在新国际博览中心举办，展出面积12万平方米，国际参与度进一步提高。众多全球业界知名机床工具制造商亮相，展商和用户满意度较大幅度提高，展览效果得到各方的肯定。“2018国际商用及公务船舶展”于11月6—8日在新国际博览中心圆满举办。展出面积8500平方米，来自25个国家和地区的111家海内外展商齐聚一堂，全面呈现公务、工作船及其配套领域的市场进展与科技成果。

上海现代国际展览有限公司

总经理　张定国

一、概况

上海现代国际展览有限公司（简称公司）成立于1993年，是东浩兰生（集团）有限公司下属专业展览企业，全国首家通过ISO9000国际质量体系认证的展览主办企业，上海市会展行业协会副会长单位。公司拥有中国展览馆协会展示工程一级资质、上海市会展行业展示工程企业一级资质和上海市会展行业主（承）办机构一级资质，并于2004年加入UFI（国际展览业协会）成为其正式会员。

公司的主营业务是展览主承办，自1993年成立以来已培育了多个行业品牌大展，是中国上海展览行业组展规模排行名列前茅的优质企业。主办的品牌展会——上海国际广告印刷包装纸业展（APPPEXPO）、上海国际绿色建筑建材博览会、上海国际照明技术设备展，均获得国际展览业协会（UFI）认证。其中上海国际广告印刷包装纸业展、上海国际绿色建筑建材博览会连续多年荣获“上海国际品牌展”称号。

2018年是贯彻党的十九大精神的开局之年，改革开放40周年。公司在党的十九大精神指引下，深入推进企业改革改制，探索发展新动力，创新发展新模式，成功完成了服务首届中国国际进口博览会的任务，顺利举办2018上海国际广告节及上海广印展，为全面完成三年行动规划打下了坚实的基础。

二、主要工作

（一）聚焦核心，进一步夯实主业

1.上海广印展升级亮相，进一步稳固行业龙头地位

在上海市委宣传部和上海市工商局的支持和指导下，2018年3月28—31日，有着26年发展历史的“APPPEXPO上海国际广印展”以“SHIAF上海国际广告节展览单元”的全新形象亮相上海虹桥国家会展中心，用新的形式连通广告、创意、喷印、标识、展示等，探索行业新的发展，赋予品牌新的内涵。

2018年上海广印展总展出面积达到20万平方米，参展企业逾2000家，海内外专业观众176118人次，比上年超过20%，继续在展会规模和专业观众数量上保持行业领先。

除展览板块外，广告节还设置了高峰论坛、评奖和颁奖等内容。其中，论坛部分由1个主论坛和5个分论坛构成，有约50位国际及国内广告商、媒体及学者等现场演讲，观众约3000人次，线上参与总人次超180万。

评奖部分，共收到来自16个国家和地区的1424件作品，其中海外作品约占1/4。评奖结果获金奖作品15个、银奖作品23个、铜奖作品54个。有超过100余家媒体报道了首届上海国际广告节盛况。

2.深化实施区域扩张整合战略，实现多展联动共创共赢

为响应对标一流、提升核心竞争力的工作要求，公司在原来推广APPPEXPO上海广印展品牌进入京津冀、中西部和南方市场，实施区域合作的基础上，加大拓展力度，成功将APPPEXPO品牌引入东北市场，在沈阳布点成功，将品牌覆盖至除上海外的全国四大重要市

2019上海广印展国际馆场景

场。不同定位、不同优势的行业展会相继举办，通过布局全国，进一步整合资源，在扩展国际视野的同时稳固国内市场，实现了品牌的规模效益，也为今后进一步扩大市场打下良好的基础。

3.多措并举，投资公司效益逐渐显现

2018年4月，北京华展广告展在北京国家会议中心成功举办，实现的经营指标在去年增幅25%的基础上，继续有所提升，总面积达到23500平方米，增幅6.8%。展商数量和专业观众数量分别有15%和25%的增长。此外，7月举行的下半年北京广告展也如期开幕。

道仑公司自2017年7月成立以来，在2018上海国际广告节组委会的领导和执委会的带领下，通过半年时间的积极筹办，顺利承办了首届上海国际广告节的组织运营工作，在业界引起广泛关注，并得到主管部门的高度认可和政策支持。2019年广告节将在2018年举办的基础上有新的突破。

建智公司成立半年来，仍处于展会项目由母公司逐渐过渡转移的过程中。下半年圆满完成了绿色建博会的承办工作和城博会的组展运营工作。

4.“一带一路”助力上海广印展“走出去”，提升海外影响力

2018年的上海广印展泰国展于11月在曼谷顺利举行，这是公司和泰国广告展主办方在“一带一路”倡议下开展的二度合作。2018年共组织国内14家参展企业、近百人赴泰参展参观，通过两年的品牌海外输出，提高了上海国际广印展在泰国乃至东盟地区知名度，对3月上海展的观众数量和质量的也起到提升作用。

5.绿色建博会致力于打造节能建筑领域专业第一展

7月，绿色建博会在上海新国际博览中心成功举办。本届展会展出规模6万平方米，参展商近1000家，集中展示具有国际水准的包括上下游系统集成和配套产业的各个环节。其中，境外参展商比例达到7.3%。3天展会共吸引73255人次参观，其中境外观众人数为3662人次，涉及近30个国家和地区。

展会经过13年的市场培育已具备了一定

的行业影响力，随着国家生态文明和美丽家园设计的战略规划进一步明确，展会也适时进行规划调整，致力于打造能够提供全面的绿色建筑整体解决方案的专业领域贸易展会。

6.世界城市日之“城博会”，努力打造另一个标志性品牌展

“世界城市日”是迄今由我国在联合国推动设立的唯一国际日，也是联合国首个以“城市”为主题的国际日。作为世界城市日重要活动之一，由联合国人居署和上海市住房和城乡建设管理委员会等单位主办的“上海国际城市与建筑博览会”，已在上海正式落地生根，2018年是其举办的第三年。

11月22—24日，2018年的“城博会”在国家会展中心举办，总规模达到7万平方米。现代国际下属子公司建智展览作为展会的执行单位之一，负责智慧城市、城市安全、城市改造等展示领域的招展和运营工作，展出面积共计35000平方米。参展的机构和企业包括市规土局、东方网、中国电信、移动、联通、铁塔、申能集团、城投集团、园林集团、国际旅游度假区、世博文化公园等。集中展示了城市治理的前沿科技和最新案例，为2035年上海建设成为卓越的全球城市提供综合解决方案，获得了良好的社会反响。

“城博会”的发展前景良好，公司已组建专门的团队负责项目的招展和运营，期望能逐步打造成另一个标志性的品牌展。

（二）以全面服务进博会为抓手，促展览展示业务转型升级

1.中国国际进口博览会

作为首届中国国际进口博览会国家展与企业展的指定搭建服务商，公司坚持创新、提升质量、深化认识，扎实有序地做好准备工作，全力以赴完成进博会任务。其中，公司在本次进博会中负责尼泊尔和波兰2个国家馆、中国

首届中国国际进口博览会企业馆易果展位场景

中央电台演播室的设计、搭建工作。还服务26个企业馆的设计和搭建,以及钻石与宝石精品馆共计256个标准展位的主场搭建和运营工作。

这26个企业馆包括:银行类企业(汇丰银行),服务贸易类企业(波兰展团、wiseway),建筑材料类企业(日本Nice Corporation),汽车展区企业(波兰展团),机械类企业(DICCO),智能智造类企业(波兰展团),钻石与宝石精品馆企业(GIA、波兰展团、国检),百货、服饰、化妆品类企业(高岛屋、Jayjun、波兰展团),医药类企业(强生中国投资公司、sysmex医疗器械、VDNI、Intergria),食品类企业(波兰展团、印尼GPI、易果生鲜、日本恒麦、嘉吉投资中国有限公司)

2.张江科学城展示厅

张江科学城展示厅是应市委市府要求,由东浩兰生集团承接实施的项目。10月11日,展示策划部门接到参与筹备的任务,要在2000多平方米的毛坯建筑里完成从建筑改造,室内装饰,到展陈布展,展品收集的全流程实施。布展期间,浦东新区、上海市府各级主要领导,不间断地进行现场会议,对布展工作给出具体指导。可以说,整个展览是在边设计、边布展、边集成、边调整的过程中完成的。

11月6日,正在上海视察的国家主席习近平走进张江科学城展示厅,认真仔细参观了整个展览,并做了重要指示。

3. 2018世界城市日——吉隆坡站

2018城市日论坛于2月9日在马来西亚首都吉隆坡举办。作为联合国人居署WUF9平行会议之一。公司受委托方——上海世界城市日事务协调中心委托,负责该项目的展览设计搭建、展览运营和论坛服务工作。作为一个海外操作项目,前期需要开展的工作量比较大,除了跨洋沟通和精准的设计、预算制作外,对海外输出的管理团队的要求也是很高的。展示策划部再次圆满完成任务,受到了委托方及联合国人居署的一致好评。

4.华交会"东浩兰生"集团联合展位

2018华交会于3月1—5日在上海新国际博览中心举行。公司承接的东浩兰生集团联合展团的造型在2017年原有基础上进一步提升,使其更具国际化、专业化;在展商服务方面,公司着力提供更为方便、快捷的措施。开、布展期间,集团董事长王强亲临现场,视察集团参展的展位,给予认可与好评。

5.中国自主品牌博览会项目

首届中国自主品牌博览会于2018年5月10日(中国品牌日)在上海展览中心开幕,国家发展改革委、上海市政府高度重视。展示策划部主要负责展会中央展区与央企活动舞台设计搭建工作。其中,序厅主要展示我国品牌发展历史、发展成就、发展前景等;舞台展区主要央企区域开幕式与各地特色文艺活动演出等,公司圆满完成展示搭建工作。

6.祖帖故里云间墨韵——松江书法晋京展

2018祖帖故里云间墨韵—松江书法晋京展在北京中国美术馆1.8.9厅举办。公司受上海市松江区文化广播影视管理局委托,担任此次展览的会展服务单位,为本项目提供展览设计搭建、展览运营、保险运输、作品装裱等相关服务,圆满完成任务,受到了委托方及松江区政府领导的一致好评。

东浩兰生集团上海外经贸商务展览有限公司

总经理　周巍

一、概述

上海外经贸商务展览有限公司成立于1993年7月，是上海东浩兰生（集团）有限公司下属的专业展览公司，注册资本为2000万元。

公司以展览为主业，经过二十多年的发展，形成了以承办大型政府项目和各类境内外展会为核心主业的业务架构。公司承办许多具有国内外知名度的品牌展会，包括中国华东进出口商品交易会（华交会）、中国（上海）国际技术进出口交易会（上交会）、中国自主品牌博览会、上海国际宠博会、印尼中国技术设备和商品展、广交会上海展团、中国—东盟博览会上海展团等多个展览会。

公司拥有展览主承办一级资质、展览展示工程一级资质，自2000年成功通过ISO9001：2000质量体系认证，连续多年被评为上海市重合同守信用企业，上海市财务会计信用和纳税人信用双A类企业，并荣获“上海市文明单位”“上海市侨务工作先进集体”“上海市中小企业品牌服务企业”等荣誉称号。

2018年公司共计完成展览项目15个，其中政府展6个，国际展2个，出国展7个，展览面积达35.2万平方米。

二、主要展会情况

（一）中国自主品牌博览会（品博会）

2018年5月10—12日，由国家发展改革委、中宣部、工信部、农业农村部、商务部、国家市场监督管理总局、国家知识产权局和上海市政府共同主办，公司独家承办的首届中国自主品牌博览会和中国品牌发展国际论坛在上海展览中心成功举行，展示面积2.5万平方米，共吸引来自全国各地的596家各行业品牌企业、13家代表性中央企业、123家创新型中小企业和18家品牌专业服务机构齐聚展会，展会期间共举办18场特色活动，3天累计观众突破64000人，来自国内外120多家中央和地方媒体，350多名中外记者对展览盛况进行全面深入报道，相关舆情超过20万条，在社会上引起了强烈反响。

（二）中国（上海）国际技术进出口交易会（上交会）

第六届上交会于2018年4月19—21日在上海世博展览馆成功举办，展览面积3.5万平方米，共吸引939家知名科技企业和交易服务机构参展，累计参观人次5.5万，专业观众占81%。2018年上交会主要亮点：一是夯实主宾城机制，本届邀请日本横滨市、挪威奥斯陆市、希腊伊拉克利翁市担任境外主宾城市，大连市担任境内主宾城市；二是新设7500平方米的人工智能和智能服务机器人专区，加快专业化步伐；三是市场化营销模式初步建成，单位面积收益率提升。

此外，2018年10月在拉脱维亚成功举办上交会第三届海外展。展出面积550平方米，共组织38家参展企业携带自主创新的最新产品和科技项目参展，同期举办有150多名中外企业界人士参加的中国—拉脱维亚贸易投资交流会。

（三）中国华东进出口商品交易会（华交会）

首届中国自主品牌博览会

第二十八届华交会于2018年3月1—4日在新国际博览中心举办，本届展览面积12.36万平方米，较上届增加2700平方米；到会境外客商22311人，比上届增长0.77%；出口累计成交23.20亿美元，比上届增加0.16%。主要亮点：一是接轨大型国际性展览会，展期由5天调整至4天；二是公司自营展区由上届2.9万平方米扩大到4万平方米；三是采用“组合推广+定向邀请+精准招商”模式，放大招商效应；四是论坛及活动更趋专业化、国际化，新增“欧美买家专场对接会”、“一带一路”主题高峰论坛；五是保障服务更具针对性，客商接待、媒体报道、平台建设、安全保卫等满足各方需求，提升承办效率。

（四）上海国际宠博会（宠博会）

第七届宠博会于2018年4月6—8日在上海世博展览馆举办，展览面积为15000平方米，国内外参展企业109家，共吸引40000人次参观，其中专业观众近5000人次。主要亮点：一是扩大对跨境电商、国际买手、融资并购等资源的吸纳，促进内外贸并行发展；二是平阳宠物基地展团亮相宠博会，集中展示十余家优秀的“中国质造”外贸型企业；三是现场活动精彩纷呈，举办多场专业论坛，有效提升展会互动性与体验度。

此外，2018年宠博会顺利举办之后，还相继在杨浦时尚中心和虹桥南丰城分别推出市民喜爱的“宠物嘉年华”的线下活动，累计传播活动信息200万余条，市民参与达15万人次，为超过10家以上的宠物品牌实现品牌拓宽细分商圈、达成品牌测试大市场消费能力的目标，通过创新的手段为宠博会参展商提供年化的市场推广机遇，培育潜在观众群体，提升展商粘连度，打造自主品牌，抢占宠物行业市场前沿。

（五）印尼中国技术设备和商品展（印尼展）

作为公司出展权重项目，印尼展积极依托各方资源，坚定走专业展转型之路。第十七届印尼展紧紧围绕国家“一带一路”战略，细分电力设备、建筑材料、现代农业技术、照明设备、科技应用5个专业展区，3天展期共吸引3000

人次专业客商前来交流洽谈，共有24家当地报纸、杂志和网络传媒报道了展会，现场适销对路的展品得到客商的普遍赞誉，展会为当地观展者呈现出一个充满活力、先进的中国沿海地区形象。

（六）IP创新与城市发展大会

首届IP创新与城市发展大会于2018年12月7—8日在杨浦时尚中心举办。两天论坛共邀请来自政府城市规划相关领导、地产界知名企业家、金融界著名投资人、艺术传播机构、高校、资深媒体等60余人现场分享，互动交流。大会共组织24家IP企业同期配套展示，展示面积近1200平方米，出席活动听众超过1000人。这是公司首次与社会机构联合承办的会议活动，旨在进一步拓宽合作领域，引入新机制、新动力，开拓新市场、新项目。

此外，公司还顺利完成春秋两届广交会、第十五届东盟博览会，出色完成第二十届工博会主场运营、商务接待、观众组织、安全保卫等相关配套保障工作，“一带一路”沿线的俄罗斯家庭用品展、捷克布拉格国际家庭用品展、莫斯科国际食品展等出展项目按计划完成。

三、发展趋势

2019年是实施“十三五”规划关键之年，是上海争创国际一流会展之都的重要之年，也是公司三年行动计划收官之年。新的一年，商展公司将充分利用上海加快建设“五个中心”、着力打造“四大品牌”“八个高地”以及继续举办进口博览会的发展机遇，紧密结合集团要求和公司发展实际，以改革创新为动力，以转型升级、提质增效为主线，研发新项目、做优政府项目、做大传统项目、做强市场项目，在会展业大发展浪潮中，焕发新生机，获取新动能，实现新跨越。

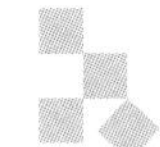

上海新国际博览中心(SNIEC)

总经理 迈克尔

一、概述

上海新国际博览中心(SNIEC)由上海陆家嘴展览发展有限公司与德国汉诺威展览公司、德国杜塞尔多夫展览公司、德国慕尼黑展览有限公司共同投资建设,是中国第一个合资建造和运营的国际展览中心项目,注册资本为12150万美元。历经12期扩建,SNIEC于2012年2月15日全面落成,共拥有17个单层无柱式展厅,室内展览面积20万平方米,室外展览面积10万平方米。自2001年11月2日正式投入运营,SNIEC的运营取得了快速稳定的增长,每年举办130余场知名展览会,吸引近500万名海内外观众和8万余名国内外展商。作为重大国际展会的平台,SNIEC不仅加强了国内和国际经济贸易往来,同时有效地带动了本地区交通、旅游、商业、港口、餐饮、娱乐等相关产业的发展,为城市经济带来活力和效益,被视为世界最成功的展览中心之一,中外展览企业创造性合作的典范,它为推动上海建设成为世界一流的国际会展中心城市,做出了重要贡献。

上海新国际博览中心展会全景

上海新国际博览中心展会现场

(一)主要产品及服务范围

建设、经营上海新国际博览中心;利用本公司展览场馆主办、合作主办和承办境内外来展;推广展览所需活动;提供与本展览中心所举办展览相关的广告设计、制作,利用自有媒体发布广告;出租展览馆、会议室、办公室及为进场参展商提供展览设备租赁服务;经营商务中心、餐饮、附设商品部等相关配套设施及提供展览咨询等相关服务。

(二)立足服务,持续创新

SNIEC认为在今天这个持续变化的市场竞争环境中,创新与合作是驱动其不断前行的两个重要成功因素,从而能够不断培植新的竞争力,提升客户服务价值。同时,SNIEC坚信"顾客的满意和认同是企业长期赢得市场,创造价值的关键"。为了确保"以顾客为中心"经营思想的有效实施,SNIEC一直以来十分注重聆听参展商、观众和主办者的声音,坚持周期性的客户满意度市场调查工作,从中不断改善和优化其服务质量。随着展览设施全面扩建告一段落,企业今后发展将以品牌与服务为核心,以进一步强化和提升软实力,致力于为顾客提供最好的价值服务。

二、展览业绩

2018年SNIEC展览业务继续保持着稳定的发展态势。展览场地合同销售面积达680万平方米,共承接131个展览会,其中具有重要影响的展览包括:华东商品交易会、建筑材料及贸易博览会、中国国际家具展览会、国际太阳能产业及光伏工程(上海)展览会暨论坛、中国国际地面材料及铺装技术展览会、中国家电博览会等,展览题材涉及的行业分布广泛,包括汽车、纺织、建材、家具、电子、食品饮料、包装机械、生物制药、轨道交通、美容珠宝、机械工程、印刷、酒店等众多领域。

上海新国际博览中心展会上，工作人员向外商介绍展品

2002—2018年SNIEC业务发展情况一览表

年份	展会数量(次)	销售面积(平方米)	展商数量(家)	观众数量(人次)
2002	43	887000	17746	1503769
2003	45	1010000	22328	1640540
2004	66	1930000	35965	2358359
2005	67	2330000	46787	2546787
2006	72	2840000	52012	2668824
2007	78	3200000	58478	3086343
2008	80	3860500	67607	2666188
2009	78	3599540	61753	2838170
2010	80	3930000	69993	3096531
2011	94	4800000	81700	4046800
2012	94	5410000	103600	3725312
2013	100	5830000	96568	4618000
2014	106	6390000	96492	4530350
2015	114	5400000	80977	3660324
2016	114	6000000	88075	5273920
2017	130	6500000	112887	5416429
2018	131	6800000	90240	6713000

五、民营企业

地素时尚股份有限公司

地素时尚股份有限公司(简称地素时尚)于2002年在上海市长宁区注册设立,注册资金3.4亿元,地址:上海市普陀区丹巴路28弄旭辉世纪广场8号楼。公司是一家多品牌运作的服饰时尚企业,主要经营范围是服装服饰的设计、销售。

为创造并引导个性化的生活方式,地素时尚分别创立三个知名女装品牌——独立率性的专属高街品牌DAZZLE,年轻奢华的半手工定制品牌DIAMOND DAZZLE,以及奇幻复古的混搭潮流品牌d'zzit。三个知名品牌多元化的风格设计,不仅满足了不同消费群体的兴趣爱好与着装需求,更无一例外地"帮助人们成为最美好的自己"。

主要产品:DAZZLE、DIAMOND DAZZLE、d'zzit品牌女装

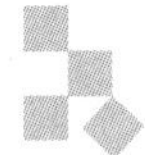

当下，地素时尚品牌定位清晰，研发设计团队走在引领时尚的前沿，现代化供应链、营销服务系统、智能网络管理模块等正360度全方位推动各品牌的迅速成长与发展。截至2013年底，地素时尚旗下品牌的终端销售网络已覆盖全国30多个省级行政区域，各品牌全国门店合计达800余家，与恒隆、和记黄埔、王府井、银泰、万达、来福士、百联、太平洋、大洋、大商集团等连锁商业集团建立并保持着紧密的合作伙伴关系。

未来，地素时尚将在品牌的核心价值打造上，投入更多精力与资源，希望可以通过非凡个性的创意、充满艺术魅力的格调以及深切触动心灵的购物体验，打造一座勇于创新、充满梦想的时尚乐园，为辛勤工作的人们带来休憩与欢愉，并在国际化的时尚版图上开拓出不可缺少的一席之地。

六、上海老字号企业

老正兴

老正兴是我国饮食行业中久负盛名的老字号饭店，它自清代起源于上海，约创建于同治年间。20世纪30年代，南京夫子庙一带餐馆纷杂，打“老正兴”字号的就有三家。现存的“老正兴”为创建于1933年的“西字号老正兴”。一位姓尤的厨师从上海来到南京夫子庙，以经营浙绍风味菜肴著称。浙绍菜为浙江绍兴菜的简称。绍兴菜擅长烹调河鲜、家禽，入口香酥软糯，简朴实惠，富水乡气息。

老正兴菜馆

清同治元年(1862)，食肆经营者祝正平、蔡任兴合伙开菜馆，以姓名中各一字命名为“正兴馆”，因冒名者甚多，遂改名为“老正兴”，并冠以“同治”两字。

百余年来，老正兴菜馆以太湖地区盛产的活河鲜为原料，菜肴颇具江南风味，以烹制浓淡相宜的上海菜为特色。所谓春有春笋塘鲤鱼，夏有银鱼炒蛋、油爆虾，秋有大闸蟹，冬有下巴划水，此乃老正兴河(湖)鲜鱼类菜肴，源于太湖船菜，当场活杀活鱼的真实写照。仅青鱼一项，就有下巴划水、肚、秃肺、煎糟、汆糟、汤卷等，故称之为“活鲜大王”并非言过其实。老正兴的油爆虾菜获国家金牌奖，以“天下第一虾”美名驰誉中外。

“老正兴”一脉相承，在烹调上讲究爆、炒、烩、炸、焖，质地讲究酥烂脱骨，调味重，卤汁浓，甜咸适中。“老正兴”所制作的百余种浙绍菜肴、点心都严格按照选料要求和考究的操作程序制作。该店看家四大名菜“腐乳肉”“烧圈子”“砂锅鱼头”“炒鳝糊”体现了该店的特色所在。如“腐乳肉”用特制的红玫瑰腐乳汁；“烧圈子”选用猪大肠头肥厚部分；“砂锅鱼头”选肥大鲢鱼头，每个鱼头必须重达1000克左右才行；“炒鳝糊”取每年6—8月的活“笔杆”鳝鱼烫杀划丝制作。“老正兴”还以善制河鲜菜肴著称，随着季节变换，轮换经营西湖醋鱼、烧划水、醉蟹、大汤黄鱼、莼菜鱼片汤等几十种风味菜，且价格低廉、富有时令感，深受各阶人士的欢迎。

从山东路乔迁至福州路556号后，老正兴古色古香的门楼诉说历史的沧桑，其现代化设施以及明亮、温馨的餐厅，二楼的婚寿喜筵、三楼的包房雅俗共赏，丰俭随意。真是老友相聚、喜庆筵席，不惭其廉，随意小吃、情侣便酌，不惮其贵。四、五楼客房又展示了时代的新貌。老正兴虽老弥馨。

上海三阳南货店

上海三阳南货店

上海三阳南货店是一家老字号商店，始建于清同治九年（1870），坐落在上海南京东路上，营业面积达400平方米，以经营优质高档南北货及自产自销宁式糕点为特色，是上海百货零售行业中久负盛誉的百年老店。商店主营山珍海味、南北土特产、烟酒糖茶等3000多种商品。

有句话是这么说的：“无宁不成市。”宁波人会做生意，是被公认的。尤其是鸦片战争后，宁波人是上海数量最多的外来移民群体之一。宁波人在上海渗入各行各业，从洋行的买办，到钱庄、五金店、棉纺厂的老板，再到职员、工人和自由职业者，他们多数成功地在上海站住了脚，扎下了根。虽然飞黄腾达者只是少数，但大多数都安居乐业。这样一个群体，自然需要适合他们口味的食品。就这样，1870年三阳南货店诞生了。

三阳南货店是由8位唐姓宁波商人合伙创建的。上海有许多宁波人，他们想吃具有家乡风味的食品，三阳南货店就适应这种需求自产自销宁式糕点，并经营南北货等。

三阳南货店制作糕点采用前店后场的形式，糕点都是现做现卖，并根据宁波人的风俗，一年四季制作不同的食品：“春酥”“夏糕”“秋饼”“冬糖”。

三阳南货店经营糕点有一个特色，那就是为生日和红白喜事做果品盆景。当然，这是为有钱人做的。上海有钱的宁波人很多，商店的生意自然红火。

最初的三阳南货店，门面并不大，但生意非常兴隆。生意兴隆，没有奥妙，主要是因为商品质量好、服务好。

店内的货物都是老板亲自去十六铺码头进的，运回来后仔细分拣，严格分档，比如桂圆就分成秃圆、大三圆、四圆、五圆。虽然三阳南货店出售的商品有些贵，但由于质量较好、物有所值，仍受到有钱人的青睐。

由于顾客很多都是有钱人，所以三阳南货店特别注重服务。有钱人家的管家拿着单子去订货，伙计们会热情地迎进店堂，端茶倒水。三阳南货店还实行送货服务，只要顾客派人说上一声，货物就给送到门上。

由于商品质量高、店铺信誉好，加上经营有方，三阳南货店的生意一直很兴隆，在上海有着很高的知名度。1956年，三阳南货店实现公私合营，同时将上海邵万生南货店和天福南货店并入。2006年，三阳南货店被商务部授予“中华老字号”称号。

上海蔡同德堂药号

上海蔡同德堂药号

上海蔡同德堂药号创始于清光绪八年(1882年),由宁波布商蔡嵋青从汉口迁来上海,是国内开业最早、规模最大的中华中药老字号商店。最大优势是全国唯此一家。商店以道地药材,精制饮片、参茸银耳、丸散膏丹、胶露药酒饮誉海内外,尤素以补膏补酒见长,历史上的虎骨木瓜酒、洞天长春膏中外闻名。

1998年商店为配合轨道交通二号线建设,移址南京东路450号现址,成为南京路步行街唯一的一家中药店,进一步扩展为共8个楼面、总面积5000平方米的现代化商业大厦,其中一楼继承和发扬传统特色,讲究纯真,货真价实,经营参茸银耳、补膏补酒等各种高级滋补品以及肿瘤类药品、进口西药及新药试销;二楼经营名特优新南北中成药、各类医疗器械、性保健用品专柜、化妆品专柜等;三楼经营中药材饮片和精制饮片并与市中医文献馆联合设立中医专家门诊包括内科、妇科、男性科、儿科、医学心理等专科,设立痛风、痹症俱乐部咨询中心、代煎中药、客料加工等;四楼仓储和管理部门,同时开办函购邮寄、电话订货、咨询等;五至七楼客房住宿;八楼药膳餐饮,并进一步设想使商厦具有药浴、保健、治疗一体化的集膳宿、购物、娱乐、休闲等多功能的商业大厦。商店仿明清的建筑风格在繁华的南京路步行街上别具一格,体现出中医中药这个传统国粹与众不同的品位。

蔡同德堂药号在长期的服务供应工作中,永远将消费者的利益放在首位,多次荣获上海市商业系统文明单位称号,蝉联黄浦区文明单位"十连冠",多次获得黄浦区"物价、计量信得过单位"和南京路"三比"优胜集体、"中华新杯"四优竞赛优胜单位、上海"百家零售企业规范服务达标示范单位"、"上海市'三学'先进集体"、"南京路'放心店'"、"军民共建优胜单位"等光荣称号,是上海市唯一被国家中医药管理局命名为"中国中药名店"的百年老店。1997年作为上海首批中药零售企业通过国家中医药局的"医药商品全面质量管理GSP达标"验收。1999年10月在全面实行电脑管理的基础上开设了网上游览商店,以"真情、真品、真价"奉献于社会,以"热心、爱心、放心"回报于四方顾客,在南京路上树立"买药品到蔡同德"的服务定位。

小绍兴

"说起白斩鸡,就数小绍兴",已成为上海人的一句口头禅。"小绍兴"创始于1943年,距今已有60多年的历史。小绍兴店各连锁企业获得"商务部优质产品""中国名菜""中国名小吃"称号。小绍兴白斩鸡,以优质鸡种、传统工艺、独特配方、科学管理的流程及皮脆、肉嫩、味鲜、形美的特点,享誉卓著,深受中外消费者的青睐。20世纪90年代,上海市政府领导以及社会各界知名人士多次品尝小绍兴的特色菜品,还为小绍兴欣然挥毫题词:"独领风骚"。

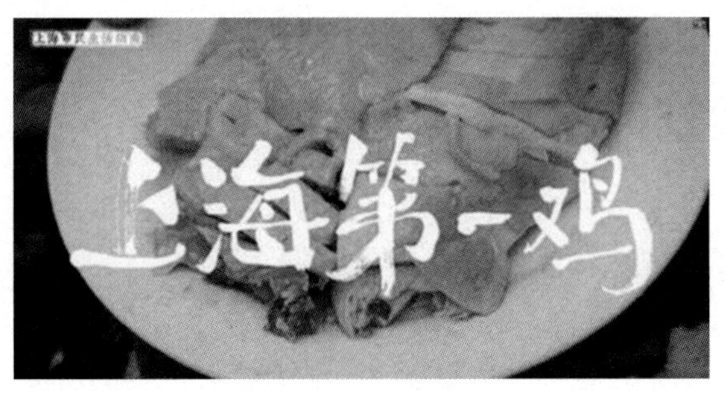

小绍兴白斩鸡

为了满足日益增长的消费需求,1993年小绍兴在原址上建造了一幢6层楼高2700余平方米的多功能“小绍兴大酒店”。2006年小绍兴通过改制,组建“上海小绍兴餐饮连锁有限公司”正式成为杏花楼集团的成员企业,同时也迎来了新的一轮发展机遇。

小绍兴以经营餐饮为主,兼有客房、食品加工以及品牌加盟,在经营模式上实行酒家、风味小吃、食品专卖并举。并通过自营及加盟经营实现企业经营的最大化。目前小绍兴有直营企业11户,加盟企业40余户,以及一批和产业相关的契约企业。年销售达2.8亿余元。

小绍兴长期来坚持发扬特色、创立品牌、质量第一、宾客至上的经营宗旨。小绍兴现有部优产品2个,中国名菜名点11个,中华名小吃18个。小绍兴的产品、服务商标自1999年以来被连续评为上海市“著名商标”,小绍兴酒家还是国家级的“中华老字号”“中华餐饮名店”“国家特级酒家”。

小绍兴在半个多世纪的奋斗里,形成具有小绍兴特色的企业精神:求实、拼搏、开拓、创新。

正章洗涤

上海正章实业有限公司创始于20世纪20年代,经历了80余年的风雨历程,现已在洗涤服务行业处于龙头老大的地位。它创设的“正章洗涤”品牌,1997年经国内贸易部审查认证为:全国商业、粮食非工业大型一档企业。1999年、2004年、2007年连续三次被上海市工商行政管理局评定为上海市著名商标;并率先在洗涤行业通过ISO9001服务质量体系认证,获得了SGS英国雅斯利国际服务质量体系认证证书。于2002年、2005年、2008年三次通过ISO9001国际服务质量体系认证;2003年荣获全国抗非典先进单位;2004年荣获中国商业名牌企业;2007年1月获最具特色的上海服务商标。

作为在上海颇具知名度的企业,正章以洗、烫、织补、皮革上光为主业,在服务方面,坚持“好、快、便”服务特色。所谓“好”,就是保证质量;“快”,就是满足消费者在时间上的要求,如快衣服务可在4小时内洗净送达,对宾馆、酒店的客户设有24小时通宵洗涤服务;“便”,就是方便消费者。

上海正章洗涤门店

公司现拥有一个大型洗涤加工厂和两个中心加工网点,占地面积6000多平方米,日洗涤量达4万件,其中包括各种口布、床单、工衣、厨衣等。一个洗涤用品加工厂、其产品有四大系列、18个品种、25种家用洗涤规格,形成以外地企业用户为主体,本地客户为辅的服务模式。

公司现拥有中高级技术职称的人员占从业人员52%,在历届全国洗染业技术竞赛中荣获殊荣。有国内外先进的全自动洗脱两用机、全封闭干洗机、石油系列干洗机、超声去渍机、全自动烫平折叠机、服装熨烫压机等设备,每

天有20余辆专用车辆从事于各大宾馆、酒店所洗涤物品的物流服务。

地处淮海中路600号的上海正章总店，是正章洗涤服务的发源地。依托时尚淮海路的优势，承接中外宾客各类高档品牌服饰、时装的洗涤服务。坐拥高档社区的蒙自路精品店、徐汇区商务购物中心区域的正章徐汇分公司均有洗涤加工与门市收衣为一体的服务优势，正章好、快、便，服务看得见，4小时酒店客衣精洗快洗、24小时昼夜特约服务，为各项重大国事、外事活动提供洗衣服务的方便。

自20世纪50年代被上海市人民政府授予涉外服务企业以来，公司一直承接为中外宾客的洗衣服务。如近年的2001年APEC会议、2004年的亚太经合会60届年会、2006年的上海合作组织六国峰会、2007年的夏季特殊奥林匹克运动会等国际服务活动，均被成为定点提供洗涤服务的企业，并受到了服务客户的一致好评。

经过几代人的努力，正章已对传统的洗涤服务进行工艺的完善和服务的提升。随着酒店业的快速发展，与之相适应的洗涤服务不仅在扩大，而且还在不断提高，包括服务水准、服务模式、设备耗材、服务理念、环保节能等，催生着正章成为与时代同步、行业领先的专业从事洗涤服务的规模化、专业化公司。

利男居食品

利男居食品

利男居食品总厂是一家集研发、生产、销售为一体的百年老字号企业。公司始创于1902年，拥有鹿园工业区标准四层楼厂房。公司目前有月饼、休闲糕点、饼干、桃酥、蛋黄派、蛋糕等系列产品，市场占有率逐年递增。

利男居秉持秉承“诚信经营、开拓创新、完善服务、持续发展“的质量方针，执着地追溯着中华美食文代的根源，专注于为全世界华人缔造团圆的美味时光。把弘扬月饼文化，汇集科技精华，使其成为中华民族心中永远的皓月美食作为最终目标。在百年不懈的追求中，香飘南北，情传天下！

1902年，身负精湛技艺的钟安樵先生，来到了东方巴黎上海，从此繁华的南京路上，芳醇的饼香流传于世。当时，广东风俗，嫁女时要定做大量的龙凤礼饼馈赠亲友。为迎合人们多子多孙的心理，取名为“利男”。凡上海讲究老规矩的人家，有小辈婚嫁，总忘不了叮嘱去利男购买龙凤礼饼馈赠亲友，以讨个好口采；吃了利饼，生个男孩。由于店名吉利和送货上门，在当时上海的广东同乡婚嫁所需的礼饼糕点，十有八九都向利男购买。20世纪20年代由于房屋纠纷，这家店迁往日租界的天潼路，后又迁往四川北路邢家桥营业，改称“利男居”。

1937年“八一三”淞沪战争爆发，日军进入日租界，商店迁往英租界的浙江路宁波路口营业。当时的“利男居”根据茶食糕点消费的特点，一年四季随着时令上市各种点心，从麻球到油炸春卷，从端午粽子到重阳糕，从中秋月饼到香肠大包，无所不有，其所产的椰子糖，质量讲究，独步春申。于是“利男居”的声誉，在上海广式茶食业中首屈一指，与“同芳居”“怡珍居”“群芳居”齐名，号称广式茶点“四大居”。由于“利男居”经营得法，名气渐盛。

经过多年的市场磨炼，利男居形成了规范的、严密的、科学的服务体系。2008年6月8

日，位于鹿园工业区标准四层楼厂房顺利投产，同时成立研发中心和物流配送中心。研发中心致力于把月饼的营养功能、嗜好功能、生理功能、文化功能注入产品终端，使品尝月饼的人在精神享受、文化体验、灵魂交流上能达到沸点。物流配送中心致力于把象征着团圆的福音带至中国各地，为广大的消费者及合作伙伴提供优良的服务。

百年的梦回，诉说着渊远流长的意韵与永恒的真情，迸发令人无法抗拒的魅力、和谐、真诚、专业、美味，是利男居的本色。专注敬业、穿越时空，深情溯源、回味经典，与您共鸣团圆情！

公司品质方针：诚信经营，开拓创新，完善服务，持续发展。

利男居荣誉：2000年企业荣获月饼比赛制作金奖；2002年“利男居豆沙月饼”荣获中国月饼节优质月饼；2002年授予“全国放心月饼金牌企业”荣誉符号；2003年“广式月饼”荣获上海名优月饼金奖；2006年荣获“全国月饼生产优秀企业“称号；2006年“莲蓉月饼”和“月亮船提篮”分获“上海中秋经典月饼选展”月饼口味入围奖和月饼包装造型优秀奖；2006年荣获第四届全国焙烤技术比赛“车轮杯”全国月饼技术比赛团体赛金奖；2006年获得HACCP食品安全管理体系认证证书；2006年获得ISO9001:2000质量管理谁证书；从2002年至今连续7年被中国焙烤食品制造工业协会及中国月饼节组委会评为名牌月饼。

上海凯司令食品有限公司

上海凯司令食品有限公司创建于1928年，有75年历史。由中国商人林康民、邓宝山开了旧上海中国人经营的第一家西餐馆，当时为了纪念北伐战争胜利归来的将士，西餐馆命名为“凯司令西餐社”。

1932年，凌庆祥带着他的“左右手”长子凌鹤鸣、次子凌一鸣，跨进了凯司令的大门，打破了洋人垄断上海西餐业的局面，运用独特的裱花技艺将蛋糕制作得栩栩如生。

1956年，为了适应市场需求，凯司令公私合营后在石门二路50号建立了上千平方米的制作工厂。

1960年，凌一鸣在北京参加全国西点烘培比赛中获得“第一大奖”，受到朱德委员长亲切接见。

1966年，凯司令的发展可谓经历磨难，久经风霜，在“文化大革命”时期曾被改名为“凯歌食品厂”。

1981年，公司恢复原名“凯司令”，继续将老字号品牌发扬壮大。

1996年，公司定名为“凯司令食品有限公司”并将厂房搬迁至纪念路，从此进入一个新

上海凯司令食品有限公司的实体店

的发展历程。

1999年，公司转制成立“上海凯司令食品股份有限公司”由集团公司控股，形成企业与员工共同发展的经营理念，提升企业发展的凝聚力。

2006年，公司打破传统直营店模式，打开多渠道经营模式，引进加盟店，让老字号品牌得以传承天下。

80多年来，凯司令从初创时的一间小小的西餐社逐渐发展成西点、西餐、咖啡综合型西式点心食品公司，拥有近400名员工和数千平

方米的生产基地与先进设备,50多名的专业技师队伍和新品开发的烘培研究室,门店分布全市有50多家。

几十年来,凯司令除1960年,在“全国西点技术比武观摩大会”上受到好评,得到朱德委员长的亲切接见外,奶油裱花蛋糕、维纳斯精致饼干,二度被国商部授予金奖;17届德国法兰克福奥林匹克烹饪大赛,国家级大师边兴华精心制作的产品荣获国际金奖;1999年,多层裱花蛋糕因其独特的造型和精湛的技艺被载入吉尼斯大全;2002年的上海市“新亚杯”西点大赛中,凯司令又囊括团体及个人的全部金牌。

“追求卓越,品位永恒”是凯司令全体员工共同奋斗的目标!

上海南京美发公司

上海南京美发公司(南京西路店)

上海南京美发公司位于上海静安区南京西路784号,创建于1933年,是上海资格最老、保留传统手艺最好的国营理发店。随着国营理发老店逐渐消失,南京美发店依然保持老师傅、老手艺、老店面等老风格,成为申城一道风景。500多平方米门店分楼上楼下男女两部,并设有电烫室、洗头间等,为全市最大的理发公司。创业人系旅美华侨黄华培先生,公司设备全部从美国引进,皇后牌烫发机就有10台。黄先生为什么要开理发店?原来当年他去理发,理发师没有按照他的发型去剪,黄先生一气之下决心自己开一家理发店,而且要开最大最好的理发店,称为“公司”的理发店上海仅一家。而且从沪上招来最好名师,从“一乐也”挖来红牌师傅刘瑞卿。之后,改为国营理发店,直至今日。

南京理发店是上海一家久负盛名的理发店,在解放前就是上层人士喜欢光顾的地方。理发店的老员工们接受采访,讲述了著名影星阮玲玉和民族企业家荣毅仁来这里理发的故事,并且阐述了理发店细致周到的服务理念。

改革开放,南京理发店重新开始了对发型的探索和服务的革新,较早地推出了烫发服务。在电影《小街》中,南京理发店大胆为张瑜设计的发型成为当时风靡一时的“张瑜式”,而为羽毛球运动员张爱玲设计的“飞燕式”发型,也有很大的名声。当时包括各国驻沪领事夫人在内的大量顾客为南京理发店的服务质量吸引,前来光顾。

上海南京美发公司至今已有80余年的历史,曾经创造并引领包括“张瑜式”“三刀式”等若干经典发型,一度在上海的大街小巷里流传。如今,年过七旬的南京美发不仅依然顾客盈门,成为沪上资格最老的美发店,并且在保持一贯的“得体”风格同时,也紧随时尚的步伐,服务于高雅时尚。南京美发在保持优势、维护传统风格的同时,在产品、技术、服务等领域不断推陈出新,这也成为其70年不倒的秘诀。6年前,南京美发率先与德国专业的美发用品机构——威娜合作,来这里的顾客从来不用担心所使用的洗护染烫用品品质。很多老顾客也正是看中了这一点,才会选择这里的服务。在每年一次的上海国际美容美发节上,南京美发人同样活跃。2004年,年仅22岁的南京美发师李红获得由劳动部门颁发的技师证书,成为沪上最年轻的技师。继1994年斥资

1200万元对老店进行彻底装修后,2003年南京美发再次对店面进行局部装修,在保持"古味"的同时,使得细节设计更加人性化。这家经典老店犹如一块玉石,在经历了岁月的磨砺后,更具风采。

七、知名企业

上海老凤祥有限公司

创始于公元1848年的老字号民族品牌老凤祥，集科工贸于一身、产供销于一体，拥有完整的产业链、多元化的产品线，旗下的研究所、博物馆、专业工厂和遍布全国的3200多家银楼专卖店以及典当行、拍卖行等，构成了老凤祥大规模的产业体系，其品牌产品达到了珠宝首饰的全品类，并向旅游纪念品、工艺品、钟表、珐琅和眼镜的相关产业和跨界产品延伸扩展。

在国内取得高速发展的同时，本着“立足上海、覆盖全国、走向世界”的发展方向，从2012年开始，老凤祥已先后在海外和中国香港地区开设了19家银楼专卖店。老凤祥品牌多次入围上海百强企业榜、2018《财富》“中国500强”，“2018全球规模最大的100家奢侈品公司”老凤祥位列第13位，连续十多年位列“中国500最具价值品牌”榜单，2017年品牌价值就已达到260.97亿元。2018年，老凤祥再次荣列由国际权威机构WPP评选的“BrandZ 2018最具价值中国品牌100强”第75位，“2018中国品牌价值百强榜”第52位。

中华复兴，国运昌盛。梦圆中国，凤祥天下。百年老凤祥将合着时代的节奏，走向更加美好的未来！

昌硕科技(上海)有限公司

昌硕科技(上海)有限公司本着培育、珍惜、关怀员工，让同仁尽情地发挥最高潜力的人才理念，坚守诚信、勤俭、崇本、务实的正道，无止境地追求世界第一的品质、速度、服务、创新、成本，跻身世界级的高科技领导群。

昌硕科技(上海)有限公司以研究设计引导制造生产，拥有坚强的研究设计团队，投入新产品的发展。公司投资2亿元建设的研发大楼已于2009年1月启用，最多可容纳2000位科研人员办公，成为和联科技集团的“全球制造与研发网络”中心之一。

公司为客户提供从最初期的设计概念、产品发展、投入量产，到新产品上市后的售后服务等流程，在各个环节与客户间紧密结合，透过信息系统使客户能完整而有效地掌握产品的生产进度，同时兼顾有效的成本控制及优异的质量水平，进而取得产品优势，凭借着快速的供应物流体系，让客户能在最短时间内取得产品，使客户能全心全力致力于产品的推广及营销活动，以获取最大利益。

昌硕科技(上海)有限公司成立于2004年9月。注册资本3.08亿美元,投资总额6.19亿美元。占地34万平方米。主要从事笔记本电脑、平板电脑、手机等电子信息产品的生产。目前为和联集团华东区域生产的重要基地。随着业务的不断扩大,产值逐年上升,在全国200强出口企业中名列前茅。2012—2014年期间产值排名连续3年在全国排名第四,在浦东新区已稳居第一。2014年全年产值达869亿元,出口额达到138亿美元。

2009年度获上海市外商投资双优企业称号;2010年度列上海制造业50强第七位。2009—2010年连续两年列上海市进出口额百强前20位。2012年列上海市进出口总额排行榜第二位,全市进出口增量第一位;2013—2014年,均进入上海市外商投资先进企业行列,列吸收就业人数和进出口总额百强前10位。

安利捷(中国)投资有限公司

安利捷集团(Abdul Latif Jameel Group)是一家总部在沙特阿拉伯的跨国企业,是日本丰田汽车和雷克萨斯汽车在沙特、阿尔及利亚、摩洛哥和土耳其等多个国家的总代理商,以及埃及、英、德、日本、中国等国家的经销商。集团经营网络遍布全球,年均销售丰田汽车40多万辆。如今,安利捷集团是一家专注于汽车业务、金融服务、媒体业务以及售后服务的综合集团企业。

集团的主要成就:全球最大丰田代理商;与丰田汽车公司超过55年的稳定合作关系;中东最大的汽车融资租赁公司;安利捷被盖洛普公司评为"从世界上最有归属感和最卓有成效的组织之一"。

安利捷(中国)投资有限公司是安利捷集团的中国总部,目标是在全国范围内建立丰田和雷克萨斯汽车销售服务网络,目前已在成都、青岛、武汉、银川及乐山等多个城市设立9家全资子公司,拥有近800员工。截至2017年底,公司在中国的累计新车销量已突破9万台,但这个数字并不能完全概括安利捷在中国市场的20年峥嵘。

安利捷集团在沙特阿拉伯地区(包括中东、北非、土耳其和欧洲地区)60余年的经营发展,安利捷将"顾客为先"的承诺,和丰田公司数十载精心培育的改善活动相结合,力求最完美的客户体验。安利捷中国曾获得丰田金牌店及银牌店奖项,均为丰田公司基于总体表现颁发给一汽丰田经销店的最高荣誉。

安利捷集团总裁穆罕默德·阿卜杜尔·拉提夫·贾米尔说:"我们很荣幸可以成为在中国境内知名的丰田和雷克萨斯的经销商。我们的承诺是创造价值,积累产业经验,深深扎根于当地的长足发展已经让我们成为值得信赖的汽车合作伙伴。"

"从全球来看,我们是丰田最优秀的独立经销商之一,60余年来已经成为深得丰田信赖的战略合作伙伴。我们关注消费者,将客户优先的理念与不断的改善活动相结合,这已经成为我们与丰田公司坚固而长久的合作的基础,并且将刻骨铭心,如影随形。"

"我们热衷于在我们的祖国——沙特阿拉

伯，分享这样的经验，也愿意看到在未来能够用这样的理念服务于中国的客户。”

上海北蔡资产管理有限公司

2002年12月18日，由上海六里企业发展总公司、上海北蔡实业总公司、上海北蔡工业有限公司、上海北蔡工业园区投资管理有限公司合并组建上海北蔡资产投资经营管理中心，注册资金3000万元，由北蔡镇人民政府全额投资。2005年6月，更名为上海北蔡资产管理有限公司(简称公司)，注册资金追加至2亿元。公司注册地址为浦东新区沪南路1300号，经营地址为浦东新区高青路4518号。

公司的最高权力机构为北蔡镇农村集体资产监督管理委员会，主营业务涵盖：资产经营管理、投资管理、自有资产租赁和项目开发等。公司现设办公室、财务部、资产经营管理部。公司主要职能：受北蔡镇农村集体资产管理委员会委托，负责对镇集体资产的管理，使集体资产能达到保值增值。

公司在北蔡镇党委、政府和集体资产管理委员会的领导下，坚持以科学发展观为指导思想，紧紧围绕又好又快发展经济的核心理念，以促进发展、完善管理为两个基本点，不断推进产业结构调整，能过盘活存量等手段，夯实集体经济增长的基础，实现了资产做强、总量做大、风险降低的目标。

宝理工程塑料贸易(上海)有限公司

宝理塑料株式会社是由日本的大赛璐化学工业株式会社和美国的Ticona公司于1964年创立的日美合资公司,总部设在日本东京。其核心业务为生产和销售以“夺钢”为代表的高品质工程塑料。

宝理塑料于1993年进入中国。迄今为止，在中国的上海、香港、广州、重庆建立了海外分公司。此外，宝理塑料与Ticona公司、三菱瓦斯联手，以满足中国市场对工程塑料的不断上升的需求。

浙江民泰商业银行上海分行

浙江民泰商业银行上海分行成立于2010年12月30日，坐落于上海市闵行区吴中路桂林路口。目前，上海分行网点服务已覆盖上海市闵行、嘉定、杨浦、浦东、奉贤、闸北、松江、青浦、普陀、金山等行政区域，并已形成一支300余人的年轻化、专业化、特色化的小微金融服务队伍。自开业以来，民泰银行上海分行始终秉持着“与中小企业同发展，与地方经济共繁荣”的企业使命，充分利用上海国际金融中心建设的有利机遇，切实按照“金融服务实体经济”的要求，不断探索和总结有效开展小微企业金融服务的精细化模式和商业可持续模式，致力于打造成为长三角地区小微企业金融服务的领军银行。

上海百联杨浦滨江购物中心有限公司

上海百联杨浦滨江购物中心有限公司系上海百联集团股份有限公司旗下，由上海百联集团股份有限公司控股85%，上海杨浦商贸(集团)有限公司控股15%的以倡导“快乐休闲、放心购物”全方位服务为理念、以家庭休闲为定位的一家综合性业态社区型购物中心。

购物中心位于上海市杨浦区东南，坐落于平凉路宁国路交界处，2014年11月开业。建筑面积85342.77平方米，地下一层到地上四层为商业部分；地下二、三层为停车库，共有停车位494个。

2018年9月，购物中心经过规划和综合设计，二次定位后各楼面的特色经营主题逐步显现。一楼平凉路正门形成以小米、华为、金数码迪信通组成的“数码集合区”，锦州湾路侧门汇聚nome、大创生活馆、梦想空间、膳魔师专柜，形成“艺术生活体验区”；三楼由麦其乐园、东方童画、汤姆熊、少儿英语组成“亲子互动欢乐园”。公司期望在以餐饮为主轴的前提下，将百联滨计打造成满足商圈内家庭消费并兼顾商务消费的热点聚集地。

在推进企业经营发展的同时，公司还积极履行社会责任。参加社区志愿者活动、参与爱心公益活动；加大绿化环保投入力度，优化购物环境，助力杨浦创建全国文明城区。

总经理　　赵维刚

地址：平凉路1395-1399号

电话80259699

邮编：200090

网址：http://www.blbjmall.com/

虹桥 THE PLACE 南丰城

虹桥南丰城

虹桥南丰城隶属于香港南丰集团，坐落于长宁区以遵义路为主轴的新虹桥国际商圈。项目总建筑面积达27.7万平方米，是一个集大型购物中心、商务办公楼于一体的国际化城市综合体。虹桥南丰城购物中心部分建筑面积约11万平方米，覆盖地下一层及地上七层区域；写字楼部分共有3栋，建筑面积超11万平方米，同时配备有1000余个停车位。

虹桥南丰城购物中心内商业业态品牌涵盖了国际快时尚、美食餐吧、精品超市、电影院、儿童乐园及娱乐、美容健身和水疗等在内的200余家国内外知名品牌企业。为营造美好都市生活空间，购物中心室外同时配备有含各国美食品牌的丰尚街、屋顶采摘丰尚小农庄及户外休闲丰尚园，成为三大主题休闲生活功能区。自2015年开业以来，虹桥南丰城已成为深受白领和家庭喜爱的体验式购物中心及浦西亲子地标项目。

三菱电机（上海）机电电梯有限公司

三菱电机（上海）机电电梯有限公司（简称MESE），位于上海市闵行区，成立于2002年8月19日，注册资本　5300万美元，资本构成：三菱电机株式会社　40%，上海机电股份有限公司40%，三菱电机大楼技术服务株式会社20%。占地面积187800平方米，建筑面积78891平方米。公司地址：上海市闵行区中春路1211号，电话：021-34093030 传真：021-34093057。

MESE是中日合资日方控股的企业。成立初期主要生产世界最先进永磁同步无齿轮曳引机，2007年开始生产日本三菱商标的MAXIEZ系列电梯，公司充分利用三菱电机在高端电梯方面的技术优势和品牌优势，做大做强三菱电梯的市场占有率，同时公司与上海三菱电梯有限公司强强联手，依托SMEC及其全国各

地71个分公司的销售维保网络，让中国的广大客户使用到世界级先进技术产品、感受到三菱的优秀品质、享受到更人性化的服务。

上海电气风电集团有限公司

2018年，上海电气风电集团有限公司全年装机110万千瓦，营业收入70亿元，其中新接订单130亿元，净利润2亿元，比2017年增长95%。至年底，公司有员工1243人。上海电气风电集团有限公司是国家清洁能源骨干企业、中国最大的海上风电整机商，以整机制造为依托，业务覆盖风机制造、运维服务、风场投资开发等，打造全球领先的风电全生命周期服务商。

年内，公司向市场推出8兆瓦海上风电机组，满足中国海上风电市场对大功率海上风电机组的需求；与浙江大学合作研发大兆瓦级海上风电机组；在中国北京、杭州，丹麦设立研发中心；启用Iwind数据中心，以智能化、数字化技术打造先进的运维体系；引入IPD产品开发理念，打造市场导向的产品研发体系。

XINTIANDI
新天地

上海新天地广场有限公司

作为上海的城市名片及时尚文化地标之一，上海新天地在品牌发展的道路上始终不断地进行着商业更新和商业优化组合发展，结合“回归社交本真”理念和新零售趋势，在创先打造复合型社交空间的同时，引领文化艺术与实体商业相结合的体验式商业潮流，从而为消费者提供独特的全方位消费购物体验。

新天地南、北里在保留了上海近代建筑标志——石库门的建筑外观基础上，创新改造成为集文化、生活、餐饮、时尚于一体的特色地标；新天地时尚购物中心旨在为中外设计搭建零距离对话的平台，成为中国设计力量的集聚中心，其丰富的品牌构成包括：国内外知名设计师主导的商业品牌、中国独立设计师品牌、精品买手店及明星潮店；新里以“创新体验”为核心主题，旨在成为融合无限创造力和多元化体验的“创意引擎室”，打造具有“无界新意”的商业概念空间；湖滨道购物中心则作为目前浦西市中心唯一以生活方式为主打、定位于“健康、运动、生活”的购物中心，满足商务白领、亲子家庭及周边高端小区的各类生活诉求。

新天地广场聚焦觅享人生的都市女性，以“新女性潮流社交目的地”为定位，通过多元业态及浸入式场景体验，赋能都市社交，构建社群的共同价值。

方达律师事务所

方达律师事务所是中国最早的合伙制律师事务所之一。随着中国经济的发展及国际投资者日益增多的越来越广泛和多样的需求，提供高质量的专业服务以满足客户的需要从而成为事务所的使命。

作为在商业领域被认可的处于领先地位的中国律师事务所，成功地服务于国内外各行各业的客户，并不断地参与各种商业领域的交易，提供咨询意见并且设计创新的法律结构，包括资本市场、兼并收购、私人股本融资、银行、结构融资、项目融资、公司事务、境内直接投资、物业发展、税务、知识产权、企业破产、电信、媒体及互联网。

事务所致力于满足每个客户的每个特定需求。对事务所涉及的众多领域，事务所都特别强调出色的服务、对交易的商业理解、经济

的成本以及快速的反应。

上海　中国上海市南京西路1266号恒隆广场一期32楼邮编：200040 电话：(8621)2208-1166　传真：(8621)5298-5599　北京　中国北京市建国门外大街1号国贸大厦21层邮编：100004　电话：(8610)5769-5600　传真：(8610)5769-5788

深圳　中国广东省深圳市福田区中心四路1号嘉里建设广场T2座14楼邮政编码：518048　电话：(86755)8256-0188　传真：(86755)8256-0189

上海长泰商业经营管理有限公司——长泰广场

长泰广场地处浦东张江核心区，是一个定位为中高端人群的精品商业广场。总建筑面积达32万平方米，处于轨道交通2号线金科路地铁上盖，广场含1个15万平方米散步休闲式购物广场和10万平方米5A甲级办公楼，项目绿化率达32%，是目前浦东地区首座开放验型一站式城市综合体。

随着张江的不断发展，张江核心区已经成为世界一流的科技园区，也是中国最重要的高科技中心。

长泰广场多年来一直服务于张江商业区，不仅填补张江高端商业核心的空白，也成为浦东乃至整个上海重要的CBD商业广场。

杨王经济园区

杨王村位于南上海杭州湾畔，南临杭州湾，北临黄浦江，是奉贤新城城乡结合部的一个村。该村地理优越，交通便捷，村域面积5.75平方公里，全村总户数1165户，共有8个村民联组。

2000年杨王村成为南桥镇第二经济园区。该园区具备优越的地理条件和便捷的交通环境。同时为所有在园区落户的企业提供服务，以高起点、高标准为原则进行全面规划、合理布局。园区建有15%的市政道路，公共设施，占有15%的绿化林带及10%的其他用地，水、电气、通讯等配套设施一应俱全。

园区坚持“客户至上，服务第一”的宗旨。园区不仅承诺“一门式”办证服务，实实在在为企业办理工商、税务、环保、卫生、消防等相关手续，更在服务理念上以“企业发展”为己任。园区领导秉承“做事做人”的理念，处处从为园区企业服务的角度出发，把企业的事情当自己的事情来办，为企业的便利和安心提供一切后勤保障，让企业真正无后顾之。

至今园区内已经入驻：超日太阳能、德惠特种风机、埃瑞卡电缆附件、上海佳途太阳能、德朗能电池等知名高科技企业共数十家，登记入驻的企业共计四百余家。杨王经济园区也成为上海奉贤区发展最快的经济园区。

上海一通世界投资管理有限公司

e通世界产业园由上海一通世界投资管理有限公司运营管理，园区内已形成了现代物流的产业生态圈。园区充分利用大虹桥物流企业聚集地的区位优势，运用投资、运营、孵化扶持三大体系为现代物流企业进行一站式专业化服务，整合各方平台资源建立现代物流产业集群，形成了涵盖物流信息科技、物流金融、物流高新技术、物流传媒资讯、物流人才平台、物流创客空间等细分产业的产业链系统，是一个完整的、可持续发展的产业生态圈。

e通世界产业园一直将企业视为园区最宝贵的资源，为入驻企业提供完善的企业服务，很多物流企业在外因为产业规模、生态效能等原因得不到足够的重视，但来到e通世界后，反而会成为园区重点扶持的对象，通过园区内的企业服务和资本平台支持，逐渐发展成为园区内产业的标杆企业。同时，园区潜心打造的“e通世界大讲堂”为所有企业提供了一个分享、学习、交流的平台，定期举办产业论坛、沙龙等活动，推进现代物流产业的前沿资讯分享，经验交流，参与者都能从中受益并有所启发，共同积蓄智慧和力量，推动产业更快更好地向前发展。

通过精细化的产业服务和良好的区位条件，聚集了百余家物流总部企业及产业链上下游企业，已入驻的知名企业包括壹米滴答、安能集团、雅澳供应链、三笑物流、龙邦供应链，以及运联传媒、浩创信息科技、汽配猫等。

通过多年在物流产业的深耕，e通世界产业园荣获“改革开放40年——智慧物流企业特别贡献奖”。现e通世界在上海大虹桥区域共运营五大产业园区，总体量达70余万平方米，入住企业近千家，已成为目前青浦大虹桥区域规模最大、入驻企业最多的产业园区。未来，将持续通过整合资源，致力于打造现代物流上、中、下游的完整产业链，实现区域经济的共荣与发展。

企业地址：上海市华徐公路999号e通世界产业园虹桥园北区B座202室，邮编：201702，021-59898989，网址：www.eworld.net.cn

上海嘉宝安石置业有限公司

上海嘉定大融城位于宝安公路沪宜公路两条主干道交界口，地处嘉定区核心区域，由光大安石与嘉宝集团强强联合共同打造，也是光大安石进军上海商业地产的开篇巨著。

项目于2016年5月28日正式开业。开业首日，客流突破25万人，次日人气持续火爆。商铺开业率近90%。在商业地产低迷的大环境下，创造了新的商业传奇，并荣获“2016年度中国商业地产最佳体验式项目”。

目前，已有卢米埃影城、永辉超市、K族KTV、H&M、优衣库、施华洛世奇、星巴克、屈臣氏、孩子王、玩具反斗城、西贝、江边城外、汉堡王、棒约翰、巴黎贝甜、70后饭吧等近200个国内外知名时尚品牌入驻。

作为光大安石旗下自有商业品牌，上海嘉定大融城延续一贯的品牌风格，以年轻、时尚、家庭消费为定位，总建筑面积约13万平方米，是区域内体量最大、业态最全、格局最新的一站式、年轻态的中高端家庭型区域购物中心，有效填补了区域内商业的空白。

舒适的购物环境，完善的业态组合，体贴入微的服务方式，是嘉定大融城将时尚与品质融合的嘉定区商业新地标。

柯渡医学科技 KEDU HEALTHCARE TECH

上海柯渡医学科技股份有限公司

上海柯渡医学科技股份有限公司是全国规模领先的医学装备管理服务高科技企业，服务内容覆盖医疗器械管理、学科建设管理和供应链管理，产品线覆盖医院全科室，服务网络覆盖全中国。作为上海市高新技术认证企业，柯渡医学科技已入选上海名牌，并获得“科技小巨人”企业称号。

上海柯渡医学科技股份有限公司成立于2006年。经过十多年来的发展建设，上海柯渡医学科技股份有限公司已经培养了一支超过1000人的工程师队伍、市场销售及运营团队，探索出行业领先的三大体系：工程师培养管理

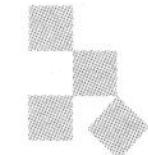

考核体系、运营体系以及客户服务体系。上海柯渡医学科技股份有限公司目前资产近500亿元，客户医院近3000家，整体打包医院近200家，2018年销售收入超过15亿元，预计今后三年的复合年增长率达45%。

上海柯渡医学科技股份有限公司一直奉行技术先行的宗旨，研发了拥有自主知识产权的医疗资产管理软件系统、自主研发信息化服务平台——阿基米德平台，深挖多年来积累的大数据，开发了拥有发明专利的AI瞳影眼镜。高科技、高智能的资产管理服务，持续为医院管理赋能。5G时代来临之际，上海柯渡医学科技股份有限公司已经拥有充分的技术储备和智能布局，必将实现跨越式发展。

高效服务、精益管理、智慧创新、利医为民，上海柯渡医学科技股份有限公司在医疗设备资产管理领域，努力成为也正在成为——客户首选解决方案提供者；厂家值得信赖的合作伙伴；员工理想的事业发展平台；持久优异财务回报贡献者！

TOSHIBA 东芝空调 东芝开利空调销售(上海)有限公司

1999年4月，株式会社东芝将她的空调设备事业部门单独分离出来，与世界上最大的空调生产企业之一——美国开利公司合并，组成全新的公司：东芝开利株式会社。东芝开利株式会社结合了两大集团在全球范围的产品开发、生产及销售网络等方面的优势。2003年，东芝空调进入中国，为中国用户带来更加安全、可靠、节能、舒适的空调产品。为了满足中国及全球消费者的需求，公司正在丰富产品系列，提供先进的技术服务，提高竞争能力，扩大业务范围。同时通过使用节能技术和新制冷剂，推动环保事业的开展。

愿公司的努力能使东芝空调成为每个人优质生活的首选！

公司：东芝开利空调销售(上海)有限公司

地址：上海市西藏中路268号来福士广场办公大楼501

网 址：http://www.toshiba-airconditioning.com.cn/default.aspx

施魏科工业设备(上海)有限公司(SWECO)

SWECO，斯伦贝谢旗下的一家子公司，是全球筛分行业的领导者，是颗粒筛分和粒径减小解决方案的世界领先企业。公司的产品有圆形振动筛、方形振动筛、医药级振动筛和离心机、研磨机、抛光机及各种筛网及配件。全球范围内，SWECO在13个国家设有工厂和100多个办事处。

SWECO MISSION SWECO的目标

成为颗粒筛分和粒径减小方案的世界领先企业。

在机构内部和外部寻求创新技术，以迎接国际市场不断涌现的挑战。

建设有责任心和才智出众的销售支持团队，并能够理解客户的需求，如同熟知公司的产品一样。

设计与制造出能够提供品质、价值和可靠性的优良设备。

实行全方位发展，以增进和改善公司的产

品以及客户的产品。

与客户之间建立稳固和长久的合作关系。

THE SWECO COMMITMENT SWECO的承诺

继承公司70年的一贯传统，提供品质、价值和性能，满足客户当今、明日和未来的加工处理需求。

QUALITY品质

SWECO的品质体现在公司的产品和服务中。如同公司的振动马达更换程序和SWECO正品配件一样，公司提供给客户快速和有效的服务。SWECO熟练的设计团队与客户密切的合作来定做机器以达到客户的需求。

EXPERIENCE经验

大多区域销售工程师已经在SWECO工作超过20年。那意味着他们能给予亲身实践的指导来满足你们的处理需要。他们的技能、培训和广阔的背景已经帮助SWECO在60多年来始终保持行业的领先。

SERVED INDUSTRIES涉及的行业

* Energy (Power Plants) 能源(电厂)
* Food & Beverage 食品和饮料
* Agriculture 农业
* Pharmaceutical 医药
* Pulp & Paper 造纸
* Ceramics 陶瓷
* Plastics 塑料
* Petroleum 石油
* Chemical Processing 化学加工
* Powder Coating 粉末涂料
* Mining / Minerals / Metals 采掘业/矿业/金属
* Sand / Clay / Glass 沙/黏土/玻璃
* Textiles / Laundry 纺织业/洗涤业
* Cosmetics 化妆品
* Metal Finishing and many more…金属表面处理及其他……

上海大祥化学工业有限公司

上海大祥化学工业有限公司是日本染化株式会社旗下的全资子公司，是在中国专业生产销售纺织、印染助剂的企业。所有生产工艺技术和质量保证体系均为日本日本染化株式会社提供，并派员长期驻厂监制，产品质量达世界先进水平。公司通过ISO9001:2008质量认证体系，更进一步完善和保证了产品的质量。

2013年5月起，为了强化公司技术力量，深化品质管理，优化公司生产力，提高公司综合竞争力，日本染化株式会社董事会任命新的领导班子。领导班子成员从事染整工作20余年，熟悉染整工艺及技术应用，能够及时有效地应对客户提出的各项要求，解决各种问题，确保公司产品的质量稳定。

公司设立以来，一直致力于为客户提供高品质的助剂产品和提供优良服务为宗旨，并以客户节约成本，提高产品竞争力为目标。公司发挥日本企业之专长，不求做全做大，只求做精做细，回报于客户，服务于社会。

公司地址：上海市奉贤区青村镇姚家村1137号，邮编：201414。

三井化学(中国)管理有限公司

三井化学(中国)管理有限公司(MCCN)成立于1998年12月15日，是日本三井化学株式会社(MCI)100%在华投资的公司，也是上海市商务委员会认定的地区总部公司。公司注册资本960万美元，员工总数92人，2018年实现营业总收入29.7亿元。三井化学集团在中国的18家企业2017年销售额合计达到75.9亿元。

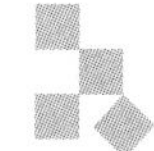

MCI以“移动产品”“医疗保健”“食品&包装”这三大领域为增长对象，致力于在相关市场扩大销售高附加值产品。目前MCI在中国拥有18处机构，以肩负统括职能和销售职能的MCCN为首，在华开展苯酚类基础原材料、无纺布、齿科材料、锂电池电解液等范围广泛的产品的生产和销售。

中国汽车市场正在稳步增长，移动产品领域方面，热塑性弹性体“Milastomer”和黏合性聚烯烃“Admer”的销售情况坚挺，已有的生产线的运行率也大幅提升。

在医疗保健领域，受人们收入水平和健康意识提高的影响，眼镜镜片的原料聚合物上，公司将投放市场防紫外线（UV）、偏光、调光等高性能产品。卫生材料市场也在持续扩大，无纺布将加速转向地产地销。

食品和包装方面，面向在不断进行设备投资的液晶、半导体制造的市场，公司对超净防护带“ICROS”和显示器用密封材料“STRUCT-BOND”的性能进行推广、扩大销售。

除此之外，基础原材料方面，对茂金属聚合物“Evolue”的销售支援也是重要任务。公司将构建苯酚丙酮的满负荷生产、销售的业务体制。

随着市场扩大，销售量也稳步增长，但存在供需松弛、收益态势严峻的业务也是事实。MCI今后将强化管理职能，大力培育本土员工，扎根中国，为中国经济的发展添砖加瓦。

挪宝新能源集团

挪宝新能源集团，系大型外商独资企业。作为中国地源热泵清洁能源领域的领导者，是中国第一家以合同能源管理模式集浅层地热能技术的中央空调系统融资、研发、生产、能源咨询审计、能源设计、工程施工管理、能源运维管理及人员培训为一体的系统综合生产商和专业节能服务提供商。

挪宝新能源集团

集团最早引进欧洲先进浅层地热能技术，结合中国工程实际和使用习惯，成功开发的适用于中国的地源热泵主机，可以针对国内实际情况提供工程个性化解决方案。凭借其在新能源领域强大的研发实力和创新的合同能源管理模式，成为首屈一指的建筑节能新能源解决方案提供商。

集团为各类商用公建及民用客户，各类新、老建筑提供完全适合中国国情，集制冷、采暖、供生活热水及其他功能于一体的高效节能（综合节能可达50%~70%）、绿色环保的地源热泵中央空调系统，其应用极其广泛，包括公共建筑：博物馆、展览馆、学校、医院等；商业建筑：高级酒店、办公楼、商场、大型超市和大型卖场等；民用建筑：各类别墅、公寓、高档住宅小区等；区域集中供能系统：商务园区、工业开发区、大型商务住宅社区以及城市功能规划等。

集团自2006年开始完成了上百个合同能源管理项目，签约合同面积达到5800万平方米。目前已建成收费的面积达到千万平方米，如上海东郊宾馆国宾馆，兴国宾馆，张家港澳洋医院，上海市北工业园区，桂林市政府大楼，上海意邦建材城等一大批具有典型代表性的项目。

经过多年的发展，集团形成了完善的经营团队，包括研发团队，机组生产团队，项目技术评估团队，设计团队，项目施工团队，能源管理团队等，完成大型区域能源规划、施工及能源管理。

集团是首批第一家成为国家发改委备案的节能服务公司，每年被评为“中国地源热泵行业十强企业”前三甲；还评为“中国新能源产业最具有影响力单位”“国际低碳经济研究中心理事长单位”“中国百佳绿标企业”等。2011年，还被美国专注于清洁技术研究的Cleantech Group评选为“全球清洁技术公司100强”。挪宝新能源集团将成为您绿色商业旅程的忠实伙伴和强大助力，让您的事业在财务、运营、品牌及可持续发展等各个方面都得到极大飞跃。

BASF We create chemistry 巴斯夫催化剂(上海)有限公司

巴斯夫催化剂全球业务部是全球环境技术和工艺催化剂业务的领导者，旗下机动车排放催化剂全球业务部作为业内全球领导者，拥有卓越的专业知识、开发创新的机动车排放控制技术，广泛地应用于汽油车、柴油车以及摩托车，以保护人类呼吸的空气，实现更健康、更可持续发展的未来。

巴斯夫机动车排放催化剂全球业务部于1976年推出重要创新——现代的三元转化催化剂，应用于现代汽车，可消除汽油发动机产生的90%以上的碳氢化合物(HC)、一氧化碳(CO)和氮氧化物(NO*x*)。凭借这一研发创新，巴斯夫获得了美国国家科技奖章以及联合国10年贡献奖，这款催化转化产品已经成为全世界大多数汽车至关重要的组件之一。

城市的空气污染防治在中国已受到高度重视。据环境保护部最近的一项污染源分析报告显示，机动车尾气排放是北京、杭州、广州和深圳等城市的主要污染源。因此，汽车排放受到全世界排放法规制定者越来越多的关注。随着排放法规越来越严格，除了对碳氢化合物(HC)、一氧化碳(CO)和氮氧化物(NOx)有限值要求外，对颗粒物(PM)控制也提出了更严格的要求。巴斯夫创新的EMPROTM系列技术解决方案能够满足更严格的排放法规，同时去除汽油车或柴油车排放中的四种污染物，并为汽车制造商、公共交通服务商和私家车主提供了一系列解决方案，以降低排放并提高燃油经济性。

巴斯夫研发创新的EMPRO FWCTM(四元转化催化技术)结合了传统的三元催化剂以及颗粒物捕集器的功能，只需一个催化单元就能够去除汽油车排放的四种污染物，其优点包括：

·以灵巧的解决方案降低背压的影响

·减少封装体积

·确保颗粒物排放低于严格的法规限值

·降低系统复杂性以及整体系统成本

在柴油车排放领域，巴斯夫也提供多种柴油机排放控制技术，通过添加不同的组件组合成系统，同时降低CO、HC、NO*x*以及PM等污染物，满足日益严格的排放控制法规。柴油发动机排放控制解决方案包括：

·DOC(柴油氧化催化剂)

·CSF(催化颗粒捕集器)

·SCR(选择性催化还原催化剂)

·AMX(氨氧化催化剂)

·LNT(稀燃氮氧化物捕集器)

·SCR.2F(带SCR的颗粒捕集器)

巴斯夫催化剂(上海)有限公司是一个集

机动车排放催化剂生产基地内的自动化仓库

研发，生产、物流、销售于一身的公司。同时，也是巴斯夫汽车尾气催化剂亚太总部所在地。巴斯夫催化剂建有一个先进的自动化仓储系统。自动化仓储系统采用最先进的ERP管理，与传统意义上的仓储系统相比，所有物料进出由机器根据最大分布的原则，自动进行分配，确保100%的准确度。仓库内无须铲车操作，最大程度地提高了仓库效率，充分利用了空间。

巴斯夫催化剂进入中国10余年来，是中国汽车事业迅速发展，以及汽车尾气排放法规的推进和落实的主要见证者。公司在中国不断地追加生产以及研发投资，服务于国内外著名的汽车厂商。公司始终如一，致力为汽车行业提供洁净排放的解决方案，推动国家可持续发展的方针，是催化剂行业的领导者。

村田汽车塑料零部件(上海)有限公司

村田汽车塑料零部件(上海)有限公司,位于中国第一大城市——中国的经济、金融、贸易和航运中心上海。注册地址上海市闵行区浦江镇三鲁路1598弄103支弄6号,性质属于有限责任公司,注册资本为3000　万元,2002年4月12日成立。

公司秉承“高新技术控制，　国际标准作业,用户需求至上,市场信誉至上”的宗旨,面向全国提供优质的产品和良好的服务。

ENC新智认知　新智认知数据服务有限公司

新智认知数据服务有限公司（ENC Data Service Co.,Ltd.，简称新智认知），主要面向智慧安全、智慧交通、智慧企业、智慧城市等领域，以客户的一线业务场景为驱动，通过人工智能、大数据、区块链和云计算等创新技术，为行业客户提供行业认知解决方案，构建全面赋能生态，助力供给侧实现智慧化升级。

新智认知属于新奥集团旗下互联网板块企业，已通过集团旗下北部湾旅成功重组上市（股票代码：603869），注册资金5亿元，以上海为总部，在全国11个省份皆设有分支机构。公司现紧紧把握互联时代发展趋势，继承博康（现为新智认知旗下品牌）二十余载行业经验，充分依托新奥集团资源，完成了横跨智慧政务、智慧产业、智慧民生的多元事业布局，并助力新奥集团成功打造“智慧企业运营平台”，为集团400家成员企业和上下游900家合作企业提供能力支撑。

坚持自主创新是新智认知发展的源动力。公司十分重视“产—学—研—用”的合作模式，现已拥有强大的研发中心、雄厚的技术实力、完整的技术支持和服务团队，承建了国家发改委组织实施的智慧安全领域创新能力建设专项——一体化指挥调度技术国家工程实验室，并与公安部交通管理科学研究所、上海交通大学、同济大学、北京航空航天大学、英特尔公司等知名研究所、高校、企业在智慧城市领域成立了联合实验室，共同探寻人工智能、大数据和云计算等技术在相关领域应用的新突破。

目前，公司自主研发的产品与解决方案已成功应用于北京奥运、上海世博会、抗战胜利70周年暨9·3大阅兵、G20峰会、“一带一路”国际合作高峰论坛等多项国际级大型活动及各大城市的智慧城市项目建设，以一流的技术和服务赢得用户、专家、业界乃至政府机构的首肯。

继往开来，新智认知将始终聚焦自身优势行业，致力于打造行业咨询能力、行业认知能力、行业超脑、慧眼等产品，为供给侧客户的智慧化升级提供有力牵引；同时，愿与广大合作伙伴精诚协作，共谋发展，共创未来！

和通汽车投资有限公司

和通汽车投资有限公司于2010年7月成立，由台湾和泰汽车集团100%投资，注册资本为7804.5万美元，设立于中国上海，为集团地区总部。和通汽车旗下拥有四大汽车品牌：(雷克萨斯、一汽丰田、广汽丰田与丰田叉车)，共18家汽车4S店，分布于上海、重庆、唐山、南昌、临沂、枣庄、北京、天津、晋中与泰州等城市。

台湾和泰汽车集团在中国台湾以代理销售日本丰田小轿车及日野大型客货车起家，自2002年起，连续多年蝉联中国台湾车市第一名，顾客满意度也一直名列前茅。

台湾和泰汽车集团进入中国大陆后，在上海的布局是以高标准软硬件的作业与高素质人才的结合，从事整车销售与维修服务，并设立上海和凌(雷克萨斯)店，坐落普陀区祁连山南路456号，电话：2225-9999；上海和裕(一汽丰田)店，坐落闵行区沪青平公路999号，电话：64202769；上海和展(广汽丰田)店，坐落闵行区莲花南路2058号，电话：34305128；上海杨浦和凌(雷克萨斯)店，坐落杨浦区市光路401号，电话：6577-9888；上海和乾(丰田叉车)坐落松江区新桥镇曹农路515号，电话：57686660。

第五编
自贸试验区、开发区

一、中国(上海)自由贸易试验区

中国(上海)自由贸易试验区保税区域

一、概况

建设中国(上海)自由贸易试验区(简称自贸试验区),是党中央、国务院在新形势下全面深化改革和扩大开放的一项战略举措,也是上海当好新时代全国改革开放排头兵、创新发展先行者的重点抓手。在市委、市政府的正确领导下,在国家有关部委以及市、新区各有关部门、驻区各职能部门和各大开发公司的大力支持下,自贸试验区自2013年9月29日正式挂牌运作以来,积极落实国家战略,以“大胆闯、大胆试、自主改”“探索不停步、深耕试验区”精神推进深化改革,围绕“三区一堡”建设和“三个联动”,加快构建开放型经济新体制,在新一轮改革开放中发挥着引领示范作用。2015年4月,中国(上海)自由贸易试验区正式从28.78平方千米扩展到120.72平方千米,中国(上海)自由贸易试验区保税区域(简称保税区域)发展进入新征程。

2018年,保税区域深入贯彻落实党的十九大精神,以习近平新时代中国特色社会主义思想为指导,全面贯彻新发展理念,落实高质量发展要求,紧紧围绕建设最高标准、最好水平自由贸易园区为目标,深入推进制度创新和功能拓展,扎实营造更高水平的对外开放营商环境,加速推进产业转型升级和动能转换,经济运行总体平稳,呈现出“稳中有进、结构优化、后劲增强、质效提升、贡献突出”的发展态势。据统计,2018年保税区域投资企业完成经营总收入21959.35亿元,比2017年增长10.3%。其中以国际贸易、航运物流、金融服务、专业服务等为主体的第三产业完成经营收入21198.79亿元,增长11.0%,占96.5%,所占比重比2017年提高0.5个百分点;以高端制造业为主体的第二产业完成经营收入760.56亿元,占3.5%。这些投资企业完成进出口总额9816.59亿元,增长6.5%;实现利润总额991.06亿元,增长8.6%;税务部门税收793.17亿元,增长19.0%;投资企业年末从业人员32.91万人,增长3.9%。

二、开发建设

保税区域所含外高桥、洋山、机场等园区虽然启动建设时间有先后、开发进度有差异,但均已完成大规模的土地开发和园区建设,固

中国(上海)自由贸易试验区保税区域

定资产投资已度过了高峰时期。2018年保税区域积极完善投资协调促进机制，强化区域建设与产业升级融合发展，加快推进重点工程和新设项目开发建设，有序推进保税服务中心、高端封装测试技改、检测技术平台等项目建设，固定资产投资结构不断优化。全年保税区域完成固定资产投资额43.50亿元，比2017年增长0.4%。

截至2018年底，保税区域已累计完成固定资产投资额962亿元（包括洋山深水港建设1～3期），其中外高桥633亿元，洋山252亿元，机场77亿元，持续不断的建设投入为区域经济持续发展提供了坚实保障。

（一）外高桥投资规模最大，洋山和机场成倍增长

分区域情况来看，外高桥保税区有序推进基建投资和产业转型升级项目建设，完成固定资产投资额27.05亿元，占保税区域62.2%；洋山保税港区依托洋山贸易便利化营运基地建设，完成投资额5.23亿元，比上年增长5.2倍；浦东机场综合保税区在国际品牌现代仓储基地项目建设支撑下，完成投资额11.22亿元，增长14.4倍。

（二）施工项目以及建筑面积均有增长

2018年在保税区域开展投资建设的企业单位有30家。施工项目39个，比上年增长5.4%，其中新开工项目19个、竣工项目18个。

全年施工房屋建筑面积192.35万平方米，比上年增长38.9%，其中新开工面积102.5万平方米，占53.3%。施工面积超过1万平方米的项目共有25个，占施工项目64.1%。全年竣工房屋建筑面积72.38万平方米，比上年增长53.9%。

三、企业设立

随着自贸试验区制度创新举措在全国复制推广，区内外招商政策的落差不断缩小，市场主体获得更多投资选择，保税区域新设企业数量逐渐回落，但仍维持在较高区间。据统计，2018年保税区域新设企业1862家，吸引投资总额135.48亿美元，外商投资额86.56亿美元，其中合同外资42.45亿美元；内资企业注册

资本318.03亿元。

自贸试验区挂牌至2018年底，保税区域新设企业32569家。其中，外资企业7950家，占24.4%，主要是中国香港2573家、中国台湾468家、美国430家位居前三甲；内资企业24619家，占75.6%。从行业类来看，贸易类占46.5%，服务类占37.6%，金融类占4.1%，物流类占3.3%，文化教育卫生类占2.4%，建筑和房地产0.6%。有91家世界500强企业投资131个项目，35户央企投资79个项目，注册资本超过10亿元的企业398家。

截至2018年底，保税区域现有注册企业37933家，吸引注册资本达到24793亿元。从企业性质上分析，外资企业11963家，占企业总数31.5%，吸引注册资本9302亿元，占注册资本总额37.5%；内资企业25970家，占企业总数68.5%，吸引注册资本15491亿元，占注册资本总额62.5%。从外资的国别和地区上分析，按企业数量进行排名，位居前5位的分别是中国香港3628家、日本1265家、美国759家，中国台湾637家和新加坡530家。按注册资本进行排名，位居前5位的分别是中国香港4060亿元、新加坡274亿元、美国245亿元、日本224亿元、维尔京群岛120亿元。从行业类型上分析，贸易类企业占企业总数49.7%，租赁和商务服务类占25.5%，科学研究和技术服务类企业占7.8%，物流类企业占6.9%，金融类企业占3.4%，信息传输、软件和信息技术服务类企业占2.8%，文化、体育和娱乐类企业占2.0%，加工类企业占0.9%，建筑业和房地产类企业占0.7%，其他类企业占0.3%。从重点企业分析，投资额超过1000万美元（含1000万美元）的外资大型企业累计达到2333家，占外资企业总数19.5%，吸引投资额1321亿美元。2018年度《财富》500强企业中，已有169家在保税区域投资387家企业。

四、国际贸易

保税区域作为上海国际贸易中心建设的重要基地，国际贸易是保税区域经济发展的核心功能，也是制度创新、功能拓展的重要平台。在外部宏观环境发生较大变化，特别是一些国家保护主义、单边主义抬头，世界经济增长有所放缓，跨国贸易和投资受到拖累的背景下，保税区域积极落实促进外贸各项政策举措，努力发挥贸易便利化改革成效，不断优化进出口贸易结构，确保了进出口总额保持稳步增长，为全市外贸增长继续发挥引领作用。据统计，2018年保税区域投资企业合计完成进出口总额9816.59亿元，比2017年增长6.5%，占全市比重从上年的28.6%提升到28.9%。其中进口额7103.38亿元，增长5.0%，占全市34.9%；出口额2713.21亿元，增长10.4%，占全市19.9%。进出口逆差额保持较大规模，2018年保税区域所形成的进出口贸易逆差达到4390.18亿元，是上海市进出口贸易保持逆差的主要因素。

2018年保税区域外贸进出口结构进一步优化调整。在贸易便利化水平提升以及亚太分拨中心加快发展的促进下，保税物流货物进出口保持较大规模，完成6256.18亿元，与上年持平，占保税区域进出口额63.7%。一般贸易进出口额完成2757.26亿元，增长13.9%，占28.1%，所占比重比2017年提高1.9个百分点。加工贸易进出口额完成728.30亿元，增长48.4%，所占比重从上年的5.3%提升到7.4%。外资企业进口设备物品和保税仓库进出境货物合计进出口额52.09亿元，增长27.3%，占0.6%。此外，2018年保税区域物流货物进出口额占全市保税物流业务95.7%，占全国保税物流业务29.9%。

保税区域深化贸易监管制度创新，贸易便利化水平不断提高，开展国际贸易业务的优质企业加快增长。进出口额超过10亿元的达到151家，比2017年净增18家，合计进出口额6780.14亿元，比2017年增长8.0%，占保税区域进出口额69.1%；进出口额超过50亿元的企业有23家，比2017年净增2家，合计进出口额4264.27亿元，增长7.9%，占43.4%。其中6家企业在上海市进口企业前10强中榜上有名，5

家企业在上海市出口企业前10强中榜上有名。

2018年保税区域的投资企业与217个国家和地区发生了进出口业务往来，比2017年增加5个，在与传统贸易伙伴巩固经贸关系的同时，也进一步加强了与新兴市场国家的经贸往来。特别是与“一带一路”沿线国家的进出口额达到1842.86亿元，占保税区域进出口额18.8%。

从洲际区域来看，亚洲、欧洲和北美洲占据主体地位。与亚洲国家和地区完成进出口额4919.36亿元，增长5.3%，占保税区域进出口额50.1%；与欧洲完成进出口额2444.52亿元，增长0.3%，占24.9%；与北美洲完成1310.09亿元，增长7.3%，占13.3%。与拉丁美洲、大洋洲、非洲国家和地区合计完成进出口额1140.55亿元，增长28.8%，占11.6%。

从国家和地区来看，共有29个国家和地区进出口额超过50亿元，合计进出口额8852.83亿元，增长5.6%，占保税区域进出口额90.2%。共有13个国家和地区进出口额超过200亿元，合计进出口额占70.7%，其中美国和日本进出口额超过1000亿元，分别完成1230.62亿元和1114.17亿元，增长5.5%和9.5%。中国台湾、中国香港、德国和韩国进出口额均超过500亿元。此外，与澳大利亚、巴西和荷兰的进出口额较快增长，分别完成351.29亿元、283.36亿元和221.41亿元，分别增长54.0%、44.0%和16.1%。对“一带一路”国家进出口额1842.86亿元，下降1.9%，其中对泰国、俄罗斯、沙特阿拉伯进出口额分别为189.29亿元、142.62亿元和52.92亿元，增长7.6%、13.3%和1.1倍。

根据海关商品的HS分类标准，在保税区域的进出口商品结构中，机电产品和高新技术产品涉及企业较多，价值总额较高，占据保税区域进出口额主要比重。2018年保税区域机电产品占保税区域进出口额59.5%，高新技术产品进出口额占48.1%。

五、产业发展

(一)贸易业

贸易业是保税区域经济发展的支柱产业，对经济总量和税收产出的贡献作用突出。2018年保税区域贸易企业克服中美经贸摩擦影响，依托我国供给侧结构性改革和自由贸易试验区制度创新的叠加优势，积极拓展业务新领域，不断优化商品结构、扩大业务规模、提升经营效益，推动贸易业商品销售额持续较快增长。全年保税区域完成商品销售额19003.41亿元，比2017年增长11.1%。其中，外高桥保税区集聚众多优势行业、重点企业较快发展，完成16834.85亿元，比2017年增长10.5%，占88.6%；洋山保税港区大宗商品企业触底回升，完成2157.46亿元，增长15.6%，占11.4%；机场综保区也有少量贸易企业开展业务，产业规模扩张迅速，完成11.10亿元，增长61.6%。

保税区域重点贸易企业依托自贸试验区制度创新的先发优势，不断拓展经营领域，积极优化商品结构，企业规模能级持续攀升，是推动保税区域贸易业较快发展的主要动力。据统计，2018年保税区域销售额超过100亿元的贸易企业有31家，比2017年增加4家，合计销售额8862.32亿元，比2017年增长11.1%，占保税区域商品销售总额46.6%。

保税区域贸易业涉及9个行业大类、48个行业小类，其中前四大贸易行业的销售额占93.2%。在重点行业大类中：机械设备、五金交电及电子产品行业9616.57亿元，比2017年增长15.0%，占保税区域50.6%；矿产品、建材及化工产品行业5688.36亿元，增长12.6%，占29.9%；医药及医疗器材行业1496.08亿元，增长6.0%，占7.9%；纺织、服装及日用品行业916.98亿元，下降1.8%，占4.8%。此外，食品饮料行业、文化体育用品器材行业以及农畜产品行业销售规模均超过200亿元。

(二)航运物流产业

保税区域是上海建设国际航运中心的重要载体，不仅具有国际贸易、保税物流、保税加

工的功能优势，而且坐拥临近海港、空港的区位优势，口岸物流服务功能优势突出。2018年，保税区域深入推进国际航运综合试验区建设，充分发挥国际航运枢纽和功能创新的叠加优势，不断优化分拨配送、供应链管理、港口服务等功能，物流运作效率进一步提高，航运服务专业化水平不断提升，航运物流产业实现较快发展。据统计，2018年保税区域完成航运物流服务收入1627.73亿元，比2017年增长11.8%。

1.港口运输业

2018年保税区域港口运输业完成收入1003.73亿元，比上年增长13.7%，占保税区域航运物流服务收入61.7%。其中，洋山26家从事水上运输业务的船运企业完成收入865.44亿元，增长7.2%；89家港口内陆运输企业完成收入138.28亿元，增长84.5%。

2.航运服务业

2018年保税区域航运服务产业完成收入615.22亿元，比2017年增长9.1%，占保税区域航运物流服务收入37.8%。其中，包括码头公司、仓储企业在内的港口经营与管理业完成收入285.94亿元，增长5.5%，其中38家企业收入超亿元。以专业货物运输、代理等业务为主的航运专业服务业完成收入284.96亿元，增长11.9%。以航运设备租赁为主的航运金融服务业完成收入35.94亿元，增长17.3%。包括培训、航运机械设备检测服务等业务在内的航运教育与科技业完成收入8.38亿元，增长7.3%。

3.航运基础业

2018年保税区域航运基础产业完成收入8.78亿元，比上年下降8.1%。

（三）加工制造业

保税区域加工制造企业稳妥推进转型升级，着力推动技术改造和产品更新，不断提高创新驱动发展和产业融合发展的能力，克服了重点企业业务波动影响，加工制造业产值保持一定规模。2018年保税区域118家规模以上工业企业完成工业产值（在地口径）536.80亿元，比2017年增长0.3%。

在国家鼓励优先发展的十大高技术产业化重点领域中，保税区域涉及信息技术和高端设备制造等产业。全年保税区域高技术产业完成工业产值280.68亿元，比2017年增长3.1%，占工业总产值52.3%，是推动加工制造业发展的重要力量。

2018年保税区域工业经济涉及20个行业大类，有13个行业产值增长。其中计算机、通信和其他电子设备制造业，合计完成产值255.01亿元，比2017年增长1.3%，占保税区域工业产值47.5%；排名第二位的汽车制造业拥有众多高新技术企业，完成产值94.96亿元，与上年基本持平；化学制品制造业和通用设备制造业等行业稳步增长，分别完成产值53.40亿元和41.31亿元，增长5.0%和5.9%；仪器仪表制造业、有色金属压延加工业和设备修理业等行业增长较快，分别完成产值13.75亿元、7.72亿元和1.27亿元，增长30.6%、41.9%和14.6%。下降行业有8个，其中电气机械和器材制造业、专用设备制造业、橡胶和塑料制品业和非金属矿物制品业等行业波动较大。

六、功能培育

（一）总部经济

为了顺应跨国公司业务功能整合和国际服务业梯度转移的趋势，保税区域积极推出并有效落实强有力的扶持政策，不断提升贸易便利化水平和服务机制，推动跨国公司整合业务功能，培育、发展、形成了多种形态的总部经济体系。截至2018年底，保税区域培育涵盖跨国公司地区总部、营运总部、大企业总部、区域性总部、贸易型总部等类型在内的总部企业达到257家。这些总部经济企业依托政策和服务综合优势，积极整合订单销售、贸易结算、供应链集成、人力资源、资金统筹等经营管理职能，充分利用自贸试验区改革创新试点措施，不断拓展业务统筹范围的广度和深度，迅速提升自身在跨国公司集团内部的地位和作用，发展成为集团在中国区乃至亚太地区的区域性管理平台，为保税区域经济发展带来了经济贡献效应、产业聚集效应和产业关联效应。据统计，

2018年保税区域总部经济企业完成经营收入11886.31亿元，比2017年增长5.3%，占保税区域企业经营收入54.1%；完成税务部门税收382.62亿元，增长19.7%，占保税区域税务部门税收48.2%；完成进出口额2870.20亿元，增长6.4%，占保税区域进出口额29.2%。

（二）平台经济

平台经济是保税区域政策创新、功能推进和产业培育的重要抓手。经过多年的培育和探索，保税区域打造的以贸易专业服务平台和国别（地区）商品中心为核心的平台经济服务体系日趋完善。其中贸易专业服务平台依托进出口代理、物流供应链、保税展示、高端咨询等服务功能，在扩大进出口贸易便利化、提高稳商服务水平、拓展贸易功能创新、推动产业转型升级等方面发挥了重要作用，已经形成汽车、钟表、医药、酒类、机床、医疗器械、化妆品、文化服务等重点专业平台。国别（地区）商品中心以保税区域保税展示、完税交易为主要依托，通过对接各使领馆及国际（地区）商会等方面资源，对外积极宣传自贸试验区各项便利政策，对内则通过搭建各个国家（地区）的商品贸易展示平台，对中国与各国（地区）在经济、文化、教育项目及产品等领域的交流合作发挥着重要的推动作用，已有澳大利亚、意大利、俄罗斯、智利、中国台湾、中东欧16国、匈牙利、伊朗、捷克、斐济、希腊等国别（地区）商品中心项目落户，开馆运营的国别（地区）商品中心为8家，且均已在网上商城上线运营。

（三）口岸功能

2018年，保税区域加快推进上海国际航运中心综合试验区建设，不断提升洋山港、外高桥港和浦东机场的国际航运枢纽功能。据统计，2018年外高桥港和洋山港合计完成货物吞吐量3.39亿吨，比2017年增长2.9%，占上海港货物吞吐量46.4%（上海港货物吞吐量7.30亿吨，下降2.7%），所占比重比2017年提高2.5个百分点；集装箱吞吐量3793.4万标箱，增长4.3%，占上海港集装箱吞吐量90.3%（上海港集装箱吞吐量4201.0万标箱，增长4.4%），为上海港连续第九年保持世界第一大集装箱港做出了重要贡献。浦东机场2018年旅客吞吐量7400.6万人次，增长5.7%，巩固了全国排名第二的地位，货邮吞吐量376.9万吨，连续11年全球排名第三，航空运量继续跻身世界超大型枢纽机场“俱乐部”。

七、发展效益

企业从业人员稳步增长。随着保税区域投产企业数量增加和人才公共服务体系不断完善，吸引了大批高学历、专业型人才前来就业，为保税区域持续发展奠定了良好的人力资源基础。据统计，2018年末保税区域投资企业从业人员32.91万人，比2017年增长3.9%。从业人员中，中方人员31.98万人，增长4.0%，占保税区域从业人员97.2%；外籍人员0.99万人，占2.8%。

投资企业利润总额稳步增长。2018年保税区域投资企业依托改革创新红利，积极扩大经营规模、提升经营业绩，增强盈利能力，企业利润总额稳步增长，合计完成利润总额991.06亿元，比2017年增长8.6%。

税务部门税收快速增长。保税区域着力提升改革创新成果转化应用，有效推进产业升级和动能转换，经济结构稳中趋优的格局进一步巩固，区域经济取得高质量发展，税收产出明显加快增长。据统计，2018年保税区域完成税务部门税收793.17亿元，比2017年增长19.0%，占浦东新区税收20.7%，占上海市税收5.7%。其中，地方一般公共预算收入196.4亿元，增长16.1%，占浦东新区一般公共预算收入的18.4%。

外高桥保税区

一、概述

2018年,外高桥保税区贯彻落实自贸试验区各项改革创新举措,积极营造高效便捷的营商环境,强化企业服务工作体系和招商稳商机制,着力推动总部经济体系和服务功能平台建设,区域经济在总量规模较大的基础上,继续保持稳中提质、稳中有进。据统计,2018年外高桥保税区投资企业完成经营总收入18287.21亿元,比2017年增长9.6%;实现利润总额752.89亿元,增长4.3%;缴纳各类税收收入1314.95亿元,增长4.2%。

二、开发建设

外高桥保税区经过近30年的开发建设,前期的土地开发已经基本结束,园区建设较为成熟,市政配套设施建设基本完善,产业布局相对合理。2018年,外高桥保税区继续优化综合投资环境,推进产业用地转型,加强重点工程项目和“三新”项目建设,确保了艺术品保税服务中心、生物医药研发、高端封装测试技改、检测技术平台等新兴项目稳步推进,促进固定资产投资结构不断优化。全年外高桥保税区完成固定资产投资额27.05亿元。

截至2018年底,外高桥保税区已累计完成固定资产投资额634.03亿元,积极有效的建设投入为区域经济的持续产出奠定了良好的基础。

三、企业设立

随着自贸区的扩区和市场投资热情的消退,外高桥保税区的新设企业数据和投资额有所减少,但依然维持在较高区间。据统计,2018年外高桥保税区新设企业1729家,吸引内资企业注册资本297.86亿元,外商投资额80.2亿美元,合同外资40.3亿美元。

外高桥保税区

从行业分布来看，贸易类企业838家，占新设企业48.5%；服务类企业682家，占39.4%；物流类企业98家，占5.7%；租赁类企业14家，占0.8%；其他类企业97家，占5.6%。

截至2018年底，外高桥保税区现有注册企业34970家，注册资本21016亿元。从企业性质来看：内资企业23542家，占企业总数67.3%；外资企业11428家，占32.7%。从行业分布来看，贸易类企业占51.4%，租赁和商业服务类企业占25.1%，科学研究和技术服务类企业占8.2%，物流类企业占4.8%，金融类企业占3.5%，信息传输、软件和信息技术服务类企业占2.8%，文化体育娱乐类企业占2.1%，加工类企业占1.0%，其他类企业占1.1%。

四、国际贸易

国际贸易是外高桥保税区经济发展的核心功能，也是外高桥保税区政策优势和产业融合联动发展的突出表现。一年来，在外部宏观经济发展放缓的背景下，外高桥保税区积极发挥总部企业集聚和贸易制度创新的叠加优势，以开放型经济发展为核心，不断拓展多元化贸易功能，巩固强化了外高桥保税区对外窗口和对内辐射的作用，进出口额保持稳步增长。据统计，2018年外高桥保税区投资企业完成进出口总额8429.93亿元，比2017年增长5.9%。其中进口额6256.65元，增长4.5%；出口额2173.27亿元，增长10.3%。

随着贸易便利化水平的不断提升和功能的拓展丰富，外高桥保税区进一步发挥贸易功能和物流功能的优势，加快业务模式创新，促进了进出口贸易方式的结构优化。外高桥保税区物流货物进出口额保持主体地位，完成5085.57亿元，比2017年下降1.0%，占保税区进出口额60.3%；一般贸易进出口额较快增长，完成2569.38亿元，增长12.4%，所占比重从2017年的28.7%提升到30.5%；加工贸易进出口额增长迅猛，完成719.61亿元，增长49.2%，占8.5%，所占比重比2017年提升2.4个百分点。

据统计，2018年外高桥保税区与215个国家和地区有进出口业务往来，比2017年增加19个。

从洲际区域来看，亚洲、欧洲和北美洲占据主体地位。与亚洲国家和地区进出口额完成4406.63亿元，比2017年增长4.5%，占外高桥保税区进出口额52.3%；与欧洲进出口额完成2089.62亿元，下降0.1%，占24.8%；与北美洲进出口额完成1118.82亿元，增长9.3%，占13.3%。与拉丁美洲、大洋洲、非洲国家和地区合计完成进出口额814.45亿元，增长29.5%，占9.7%。

从国家和地区来看，全年与外高桥保税区进出口业务往来超过100亿元的国家和地区达到19个，合计完成进出口额7050.22亿元，比2017年增长4.4%，占外高桥保税区进出口总额83.6%。共有8个国家和地区进出口额超过300亿元，居前5位的分别是美国1048.85亿元、日本1035.11亿元、中国台湾653.40亿元，德国572.60亿元和韩国556.65亿元。此外，外高桥保税区与澳大利亚、巴西、荷兰等国家和地区进出口额均超过100亿元，而且增幅均超过10%。与“一带一路”国家和地区进出口额1529.10亿元，占18.1%。进口额6256.65元，主要进口商品有集成电路1053.64亿元，医疗器材693.59亿元，药品563.74亿元；出口额2173.27亿元，主要出口商品有医疗器材639.59亿元，集成电路421.36亿元，塑料及其制品413.32亿元。

五、产业发展

（一）贸易业

贸易业是外高桥保税区经济的主导产业，是外高桥保税区经济总量和税收贡献的主要来源。2018年外高桥保税区贸易企业紧紧抓住国内供给侧结构改革带来的商机，积极运用各项改革创新举措，不断提升企业品牌效应、规模效应和辐射功能，促使产业能级和竞争力持续提升，贸易业商品销售额取得较快增长，完成16834.85亿元，比2017年增长10.5%，占

保税区域商品销售总额88.6%。

外高桥保税区重点贸易企业积极拓展商品销售渠道，继续发挥先进营销优势，不断优化品类结构适应市场需求，商品销售额保持较快增长。据统计，2018年外高桥保税区销售额超过100亿元的贸易企业有26家，比2017年增加3家，合计销售额7903.14亿元，比2017年增长11.2%，占外高桥保税区商品销售额46.9%；销售额超过10亿元的贸易企业有269家，比2017年增加36家，合计销售额14923.03亿元，增长11.1%，占外高桥保税区商品销售额88.6%。

（二）航运物流业

航运物流产业是外高桥保税区主导产业之一。2018年，外高桥保税区深入推进航运物流功能创新，完善航运物流配套环境建设，不断提升航运物流运作效率和联动发展水平，促使航运物流服务收入较快增长。据统计，全年外高桥保税区完成航运物流服务收入269.67亿元，比2017年增长12.3%。

2018年外高桥保税区航运服务产业完成收入250.24亿元，比2017年增长10.1%，占外高桥保税区航运物流服务收入92.8%。其中，包括专业货物运输代理等业务在内的航运专业服务业稳步增长，完成收入167.31亿元，增长6.1%；包括仓储业务在内的港口经营与管理业快速增长，完成收入72.98亿元，增长18.0%；包括培训、航运机械设备检测服务等业务在内的航运教育与科技业收入稳步增长，完成7.63亿元，增长6.4%。港口内陆运输业完成收入13.50亿元，增长1.0倍。航运基础产业完成收入5.93亿元，下降4.5%。

（三）加工制造业

2018年，外高桥保税区加工制造企业积极推进转型升级，着力推动技术改造和产品更新，不断提高创新驱动发展和产业融合发展的能力，克服了重点企业业务波动影响，加工制造业产值保持一定规模。全年外高桥保税区117家规模以上工业企业完成工业产值534.38亿元，比2017年增长0.2%。

在国家鼓励优先发展的十大高技术产业化重点领域中，外高桥保税区涉及信息技术和高端设备制造等产业。全年外高桥保税区高技术产业完成工业产值280.68亿元，比2017年增长3.1%，占工业总产值52.5%，是推动加工制造业发展的重要力量。

六、功能培育

（一）总部经济

加快推进总部经济规模化发展是外高桥保税区提升核心竞争力的主要举措之一。截至2018年底，外高桥保税区培育涵盖跨国公司地区总部、营运总部、大企业总部、区域性总部、贸易型总部等类型在内的各类总部企业达到243家。这些总部经济企业依托政策先行和精准服务的综合优势，积极利用自贸试验区改革创新试点措施，不断优化整合订单销售、贸易结算、供应链集成、人力资源、资金统筹等经营管理职能，加强拓展业务统筹范围的广度和深度，不断提升自身在跨国公司集团内部的地位和作用，发展成为集团在中国区乃至亚太地区的区域性管理平台，为外高桥保税区经济发展带来了经济贡献效应、产业聚集效应和产业关联效应。据统计，2018年外高桥保税区总部经济企业完成经营收入11196.20亿元，占外高桥保税区企业经营收入61.2%；完成税务部门税收359.85亿元，占外高桥保税区税务部门税收55.5%；完成进出口额2585.32亿元，占外高桥保税区进出口额26.3%。

（二）创新创业平台

创新创业平台建设是外高桥保税区推动创新驱动发展的重要切入点，也是提升科技创新营商环境、优化稳商育商、服务高质量发展的重要抓手。2018年，外高桥保税区不断优化创新孵化环境，着力推动“外高桥复旦科技园创新中心”“上海自贸区国际生物医药科创中心”加快发展，创新创业平台建设初见成效。其中，外高桥复旦科技园创新中心已经引入“华熙生物”“国基科技”“天生德世”“罗悉激光技术”“鹊之家”“港源工业贸易”等企业入驻；

上海自贸区国际生物医药科创中心已经引入独角兽企业“明码科技”等入驻。

（三）口岸功能

2018年外高桥港区充分发挥区位优势和口岸功能创新优势，进一步巩固和优化航线资源，提升航运服务质量，强化智能化管理水平，不断增强对长江、内河流域的辐射作用，确保港区货物吞吐量和集装箱吞吐量在洋山四期开港后远洋航线资源有所调整的情况下保持基本稳定。目前，外高桥港区1~6期共拥有泊位24个，已配备桥吊80台，码头总长度达到5959米，陆域面积达到581万平方米。2018年外高桥港区停靠各类船舶39937艘次，其中外籍货轮达到9568艘次，占外港停靠船舶数量24.0%；完成货物吞吐量1.74亿吨，占上海港23.8%；集装箱吞吐量1951.0万标箱，占上海港46.4%。

七、发展效益

企业从业人员持续增加。随着外高桥保税区产业体系的不断完善和产业能级的持续提升，对高学历、专业型人才的需求不断增加，投资企业从业人员不仅数量稳步增加，而且人员综合素质不断提升。据统计，2018年末外高桥保税区投资企业从业人员为27.96万人，比2017年增长3.1%。从业人员中，中方人员27.05万人，占96.7%；外籍人员0.91万人，占3.3%。

投资企业利润总额平稳增长。外高桥保税区投资企业努力克服外部环境波动对经营带来的影响，积极应用各项制度创新和贸易便利化措施来降低运作成本，充分发挥规模效应和集聚作用，不断培育新的业绩增长点，在2017年利润快速增长的基础上，确保利润总额继续增长。据统计，2018年外高桥保税区投资企业共实现利润总额752.89亿元，比2017年增长4.3%。

各类税收收入稳步攀升。外高桥保税区在国内关税、所得税税率均有不同程度下调的情况下，依托区内投资企业整体经营效益不断攀升，推动各类税收产出稳步增长，对国家和地方财力的贡献继续增加。据统计，2018年外高桥保税区共完成各类税收收入1314.95亿元，比2017年增长4.2%，其中税务部门税收647.94亿元，占外高桥各类税收收入49.3%，海关部门税收667.01亿元，占50.7%。

洋山保税港区

一、概述

2018年洋山保税港区扎实推进国际航运发展综合试验区建设，进一步增强航运口岸枢纽功能，提高口岸设施集约利用和智能化水平，着力推动洋山四期自动化码头规模化运作，有序推进国际采购与分拨配送、中转集拼、大宗商品、生鲜冷链、跨境电商、保税维修等新型功能发展，促使经济结构不断优化，产业能级持续攀升，经济总量保持较快增长，为推动上海国际航运中心建设发挥积极作用。据统计，2018年洋山保税港区投资企业完成经营总收入3492.23亿元，比2017年增长13.2%；税务部门税收118.58亿元，增长12.7%；进出口总额855.71亿元，增长11.1%；年末企业从业人员4.60万人，增长8.5%。

二、企业设立

洋山保税港区围绕区域重点产业功能开展战略招商，提升招商引资的精准度。据统计，2018年洋山保税港区新设企业90家，吸引内资企业注册资本17.8亿元，外商投资额0.58亿美元。

截至2018年底，洋山保税港区现有注册企业1899家，注册资本2634亿元。从企业性质来看，内资企业1608家，占企业总数84.7%；外资企业291家，占15.3%。从行业分布来看，物流类企业842家，占企业总数44.3%，其中仓储类企业115家，运输及货代类企业727家（包括42家从事海上运输的船运公司）；贸易类企业570家，占30.0%；租赁和商业服务类企业312家，占16.4%；科研和信息技术服务类企业54

洋山保税港区

家，占2.8%；信息传输、软件和信息技术服务类企业66家，占3.5%；金融类企业32家，占1.7%；文化、体育、娱乐9家，占0.47%；建筑、房地产、餐饮等其他类企业14家，占0.8%。

三、国际贸易

根据我国海关的进出口贸易统计体系的规定，洋山保税港区的进出口总额是指注册在洋山保税港区的投资企业在全国各地的海关口岸所直接完成的进、出国境的货物总额。2018年洋山保税港区进一步推进海关、检验检疫等部门改革试点措施的落地范围，加快亚太出口分拨功能的发展,促使进出口总额实现增长。据统计，2018年洋山保税港区投资企业完成进出口总额855.71亿元，比2017年增长11.1%。

从贸易方式上看，一般贸易增长较快，完成186.36亿元，增长47.2%，所占比重从上年的16.4%提升到21.8%；物流货物进出口额规模较大，完成652.07亿元，下降1.8%，占76.2%。

2018年洋山保税港区投资企业与世界各地的158个国家和地区发生进出口业务往来。

从洲际区域来看，亚洲、欧洲和拉丁美洲仍是主要进出口业务往来区域。其中与欧洲进出口额223.39亿元，比2017年增长13.4%，占洋山保税港区进出口额26.1%；与亚洲进出口额完成223.02亿元，下降8.7%，占26.1%；与拉丁美洲进出口额209.55亿元，增长35.7%，占24.5%。三者合计完成进出口额655.96亿元，增长10.1%，占76.7%。

从国家和地区来看，有21个国家和地区进出口额超过10亿元，合计进出口额698.36亿元，比2017年增长20.1%，占洋山保税港区进出口额81.6%。进出口额位居前5位的国家和地区分别为：智利134.07亿元，增长24.0%；美国88.86亿元，增长11.3%；澳大利亚63.70亿元，增长25.5%；俄罗斯76.51亿元，增长63.8%；日本34.52亿元，增长15.3%。与“一带一路”国家和地区进出口278.73亿元，增长3.5%，占32.6%。

从进出口商品额和商品来看，进口额584.88亿元，主要进口商品有贱金属及其制品342.83亿元，机械电器音像设备44.87亿元，矿产品44.61亿元；出口额270.83亿元，主要出口商品有机械电气音像设备102.35亿元，汽车零件41.11亿元，贱金属及其制品22.60亿元。

四、产业经济

洋山保税港区依托优越的地理位置和功能创新优势，积极开展投资贸易便利化创新业务，强化国际采购及物流分拨配送中心功能，在大宗商品产业和航运物流产业双轮驱动下，区域经济保持较快增长。据统计，2018年洋山保税港区投资企业完成经营总收入3492.23亿元，比2017年增长13.2%。

洋山保税港区凭借独有的口岸和航线资源优势，不断巩固和强化大宗商品集散功能，通过“期货保税交割”“洋山铜溢价”“大宗商品现货市场”等功能培育，吸引了众多大宗商品交易商集聚经营，洋山已成为我国重要的大宗商品进出口物流中转集散地和贸易中心之一。2018年洋山保税港区贸易企业完成商品销售额2157.46亿元，比2017年增长15.6%，占洋山经营总收入61.8%。

航运物流业是洋山保税港区的传统优势产业。2018年洋山保税港区充分发挥航运枢纽和便利化创新的叠加优势，不断增强物流分拨配送中心功能，进一步提升物流运作效率，促进航运物流产业较快增长。2018年洋山保税港区完成航运物流服务收入1291.14亿元，比2017年增长11.7%，占洋山经营总收入37.0%。其中，港口运输业务收入完成990.23亿元，比2017年增长13.1%，占洋山航运物流服务收入76.7%。航运服务产业收入完成300.91亿元，比2017年增长7.4%，占洋山航运物流服务收入23.3%。

五、口岸功能

目前，洋山深水港1~2期的业务运作主要由上海盛东集装箱码头有限公司负责，包括9

个7万~10万吨级大型深水集装箱泊位，码头岸线3000米，堆场面积140万平方米；洋山深水港3期的业务主要由上海冠东集装箱码头有限公司负责，包括7个7万~15万吨级大型深水集装箱泊位，码头岸线2600米，堆场面积238万平方米。

2018年，洋山深水港四期自动化码头实现规模化运作。洋山四期拥有2个7万吨级泊位和5个5万吨级泊位，配备吊桥10个，码头岸线2350米，总用地面积约223万平方米，平均陆域纵深约500米，设计吞吐能力初期达到400万标准箱，远期将达到630万标准箱，可满足多艘大型集装箱船同时靠泊。

洋山深水港依托特有的区位、功能创新以及区港一体化等叠加优势，着力提升口岸服务能级和服务环境，充分发挥水水中转、国际中转的枢纽作用，促进集装箱吞吐量较快增长。据统计，2018年洋山保税港区完成集装箱吞吐量1842.4万标箱，比2017年增长11.5%，占上海港集装箱量43.9%。其中，体现对国内经济腹地辐射服务作用的“水水中转”集装箱量909.3万标箱，增长8.8%，占洋山港箱量49.4%；体现对国际市场中转功能的“国际中转”集装箱量232.9万标箱，增长22.1%，占洋山港箱量比重从2017年的11.5%提升到12.6%。完成货物吞吐量16669.2万吨，增长9.9%，占上海港货物吞吐量22.8%。此外，全年洋山港国际干线集装箱进出港7717艘次，下降4.5%；国内航行船舶529117艘次，增长6.4%，其中内支线集装箱船9997艘次，增长2.8%。

洋山港积极落实上海国际贸易“单一窗口”“一次申报、一次查验、一次放行”等口岸监管模式创新试点，完善智慧口岸建设体系，推动货物通行效率持续提升，促进口岸外贸进出口货值较快增长。据统计，2018年全国各地的投资企业通过洋山外贸口岸完成进出口货值21757.0亿元，比2017年增长13.6%，占上海口岸外贸进出口货物总值25.5%。其中口岸外贸出口货值15105.36亿元，增长12.8%，占上海口岸外贸出口货物总值30.9%；口岸外贸进口货值6651.7亿元，增长15.6%，占上海口岸外贸进口货物总值18.3%。

六、发展效益

洋山保税港区经济总量持续扩大促进了投资企业就业人员需求增加。据统计，2018年末洋山保税港区投资企业吸引从业人员4.60万人，比2017年增长8.5%。从业人员超过500人的企业有15家，这些企业从业人员合计3.15万人，占洋山投资企业从业人员68.5%。

洋山保税港区深入推进制度创新和功能拓展，积极打造高效便捷的营商环境，提升了投资企业竞争力，企业经营能级和盈利能力不断增强，利润总额保持快速增长。据统计，2018年洋山保税港区投资企业实现利润总额203.96亿元，比2017年增长29.4%。

洋山保税港区在“免、抵”调增值税增长的推动下，全年税收呈现较快增长。据统计，2018年洋山保税港区完成税务部门税收118.58亿元，比2017年增长12.7%。

浦东机场综合保税区

一、概述

2018年，浦东机场综合保税区围绕自贸试验区建设总体目标，加快融资租赁功能拓展和物流监管创新，着力推进改革创新成果常态化规模化运作，不断强化产业功能，持续优化配套服务，区域经济保持快速增长。据统计，2018年浦东机场综合保税区新设企业43家；投资企业完成经营总收入179.91亿元，比2017年增长28.0%；进出口总额530.96亿元，增长8.3%；税务部门税收26.64亿元，增长28.4%。

二、企业设立

2018年浦东机场综合保税区继续深入推进符合企业需求的制度创新，不断强化区域已有的功能板块，充分发挥各项功能创新的集成效应，在自贸试验区效应退潮的情况下，新设企业平稳运行。据统计，全年机场综合保税区新设企业43家，吸引内资企业注册资本2.33亿元，外商投资额5.8亿美元。

截至2018年底，浦东机场综合保税区现有注册企业1064家，累计注册资本1144亿元。从企业性质来看，内资企业820家，占企业总数77.1%；外资企业244家，占企业总数22.9%。从行业分布来看，租赁和商业服务类企业597家，占企业总数56.1%；贸易类企业282家，占26.5%；物流类企业107家，占10.1%；科学研究和技术服务32家，占3.0%；金融类企业20家，占1.9%；信息传输，软件和信息技术业14家，占1.3%；其他类企业12家，占1.1%。

三、国际贸易

根据我国海关的进出口贸易统计体系的规定，浦东机场综合保税区的进出口总额是指注册在浦东机场综合保税区的投资企业在全国各地的海关口岸所直接完成进、出国境的货物总额。2018年浦东机场综合保税区坚持问题导向、需求导向和效果导向，积极贯彻落实制度创新和功能拓展的各项举措，在保持原有业务较快发展的基础上，着力做好各项重点功能突破，进一步凸显上海国际航运中心综合枢纽的优势。据统计，2018年浦东机场综合保税区投资企业完成进出口总额530.96亿元，比2017年增长8.3%。

在贸易方式上，浦东机场综合保税区物流货物进出口额占主要比重，完成518.55亿元，比2017年增长9.5%，占浦东机场综合保税区进出口额97.7%；加工贸易和一般贸易分别完成进出口额7.43亿元和3.78亿元，合计占2.1%。

2018年浦东机场综合保税区投资企业与世界121个国家和地区发生进出口贸易往来。

从洲际区域看，与亚洲进出口额290.36亿元，增长36.0%，占浦东机场综合保税区进出口额54.7%；与欧洲进出口额121.64亿元，下降19.5%，占22.9%；与北美洲进出口额86.94亿元，下降20.5%，占16.4%。与这三大洲进出口额合计达到498.94亿元，增长5.3%，占浦东机场综合保税区进出口额97.4%。

从国家和地区看，与14个国家和地区进出口额超过10亿元，比2017年净增3个国家和地区，合计471.06亿元，增长8.2%，占浦东机场综

浦东机场综合保税区

合保税区进出口额88.7%。位居前三位的分别是中国香港130.38亿元、美国92.91亿元和法国55.78亿元，分别增长40.1%、下降14.3%和增长5.8%。此外，日本和新加坡进出口额也均超过20亿元，分别增长1.1倍和29.5%。

进口额261.85亿元，主要进口商品有飞机81.33亿元，化妆品50.69亿元，集成电路36.15亿元；出口额269.11亿元，主要出口商品有集成电路190.28亿元，半导体器件47.88亿元，自动数据处理设备及其部件11.93亿元。

四、产业经济

随着浦东机场综合保税区营商环境不断优化和创新试点示范效应迅速放大，吸引了越来越多的企业聚集发展，推动了租赁服务、航运物流、现代商贸等业务加快发展，浦东机场综合保税区企业经营收入快速增长。据统计，2018年浦东机场综合保税区投资企业完成经营总收入179.91亿元，比2017年增长28.0%。

浦东机场综合保税区积极推进经营性租赁收取外币租金常态化运作，扎实推进飞机融资租赁异地委托监管政策落实，促进租赁企业服务收入快速增长。全年租赁类企业完成服务收入达到119.51亿元，比2017年增长28.6%，占浦东机场综合保税区经营总收入66.4%。

随着货物状态分类监管等创新试点的深化以及空港服务环境不断优化，贸易便利化程度进一步提升，促进航运物流业务较快发展。全年航运物流企业完成服务收入66.91元，比2017年增长11.5%，占浦东机场综合保税区经营总收入37.2%。

五、发展效益

2018年末机场综保区企业从业人员3512人，比上年增长9.4%，主要是“近铁国际”“波音维修”和“国药控股”合计2001人，占57.0%。

浦东机场综合保税区主导产业保持快速发展，租赁资产规模不断扩大，经营效益保持高位运行，企业利润总额在2017年高增速的基

础上保持增长。据统计，2018年浦东机场综合保税区投资企业实现利润总额34.21亿元，比2017年增长2.0%。

浦东机场综合保税区租赁产业的快速发展，为拉动区域税收产出效益持续快速增长发挥了重要作用。据统计，2018年浦东机场综合保税区完成税务部门税收26.64亿元，比2017年增长28.4%，其中租赁产业贡献税收占80.0%。

二、开发区、工业区

上海化学工业区

一、概述

2018年是贯彻党的十九大精神的开局之年，是改革开放40周年，是决胜全面建成小康社会、实施“十三五”规划承上启下的关键一年，也是本市营商环境改革年。上海化工区在市委、市政府的坚强领导下，全面贯彻落实党的十九大、十一届市委四次全会精神和习近平新时代中国特色社会主义思想，坚持“稳中求进”工作总基调，践行新发展理念，着力推进高端发展、创新发展，持续优化提升投资环境、营商环境，不断强化专项管理、精细管理，园区招商引资企稳、开发建设有序，经济发展良好，运营管理可控，较好地完成了全年预定的工作目标。

二、区域开发与建设

（一）在高端优质发展上下功夫，经济运行稳中向好

坚持稳中求进工作总基调，全力做好企业大检修生产运行协调工作，确保园区经济平稳增长。一是增强经济发展韧性。积极应对园区第三次集中大检修给经济运行带来的影响，全面做好企业服务工作，经济发展保持稳定。全年累计实现销售收入1368.07亿元，同比增长3.7%；累计完成工业总产值1338.20亿元，同比增长5.3%；累计批准项目总投资9.86亿美元，完成全年目标的164.3%；累计完成固定资产投资41.52亿元，同比增长11.4%；累计利润总额271.31亿元，同比增长4%；累计上缴税金167.62亿元，同比增长33.5%；累计消耗能源877.33万吨标煤，同比下降12.7%；单位产值能耗0.656吨标煤/万元，同比下降17.1%。二是打响“上海制造”化工产业品牌。贯彻市委市政府《关于全力打响上海“四大品牌”率先推动高质量发展的若干意见》，编制《上海化工区全力打响“上海制造”品牌加快世界级绿色化工名园建设三年行动计划》。围绕《上海化工区产业高端化发展规划》确定的重点产品，开展市场调研。开展“上海化工区继续保持全国化工园区绿色创新发展排头兵、先行者行动方案”研究，摸清现状，发现问题，找出对策。再次蝉联中国化工园区发展排名第一，利润总额、利润率、单位效益、绿色发展等主要指标名

列前茅。三是聚焦产业链高端招商引资。修编园区产业指导目录，落实《上海化学工业区产业高端化发展规划》，瞄准化工新材料和高端专用化学品，推进招商引资。进一步加强与科思创、巴斯夫、亨斯迈等公司的沟通，跟踪项目进展，及时回应需求诉求，促进项目落户。优化项目评估机制，增加现场考察环节，对15个项目开展准入评估，突出项目先进性和投资者建设运行能力考察。四是全面启动科创中心建设。召开上海国际化工新材料创新中心建设推进会，成立上海国际化工新材料创新联盟。18个围绕化工新材料重点领域和关键技术的研发转化项目、协同创新项目以及知识产权保护和产城融合发展的战略合作项目正式签约。会同中科院上海分院、上海化工研究院、华东理工大学等院校，就科创项目（平台）的运行、管理等内容进行探讨，借鉴张江、临港、嘉定在科技成果转化方面的经验，探索研究中试基地运行模式及机制。设立专家委员会，聘请5位顶尖专家学者建成智库，为化工新材料共性技术攻关、成果转化应用和产业创新发展出谋划策。举行诺奖科学家走进化工区活动，与世界顶尖科学家协会签订《战略合作框架协议》，共同推进顶尖科学资源与化工区科创工作的结合。

（二）在安全绿色发展上下功夫，提质增效步伐加快

将“四个论英雄”“三最”“四要”等指示精神作为工作导向，深化绿色园区建设，推动园区发展的质量和效率变革。一是完成进博会支撑保障任务。成立进博会安全保障工作领导小组和7个专项工作组，全面统筹协调进博会期间安保工作。召开进博会倒计时100天安保工作动员大会，在动员排查、监督检查、决战攻坚三个阶段，实施了公共安全、运行安全、生产安全、职业健康安全、食品安全、建设安全、环境安全、应急处置和综合保障等安保工作措施。制定园区进博会空气质量保障方案，运用最新技术手段，全方位、全天候、全覆盖监测环境质量，及时解决企业空气异常排放，确保进博会期间的园区空气质量。管委会领导带队集中开展进博会前安全环保检查，24小时值班，保障了园区平稳运行，为首届进博会顺利举办守一方平安。二是强化事故处置与安全防控能力。认真组织开展区内企业集中检修的安全宣传、工作衔接、巡查检查等工作。及时启动应急预案，妥善处置赛科“5·12”等事故，协调各方做好安抚善后和信息管理工作，确保社会稳定。吸取事故教训，强化事故隐患排查和警示教育，迅速布置开展“查隐患、控风险、防事故、保平安”安全专项行动，督促企业做好隐患排查治理和检修工作。学习贯彻《中共中央办公厅、国务院办公厅关于推进城市安全发展的意见》精神，加强安全生产责任体系建设，建立领导带队开展安全生产检查的长效工作机制。参加市危化品安全知识竞赛，获得优秀组织奖。举行危化品储罐事故应急处置综合演练、杭州湾北岸水域船舶灾害应急处置演习，提升应急管理和救援能力。组织开展以“生命至上、安全发展”为主题的“安全生产月”系列宣传教育活动，举办“火眼金睛”安全知识比赛，管委会荣获“全国‘安康杯’竞赛安全文化宣传工作先进单位”。三是启动新一轮环境综合整治。实施新一轮化工区环境综合整治三年行动，全面完成年内推进的18个深化治理项目。针对“清废行动2018”发现的问题，第一时间完成整改，并约谈企业主要负责人。开展挥发性有机物治理效果及产业能级评估，进一步挖掘挥发性有机物减排空间，推动区内12家企业完成8项深度治理项目。启动污染源指纹库项目，在建立污染源排放清单基础上，逐步实现预警与溯源。加强环保宣传，开展“美丽中国，我是行动者”——责任关怀“65”世界环境日主题活动。在夜间、双休日开展错时走航监测12次，帮助企业梳理夜间生产的环境影响问题，并要求企业针对发现的问题制定整改方案。区域空气中挥发性有机物（VOCs）、PM2.5、氮氧化物（NO_x）、二氧化硫（SO_2）浓度分别为92.3、31.5、42、7.5微克/立方米，较2017年同期分别下降2.3%、7.4%、3.0%、16.2%；废水

中化学需氧量(COD)、氨氮(NH_3)、总磷(TP)、总氮(TN)浓度分别为46.7、2.68、0.18、12.5毫克/升，较2017年同期分别下降16.6%、30.0%、49.6%、13.9%。四是推进绿色示范区一体化管理。完善《上海化学工业绿色发展示范区一体化管理实施方案》，细化产业、安全、环保、应急四个重点领域的管理和工作内容，厘清市、化工区、金山奉贤两区政府的工作界面和职责分工，方案报市发改委。开展绿色发展示范区产业发展规划研究、编制重点发展产业指导目录，促进区域产业链配套延伸和产业高端化发展。开展绿色发展示范区规划研究，对接本市2035总体规划和金山、奉贤两区的相关规划，确定产业定位，优化交通、生活、生态等配套供给，促进区域协调发展。对金山分区、奉贤分区近90家企业开展现场调研，提出初步结构调整清单。五是深化"绿色园区"发展内涵。1月中旬，化工区与上汽集团举行"智定未来，共创新时代"签约仪式，着力打造全国最大的燃料电池汽车应用示范基地。年中，浦江气体公司启动新建氢能基地项目。加快长浦新电G3地块移动式光伏示范项目二期工程建设，推进实施赢创公司MMA工厂尾气余热回收和升达公司回转窑冷却系统等节能技改项目，实现年节能1.04万吨标煤。化工区获评国家级"绿色园区"，科思创公司荣获国家"绿色工厂"。国家生态工业示范园区顺利通过复评，获评"优秀"。

(三)在补齐短板上下功夫，营商环境切实改善

坚持问题导向，开展大调研活动，深化"放管服"改革，全面排查、认真分析、合力解决制约园区新一轮发展的问题。一是深入开展大调研活动。紧扣市委大调研领导小组的总体部署，成立大调研领导小组及其办公室，抽调骨干组建工作专班，负责大调研工作的组织协调，制定了大调研专班制度、台账制度、信息制度和考核制度。管委会领导带队前往区内企事业单位、周边社区、兄弟化工区和经济技术开发区开展调研，实现调研主体和调研对象"两个全覆盖"。累计收集问题129个、合理化建议14条，通过梳理、分类，形成化工区大调研问题清单、复杂重大问题和"三跨"问题清单。目前，已解决问题95个，撰写简报21期。二是营造改革开放再出发氛围。化工区荣获"中国石油和化学工业改革开放40周年勇立潮头榜样"，举办"改革开放再出发——面向新时代的上海化学工业区"开发建设展览，展示园区1.0时代开发建设成果，描绘2.0时代发展蓝图。开展"上海化工区开发建设标志性首创案例"征集、"改革开放再出发，我为上海化工区献一计"建议征集活动，发动干部职工为园区改革创新建言献策。召开庆祝改革开放40周年暨园区开发建设22周年大会，回顾总结园区开发建设成绩，展望未来发展前景。三是有效提升综合竞争实力。配合市发改委开展园区低压天然气经销体制改革，当年节约用气成本约3500万元。管廊公司为客户提供增值服务，主动承担有机污水总管相关建设费用1700余万元。深化园区天然气市场化采购方案可行性研究，形成依托孚宝码头，自建LNG接卸站、储罐以及利用洋山港LNG接卸装置和天然气管网公司管网自行进口LNG等多种路径方案。继续做好电力体制改革的跟踪，推进园区13家企业参加上海2018年度电力直供交易，当年降低用电成本约3500万元。四是深化"放管服"改革。修改完善权力、责任"两个清单"，发布33项"马上办、网上办、就近办、一次办"审批服务事项目录。落实《进一步深化本市社会投资项目审批改革实施办法》精神，及时开通园区联审平台，完成化工区建设项目在联审平台上的第一张规划许可证和施工许可证。全面落实本市建设工程项目审批制度改革，审批时限从改革前平均267个工作日压缩至最长98个工作日(含项目竣工验收和不动产登记20个工作日)。提高建设项目审批效能，及时完成企业建设项目规划、施工许可等相关审批许可手续。优化建设项目档案验收流程，实施交工验收、标段验收和预验收相结合的形式，提高验收效率。五是加快市政基础及公共配套设施

建设。道路大修二期(第二批)、三期(第二批)项目已完工,道路大修四期正加紧推进前期准备工作;绿化提升改造四期工程部分路段已完成全线施工,五期工程已完成招标;F8地块防护林现场进入养护期。继续开展"五违四必"环境综合整治,持续提升区容区貌整体水平。优化园区绿色共享通勤班车短驳公交候车站建设,园区公共管理区域职工餐厅正式运营,加快推进会议中心改造,化工区展示临时厅建设完成,园区工作和生活环境明显改善。

(四)在创新发展上下功夫,精细管理深化落实

以智慧园区建设为突破口,不断提升园区管理的科学化、智能化、精细化水平。一是智慧园区建设加速推进。上海市副市长吴清于年初对化工区智慧园区建设作出重要批示:"方向清晰、主题鲜明、势头良好,争取新年有新实效"。召开智慧园区建设推进交流会,总结全面启动阶段工作成果,部署加速推进阶段重点任务,表彰智慧园区建设先行单位,发布化工区《智慧政务信息系统资源交换接口标准》《智慧政务信息资源目录体系规范》。加强与中国电信、华虹集团、美华公司等战略合作伙伴的合作,全力推进管理者驾驶舱、全封闭管理等项目建设,做好大数据中心建设前期工作,大数据云计算中心、智慧电杆示范段建成投用。智慧公安、智慧医疗、智慧边检、智慧消防、智慧应急、智慧水务、智慧边检等项目纷纷启动。荣获中国智慧化工园区试点示范(创建)单位,漕泾热电入选2018年度优秀工业互联网创新应用获奖企业。二是引导扶持政策持续出台。制定关于公用工程产品和服务价格形成机制的意见,制定促进科技创新和成果转化专项扶持实施办法,提升园区科技创新能力,助力科技成果转化。出台智慧园区建设专项支持实施办法、产业绿色发展专项扶持实施办法,引导和鼓励园区企业提高智能化生产水平、加快节能改造,优化环保和安全治理设施。制定贯彻落实中央八项规定精神实施细则、合同管理办法、规范性文件管理办法、信访工作制度、垃圾分类实施意见,有效提升公共服务的规范化水平。三是精细化管理水平有效提升。制定园区精细化管理的实施方案,全面推进精细化管理工作。落实审计财政监督整改措施,化四消防站等三幢业务用房产权证完成办理,启动固定资产清盘和处置程序,逐步解决历史遗留问题。公共事务中心全面启动质量标准化评价工作,督促施工企业提升质量标准化管理水平。医疗中心强化应急医疗救援保障力度,提升园区企业自救互救能力和急危重症抢救成功率。应急响应中心进一步理顺突发事件应急响应各环节流程,充实突发事件处置辅助决策信息资源,提升政府与企业联动应急能力。公安分局开展警务流程再造,为园区企业提供更优质便捷的服务。消防支队大力推动微型消防站建设,形成"安全治理、人人参与"的良好局面。海关办事处进一步压缩通关前的审批操作时间,提升通关时效。海事办事处对漕泾航道内渔网进行清理,保障船只正常通行。边检化工区办事处、边防派出所开展隐患排查,保障口岸安全。环境监察支队积极探索第三方服务的执法技术支持,提高环境执法成效。质监支队开展特种设备安全培训,提升企业特种设备安全管理和使用水平。四是责任关怀惠及范围不断扩大。化工区责任关怀工作在全国石化行业责任关怀年度报告发布暨三年行动计划启动新闻发布会上作经验交流。加强科普宣传,与周边中小学校建立互动机制,编写完成化工区科普读物系列第一册《食物中的化学》。扩大"公众开放日"活动范围,周边社区居民、高校师生800余人走进园区。深化"爱心助医"内涵,组织编写微视频"常见病预防保健知识"课件四篇,建立医疗中心微视频健康知识宣讲师资队伍,"爱心助医"达到4000多人次。

三、重大项目

(一)2018年4月26日,巴斯夫化工举行抗氧化剂装置奠基仪式

管委会副主任余亮茹出席奠基仪式。抗

氧化剂装置总投资6.85亿元，首次采用模块制造方法，即将部分采用“模块化”建筑的概念与方式进行建设，通过将部分生产单元在外预先建造，再把安装好的设备运输至施工现场，并与其他设施设备进行拼接、组装，最终构筑形成一个完整的装置集合体。与传统方式相比，新的建设、施工和安装方式将更简便、更高效、更经济、更环保。装置计划于2019年开车运行，预计年产量52500吨。

巴斯夫化工举行抗氧化剂装置奠基仪式

（二）2018年6月29日，浦江特种气体有限公司举行新建氢能基地项目启动仪式

管委会副主任侯金花、发展公司总经理张淳出席仪式，并与上海燃料电池商业化促进中

上海浦江特种气体有限公司举行“三基地”项目启动仪式

心、中国气体协会、浦江气体公司有关负责人及其客户代表启动仪式。浦江气体拟建设瓶装气体智能化生产技术及工业气体产业互联网技术研发基地、工业园区管网供气技术研发基地、氢能技术研发基地的“三基地”项目，期望与区内氢气企业开展合作，服务园区绿色出行，进而服务整个上海乃至长三角地区。

漕河泾新兴技术开发区

一、概述

董事长、党委副书记、总经理　桂恩亮

2018年，漕河泾开发区营业收入3684亿元，同比上升4.7%，其中二产收入947亿元，同比上升4.7%，三产收入2737亿元，同比上升7.5%；GDP 1270亿元，同比上升3%；工业总产值752亿元，同比上升10.8%；利润总额281.5亿元；进出口总额111.6亿美元，同比上升7.8%，其中进口总额54.6亿美元，同比上升22.2%，出口总额57亿美元，同比上升1%。从业人员数25万人。在2018年国家级经开区综合评价中，漕河泾开发区位列第十。

（一）在空间拓展方面，“深耕徐闵进青浦，轻重结合拓空间”取得实质进展

四大新地块进展顺利，其中，北杨采用“合资”模式，已完成公司筹建；颛桥采用“合作开发”模式，已签署合作协议；赵巷采用“自主开发”模式，三期已完成地块控详调整，2018年一季度以定向挂牌的方式出让；奉贤B0902地块采用“委托代建”模式，完成土地出让，已与代建代销服务商进行了初步沟通与商洽，形成运营模式报告。

在轻资产品牌输出上，推动广西柳州、山西大同、颛桥光华路3个品牌输出项目落地。漕河泾开发区柳东新区双创园、漕河泾开发区大同国际双创园先后挂牌成立。编制完成《漕河泾高科技园区品牌服务输出标准1.0版》。在品牌输出项目的储备上，继续加强与浙江交投集团嘉兴高铁新城、慈溪高新区、余姚经开区、武汉高新区、海口高新区、常德经开区等项目的沟通；与Gartner、安永、高力、城建学院、大同市政府等新签战略合作协议。

（二）在规划建设方面，“产品即作品，美丽漕河泾”取得实质进展

开发区年内在建面积约87.95万平方米，包括商贸区、科技绿洲四期、桂谷大楼、光启四期、赵巷一期项目、海宁科绿二期等。2018年开发区将迎来楼宇交付高峰，包括体量高达37万平方米的商贸区项目、光启园四期、桂谷大楼项目均于2018年10至12月竣工交付。此外，科技绿洲五期、六期项目已在年底年初开工。赵巷园区实现一、二期项目同时开工，海宁分区科技绿洲二期标准厂房也于近日完工。

区容改造方面，新泾港项目（宜山路—漕宝路段），上澳塘项目（漕宝路—钦州北路）和宜山路智能街区项目三箭齐发，极大地改善景观环境，为开发区增绿添彩。

生态环保层面，持续推进国家生态工业示范园区建设，聚焦开发区重点企业VOC减排、实验室风险防控、河道治理等重点，加大节能减排技术推广。同时，积极推进开发区锅炉提标改造、雨污混接改造、全国第二次污染源普查工作等，全面保障了开发区水、空气环境质量稳中向好。

（三）在招商服务方面，“大小兼顾推动产业升级、强化合作促使服务升级”取得实质进步

重点抓好“新兴产业引进”和“综合服务提升”两大关键，着眼加强市场营销和服务支持功能，优化招商组织架构，完成近400家客户的

贵州省省长谌贻琴调研漕河泾开发区

走访工作，并根据项目品质、税收贡献和租赁面积等指标，初步确定200家重点客户名单并做好重点客户的客户服务工作。开发区全年共新引进项目90个（其余科创等板块引进近40个），其中3个世界500强项目，分别是施耐德自动化、吉利集团的人造卫星研发中心和软银机器人；2家独角兽企业，即商汤科技的全球研发中心及上海总部、今日头条的全产品研发中心及上海总部。另外还有58同城、凯米拉，茵微电子、公牛电器等一批行业领先企业在区内设立地区总部或研发中心。

（四）在创新创投方面，“站在风口不须让，一马当先立标杆”取得实质进步

目前区内国家级高新技术企业有408家，全市占比达到5.3%。建成和引进国家级孵化器6家，市级孵化器6家，孵化培育企业917家，其中创业中心孵化基地培育企业308家。开发区集聚人工智能产业链相关企业近60家，重点企业超过30家。复宏汉霖、商汤科技、依图科技、触宝科技入选科技部火炬中心2017中国独角兽企业榜单。另外，开发区拥有漕河泾创营、游族创新创业中心、云赛空间、独角兽众创空间等27家众创空间组成的双创服务体系，各类创新创业载体面积近60万平方米，约占园区总建筑体量的12%。

开发区集聚160余家各类专业服务机构，涵盖知识产权服务代理、法律、咨询、信息等各领域，区内已构建完整知识产权服务链，成为上海市乃至长三角地区知识产权服务最集中、最完备和最为国际化的区域。全年开发区企业累计申请专利35273件，其中发明专利申请20011件，发明专利授权7707件，每万人拥有发明专利数为313.29件，比肩国外科技创新发达地区。

累计集聚125家各类金融机构，构建较为完备的科技金融服务产业链，累计发起的基金规模达到3300亿元。2018年，开发区企业共获得股权融资40.25亿元，创业中心孵化基地有14家企业获得股权融资2.57亿元，9家企业获得千万级以上融资。年内开发区企业已有3家企业完成上市或挂牌，园区现有上市企业100家。开发区科技型中小企业融资平台总共

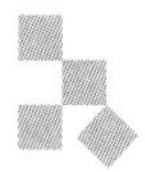

授信3.3亿元,累计授信额度突破17.5亿元。

第三季漕河泾科创嘉年华以"科技赋能探界未来"为主题,综合展示以新科技、新模式、新产业、新载体为要素的漕河泾创新生态体系,共举办70余场活动、400余个创业路演项目。

二、成果

(一)2018年国家级经开区综评出炉:漕河泾开发区跻身前十

在国家商务部公布的2018年度国家级经开区综合评价中,漕河泾开发区获得综合排名第十,科技创新排名第七的好成绩。

漕河泾开发区在新形势下,继续秉承践行国家新发展理念、推动上海科技创新提升的精神,在综评中不断提升排名。2018年度上升六位,跻身全国综合排名十强,取得这样成绩殊为不易。综评成绩提升,有利于提升漕河泾品牌,对"二次创业"以及"走出去"起到积极作用。

今后漕河泾开发区将以该综合评价作为借鉴和参考,对综评中发现的短板加以改进和提升,积极研究和升级产业政策,不断提升园区核心竞争力和可持续发展能力,扎实推进高质量发展,将漕河泾品牌打造得更加闪亮。

(二)打造跨区域协同创新样板:上海漕河泾柳东创新创业园揭牌

5月31日,上海漕河泾柳东创新创业园在柳东新区(柳州国家高新区)揭牌。科技部火炬高技术产业开发中心孵化器处处长陈晴、漕河泾开发区发展总公司董事长桂恩亮,以及柳州市委书记郑俊康,市长吴炜,市委常委、副市长李辉,市委秘书长崔峻,市政府秘书长刘俊出席揭牌仪式。

吴炜市长在致辞中表示,近年来柳州充分发挥科技创新在调结构、促转型中的引领和支撑作用,有力促进了传统产业转型升级和战略性新兴产业聚集发展。此次双方携手共建上海漕河泾柳东创新创业园,既是区域合作的新成果,也是面向未来、共谋发展的新起点。柳州市将把创新创业园作为大众创业、万众创新的重要平台,努力打造成为推动区域发展的强劲引擎。也希望漕河泾开发区继续发挥人才、技术、资源等方面的优势,加快新技术、新产品、新模式在柳州转化落地,为推动柳州实现高质量发展增添新动力。

桂恩亮董事长在致辞中表示,漕河泾柳东创新创业园在国家将"一带一路"建设成为科技创新之路的重大战略部署下,将建立以项目对接为纽带的合作模式,重点加强新能源汽车、智能汽车研发与配套、高端装备制造、节能环保、电子信息、新材料、生物医药等战略性新兴产业的合作,打造承接产业转移以及向周边辐射的示范区域。通过探索"漕河泾—柳东—东盟国家园区"的产业与科技合作,搭建国内企业走出去一站式服务平台,建立商务部产业转移促进中心上海基地柳东分中心等方式,把漕河泾的标准、最佳实践、创新文化带到创业创新园。

此次揭牌的"上海漕河泾柳东创新创业园"是继双方战略合作框架下孕育的共建载体平台。该园是以柳东新区产业为特色、漕河泾双创管理模式为主导的科技创新创业园区。由漕河泾科技创业中心定期派驻顾问团队的方式,携手柳州高新技术创业服务中心共同推进科技创新、企业孵化、成果转化、产业转移,以期将上海漕河泾柳东创新创业园建设成为"一带一路"和中国—东盟科技创新和产业发展的重要基地。

漕河泾柳东创新创业园总面积8万平方米,以位于柳州市柳州国家高新区新柳大道新城智埠大楼为主体,大楼配套有一站式服务中心、会议中心、培训中心、展示中心等,有4个层面的众创空间格局,还有标准的200~400平方米不等的空间载体,以及根据客户需求的可分隔的楼层等多种办公载体,计划2018年底交付使用。

柳州国家高新区作为柳州经济发展的新增长点,此次通过以"上海漕河泾柳东创新创业园"为载体的合作,实施科技联合攻关和成

果转化,促进东西部产业转移,借鉴和运用漕河泾发展思路、科技资源和园区管理优势,融入柳州国家高新区跨越发展,融入"一带一路"、中国—东盟自贸区等国家战略。通过深入探索和拓展"漕河泾—柳州高新区—东盟国家园区"的合作模式和路径,为上海、柳州跨区域协同创新从国内向域外成功跨越,提供可供借鉴的样板。

(三)国家生态工业示范园区复查评估结果出炉:漕河泾开发区获评优秀

环境保护部办公厅、商务部办公厅和科技部办公厅通报上海漕河泾新兴技术开发区等11个国家生态工业示范园区2017年度复查评估结果:11家园区自命名以来,园区产业结构和能源结构持续优化,环境管理与监控应急能力明显提升。园区通过重点项目建设,积极构建以资源能源高效利用、废物循环利用、污染物减量排放为主要特征的绿色、循环、低碳的工业共生体系,国家生态工业示范园区建设取得了显著成效。11家园区全部通过复查评估,其中上海漕河泾新兴技术开发区等7家园区获评优秀。

自2012年,漕河泾开发区被国家环保部、科技部、商务部联合命名为"国家生态工业示范园区"。通过6年的持续建设,园区在产业转型升级、资源集约利用、环境管理模式等方面取得了显著成效,尤其是园区在支撑建设上海科创中心承载区、创新"一区多园"规划建设和生态文化品牌输出、老工业基地转升级、园区智慧管理平台建设等方面具有鲜明特色。下一步,开发区将继续坚持创新、协调、绿色、开放、共享的发展理念,深化开发区转型发展,聚集国际创新资源、培育新兴产业、改进综合服务体系、优化空间布局、强化区域联动,实现从产业高地到科技绿洲的历史跨越。

(四)德国黑森州合作伙伴办公室在漕河泾开发区揭牌

4月19日,"德国黑森州合作伙伴办公室"揭牌仪式在漕河泾开发区的科技绿洲·国际孵化联合体内举行。漕河泾开发区总公司副总经理何建国、开发区科技创业中心公司总经理赖浩锋以及总公司办公室、创业中心相关人员参加。

"德国黑森州合作伙伴办公室"由黑森州经济、能源、交通和州发展部发起,并在漕河泾开发区的国际孵化联合体内设立。同时,德国黑森州中国合作促进中心、漕河泾开发区科创中心、上海中欧经济技术咨询有限公司、同济大学特种土木工程技术研究所等单位对合作伙伴办公室的成立提供了大力支持和帮助。

合作伙伴办公室的揭牌,将为开发区注入更多创新创业的国际化元素,为漕河泾开发区内企业到德国发展投资、德国企业了解中国架起沟通的桥梁,同时将致力于提升科技项目的孵化和加速,推动科技成果的转化和应用、加深德国黑森州与上海市的交流和合作。

(五)2018漕河泾科创嘉年华暨"活力漕河泾"体育文化节闭幕

10月26日,2018漕河泾科创嘉年华暨"活力漕河泾"体育文化节在欢笑声中落下帷幕,给这片热土上的创新创业者带去了无穷惊喜。

漕河泾科创嘉年华已连续举办2届,第三季科创嘉年华活动通过举办70余场各类活动、400多个创业路演项目,综合展示了以新科技、新模式、新产业、新载体为要素的创新生态体系。在推进科技创新产业发展的同时,园区以专业水准为企业员工组织各类高质量体育文化活动。2018"活力漕河泾"体育文化节历时半年,融合了体育及文化艺术类14个项目、95场各类活动,辐射区内20万企业员工,2万人次直接参与各项活动,13个俱乐部社团蓬勃兴起。通过"节、展、赛、演"形式,全面营造以"活力漕河泾"为主题、充满运动活力及文化气息的开发区氛围,提升企业员工的满意度及幸福感。

(六)开发区与大同市战略合作:共建上海漕河泾大同国际创新创业园

10月18日,漕河泾开发区与大同市政府签署《战略合作协议》《品牌顾问协议》等,开发区将输出品牌和双创服务经验,与大同共建上

海漕河泾(大同)国际创新创业园。该园区将作为大同市能源革命发展的排头兵,参照漕河泾34年来富有成效的开发区运营和双创管理模式,聚焦清洁能源高效利用,推动区域高科技和新兴产业导入,力争实现“煤都”走向“新能源之都”的战略转型。

此次合作将成为漕河泾开发区探索品牌输出的又一次尝试。漕河泾创业中心将定期派遣顾问团队,提供载体布局设计、载体管理、品牌活动、企业辅导、融资平台搭建等顾问服务,将上海漕河泾(大同)国际创新创业园打造成为“一带一路”的重要枢纽。

10月19日,上海漕河泾(大同)国际创新创业园启动仪式举行。园区总面积近4000平方米,可以满足不同阶段的企业及创业者的需求,并配套了会议中心、培训中心、显示中心等,有全装全配的开放式工位、独立间空间等多种办公载体。

继2018年上半年漕河泾品牌输出业务踏入广西柳州后,时隔不到半年又落子山西大同,开发区品牌输出业务模式逐步成型,服务内容趋于标准化,将为发展轻资产业务进一步夯实基础。漕河泾开发区将有信心为大同市注入新的活力和动能,助推经济转型和创新发展。此外,开发区还为大同经开区引荐了入孵企业咖啡码头,积极落实搭建大同区域内创新项目引入机制。

(七)第四届IASP中国区沙龙在漕河泾开发区举行

2018年11月7日,第四届国际科技园区和创新区域协会(IASP)中国区沙龙在漕河泾开发区成功举行。IASP全球总干事路易斯·桑斯(Luis Sanz),IASP副主席、IASP中国办公室主任、启迪控股常务副主席陈鸿波,IASP亚太区主席、漕河泾创业中心总经理赖浩锋分别做了开场致辞和主旨演讲。

IASP亚太区主席、漕河泾创业中心总经理赖浩锋在主旨演讲中分享了科技园区与区域经济的协同发展以及对科技园区国际化工作的思考。

2018年是IASP中国区沙龙第二次走进上海漕河泾,为各园区代表创造交流沟通的平台。活动在进博会期间举行,用实际行动诠释了上海“海纳百川、追求卓越、开明睿智、大气谦和”的城市精神。

(八)上海孵化器发展30周年表彰:漕河泾科创中心荣获多项大奖

2018年是上海科技企业孵化器发展三十周年。9月21日,“创业三十年”上海孵化器发展论坛暨表彰大会举行。漕河泾科技创业中心及其孵化企业被授予杰出成就孵化器、杰出成就人物(韩宝富)、优秀创业导师(杨崇和、白柠)、孵化服务标兵(胡滨、薛科、田华)、明星科创企业(澜起科技、鸿研物流、敬众科技、吉凯基因)以及新锐创业企业(彤拓科技、烜翊科技)等多项大奖。

漕河泾科创中心1989年从“农舍孵化器”起步,近30年来,历经数次升级换代,目前已成为集科技创业苗圃、大学生创业园、留学生创业园、国际企业孵化器、科技企业加速器等于一体,拥有覆盖企业全生命周期的“接力式”双创服务体系,培育和支持创新型企业发展,促进科技成果的商品化、产业化和国际化,实现开发区产业集聚、规模扩展和能级提升的创新创业服务机构,是漕河泾开发区致力于“创新驱动、转型发展”,发展原创经济的重要载体。本次表彰是对漕河泾科创中心30年来不断努力奋进的极大肯定。

(九)深耕科创勇夺亚军漕河泾开发区为世界贡献最佳创新实践方案

9月4日,在伊朗中部城市伊斯法罕举行的国际科技园及创新区域协会(IASP)第三十五届世界大会上,从10个最佳创新解决方案决赛项目中票选出冠亚季军。由上海漕河泾新兴技术开发区选送的Thinkubation Accelerating Program Driven by CHJ and Cisco CRDC(漕河泾开发区与思科中国CRDC共同推动的企业开放创新加速项目)荣获2018年度IASP最佳创新解决方案征集大赛第二名。这是中国智慧为国际科学园区贡献的最佳实践案例,

瓦克化学林博获上海市白玉兰奖

也是大赛开办至今亚太地区科学园区获得的最高名次。Thinkubation Accelerating Program（企业开放创新加速项目）是漕河泾开发区34年来一直深耕于科技创新的园区实践服务以来的一个缩影，也是开发区构建开放创新平台（open innovation）、提升服务能级、向"科创服务漕河泾"转型升级的重要一环。此项殊荣更是国际上对中国大力推进"大众创业、万众创新"的重要认可，展示了中国正在从全球科技创新发展的受益者成为贡献者和引领者。

Thinkubation企业开放创新加速项目是由漕河泾开发区与思科中国CRDC共同推动的一个协作开放式创新计划，用于共享资源、共同孵化以及共同投资具有高增长潜力的物联网（IoT）初创公司，以及建立共享实验室来发展创新能力。

创业团队"大地云"就是其中一个成功案例，其创业班底是原思科20多名技术骨干。大公司内部创新并不容易，脱离母体的小团队反而更灵活。为什么他们有底气从思科出来进行技术创业？因为这20多人背后，是一支庞大的研发队伍，也就是思科在漕河泾的全球第二大研发中心。思科公司的传统就是鼓励员工创业，整个团队想出来创业，思科反而给予支持，还在一些高难度项目方面与他们进一步合作。同时漕河泾开发区在载体和综合服务方面为他们开放实验室和提供设备。

三、展望

2019年，漕河泾开发区将重点围绕"二次创业、稳中求进"展开工作，目标实现营业收入3950亿元，GDP1275亿元。

一是要继续高举科创中心建设大旗，优化园区科创服务环境。

进一步集聚优质创新要素，引进培育新兴产业。优化租税联动机制，继续加强引进国内外著名企业"一部三中心"项目，提高经济的全球辐射力和国际影响力；重点跟踪人工智能、大数据、区块链、虚拟现实等前沿科技领域，通过有针对性的市场营销活动，拓展项目渠道，着力培育新动能，打造经济新增长点；围绕园区企业发展，引进和合作搭建各类产学研平

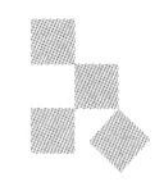

台。全年引进各类创新项目不少于100个，其中龙头企业不少于10家。

进一步优化服务平台资源，推动科创服务升级。依托区区合作平台，深化与贝岭科技园、华鑫科技园、聚科生物园等其他园区园之间的合作，推动科创服务资源共享；深化开发区国家知识产权双示范园区建设，聚焦中小企业知识产权托管服务、贯标服务、金融服务、成果转化等业务，构建专利联盟；依托开发区科技融资平台与天使投资公司，结合项目评议机制和项目路演活动，积极储备拟贷/投项目库，做好项目甄选与尽职调查工作，降低科技企业融资门槛，提高风险容忍度，为园区中小科技企业纾困解难。

进一步提升科创嘉年华影响力，营造园区科创氛围。新一期嘉年华将注重与前瞻性产业相结合，着力凸显主题，丰富科技内涵和产业内涵，体现漕河泾新产业引领的高度，形成以高峰类活动为重点、以园区特色和大众参与类活动为主体、发布类和借势类活动为支撑的活动体系，形成科创嘉年华的品牌效应。同时，做好寻梦漕河泾、创营学院、创营私董会和原创新动力等系列品牌活动。

二是要深度参与长三角一体化战略，拓宽园区开发运营半径。

海宁园区要围绕打造“引领跨区域合作的重要探索区、国际产学研合作的重要示范区、产城深度融合的城北高铁新区”的建设目标，做到国际合作提升、招商引资提质、科技绿洲提标、科创平台提优、规划建设提速、内部管理提效。赵巷园区要把握市西软件信息园核心区建设的契机，持续拓展土地，建设精品工程，储备招商项目，打造青浦科技园区标杆。总公司深度参与长三角一体化国家战略，进一步主动对接浙江嘉兴、慈溪和江苏南通、太仓等周边区域，探讨品牌输出与轻资产运营模式，寻求共赢发展机会。

三是要服务长江经济带开发区发展，共建园区协同发展生态。

依托长江经济带国家级经开区联盟和产业转移中心两大平台，走出上海，走出长三角，一路向西，主动服务对接沿途重点发展区域，输出发展理念、管理经验、产业梯度转移和技术转移信息等。结合联盟联席会议机制，发起筹办长江经济带开发区论坛，共商开发区发展之路、共享开发区发展经验，同时为各地开发区提供一个联合展示与招商引资引智的平台。

四是要呼应上海“四大品牌”建设，打响园区科创服务品牌。

打响制造、服务、文化、购物“四个品牌”是上海面向全球、面向未来，率先推进高质量发展的重要路径。依托丰富的科技资源、发达的产业经济，全面提升漕河泾开发区开发品牌的辐射度、美誉度、标识度，全力打造经济发展新亮点，全速积蓄发展新动能、拓展发展新空间。

第六编
企业与企业家

企业与企业家

每个企业在发展壮大中都有许多成功经验和挫折教训，每个企业家也都有自己的艰苦奋斗史。为此，自《上海商务年鉴》2013版起，“企业与企业家”栏目陆续刊文介绍为上海经济发展做出贡献的知名企业和自强创新的优秀企业家。文章可以写企业，也可以介绍企业家，或者将二者结合起来写。我们希望读者能通过字里行间，了解这些企业和企业家创业的甜酸苦辣，学习他们的成功经验，汲取他们的挫折教训，共同为创建党的十九大描绘的全面建成小康社会、加快推进社会主义现代化的宏伟蓝图而努力。

康成投资(中国)有限公司

董事长　黄明瑞

一、概况

康成投资(中国)有限公司(CONCORD INVESTMENT (CHINA) CO.,LTD. 简称康成投资)是上海市外商投资企业协会副会长级会员单位。康成投资是2005年3月4日经国家商务部批准成立的外商投资性公司，2009年12月21日经上海市商务委员会认定为“跨国公司地区总部”，是“大润发”系列注册商标的所有权人，目前公司注册资本为24831.3183万美元。

“大润发”是源自中国台湾的会员制大型连锁综合超市，主要经营生鲜食品、各类副食品、日用杂品、家用纺织、文化体育用品和五金家电等，商品达3万多种。依靠开发自有商品、源头采购等降低商品售价的方法，成功在大陆拓展超市业务。“大润发”网罗优秀的经营管理人才，运用现代化营运系统，快速在国内展店，以最直接、最生活化的方式为消费者服务。

2017年11月20日，阿里巴巴与大润发母公司高鑫零售达成战略合作，阿里巴巴投入约224亿港元持有高鑫零售36.16%的股份。高鑫零售旗下有大润发和欧尚两大零售企业，截至2016年，现代通路中的主要零售商占有率大润发(6.5%)和欧尚(1.3%)共有7.8%的市场份额，排名中国第一。作为全国最大的大卖场运营商与全国最大的电商平台，两者强强联手将从商业模式和资本结构双通道加快推动新零售进程。

康成投资作为“大润发”大型综合连锁超市的投资母体，旨在依法在国家允许外商投资的领域进行投资，并对在中国境内所投资企业进行统一管理和协调，对资金、人才、物流、设备、技术和信息等资源做到物尽其用，实现企业各环节的统筹管理，提高整体经济效益。

二、企业文化及经营方针

企业定位：

专业、时尚、高性价比的新零售大卖场。

企业文化内涵：

企业架构在兄弟姐妹一家人的关系基础上，照顾同仁、服务顾客、精益求精；营造一个诚实、热忱、创新、健康、快乐的团队。大润发实行名叫“ETBS”的人人分红计划，公司赠予员工年薪10%的份额作为分红。

经营理念：

诚信务实、服务支援、顾客满意、参与管理、共同成长、利润分享。

商业策略：

把愈来愈多的优质商品，以愈来愈低的价格，销售给愈来愈多的顾客。

价格策略：

EDLP+满意保证（EDLP即天天低价；Ev-

顾客在大润发超市购物

eryDay Low Price,商品价格天天是市场最低价格)

经营方针:新鲜、便宜、舒适、便利

三、经营状况

截至2019年1月17日,国内已开设407家"大润发"大卖场。门店遍布除新疆、西藏以外的全国各省、自治区、直辖市,员工总数超过15万人,每天为300多万名顾客提供服务。2018年营业收入含税超过人民币852亿元,已连续多年在中国外资商业连锁企业排名第一。

四、业内殊荣

2015、2016、2017年度上海外资纳税总额百强企业。

2015、2016、2017年度上海外资营业收入百强企业。

2014年上海连锁经营协会的连锁经营20年"杰出创新奖"。

2013年度闸北区区级税收"十强"企业。

2012 中国商业地产年度大奖,中国商业地产推荐品牌。

2011年上海市外商投资先进企业"双优"、"双百强"企业之"创利税前20名非生产型企业"。

2010—2016年外资零售业销售额均位居全国第一,平均单店销售额全国第一,(数据来源联商网)。

至今,供应商满意度调查报告,大润发均排名第一,(数据来源联商网)。

连续多年被评为上海市非生产型优秀企业。

五、愿景

展望未来,大润发愿与越来越多的合作伙伴携手前行,共创多赢佳绩!

SUNAC 融创 至臻·致远 融创中国控股有限公司

一、概况

融创中国控股有限公司是香港联交所主板上市企业。公司成立于2003年,以“至臻,致远”为品牌理念,致力于通过高品质的产品与服务,整合高端居住、文旅、文化、商业配套等资源,为中国家庭提供美好生活的完整解决方案。

融创中国控股有限公司坚持地产核心主业,围绕“地产+”全面布局,下设:融创地产集团、融创服务集团、融创文旅集团、融创文化集团四大战略板块。经过多年稳健的发展,已确立行业竞争优势,并成为受到客户高度认可的中国家庭美好生活整合服务商。

作为中国高端精品生活创领者,融创地产集团坚持“全国优势布局和高端精品发展战略”,持续为中国家庭打造最好的房子和社区。截至2018年底,融创地产集团已进入了全国96座一线、二线及强三线城市,落地近460个高端精品项目。

作为“中国家庭欢乐供应商”,融创文旅集团为中国家庭提供欢乐度假一体化解决方案。融创文旅集团高起点布局,覆盖中国核心城市和城市群,主要包括融创文化旅游城、融创旅游度假区、融创文旅小镇等三大业务板块。截至2018年底,融创文旅集团已布局10座文旅城、4个旅游度假区、9个文旅小镇,其中涵盖39座主题乐园、24个商业及近70家星级酒店。

融创上海区域集团成立于2012年,持续深耕上海、苏州、南京、无锡、常州,2018重点深耕长三角城市群、一带一路、呼包鄂城市群的21座城市。

融创上海区域集团作为融创的千亿元级区域集团,在21个核心城市内,深耕120余个高端精品项目;拥有超100000户的高净值业主,其中千万元级业主超过20000户,过亿元级业主2000户,累计交付面积近600万平方米。

融创上海区域集团打造的桃花源产品系与壹号院产品系并列为融创中国控股有限公司最高端的两大产品系,目前在区域内已拥有九座桃源、五座壹号院系列代表作。其中以桃花源为代表的中式产品持续创新,桃源系已成规模,桃花源实现量产,桃源小镇逐步落地。在上海成立研发基地,开创行业首个中式产品研发、首个语音智能管家系统,产品品质和创新能力持续领先。

融创上海区域集团积极探索多元化发展,成为提升坪效的土地综合解决方案提供者。2018年,“中国家庭美好生活整合服务商”在上海区域集团率先落地,桃花源多元业务整合体系建立。以消费升级、城市更新、产能进化三大领域为方向,融创上海区域集团逐步落地无锡融创文旅城、200亿元存量资产并购基金,并于上海北京东路、无锡梅里古镇、滁州乌衣古镇进行大体量古镇修复及风貌保护,同时为上海黄浦滨江沿岸等120万平方米土地进行整体提升改造,积极贯彻落地集团地产+全面布局。

融创上海区域集团自2012年进入上海,7年来,坚持“高端精品”与“区域深耕”战略,实现黄浦江两岸、大虹桥、陆家嘴、自贸区等核心区域25个重点项目的黄金布局,开发面积共计530万平方米、投资近800亿元,稳居上海房企第一阵营。融创上海区域集团在上海目已拥有四座壹号院(滨江壹号院、陆家嘴壹号院、领馆壹号院、外滩壹号院)、一座桃花源(上海桃

花源)，是融创唯一拥有全TOP系产品且TOP系产品最多的城市，客户满意度也位于行业标杆。

二、公司品牌

1.融创“臻生活”

融创“臻生活”旨在打造一个覆盖全产品周期以及全生活周期的服务体系，包含对产品定位、品质营造、业主共建、社区文化、服务体系、专属定制等多个方面。

2.健走未来

健走未来

2013年开始，融创坚持在全国各区域项目开展健走未来活动。通过慢跑、荧光夜跑等全民健身运动，鼓励每一位融创业主坚持锻炼，增进业主间互动。健走未来活动赢得了众多融创业主的积极参与。活动穿越北京、上海、杭州、重庆等一线城市。

3.果壳计划

果壳计划

果壳计划是融创中国针对业主子女专门设计的儿童夏令营。目的是通过一些趣味活动拉近亲子关系，增强亲子之间的互动交流，引导父母在成长过程中，增加对孩子的陪伴。同时也增加业主之间的互动机会，增进邻里感情，共建美好家园。

4.邻里计划

邻里计划

邻里计划是融创中国为业主们准备的物质和精神大餐，包括全家乐中秋晚会、家庭观影日、田园采摘、缤纷鲜果集市、中老年活动的“金秋枫叶红”等一系列睦邻友好活动，描绘出一张家人之间、邻里之间温馨、和谐、和睦的关系蓝图。

5.我心公益

我心公益

我心公益是融创中国发动员工和业主展开的关怀帮扶贫困地区儿童的公益行动，以帮助贫困儿童健康成长，践行企业社会责任，呼吁融创员工和业主的公益之心。

三、企业荣誉

在2016年《中国房地产500强测评》中，融创中国控股有限公司位列《2016年中国房地产开发企业综合实力10强榜》第七名及《2016年中国房地产开发企业综合发展10强榜》第五名。

2016博鳌房地产论坛，融创中国控股有限公司被授予“2016中国最具影响力地产企业”。

上海紫尊农业科技股份有限公司

上海紫尊农业科技股份有限公司是经上海市工商局审批于2017年1月4日登记成立的混合所有制企业。公司首期注册资本金为人民币5000万元，公司法人代表为李琦先生。

公司经营业务紧密围绕农业科技创新，将有机蔬菜种植、水产家禽养殖和文化观光休闲三大业务板块有机结合，致力于提高上海市民的生活和健康水平，服务于国家城乡一体化发展战略和新农村建设的可持续发展长远目标。

公司的发展目标是，最终形成一个由种植和养殖业务的第一产业，未来延伸的农产品深度加工第二产业，以及农业文化观光第三产业组成的全产业链业务形态。公司从营运战略规划的顶层设计开始，利用第三产业来支持和拓展第一产业和第二产业的业务，形成一二三产业合理均衡全面发展，有效控制和分散市场经营风险，走出一条农业综合性企业可持续发展的创新之路，成为上海市乃至华东地区领先的高端农业科技创新型全产业链综合企业。

公司目前已与中科院江苏分院、浙江清华长三角研究院和浙江工业大学等科研院校建立了农业科技长期合作规划，并组成以李伟博士、叶雅各教授等一批智慧农业和高新科技方面的专家团队。同时，公司已在浙江岱山创建智慧农业示范基地，在镇江扬中市与镇江电站辅机厂有限公司创建高科技产品研发基地，以及其他一系列合作开发项目。

董事长李琦，曾在市和区县农委任职，长期工作于农业种植业和养殖业企业，对国内农业生产的现状、发展瓶颈和未来前景有深入的

上海紫尊农业科技股份有限公司全体员工和生产的主要农产品

了解，积累了丰富的实战经验，具备长远的战略发展眼光。近年来，董事长李琦在中国新农村建设事业、创建全产业链农业科技企业等方面做了很多市场调研和前瞻规划。现已通过引进高端科技人才，携手中科院、农科院和其他科研院所，建立智慧农业实验基地等方式，带领上海紫尊农业科技股份有限公司全体同仁，不断探索中国新农村建设的创新道路。

公司现为上海市商务委员会所辖上海市商业企业管理协会副理事长单位。

第七编　专　集

一、国内外有影响的展览会

第二十八届中国华东进出口商品交易会

第二十八届中国华东进出口商品交易会（简称华交会）是中国规模大、客商多、辐射面广、成交额高的区域性国际经贸盛会之一。由上海市、江苏省、浙江省、安徽省、福建省、江西省、山东省、南京市、宁波市9省市联合主办。每年3月1—5日在上海举行。自1991年以来，华交会已成功举办了27届。

第二十八届华交会于2018年3月1—5日在上海新国际博览中心举行。展览面积达12.5万平方米，标准展位6000多余个。展品范

第二十八届上海华交会现场

围:(1)服装服饰展区。各类服装成衣、服装面料、时装饰品、成衣配件、帽子、袜子、围巾及服饰等。(2)家用纺织品展区。包含床上用品、居室用纺织品、卫浴用纺织品、餐厨用纺织品、其他纺织品、纺织原料面料、纱线、抽纱品等。(3)皮革制品区。各类皮革裘皮服装、男女鞋、童鞋、运动鞋、靴子、劳保鞋、男女皮包、箱包、皮具、手袋、拉杆箱、手套、皮带、皮件饰品、毛皮家居用品、毛皮床上用品、毛皮地毯、靠垫、合成革、人造革等。(4)装饰礼品展区。包含各类礼品、工艺品、装饰品、编织品、园艺用品、宠物用品等。(5)日用消费品展区(下设3个专区)。(6)家居用品专区。包含日用类(清洁用品、洗浴用具、护理用具、一般家庭用品)、家具类、陶瓷、器皿及餐厨用品类、各类箱包、各类灯具灯饰、钟表眼镜等。(7)电子消费品专区。包含各类家用电器、电子及信息产品(音像视听产品、计算机产品及配件、计算机软件、网络设备、通讯产品、商务自动化设备、电子安全设备、电子电工产品)等。(8)其他消费品专区。包含各类体育用品、休闲用品、办公文具用品、玩具及玩具零配件、帽类等。

本届华交会到会境外客商22311人,来自109个国家和地区,客商总数比上届略增0.77%。亚洲客商占80.47%,比上届增长1.18%。其中,日本客商累计到会9205人,占41.26%,比上届略减0.28%,仍是到会客商最多的国别地区;欧洲客商占10.94%,比上届增长1.29%;北美客商占6.68%,比上届增长4.27%:拉丁美洲客商占0.55%,比上届减少21.66%;大洋洲客商占0.88%,比上届减少40.12%。与会客商排名前10位的国家和地区依次为:日本、中国香港、韩国、中国台湾、美国、英国、加拿大、俄罗斯、法国、德国。

本届华交会出口成交略有增长,累计成交23.20亿美元,比上届增加0.16%。其中,对亚洲成交15.05亿美元,增长14.34%;对欧洲成交4.36亿美元,增加1.92%;对北美成交2.92亿美元,减少31.57%,对中南美洲成交0.33亿美元,下降45.23%;对大洋洲成交0.29亿美元,下降31.01%;对非洲成交0.26亿美元,下降41.57%。日、韩、美仍居成交前3位,对日本成交7.70亿美元,增长2.3%;对韩国成交3.18亿美元,增加67.54%;对美国成交2.23亿美元,减少34.17%;其余成交额居前的国家或地区依次为:英国、法国、加拿大、德国、意大利、新加坡和中国香港。

第二十届中国国际工业博览会

2018年9月23日,参展规模和专业观众数量均创历史新高的第二十届中国国际工业博览会(简称工博会)在国家会展中心(上海)圆满落幕。本届工博会共吸引境内外专业观众17.4万人次,较2017年同期增长3.6%。

第二十届工博会共设立8个专业展区、12个展馆,有29个国家和地区的2665家展商参展,涵盖了制造业从基础材料、关键零部件到先进制造装备、整体解决方案的智能绿色制造全产业链。在工博会上,中外知名企业争相首发首推超过300项最新技术与产品,观众领略到最新的技术变革,新技术广泛渗透到的各个领域,技术创新正在创造新产业、新业态。西门子、ABB、发那科、英特尔、三菱电机、山崎马扎克、博世等一大批制造业领先企业仍然是本届工博会的最大亮点,观众体验到制造技术与大数据、云计算、人工智能、虚拟现实等新一代信息通信技术的持续深入融合,制造业生产方式、组织管理形式和发展模式将面临新的变革。

作为我国唯一一个经国务院批准具有评奖功能的展览会,工博会今年共受理评奖申报展品358项,最终评出特殊荣誉奖1项,金奖、创新金奖和工艺设计金奖各4项。2018年获奖展品技术创新能力大幅度提升,均达到行业内国际领先水准,例如,三菱电机的“e-F@ctory

2018年第二十届中国国际工业博览会外景

智能制造解决方案”,能实现生产现场和信息系统无缝连接,以及贯穿开发、生产和维护的全生命周期“人、机器与IT”的有效管理,形成与业界600多家合作伙伴的产业协同,打造领先一步的智能制造。中科新松的“新松HSCR20复合机器人”,拥有完全自主知识产权是全球最大负载级人机协作型移动作业机器人。上汽荣威MARVEL X是全球第一台搭载AR增强现实技术、全球首个搭载互联网汽车斑马智行系统3.0版本、全球第一台搭载无线智能给电系统的纯电动车。

本届工博会共设“部市合作论坛、发展论坛、科技论坛、行业与企业论坛”4个板块,共有52场专题活动,其中重要论坛活动17场,包括部市合作论坛3场,发展论坛3场,科技论坛11场,行业与企业论坛35场。

为了扩大中欧经贸合作、推动经济全球化发展,今年欧盟Horizon 2020精挑细选欧盟18家创新企业首次参展,展示其全球尖端创新产品,产品涉及绿色建筑循环利用、碳排放和回收等技术和设备。ABB首次发布该公司历史上最小的工业机器人,也是意图在中国消费电子行业谋求更大的市场份额。此外,工博会还提供了与上下游企业亲密交流的机会。

20年来,工博会一步一个脚印地成长壮大,取得了来之不易的成绩。展示面积从首届的1.5万平方米增加到本届的28万平方米,翻了近19倍;展位数从514个扩大到1.3万个,翻了25倍;参展企业从412个发展到2500多个,翻了6倍。

第十七届中国(上海)国际跨国采购大会

由商务部和上海市政府共同主办,全国各省市自治区及新疆建设兵团商务主管部门协办,东浩兰生(集团)有限公司承办,上海跨国采购中心有限公司作为执行单位的第十七届中国(上海)国际跨国采购大会(简称跨采大会)于2018年9月26—28日在上海跨国采购会展中心举行,本届展会展出面积为2万平方米,邀请到超过27个国家和地区的400多家采购商携带5000多条采购清单设展。

2018年9月13日,中国(上海)国际跨国采购大会在上海跨国采购会展中心举办

2018年9月26日,第十七届中国(上海)国际跨国采购大会举行2018中国(上海)国际跨国采购论坛,来自采购商和外贸企业的1000多代表出席论坛。同时举办跨国采购系列"互联网+外贸"分论坛,以"一带一路与贸易全球化"为主题,探讨中国外贸该如何利用中国国际进口博览会契机,促进线上线下零售融合、制造业的跨越式发展,为中国外贸企业开拓新市场提供途径和驱动力。

跨采大会作为在"跨国采购"领域的国家级展会,是为跨国公司在全球采购提供便利的平台。围绕将上海建成"一带一路"市场要素资源配置的功能枢纽的目标,本届跨采大会将以"跨国采购"为切入点,积极布局"一带一路"需求新市场,加大境外采购商资源的投入和开发,邀请200多家"一带一路"沿线国家的采购商参展。同时,本届跨采大会借着首届中国国际进口博览会举办东风,还将为大量国际优质产品更好对接中国市场、寻找合适的中国买家提前进行预热,推动跨国采购双向发展,促进中国贸易平衡。

为了充分发挥国家级展会的品牌价值，秉持跨采大会“独特性”和“唯一性”，第十七届跨采大会继续坚持逆向采购的办展模式，同时结合跨国采购会展中心“展+会”的特点，对传统办展模式进行大胆创新，重点打造以“采购商资源”为核心的采购盛会。展会整体规划上将变得更适用于采购洽谈会的模式，通过将采购商进行划分归类，形成集聚效应，提高洽谈效果。另外，展会期间举办跨国采购论坛及各类分论坛，聚焦当前热点，分享行业最前沿资讯。

为扩大跨采大会品牌的溢出效应，做大做强国内外采购商资源，实现“走出去，多期办”的发展战略。本届跨采大会还注重与各地政府、专业展会在专业买家招商资源上形成互补，打造“1+X”全年办会模式，即一年一次大型跨采大会，全年举办多场次、多行业、多地区精准贸易洽谈会，从而实现“3+365天”永不落幕的跨采大会。比如，本届跨采大会今年率先与华交会在招商工作上建立战略合作，计划全年合作举办4场采购对接会。又如，跨采大会立足上海，努力发挥自身优势，促进长三角区域协同发展，与嘉兴、无锡、常州等地方政府展会联合举办采购对接会，继而辐射全国，推动我国从贸易大国向贸易强国转化。

第六届中国(上海)国际技术进出口交易会

由商务部、科技部、国家知识产权局和上海市政府共同举办的2018第六届中国(上海)国际技术进出口交易会(简称上交会)，2018年4月21日在上海世博展览馆落下帷幕。为期三天的上交会是我国首个集技术展示和交易服务为一体的国家级、国际性、专业性的展会。本届上交会主题是“创新驱动发展、保护知识产权、促进技术贸易”。观众达到55361人次，比上届增加5%，其中专业观众比例81%。

第六届上交会展览面积3.5万平方米，900余家境内外知名科技企业和交易服务机构参展，全方位展现了我国技术贸易的特点以及国际技术贸易发展的趋势，凸显了中国知识产权保护的新形象。一大批国内外领先的人工智

第六届中国(上海)国际技术进出口交易会现场

能等高新技术项目悉数亮相，Emotech Limited的个性化机器人Olly、摩根斯达集团的神奇夜光花、大连海事大学的一体化智能船桥系统及其应用支撑平台等获得本届“上交会十大人气项目奖”。其中，个性化机器人Olly则高票当选本届上交会“镇馆之宝”。

本届上交会邀请挪威奥斯陆、希腊伊拉克利翁、日本横滨和我国大连担任境内外主宾城市，各主宾城市主题馆吸引了业内外人士的关注，取得了丰硕的成果。其中大连迈思信息技术有限公司展示的“基于数字孪生的智能制造工厂平台”、华光高科特种材料（大连）有限公司展示的“纳米超级隔热防腐热功能涂层材料”现场均达成初步合作意向。

本届上交会共举办了一场开幕论坛、三大主题日、66场专业论坛和专题会议等多项活动。以“走进技术贸易新时代”为主题，聚焦全球科技智慧的共享与交流、聚焦技术贸易生态圈的链接与合作、聚焦专业技术的对接和知识产权保护。联合国工发组织主题日开展了“一带一路”跨境合作论坛等活动，知识产权主题日开展了情况通报、法院审理等知识产权保护系列活动。资本嘉年华、TEF科技娱乐季、“一带一路”品牌与质量合作发展峰会、“外经论道”等多场科技经贸交流活动，亮点纷呈。其中上海文鳐集团与摩根斯坦达集团签订全面战略合作协议，双方约定将在跨境金融技术应用、移动支付技术应用、新一代科技与新技术投资上达成战略合作。

“上交会发布”设置现场发布专区，为技术供需方对接打通“最后一公里”，更为参展上交会的企业搭建寻找投资机会与合作伙伴，产业转型与项目落地的平台。共推出主宾城市、境外技术、全国省市联合、上海重点区县、重点参展企业等5个发布专场，来自人工智能、大数据、物联网等热点行业的47家机构共发布55个项目。其中，境外项目占比达23%。

第六届上交会继续推进线下线上结合的技术交易平台建设。据不完全统计，截至2018年4月21日，技术进出口促进交易平台累计发布项目信息5034条，其中供方信息3873条，需方信息1161条。

第十二届中华老字号博览会

由商务部支持，上海市商务委员会、上海市经济和信息化委员会、黄浦区人民政府和中国商业联合会中华老字号工作委员会共同主办，黄浦区商务委员会、静安区商务委员会、上海中华老字号企业协会、上海市商务发展研究中心和上海东艺会展服务有限公司共同承办的“2018第十二届中华老字号博览会”于2018年9月7—10日在上海展览中心举行。

本届博览会以“老牌新品，时代匠心”为主题，凸显老字号百年匠心传承，着力展示中华老字号企业的新产品、新设计、新营销、新思维；立足上海优势，依托品牌力量，打响上海服务、上海制造、上海购物、上海文化四大品牌战略，重振中华老字号品牌，重塑中华老字号商业文明，擦亮中华老字号金名片。

本届博览会展出面积达8500平方米，共有来自天津、广东、福建、云南、江苏、山东等省市及境外200多家老字号企业参展，博览会展品范围有食品餐饮、轻工百货、服装鞋帽、珠宝首饰、家居用品、医药保健多个品类。参展企业有百联集团有限公司、光明食品（集团）有限公司、锦江国际（集团）有限公司、恒源祥（集团）有限公司、上海益民商业集团股份有限公司、上海豫园（集团）有限公司、上海九百（集团）有限公司、上海开开（集团）有限公司、上海龙头（集团）股份有限公司、上海老凤祥有限公司、上海杏花楼（集团）股份有限公司、上海回力鞋业有限公司等各行业老字号领军企业，并在博览会上推出更多的新品。

为了更好地促进中华老字号企业全面创

第十二届中华老字号博览会开幕

新发展，本届博览会以更专业化、更多样化、更年轻化为目标，特设了老字号品牌文化展示区。老字号品牌文化展示区旨在展示老字号品牌辉煌的发展历程，让广大年轻消费者更多的了解老字号，爱上老字号。同时老字号博览会组委会与华东师范大学设计学院共同组织了一场“上海食品老字号的绿色营销与设计趋势”方案设计大赛，优秀作品也进入老字号品牌文化展示区。

为响应《全力打响“上海购物”品牌，加快国际消费城市建设三年行动计划（2018—2020年）》，全力推进全球新品首发地建设，努力打响“上海购物”品牌的第一枪，提升上海“购物品牌”体验度，加快建设国际消费城市建设，博览会特设新品发布活动专区，有多家老字号企业在活动专区举行新品发布会，对老字号新品进行全球首发。与此同时，上海东方购物频道将与上海中华老字号企业协会在博览会上进行“老字号×东方购物，‘老牌新品’全媒体合作”签约仪式，共同打造老字号新品线上首发售卖平台。届时，东方购物频道将全程对活动进行直播，并对在平台上首发的新品进行网络直播售卖。

上届展会广受好评的“‘国家宝藏’——寻宝活动”将以全新的面貌延续，并升级为“国家宝藏2.0”。活动以老字号企业产品互动体验为核心，邀请亲子家庭根据寻宝护照及地图，在展会现场依次对老字号企业进行探索，通过亲子互动体验的方式，在游玩的同时了解老字号品牌，认同老字号，感受老字号企业的生机与活力。

为彰显老字号企业社会责任，博览会组委会以“老字号，新梦想”为主题，组织一场义卖活动。活动以老字号首发新品与经典产品为组合，在展会现场面向参展观众进行义卖，所得款项将全部捐赠给上海市慈善组织。

为打响上海“四大品牌”，落实市委市政府战略决策，实现老字号企业高质量发展，博览会配套重点活动“中国红·中国风”中华老字号文化也在9月6日在中国金融信息中心举办。文化节上，以“上海凤凰”为发起单位，由上海中华老字号企业协会与222家中华老字号企业和上海老字号企业，发布“创响品牌”重振老字号的“共同宣言”，同时上海中华老字号企业协会与“迅驰时尚”主办的申城首个全球资源平台“尚交所”签约，共同打造体现申城文化特点的“上海伴手礼”战略合作。

第四届上海浦东国际汽车展览会

中国国际贸易促进委员会汽车行业分会和中国国际贸易促进委员会上海浦东分会共同主办的第四届上海浦东国际汽车展览会（简称上海浦东车展）于2018年9月27日至10月3日在上海新国际博览中心开幕。

互联网赋予了汽车新的生命和时代感，意味着一个新的格局和新的时代已经到来，如何引领汽车“四化”即电动化、智能化、网联化、轻量化的可持续发展，是所有汽车企业和整个行业需要关注的重中之重。近年来新能源车技术不断突破，从混动到纯电动、到燃料电池，甚至是装配太阳能板的概念车，都在为人们更加智能便捷的未来出行方式提供更宽阔的想象空间。自动驾驶等核心技术的持续创新，同样引起了汽车行业的高度重视。本届上海浦东车展以“智驾未来”为主题，集中展示在科技革命的浪潮席卷全球的背景下，汽车行业的最新创新成果，以及对未来出行的畅想及战略布局。

本届上海浦东车展使用上海新国际博览中心N1–N5、E5–E7八个室内展馆和室外展场共12万平方米，是双年华东地区展会规模最大、展商参展规格最高的国际化专业汽车展览会。

本届上海浦东车展的参展企业几乎涵盖所有跨国车企和主流厂家的汽车品牌。其中，

第四届上海浦东国际汽车展现场

自主品牌有:上汽荣威、上汽名爵、上汽大通、上汽五菱、广汽传祺、广汽新能源、长安、长安欧尚、东风柳汽、东风风光、吉利、长城、比亚迪、奇瑞、观致、江淮、众泰、华晨、东南、力帆、陆风、猎豹、汉腾汽车、斯威汽车;国际品牌有:宝马&MINI、奔驰&smart、一汽—大众奥迪、大众进口、上汽大众、上汽斯柯达、东风标致、东风雪铁龙、东风雷诺、华晨雷诺、长安福特、林肯、DS、广汽菲克、通用(别克、雪佛兰、凯迪拉克)、沃尔沃、捷豹路虎、丰田及一汽丰田、广汽丰田、雷克萨斯、本田及东风本田、广汽本田、讴歌、东风日产、英菲尼迪、斯巴鲁、长安马自达、广汽三菱、北京现代、东风悦达起亚、宝沃等。此外,保时捷、玛莎拉蒂、劳斯莱斯、宾利、兰博基尼、阿斯顿·马丁、迈凯伦等著名品牌和其他豪华改装品牌如中欧、GMC、罗伦士、飞驰、上喆、星驰、车质尚、九龙汽车、房车风景、伟昊、克蒂等也悉数登场。

值得关注的是,新时代高端品牌——领克、豪华SUV——WEY、豪华高端国产商务汽车——一汽红旗也将首次在上海浦东车展亮相,与观众进行零距离的互动。新能源汽车特斯拉、腾势、蔚来、前途、奇点、小鹏汽车、拜腾、威马汽车等品牌也为上海浦东车展带来更多炫酷的产品和概念。

本届上海浦东车展的同时,还举办多场围绕着汽车产业的高峰论坛和沙龙,如由凤凰网和中国国际贸易促进委员会汽车行业分会联合主办的第三届中国汽车品牌发展论坛围绕中国汽车品牌向上和自主3.0主题,与业界大咖展开热烈讨论。由一点资讯和中国国际贸易促进委员会汽车行业分会联合主办的“中国汽车智能互联创新峰会”关注汽车行业的智能化发展。在腾讯汽车主办的2018“腾轩汇”营销沙龙上,汽车行业营销领域的精英和跨行业专家深度解读汽车行业的IP营销。由搜狐汽车主办的“第二届中国汽车先锋派创新力论坛暨汽车营造社沙龙”,诚邀新兴势力、行业咨询公司、产业界专家一同探讨未来出行产业链究竟如何构建。

展会期间,组委会还组织了一系列精彩纷呈、形式多样的体验活动。本届车展首次与覆盖全上海14条地铁线路的公共WiFiAPP——花生WiFi合作,组织有车族参与征集活动并向有购车、换车意向的地铁一族提供VIP观展团。组委会还与上海广播电台共同打造“9·27主持人带你抢先看车”活动,让电台的听众有机会与主持人一起走进车展。同期打造的亲子活动“猫爸萌娃逛车展”活动,则给家庭观众提供了感受科技、亲子互动、休闲娱乐的全新出行选择。

第三十四届中国·上海国际婚纱摄影器材展览会

2018年7月11—13日,第三十四届中国·上海国际婚纱摄影器材展览会携手2018上海国际儿童摄影展览会、第二十届上海国际摄影器材和数码影像展览会(7月11—14日),首次整体移师国家会展中心(上海)举办,展出总面积达15万平方米,参展商千余家,规模再创历届之最。

上海国际婚纱摄影器材展规模世界第一。主办方精心规划,根据展品类别和观众观摩采购习惯,旨在以专业打造全球婚尚婴童全产业链、摄影器材全产业链的一站式采购展示和商务贸易交流平台。展会同时启用了新展馆的5个展厅,2号馆为主题样片、旅拍、空间设计及家具道具馆,3号馆为婚纱礼服、彩妆用品、时尚配饰馆,4号馆展出相框相册及耗材。同期1号馆举行2018上海国际儿童摄影展览会,5号馆举行第二十届上海国际摄影器材和数码影像展览会。

2018皇室婚礼风热潮新起,聚焦本次上海婚纱展3号馆,卡萨布兰卡、兰斐、The Atelier、

传统中式嫁衣唯美喜庆，始终是新娘的最爱

帝傲、净洁等海外最具影响力的高端婚纱品牌强势参展。大廓形、长拖尾、手工多层次绣纹和蓬蓬裙打造梦幻华丽的视觉感，被君主披风带起的婚纱元素，由设计师融合入本季的婚纱装饰中，复古感的拖地长披风、隆重感的背部长拖尾，满足新嫁娘向往如皇室婚礼一般的庄重感。

中性风是时尚的经典，体现新娘的个性，裤装婚纱一直是小众追捧的宠儿，修身廓形、单肩设计，再加上夸张的蝴蝶结装饰，或者透视的蕾丝绣花加上抹胸，帅气中透着优雅，复古中点缀时髦；高领婚纱依然在这季中据一席之地，仿choker设计的高领通过线条和剪裁与婚纱整体相连，独特性感让人过目不忘；本季依然流行的材质混搭，金属永远是轻柔白纱的天生绝配，彩色薄纱搭配厚重的蓬蓬裙摆，成为全场最耀眼的亮色。

传统中式嫁衣唯美喜庆，始终是新娘的最爱。古装主题婚纱照考究而精致，以中国文化为积淀，结合现代文明的审美，在新人间受到热捧，时下各种大IP热播古装影视剧也为这一婚纱摄影主题助推，以各种独特的古典艺术造型，运用现代视觉艺术的表现手法，呈现出宛如特效大片的质感，各种仿影视造型的系列主题成为新的风潮；名瑞的潮绣、尚缘坊的苏绣，洋气的白纱之外也不能落下耐人寻味的古风喜袍，而盘子女人坊更是给姑娘们随时随地摇身变仙女的机会。喜欢旅游却没时间的情侣蜜月+拍照的“轻旅拍”是最佳选择。

2018上海婚纱周打出“一袭嫁衣，原创的力量”的口号，携手国内外优秀婚纱礼服设计师品牌， 倡导品牌以“展+秀”结合的展示形式，提升品牌影响力，引领潮流趋势，品牌发布秀持续两天共计8场。中式嫁衣代表之一倒叙携旗下倒叙、旗纪和画树三个品牌以“七彩祥云”为主题，伊莲娜婚纱礼服携手手工帽、配饰牌周鸣定制以“待放花蕾，徜徉人间”为主题。

值得一提的是来自黎巴嫩设计师品牌dany tabet ，美国户外婚礼首选婚纱品牌chic-nostalgia，意大利婚纱LIUISA SPOSA，以色列同名设计师品牌ELIHAV SASSON，有着悠久历史的西班牙婚纱品牌RAIMON BUNDO，五个海外设计师品牌的联合秀给买家耳目一新的体验；绣中式嫁衣作为苏绣的代表，本次带来下一季新款及经典爆款，用一针一线打造非同一般的最美嫁衣。奈特丽集团携旗下高端奢华品牌“缔玟”带来一场秉承欧洲皇室传统美学风格、融入欧洲复古情怀及浪漫主义的婚纱礼服秀。贝可曼妮高定是近年来受到国内外时尚界广泛关注的设计师品牌，作品以奢华高贵、优雅简约著称，本次带来其新一季的最新作品。来自马来西亚的品牌帝傲秀场主题为“帝傲褂宴”。薇爱V&LOVE,原创设计婚纱品牌由威廉张时尚创始人William Zhang创立，其奢华高贵、性感仙美、时尚个性的设计风格，已被客人定义为“薇爱风格”。

本届中国·上海国际婚纱摄影器材展览会由上海市国际贸易促进委员会与中国人像摄影学会联合主办，上海市国际展览有限公司承办。主办方致力于买家在展会的收益最大化，展前展中还携手专业机构和人士共同举办了各种讲座和活动，包括WPC世界杯摄影大赛优秀作品展、2018彩妆造型趋势沙龙、2018儿童时装秀、中国新生儿摄影师精英大赛优秀作品展、中国儿童摄影秀场可持续发展论坛、婚纱影楼客户邀约讲课、二手相机收藏交流、摄影大师讲堂等。

第二十二届上海国际食品饮料及餐饮设备展览会

第二十二届上海国际食品饮料及餐饮设备展览会(FHC)于2018年11月13日再次登陆上海浦东新国际博览中心，同期举办的还有Prowine 2018上海国际葡萄酒和烈酒贸易展览会、SFE 2018第二十九届上海国际连锁加盟展览会、iFresh 2018第十一届亚洲果蔬产业博览会。2018年展会总面积打破以往展会规模，达到12万平方米。展会吸引来自国内外的3000多家企业参展，其中海外参展企业数量超过半数，展品来自包括欧洲、美洲和亚洲等40

第二十二届上海国际食品饮料及餐饮设备展览会开幕

个国家和地区以及中国的江、浙、沪等20多个省市。展会邀请行业进口商、经销商、分销商、零售商、电商、餐饮和酒店终端等众多食品餐饮相关行业人士参观，与会参观观众超过9万人次，为广大贸易观众呈现了一场进口美食美酒的饕餮盛宴。

开幕式上主办方邀请德国联邦食品和农业部议会的国务秘书汉斯-约阿希姆·福赫特尔、中国饭店协会会长韩明、全国工商联烘焙业公会荣誉会长伍威全、上海市餐饮烹饪行业协会老会长沈思明等致辞；上海市旅游局副局长丁振文以及部分使领馆的领导上台剪彩；来自全球的美食供应商以及与会的行业人士，共同铸造FHC的辉煌。

随着国内市场对进口食品、葡萄酒的需求稳步增长，FHC 2018展位供不应求。2018年展会吸引了30多个国家及地区官方展团。2018年最大的展团是土耳其，展览面积超过850平方米，展品包括橄榄油、干果、坚果、橄榄油制品等。紧随其后的展团分别是加拿大、美国、德国、意大利和西班牙。积极参展的独立企业还包括众多行业领先品牌和食品贸易商，日本贸易振兴机构联合33家日本企业、团体组团以日本馆的形式参展，其中有十多家日本酒，日本多地产大米以及烹饪稻米油、糕点、零食、婴儿食品等种类丰富的展品。

一展多得是展会的一贯宗旨。为吸引广大专业买家群，展会将一如既往推出一系列精彩活动和赛事。由世界厨师联合会认证的第二十届FHC中国国际烹饪艺术比赛吸引了600位主厨，将由110多位世界厨师联合会认证主厨评判打分。1000多位烘焙产品和配料生产商、进口商和经销商代表出席11月13—14日的年度峰会。世界咖啡师竞赛将在本届展会上全新亮相，冲煮大赛和咖啡拉花大赛以及咖啡、茶与冰淇淋杂志主办的拉花大赛(上海分赛区)与展会同期举行，同时在这个馆内还有世界面包六强精英赛以及潮流饮品大赛。今年全新的乳制品论坛和橄榄油品油大师参与的论坛也点亮展会，生鲜市集专区的论坛以及商贸配对也会给行业人士带来最新行业趋势，与此同时，展会还有MSC协会带来的海洋渔业论坛，餐饮烹饪行业协会主办的餐饮论坛、快消品论坛以及展商的研讨会都将为业内人士提供行业动态信息的发布。同期举办的葡萄酒和烈酒展示将与食品专区毗邻，为广大贸易观众呈现葡萄酒品鉴、大师班和香槟酒廊等精彩活动。

展会开幕当天举办了“全球美食，助推绿色餐饮”2018FHC餐饮发展高峰论坛，由博闻公司(UBM)和上海市餐饮烹饪行业协会联合主办，以“绿色餐饮”为主题，从餐饮企业运营、食材采购的角度抛出好的食材、先进的设备，结合绿色餐厅食品安全、追溯要求共同探讨解决推进的方案。中国饭店协会会长韩明和上海市餐饮烹饪行业协会老会长沈思明、上海博华国际展览有限公司总经理章学强致辞；上海市食品药品监督局执法中队支队长陈雷军以“上海市网络餐饮服务监督管理办法解读”为内容的主题演讲、大中华区雀巢专业餐饮副总裁黄行毅就“雀巢品质，护航餐饮安全”主题演讲、全国水产冻品联盟(上海)秘书长王德才就“水产品的食品追溯”主题演讲；上海市餐饮烹饪行业协会老会长沈思明主持高峰论坛互动交流，邀请东湖集团餐饮总监施一斌、苏浙汇副总经理朱俊、新荣记副总裁蒲世球、赤坂亭董事长游忠旺四位嘉宾跟大家一起交流。嘉宾们就“如何把控食品质量关”“国外餐饮业重视原材料质量对我们的启发”“新荣记对原材料采购的原则和要求”“大力采购美味、安全的原材料为消费者服务”等内容从不同角度向大家介绍了餐饮原材料的重要性。论坛会上，对新雅粤菜馆等78家经评审合格的单位授予绿色餐厅并颁奖。

第十八届国际染料展和数码印花展

以科技创新、绿色发展为主题,"第十八届中国国际染料工业及有机颜料、纺织化学品展览会"和"上海国际数码印花及印染自动化技术展览会"在上海世博展览馆开幕。为期3天的展会,吸引来自17个国家和地区的630家企业参展交流。

随着印染行业转型升级的逐步推进,在经济新常态、互联网+、智能制造等因素推动下,纺织印染业自动化、数字化、信息化技术得到普及和应用,数码印花技术的进步正日益满足人们对色彩和功能的双重需要,成为纺织行业的新亮点和增长点,并在一定程度上推动我国纺织行业向创新型、生态型和低碳型经济模式转型。在高端数码印花方面,EPSON使用全新高浓度黑色墨水转印技术,让布料拥有更高的黑密度;黑迈在本次展会上首推全新机型QS-Jet数码印花袜子机,它能360度旋转打印,完美打印个性化定制印花,每小时最多可打印120只袜子;上海慧染生物科技有限公司推出100%从植物根茎中提取天然染料用于面料染色。在倡导绿色、环保、健康生活方式的今天,天然染料以其绿色生态特点获得青睐。

本届国际染料展和数码印花展与全球最大染化展同期举办,旨在打造纺织印染一站式采购,为行业发展创建更广阔的平台。展品涵盖各类先进的环保型染料、有机颜料、助剂、中间体、仪器环保设备、数码印花设备、印染自动化技术及印花材料等。EPSON、开源、黑迈、长胜等知名数码印花企业,亨斯曼、永光、鸿盛、蓝宇等墨水企业,绿章、宏大、信达等印染自动化企业携最新的产品和技术,放眼绿色发展,共建纺织印染业转型平台,为中国纺织工业贴

纺织印染业自动化、数字化、信息化技术得到普及和应运

上“科技、时尚、绿色”的新标签。

为加快我国染料行业转变发展方式和实施“走出去”发展战略，主办方将继续打造“中国国际染料展亚洲巡展”这一交流平台，并于2018年11月21—24日在越南胡志明市举办第八届“中国国际染料展亚洲巡展”。

第五届中国(上海)国际食品博览会

2018年10月26—28日，由中国食品工业协会主办、上海万耀企龙展览有限公司承办的“第五届中国(上海)国际食品博览会”在上海举行。

本届博览会的主题是“对话、引领、共生”，在往届基础上，以创新理念、品牌升级、服务行业为标准，打造产业对话平台，同时提供全产业链展示及合作机会，促进国内外食品行业的合作、交流和发展。

作为中国食品工业协会主办的重要展会，来自中粮集团全产业链的食品品牌悉数亮相展会，包括蒙牛乳业、中粮福临门、中可勘察加、酒鬼酒、长城酒业、中粮名庄荟、香雪面粉、家佳康等中粮旗下知名品牌，均携新品登陆展会。采购商在展会现场与益海嘉里、百事可乐、恒顺醋业、上好佳、来伊份、清美、旺旺等知名食品集团零距离对接。黑龙江农垦总局、海南省农垦集团、上海市食品协会、武汉市食品工业协会、冷冻冷藏专业委员会、云南省沪滇促进会、河南省食品工业协会、河北省邢台市农业局等省市展团也带来具有地方特色的食品闪亮登场。现场参展的食品种类涵盖米面粮油、蔬菜及其他农产品、肉类及肉制品、乳制品、调味品、坚果零食副食、蜂产品、饮料、酒、饮料、茶、烘焙食品以及进口食品等。

饮品巨头中粮可口可乐饮料有限公司，在展会上隆重推出新品——“中可·堪察加”。饮用水水源分别来自俄罗斯堪察加半岛与贝加尔湖。上药神象带来“南派阿胶　重现上海”的活动；神仙酒推出神仙酿新品；上海大江通泰食品有限公司也在展会现场重磅推出30周年新产品，为博览会再添新风味。此外，展会还吸引一些颇具特色的企业参展，如餐饮界的新兴力量——自助机已经全面“入侵”，连武汉人最爱的热干面都可以用无人售货机在短短一分钟之内搞定。百联集团控股上海百吉食品后，全面打造百吉专业形象店以及Baking Plus Studio这一烘焙品牌，并将在百联旗下的大卖场、标超及便利店同步打造。展会现场，百吉食品也以新形象亮相。

第五届上海国际食品博览会开幕现场

博览会主办方还力邀专业人士齐聚一堂，召开“新趋势——2018中国食品消费趋势发展论坛暨‘中国食品消费趋势白皮书’发布”活动，共同探讨行业新动向。由中国食品工业协会权威发布的《中国食品消费趋势白皮书》通过详实的数据分析对不同年龄层次的消费行为进行分析，从新生代“95后”到49岁以上的新银发阶层，分析了他们在消费行为上的不同特点。同时对食品行业当下正在发生的现象进行洞察，在新零售大潮的引领下，食品零售渠道也正在发生翻天覆地的变化。白皮书还重点关注了酒类、乳制品、饮料、咖啡、休闲食品、调味品、生鲜农产品、进口食品等不同行业领域，进行深入的洞察和分析。白皮书总结了未来食品行业发展的四大趋势，从消费观念、饮食结构、形象包装和不同品类等不同层面做出了发展趋势的可靠推测。

第五届中国(上海)国际食品博览会组委会在展览期间，评选出各类行业重量级奖项，蒙牛乳业、百事可乐、恒顺醋业、太太乐、来伊份、中粮名庄荟和中粮福临门等摘得最具影响力奖。清美、中可勘察加、周黑鸭、今麦郎等获十佳品牌奖。

二、上海创意产业园

田子坊产业园

“田子坊”产业园位于上海市泰康路210弄。1998年前这里还是一个马路集市，1998年9月，上海市黄浦区政府实施马路集市入室后，把泰康路的路面进行重新铺设，使原来下雨一地泥、天晴一片尘的马路面貌焕然一新。曾经非常拥挤、平常的田子坊弄堂，一下子抹上了苏荷SOHO的烂漫色彩，变身成为现代创意聚集地，增添了人文艺术气息。

改建后的田子坊保留着上海里弄民居的味道，弄堂里除了创意店铺和众多画廊、摄影展外，最多的就是各式各样的咖啡馆。在闲散的下午，吹着弄堂习习的清风，看着明媚的阳光铺洒在地上，大有“偷得浮生半日闲”的意境。

“田子坊”的小弄堂更有一股热流向你扑来，弄内原有的厂房筑起了泰康路上的精华高塔。同时，用厂房改成的工作室体现出不同的风格。陈逸飞的工作室具有古朴、凝重的建筑特点，休息室内的壁炉不仅仅是摆设，还能生火，在隆冬时节，围在壁炉边喝上一杯咖啡或红茶，艺术的灵感不时闪现。尔冬强的工作室保留着后工业革命时期留下的痕迹，两台吊车不仅是摆设，还能照常启动；天棚的进口透光板选用了现代建材，这是工业革命的成果，版画的手工制作，使你在时光穿梭中来回奔跑。

物质可以经过人们的加工、提炼，产生出另一种物质，艺术的生产充分把人们对美好生活的向往，把自己的思想融化在作品中。陈逸飞的“东方少女雕塑”作为亚洲华人在巴黎世界雕塑展览会上展览，这是一种创作，同时也是一种物质的生产。还有美国的陶艺家杰米开设的陶艺工作室引来无数的“老外”在这里学习陶艺技术。香港的著名陶艺家郑祎也在泰康路220弄开设“乐天陶艺馆”，进行国际陶艺交流。

1998年12月28日，一路发文化发展公司首先进驻泰康路，揭开了泰康路上海艺术街的序幕，不久又有著名画家陈逸飞、尔冬强、王劼音、王家俊、李守白等艺术家和一些工艺品商店先后入驻泰康路，使原来默默无闻的小街渐渐吹起了艺术之风。尔冬强工作室每月一次的歌剧演唱会高朋满座。坐落在泰康路220弄的乐天陶社艺展吸引国际陶艺家前来参展、交流，在世界的陶艺界享誉盛名。上海自在工艺品公司的缕青竹刻在沪上的竹刻中独树一帜，畅销港台。

政府在艺术街前期启动中，整体规划、功能定位、业态调整、环境的改善和建设方面做了大量工作，投入一定的资金。陈逸飞设计的

东方少女雕塑

"艺术之门"跨街雕塑屹立在泰康路的东端，它是上海泰康路艺术街的街标，雕塑上方的飘带把五大洲四大洋的艺术家们联结在一起。

政府用三年的时间使泰康路有了一条艺术街的雏形，那么三年后，泰康路的真正起飞，名扬四海，是深信不疑的。泰康路的发展将从一条弄——"田子坊"，发展到一条街——泰康路上海艺术街，一个块——泰康路、思南路、建国路、瑞金二路而享誉上海、全国、世界。

田子坊是由上海特有的石库门建筑群改建后形成的时尚地标性创意产业聚集区，也是不少艺术家的创意工作基地，人们往往将田子坊称为"新天地第二"。实际上，除了同样时尚外，她与新天地有着很多不同之处。泰康路上入驻的艺术品、工艺品商店已有40余家，入驻的工作室、设计室有20余家，政府搭台，企业唱戏。

800秀创意产业园

"800秀"位于常德路800号，是集时尚秀展、创意办公和休闲娱乐为一体的高品质创意产业园。"800秀"紧贴轨道交通7号线，与南京西路不足千米，独一无二的多功能秀场与南京西路CBD相辉映，吸引大量设计、公关、奢侈品以及时尚传媒业的合作入驻，使之成为上海国际时尚品牌的集聚和时尚产业链延伸的重要一环。

"800秀"的前身，是上海人民电机厂，记载着20世纪30年代民族工业的振兴史。而今，城市的高速发展往往导致忽视普通市民回归本质生活的需求，站在这里，回望那个年代，感

“800秀”园区建筑

受文化、艺术和品牌的魅力,“800秀”正从另一个角度尝试弥补这一缺憾。这里将成为静安的地标,也将是人们忘却快节奏生活,寻找生活本身乐趣的理想场所。基于这个想法,“800秀”以“修旧如旧”为设计理念,通过新的创意元素,赋予园区丰富的内涵和用途,同时强调其独特性和象征意义。

放眼区域环境,静安区的“本色”是地域相对狭小但位居市中心、老厂房陈旧且数量多,作为如何扬长避短打造区域创意产业“新高地”这一新课题的实践,在打造“800秀”的同时,精心培育区域现代服务业的“产业链”,以达到“商区带动园区,园区服务商区”的联动效应,凸显“时尚文化和创意设计”之特色。

作为“800秀”内唯一的120米的超长建筑单体,改造前系解放初期的新安电机厂。新安电机厂,1946年由著名工业实业家族周馥出资1.4亿法币创办,它的诞生,打破了原本萧条的工业格局,改善了民族工业日益萎缩的不良局面;并在时局动荡、物资匮乏之际,号召抵制洋货,振兴国货,并立志把新安打造成“中国的西门子”,塑造中国本土著名品牌,树立起中国的国际地位。厂房的苏式结构,见证了民族工业振兴的历史,展示老建筑所积淀的历史光芒。

秀场从功能性、实用性、美学等各角度充分考虑了原厂区内的布局,可以根据实际需求任意转变为阶梯式和开放式的移动舞台的想法也由此而来。砖红的双层屋面和墙体,富有节奏韵律的窗体和铁质大门,墙面上的工业用照明灯,在勾勒出建筑优美的外立面曲线的同时,也保持了其鲜明的工业痕迹。这里将成为集时装秀、车展、时尚产品发布与展示、新闻与广告宣传、媒体报道等多功能于一体的独家秀场,并诞生以工业历史为背景的崭新生活方式,在静安实施中部崛起战略中凸显出其超凡不俗的地位。

区别于一般创意园区只服务于创意办公单一功能的特点,“800秀”结合服务于创意产业的多种功能。园区“北翼”,曾经交错的独幢车间、联体小洋房,今日已建成开放式对外服务的商业休闲区域。这里的老式天井、阁楼斜顶,以及落地百叶窗,甚至风中那只锈迹斑驳的屋顶烟囱，都隽永而深刻地诉说着浓浓的老上海风情。

任何存在于空间中的物质都具有表演性质，静止的建筑也会表演。20世纪80年代常见的大食堂，经过平顶变尖顶的脱胎换骨，那并不张扬的木结构也在不经意察觉的时间中缓慢蜕变。对于“800秀”独具特色的过街楼，设计选择了保留，留存了弄堂风貌。百叶的铝板外立面，透光落地阳台，一组外围的交通动线很好将室外高窗的光线引入室内，为室内的环境增添了一抹恬静。位于“800秀”中心位置的4幢独栋建筑单体经历了近50年的时间跨越，而今，在设计的洗礼下，从复杂有机的生长肌理中，可以读出不同时期的建筑单体形态变化的轨迹。连廊设计、玻璃顶篷、腾空悬挂的铁楼梯……修旧如旧却又有谨慎的更新以及革新性改造，保留与创新，各在其间演绎着不同的旋律。

9号楼和6号楼两栋建筑单体打包在一个“时尚都心”的主题之下，注定了它既不带有保护主义色彩的保护，也区别于普通实用性的功能改造，把两幢建筑每个层面创新性连廊，原材料被再次使用，老工厂的结构也得以最大程度的保留，这是一种“场所精神”。

明珠创意产业园

明珠创意产业园是虹口区政府批准的创意产业集聚区。它为市级文化产业园，与市级大柏树数字设计创意集聚区、张江高科技虹口分园、虹口区重点数字内容及文化传媒产业集聚区，均享受产业政策扶持、税收优惠等政策。

明珠创意产业园一期位于虹口区广纪路738号，二期位于广纪路700号，均位于汶水东路广纪路口，明珠创意产业园由“创意空间提供商”上海科房投资有限公司等企业开发经营及管理。园区本着为创意产业提供一个向市

明珠创意产业园

场转化载体的目标，将优势企业、政府扶持和社区资源共同融合，为入园企业提供齐全的配套设施，完善的后勤服务，具有优势的扶持政策和一站式的服务内容，免除了创意企业的后顾之忧，充分发挥创意产业的集聚效应。

园区一期：主体建筑由一幢3层、一幢5层建筑和2层过街楼组成的U字形围合建筑，内有近400平方米的内院，底层沿街为商铺。总建筑面积约9500平方米，建筑层高4.8米，部分层高5.5米，高大而开敞的空间便于空间分割。

一期成功引进40多家企业，如四川九州电子科技股份有限公司、上海皆悦文化影视传媒有限公司、上海城市地理信息系统发展有限公司、上海辰初网络科技有限公司、上海巨纳科技有限公司、上海美颐室内设计有限公司等科技、信息、设计、文化、广告等企业，入驻率达98%。

园区二期：为新建5层办公楼，总建筑面积约1万平方米。二期项目已于2011年6月正式投入运营，至今入驻企业率达95%。底层沿街为商铺兼办公，引进企业展示品牌店，日本定食商务套餐，餐饮会所。办公区为2~5层，现已引进上海鑫森电子科技发展有限公司、上海游唐网络技术有限公司、上海群雁信息技术有限公司、上海旭千信息系统有限公司、宜生环境技术工程(上海)有限公司、上海恒龙电信工程有限公司、上海软盈信息技术有限公司、上海钢机科技有限公司、上海二四视务文化传播有限公司等品牌企业。

明珠创意产业园位于大柏树区域，是虹口、杨浦、宝山三区交界之处，内环线、中环线和逸仙路高架交汇的便捷交通优势，经过多年的开发，已具备了良好的商业氛围和办公环境，目前上海正大力扶持传媒、创意等新兴产业的发展，通过建立产业园区的模式培育一批国内外拥有竞争力的文化传媒企业，并在其上下游形成产业链。在此大背景之下，虹口区政府选定了大柏树区域来打造虹口数字内容及文化传媒产业集聚区。

8号桥创意园

上海特色创意园区“8号桥”，位于上海市卢湾区建国中路8—10号，占地7000多平方米，总建筑面积12000平方米。园区由20世纪70年代所建造的上海汽车制动器厂的老厂房改造而成。8号桥之所以叫“8号桥”，是因为它坐落于建国中路8号，同时8号桥建筑群各栋楼的楼层之间以天桥连接，以方便各入驻企业之间的相互交往和走动;更重要的是8号桥创意产业园区本身就是一座友谊的桥梁，连接、传递和沟通着国内外不同背景、不同风格的文化，故命名为“8号桥”。

2003年，在市经委和卢湾区人民政府支持下，由上海华轻投资管理有限公司、时尚生活策划咨询(上海)有限公司对上海汽车制动器公司生产场地实施改造，创立“8号桥”。“8号桥”保留了工业老建筑特有的底蕴，注入新产业元素，从而成为一个激发创意灵感，吸引创意人才的新天地，由于楼与楼之间用桥巧妙连接，因此得名为“8号桥”。经过一番设计和包装，老厂房彻底改变面貌，抛开工业厂房原有的沉重感，随处可见的是前卫的创意。利用原厂房的高空间、多层次的布局开展各种时尚展览活动。目前，“8号桥”已成为各类设计创意企业的集聚区，来自欧美与港澳的80余家企业已入驻，如英国ALSOP设计公司、法国摩新商务策划咨询(上海)有限公司、美国SOM建筑设计咨询(上海)有限公司等，这些企业主要从事建筑、产品、服装和企业形象的设计、影业制作，创意产业将经济、文化、技术和艺术有机的结合，成为二、三产业共同发展的结合点，是当今国际大都市产业发展的新趋势。“8号桥”已成为全国工业旅游示范点中首个以创意产业

8号桥玻璃天桥

为特色的示范点，是上海都市的旅游新景点。“8号桥”创意产业区二期最大的创意就是将通过一座横跨建国中路的天桥，将一期二期两幢建筑连接在一起。桥虽高达24米(相当于七八层楼)，与一期一样，“8号桥”二期内也将有一个中心广场供创意活动和展示。

整个园区由7栋建筑构成，在房屋构成方面没有做大动作，基本上保持了原来的布局。在设计中，没有一味追求建筑面积，而是更多地在其中设置了大量室内、半室内和外部公共空间。因为进入到园区的业主都是室内设计、雕塑等艺术设计类客户，因此尽可能地提供交流的平台和丰富的公共空间，让人有足够的空间和机会交流变得非常重要。

在“8号桥”，除1号楼大厅外的所有室外、半室外空间都可供租户免费使用。在这些环境中，可以添设咖啡茶座、进行作品展示、时装走秀、举办大型综合活动，是人们最好的交流平台。其中由三个错落的空间中的平台组成的1号楼大厅，则可以依照需要分别用作演讲区、表演区或者贵宾区，功能上的设计非常周到。

如今，“8号桥”已经成为建筑、家居、艺术、广告、软件、电影、出版、时装设计等新兴产业的汇聚中心。吸引了加拿大多伦多的B+H建筑和室内设计事务所、日本HMA建筑设计公司、法国F-emotion公关公司、中国香港导演吴思远的电影后期制作工作室、曾设计过金茂大厦的SOM建筑设计事务所等诸多中外创意设计机构。除了这些创意机构以外，还有一些日本料理、酒吧、咖啡厅、美发、纤体、保健等的机构。

滨江创意产业园

作为上海全球科技创新中心重要承载区和万众创新示范区，杨浦区文化创意产业正在打造“一带、一廊、二圈、多点”的空间发展格局。“一带”是指滨江文化创意产业带；“一廊”

滨江创意产业园内中国救捞陈列馆

是指长阳路创意设计走廊;"二圈"是指环同济文化创意经济圈和新江湾文化创意生态圈;"多点"是指若干个城市文化、创意休闲点。走入滨江文化创意产业发展节,可以博览这里的秀美景色和文化底蕴。

(一)中国救捞陈列馆

"中国救捞陈列馆"位于上海市杨树浦路1426号海救大楼内,展馆建筑面积2000平方米,展厅面积1636平方米。其中,一楼设序厅、贵宾厅、3D报告厅,通过序厅背景的气势宏大而庄严肃穆的大型浮雕墙,突出了中国救捞人坚决履行保障海上人命财产安全、保护海洋环境清洁的崇高使命。

二楼为纯展示区域,设救捞溯源、亲切关怀、兴业华章、铸就辉煌、实现跨越、传承创新、发展愿景和后记七大主题展区,以浮雕墙、文字图片、视频播放、实物陈列等形式向受众全面展示了1951年8月24日创建成立的新中国第一支国家专业救捞队,历经60年的艰辛创业,经历了从无到有、由弱到强、逐步壮大的发展历程。展馆的最后,以3D报告厅播放的"大爱无疆"演绎了一代代救捞人无数次面对艰难险阻、生死抉择所演绎的"把生的希望让给别人,把死的危险留给自己"的救捞精神。

(二)上海自来水科技馆

上海自来水科技馆所在的杨树浦水厂始建于1883年,是中国最早的自来水水厂之一。异国风情的古典建筑和最先进的自来水科技,使"博物"和"科技"在这里完美融合。2006年,上海市科委与上海自来水市北有限公司联合投资,在原上海自来水展示馆的基础上打造提升完成了上海自来水科技馆的建设,并正式向社会开放。科技之心,使120年老厂的躯体焕发出新的光彩,为上海市民、尤其是青少年增加了一处独具特色的走进上海自来水历史、了解自来水科技的场馆。

展馆共分四大篇章,分别是:水资源、节约用水、历史和供水规划篇。它将上海开埠至今的供水历史、供水工程及城市用水的形成及演变过程翔实而客观地呈现在观众面前。其中地下一层主要介绍上海自来水发展的历史,包括内地几家比较早的水厂及杨树浦水厂开创的历史。一楼展区主要介绍解放以后上海各家水厂发展的历史及自来水行业的一些企业文化。二楼多媒体展区,以各种形式将展品生动地展示给前来参观的中小学生。

(三)上海海洋大学博物馆

上海海洋大学博物馆拥有丰富的海洋生

物展品。馆藏标本40000号，展出水生生物标本1000余种，其中有全国最大的身长18.4米的抹香鲸外形标本及其骨骼标本，有“海中大熊猫”之称的中华白海豚(印太洋驼海豚)标本，有活化石之称的鹦鹉螺、翁戎螺，有全国最长的黄鳝标本，还有日本明仁天皇赠送的虾虎鱼标本，以及数百件绚丽多姿的贝类标木和造型别致的鱼文化展品。

智慧湾3D打印创意产业园

智慧湾3D打印创意产业园，位于上海宝山蕰川路6号智慧湾，占地面积：13万余平方米。该园区定位领域：3D打印、智能制造、AR/VR虚拟现实、人工智能。园区所属：上海科房投资有限公司，智慧湾项目总投资：7亿元。

产业园历来都是行业发展到一定阶段的产物，同一个行业内的企业通过聚集效应将衍生出新的业务合作和商业模式。3D打印行业蓬勃发展的近几年，国内不少省市都建立了3D打印产业园，例如上海、广州、青岛、南京等地纷纷挂牌成立3D打印产业园，但目前绝大部分产业园由政府主导搭台，企业负责唱戏。

(一)由民营企业投资的3D打印园区

智慧湾项目前身为重庆轻纺集团下属上海三毛国际网购生活广场，但由于种种原因该生活广场未能如愿打造成功。作为上海宝山区重点项目，科房集团于2015年9月正式签约该项目，于同年11月全面启动对该园区的转型升级改造，并命名为智慧湾(Wisdom Bay)创意园。智慧湾位于轨道交通1号线呼兰路站，顺沿黄浦江支流蕰藻浜步行5分钟即可达到园区内，交通十分便利。

科房集团成立于2003年，目前在上海打造了包括上海理工大学国家大学科技园等在内

智慧湾创意产业园集装箱办公区

的16个产业园区，是产业园区中的“骨灰级玩家”，此次斥资近7亿元打造的智慧湾创意园将成为其旗下的又一重大工程，工程共分为3期，目前一期工程几乎已经建设完毕，配套设施包括酒店、餐厅、咖啡厅、运动场、会议室等一应俱全，于2016年9月正式开园。目前已经有一批优秀的3D打印企业迫不及待入驻智慧湾，智慧湾将与入驻企业联合打造国内首个3D打印博物馆、3D打印材料图书馆等一系列项目。二期及三期工程建设完毕后，将成为国内首屈一指的3D创意产业园区，3D打印、VR等产业将成为智慧湾最重要的组成部分。

（二）上海规模最集中的集装箱式办公

如果将智慧湾比作一个艺术家，那么“他”无论在选题还是创作手法方面都极具创意。我们对集装箱的印象往往是港口密密麻麻堆在一起的货运箱，而智慧湾通过对五颜六色集装箱的改造玩出了新的高度，智慧湾将打造成上海规模最集中的集装箱式办公区。上面办公室，下面停车场，既避免汽车被暴晒，又满足了文创公司对创意办公方式的追求。各个集装箱区域互联互通，方便加强公司之间的交流与沟通。特殊的表面隔热处理，保证集装箱内不会因为天气原因而爆热爆冷。

智慧湾园区物理空间特色：(1)时尚多元化的办公空间：集装箱创客、工业遗址老场坊订制改造、总部办公大楼等，满足不同发展阶段的3D打印企业办公需求。(2)建成占地约1000平方米首家以3D打印为主题的“3D打印博物馆”，巡展和收藏全球顶尖设计师的3D打印作品；并可通过现场演示，使参观者能够亲身体验3D打印产品在制作空间中诞生的过程。(3)建成占地约200平方米的3D打印咖啡馆，让更多的人发现和感受3D打印技术给生活带来的创意惊喜。(4)建成占地约500平方米的3D打印材料图书馆，届时，参观者能触摸和感受材料科学家们精心挑选的最具代表性的3D打印材料。(5)园区内，每个办公区都配套了开放的公共空间和大中小型会议室，满足所有洽谈和会议需求，完善的自由交流互动空间，在园区内打造了一个共赢平和的平台。

第八编　专　记

一、上海名店

上海新世界股份有限公司

上海新世界股份有限公司是一家有90多年历史的中华老字号企业，又是一家沐浴着改革开放春风不断发展、壮大的上市公司和中国商业名牌企业。“新世界”前身是1915年创建的“新世界游乐场”，是20世纪上海最早的钢筋水泥结构商业楼宇之一。1958年，合并组建“新世界百货商场”。1988年8月，公司由全民企业改制成为南京路上最早的商业股份制企业；1992年5月获准向社会公开募股；1993年1月19日在上海证券交易所挂牌上市；2005年5月，公司建成总建筑面积达21万平方米的商圈，集聚了一大批在国内、亚洲甚至世界独具特色的知名品牌；1.3万平方米的新世界SEGA游艺竞技场是中国第一家大型室内游艺场；9000平方米的杜莎夫人蜡像馆，是全球第六家、中国内地第一家英国杜莎夫人蜡像馆；5.76万平方米的新世界丽笙大酒店是区属第一家五星级大酒店，具有浦西最高星空酒吧和旋转餐厅；新世界真冰溜冰场是上海第一家室内真冰溜冰场。从此“新世界”跨入全国商业十强行列。公司还荣获全国文明单位、全国质量工作先进集体、全国百城万店无假货先进集体、全国诚信维权单位、全国首批金鼎百货店等百多项国家级和市级先进称号。

新世界位于热闹的南京西路口，地上共有3层，一楼是化妆品、金饰；二楼、三楼是男女服饰。十里南京路，一个新世界。这句经典广告语响彻上海滩，造就了上海滩顶尖百货公司的卓越、塑造了南京东路步行街上的龙头老大与上海滩上数一数二的实力型百货公司，是不少上海人忘不了的记忆。这里不但引进汉堡王、一茶一座、味千拉面、西堤牛排等一批国际著

新世界股份有限公司

名餐饮品牌，还引进兰蔻、资生堂、倩碧等一大批著名商品品牌。这些娱乐、餐饮品牌的引进，使现代百货、旅游休闲和娱乐综合消费相融，形成了新世界独特的竞争优势，已经成为南京路、上海乃至中国的现代商业的新亮点。

上海朵云轩

朵云轩1900年开设于上海，至今已有百余年的历史，是上海较早的旅游定点专业商店之一。一个多世纪以来，其经营的文房四宝、木版水印蜚声海内外，专业的美术类图书亦是一大特色。朵云轩下属多家子公司，目前已发展成为一个集代理、复制、展览、出版、收藏、研究和拍卖等多功能的综合性文化经营实体。

朵云轩经营上注重与国内尤其是南方书画、篆刻家的联系，经常举办作品展览和学术活动。它的木版水印复制艺术独具特色，形成悉仿古制、刻意乱真、工细兼及、神形并重的风格。其中泼墨大写意画的复制，水墨淋漓，酷似原作，使其享有盛誉，与北京的荣宝斋并称南朵北荣。

光绪二十六年(1900)，上海的河南路旁新开了一家笺扇商号——朵云轩。朵云轩初营苏杭雅扇、诗笺信纸、文房四宝，书画装裱等，后又发展出木版水印、书画中介等业务，凭借优质的产品和诚信服务，朵云轩很快跻身沪上主流艺术圈。张大千初来上海，朵云轩介绍他投名家曾熙门下；沈尹默不为人知时，朵云轩慧眼识才，大力推介，助其声名鹊起；章太炎喜用"朵云轩属云"宣纸画笺泼墨挥毫；张爱玲在名作《金锁记》开篇，把记忆中的月亮比作"朵云轩信笺上落了一滴泪珠……"鼎盛之时，朵云轩代理书画家达数百人，"书画之家""江南艺苑"的美名不胫而走。

1949年以后，历经风雨和阳光，完成国有化的朵云轩作为沪上艺术品行业代表性企业最终走向发展壮大，它不仅勇担文化使命，恢复和发展了传统的木版水印技艺，还坚持开展书画收购业务，抢救、收藏大量民间流散珍贵文物。1978年，在朵云轩基础上成立上海书画出版社，开始了与书画出版业务"一体两翼"发展时期。20世纪80年代，朵云轩已成为上海艺术品行业无可争议的龙头企业，"门通九陌艺振千秋朵颐古今至味，笔有三长天成四美云集中外华章"正是朵云轩的写照。

20世纪90年代，市场经济春潮初涌，朵云轩以敢为天下先的精神，书写了中国艺术市场发展史上的重要一页。1992年，朵云轩注册成立中国大陆第一家艺术品拍卖公司。1993年，朵云轩敲响中国大陆艺术品拍卖第一槌，开启了中国艺术品市场20年高歌猛进的历史进程。此后直至21世纪头十年，朵云轩又率先进军多个艺术品新兴业务，形成涵盖拍卖、门店销售、古玩、艺术经纪、电子商务、艺术教育、艺术会展及木版水印制作经营的艺术品产业链，成为中国艺术品市场的领跑者。

朵云轩

市百一店

上海市第一百货商店的前身，是老上海"四大百货公司"(永安百货、先施百货、新新百货及大新公司)之一的大新公司。由大新公司创办者蔡昌以高价买下该处地皮，于1934年11月19日破土动工，1936年建成营业。其面积之大、设备之先进、管理之新颖，被称为"远东最大百货商店"。

上海市第一百货商店，老上海人也称之为市百一店。市百一店位于上海市黄浦区南京东路，西藏中路东北角。第一百货商店是新中国建国后的第一家国有百货零售企业，商店共有八个楼面，21400平方米营业面积，主要经营各类日用百货、服装、针棉织品、皮具鞋类、家具等大类4万余种的商品。

"出身名门"的上海第一百货商店从1936年1月10日开业到1939期间，年营业额达300万~400万元，这在当时无出其右，成为商业百货的传奇。当年在这里购物一度是件很有面子的事，不论是本地人还是外地人，到了南京路都会进去逛一逛。20世纪50年代后，大新公司被改制为国营上海第一百货商店(市百一店)。据悉，当年市百一店开业时还安装了自动扶梯，不少人抱着乘电梯的新鲜感慕名而来。随着商业的发展，市百一店的"创新"和"洋气"逐渐消退。2005年，一街之隔的东楼装修开张，并且改名为东方商厦，定位年轻化，商品也更加丰富。竞争对手越来越强大，加上近几年百货商场的日子并不好过，市百一店决定闭店重造。

2017年6月19日，其上级单位百联集团决定，市百一店将正式闭店，进行开业68年以来最大规模的停业改造，与东楼的东方商厦打通四个楼层的空中连廊，合并为"第一百货商业中心"，成为上海"文化休闲新地标"。

在市百一店与东方商厦之间的六合路，也成了南京路步行街的延伸，成为消费者休闲的新场所。

历经半年调整重造的市百一店，在12月8日重新开门纳客，而它也有了个新的名字，叫第一百货商业中心。

重开的第一百货商业中心分为A、B、C三馆。其中率先试营业的是A馆和B馆(即原来的一百老楼和新楼)，而C馆(原东方商厦南东店)和两楼中间的六合路步道尚在加紧改装中。

第一百货商业中心加大主题打造的力度，一层、二层打造成"大剧院"主题区；三层到六层打造为"梧桐"主题区；七层打造"弄堂"主题区，这里有VR体验馆、"100弄"等特色业态。

品牌重构上，据市百一店相关负责人介绍，重开的第一百货商业中心品牌更新率在70%以上，引入诸如LAMER、La prairie、雅诗兰黛、雪花秀等38个化妆品品牌，万宝龙、卡地亚等旗舰店也将亮相，未来还会引入光海书店等文创品牌。而保留的品牌诸如恒源祥、民光家纺、三枪、培罗蒙等。

上海市第一百货商店

久光百货

由香港利福国际集团下属香港崇光百货有限公司与上海九百(集团)有限公司共同出资打造的上海百货业航母——久光百货,于2004年9月29日在上海闪亮揭幕。位于南京西路1618号,东靠上海机场城市航站楼,与扩建的静安寺、静安公园相映成辉,地下一层与轨道交通2号线静安寺站直接相连,交通十分便捷。久光百货集商业零售、餐饮、超市、休闲于一体的城市型"销品茂",正以其璀璨的时尚魅力,成为十里南京路的新地标,引领着上海购物新概念。

久光百货自营业以来,深受顾客青睐,销售节节攀升。这是由于引进国外百货管理经验,融合香港崇光百货开店21周年来的灵活而严谨的管理模式,日本商业无微不至的服务文化,以及广阔的采购网络和业务联系。同时,久光百货还实现了先进的"一站式"购物理念,提供购物餐饮、休闲娱乐、仪容护理、音乐培训等一系列配套服务,让久光百货在繁华闹市中成为上海最具亲和力的百货商店之一。

目前,已有超过500个国内外著名品牌进驻久光百货,其中第一次进入国内市场的品牌有近10家,第一次进入上海市场的品牌有40多家。如BURBERRY亚洲最大的旗舰店、TIFFANY上海首家店、DUNHILL、BALLY、THOMAS PINK亚洲首家店、agnes.b、CALLAWAY、JEAN PAUL GAULTIER以及日本最大的面包店——YAMAZAKI在中国的第一家门店。

久光百货地下一层的新鲜馆,汇集了琳琅满目的进口食品,尤其是各色具有日本特色的食品,非常精致诱人,其中有知名的日比谷花坛、源吉兆庵、凨月堂和日本最著名的茶叶品牌—福寿园在上海的唯一店铺。

一楼汇集世界一线的化妆品及欧陆名品专门店。除了BURBERRY,TIFFANY进驻上海的首家店,还有agnes' b、BALLY、CELINE、ck Calvin Klein、DUNHILL、THOMAS PINK、LOEWE、OMEGA、VERTU、COACH、HUGO BOSS、POLO RALPH LAUREN等国际知名品牌。

二楼汇聚众多流行配饰、名贵珠宝以及高档的女装品牌,其中珠宝、配饰的著名品牌就有FolliFollie、周大福、谢瑞麟、K-Gold/Temix、JCL等;手袋、鞋类的著名品牌有WHY、MISS SIXTY、GUESS和NINE WEST等;女装品牌有WEEKEND MAXMARA和PORTS。

三楼着重于职业女装、服装配饰,并开辟了设计师品牌和品牌内衣新馆区域。而四楼及YES馆强调休闲时尚的风格,这里的衣服款式相对于其他百货商店来说更为新潮,主打哈日风格。五楼专售男士服装和配饰等。六楼的名牌运动装和户外用品,还有许多儿童用品专柜,其中KENZO KIDS、FolliFollie Baby都是最新进入久光的高档童装品牌。七楼汇集了家居用品、寝具、床垫和按摩椅,特别是部分高端瓷器品牌,为您的家居增添高贵风采。

久光百货

永安百货

上海永安百货有限公司，是上海百联集团的下属企业。永安百货公司创建于1918年，历经上海永安公司、上海第十百货商店、上海华联商厦，2005年翻牌永安百货有限公司。上海永安公司以经营“环球百货”为特色，是上海高雅、时尚、尊贵的象征，是上海首屈一指的高档百货商店。1969年改名国营上海市第十百货商店，1988年改建更名为上海华联商厦，并成功以服饰商品为经营特色，“穿在华联”饮誉沪上，闻名全国。1992年，企业改制为上海华联商厦股份有限公司，上海华联商厦则成为其下属企业。2003年，上海华联商厦为刚组建的百联集团旗下一支重要的生力军。

永安百货坐落于“中华商业第一街”的南京路步行街中心，总面积约32000平方米，分五个营业楼面，是以“经典百货”为经营理念，以经营个性化、品牌化、特色化的中高档服饰类商品为主的经典百货商店。经多年努力，公司树立了良好的社会形象，成为上海市市级零售商店中唯一九届连得“上海市文明单位”称号，十年连获上海市和全国“物价、计量、质量、服务”四个信得过荣誉的单位。

永安百货有限公司的建筑是20世纪初折衷主义建筑风格的典型代表，是上海市首批优秀近代保护建筑之一，定为“上海市文物保护单位”。沿南京路中央顶部有一座塔楼，名为“绮云阁”，是上海解放时南京路第一面五星红旗升起的地方，成为南京路一大人文景观。2004年，商厦实施“历史名店　重塑辉煌”的综合提升工程，全面恢复欧洲古典主义风格的历史原貌。永安百货有限公司定位于中高档特色化品牌经营与综合性功能开发，在对1~5楼商场进行全新装修的同时，对商品布局进行重新设计，形成服装、化妆品与黄金珠宝的商品大类特色。一楼为经典名品馆，以经营世界名品服饰、化妆品大类为主，同时经营珠宝黄金、女士皮具、钟表眼镜、烟酒和高档进口礼品食品，打造成为名品汇聚、彰显身份的品牌殿堂；二楼为优雅女士馆，突出职业女式正装、职业休闲女装、经典女装，成为成功女性凸显“完美独特气质”的购物天地；三楼为活力女性馆，主营淑女装、休闲装、运动系列，体现活力女性主题，成为年轻女性青春动感自由惬意的休闲园地；四楼为蓝色绅士馆，主营男士正装、商务休闲装、男女箱包、男士内衣饰品，实现男性一站式个性化服务，成为彰显男性魅力，演绎绅士风度的品牌天地；五楼为温馨家居馆，主营床上用品、家居礼品、数码家电，展现现代家居概念，成为建设温馨家园的家居园地；六楼开设贵宾会所；七楼建造屋顶花园，凸显“看南京路风景，品老上海情怀”的主题，并在四楼、五楼引进永安鲜墙房餐饮。

永安百货以典雅的建筑、高雅的环境、优雅的服务，全力打造具有深厚历史底蕴与独特文化，集购物、餐饮、休闲于一体的经典百货商店。

永安百货

第六百货

上海第六百货公司成立于1952年，是一家具有50多年历史的老字号百货零售企业。公司共有六层营业楼层，经营面积近1万平方米。根据经营定位，公司以基础及中档商品为主，主要经营男女服装、化妆品、黄金饰品、皮鞋箱包、床上用品和儿童用品等商品大类。在经营商品和品牌选择方面，以经营服饰类商品为特征，高知名度品牌为主体、流行品牌为补充，形成了“大众流行”的品牌形象，成为具有亲和力服务特色的主题商厦。第六百货坚持诚信经营，优质服务，赢得了顾客的广泛赞誉，多次获得“全国精神文明先进单位”“上海市文明单位”和“全国百城万店无假货示范店”等荣誉称号。

公司多年来秉承“赤诚奉献，追求领先”的企业精神，始终坚持满足大众消费者需求的市场定位，积极倡导自然式服务，做到“质量保证、价格保证、服务保证”，创出了“第六百货”的企业品牌和市场声誉。公司还较早地引进国外先进零售企业的管理经验，强调制度管理和制度创新，并被评为上海第一批财务会计信用A类企业和贷款资信信誉AAA级企业，并先后获得“全国文明单位”“全国商业信誉企业”“全国百城万店无假货示范店”“全国百家最大零售企业”“上海市文明单位”“上海市优秀企业”和“上海百货行业十佳标兵企业”等多项荣誉称号。

第六百货

二、上海名镇

车墩镇

车墩镇隶属于松江区，位于上海市西南郊，是松江的东大门，东与上海市闵行区为邻，西与松江区中山、永丰街道相连，南濒黄浦江，北接松江工业区。中心位置坐标为东经121°18′32″，北纬31°01′03″，距上海市中心距离为40千米。2013年，全镇面积45.3平方公里，有16个行政村，3个社区。2000年第五次全国人口普查，车墩、华阳两镇总户数16336(其中集体户988户)，总人口50304人。2006年，车墩镇户籍人口35152人，外省市人口约8.5万人。车墩镇历史悠久，相传为三国时期吴越国官员出猎停车之地，故名“车墩”。

2006年，车墩镇土地总面积为45.3平方公里。其中，耕地1253公顷，占27.6%；果园160公顷，占3.5%；竹林、防护林1029公顷，占22.7%；河流、池塘547公顷，占12.1%；河岸、河滩5.7公顷，占0.1%；沟渠38公顷，占0.8%；铁路、公路、农村道路466.3公顷，占10.3%；厂矿企业546公顷，占12.1%；集镇、农村住宅451公顷，占9.9%；卤防用地5公顷，占0.1%；墓地16公顷，占0.35%；商贸服务用地13公顷，占0.3%。

车墩镇植物种类繁多，包括粳稻、糯稻、籼稻等粮食类，棉花、苎麻等棉麻类，油菜、大豆、芝麻等油料类，各种蔬菜、瓜类，菱、藕、荸荠等果类，燕笋竹、蒲基竹、篾竹等竹类，牡丹、潮来花、银柳等花卉类以及荣菊、仙鹤草、荆、丹参等药材类植物。其中，粳稻“老来青”、甜芦粟香、梗豆、长头颈南瓜是当地盛产盛植的特产类植物。

车墩办学较早，清末民国初有私塾8所，民国末年有小学25所。2006年，车墩镇有幼儿园1所，班级17个，教职工37人，学生651人；九年一贯制学校2所，班级59个，教职工222

车墩镇

人，学生2164人；外来民工子弟小学3所，班级44个，教职工65人，学生2426人；外来来民工子弟中学1所，班级13个，教职工35人，学生640人。

车墩镇有清河桥，位于东门村。《华亭志》载:“清河桥，元至正年间张万七建，前志作西杨家桥。”单拱石桥，桥面宽4.2米，南北石阶各17级，桥洞跨度8米，桥高出水面5米。2002年8月被列为区级文物保护单位，2005年整修。

庆阳桥位于东门村。《华亭志》载:“庆阳桥，前志作东杨家桥。”比清河桥晚建70多年，两桥形制相似，相距100多米。2002年8月，被列为区级文物保护单位，2005年整修。

朝阳桥位于华阳村。《华亭志》载:“朝阳桥，俗呼曹家桥，明正统年间曹宗武建，前志作永济桥。”单拱石桥，桥面宽5米，南侧22级，北侧18级，桥洞跨度10米。2002年8月，列为区级文物保护单位，2005年整修。

三里桥位于华阳桥集镇。《华亭志》载:“三里桥，去府如其里，前志作三里汀。”建于明代，因其距府城“三里”而得其名。与钱家桥相仿，2002年8月，列为区级文物保护单位，2005年整修。

此外，该镇还有一个上海影视乐园，总面积达433000平方米，位于上海市松江区，距市区30分钟车程，是一个集影视拍摄、旅游观光、文化传播为一体的主题乐园。主要景点有30年代南京路、南京西路、上海老街、石库门里弄、苏州河驳岸、浙江路钢桥、天主教堂、中世纪酒庄和集英国、法国、德国、挪威、西班牙等国建筑风格于一体的“欧式庭院”等;园内建有六个大小不同的组合式摄影棚，最大的一个面积达1728平方米；景区内通讯、冷暖设备和影视拍摄配套用房一应俱全，道路四通八达，双向有轨电车环绕其间。

庄行镇

庄行镇，隶属上海市南端美丽的滨海新城——奉贤，是全国重点镇、上海市9个新农村建设试点镇之一。位于长江三角洲东南端，南临杭州湾，北枕黄浦江。地理位置优越，交通便捷，拥有S4、G1501高速公路，可直达市中心、虹桥国际机场、浦东国际机场和杭州湾大桥，连通浙东沿海经济重镇，(即将启动建设的闵浦三桥直接连通虹桥综合交通枢纽)。全镇区域面积70平方千米，耕地面积5.5万亩(约0.37万公顷)，河道纵横交错，是典型的江南水乡。下辖16个行政村和3个居民区，常住人口6.6万人，2004年和2005年，分别被评为“上海市一级卫生镇”和“上海市文明镇”。

庄行潘垫村

该镇农业示范效应凸显，形成粮食、蜜梨、蔬菜、水产四个万亩基地。借助市农科院庄行试验站驻地优势，大力推广科技农业，

庄行暴动烈士纪念塔

万亩标准化水稻示范区通过国家级验收，奉叶蜜梨、集贤南美白对虾特供上海世博园区，蔬菜基地与大型超市实现“农超对接”，奉叶、润庄等系列农业品牌知名度逐步扩大。乡村旅游异军突起，历届菜花节、伏羊节、新米品尝节、民俗文化节吸引游客230余万人次，实现餐饮、农副产品消费近8500万元，并有效带动周边农家乐实现良性发展。全面开展稳定完善农村土地承包，核准发放农村土地承包权证7980户，土地确权确地或确权确利到户；有序推进土地流转，31580亩（约2100公顷）土地已进入流转平台，与4190家农户签订承租合同526份，涉及金额逾2000万元；推进新叶村土地综合整治。通过科技助推，一、三产业融合发展和土地流转，农民增收稳定，2011年实现农村家庭人均可支配收入14787元，年均增幅11%。

庄行镇乡村旅游景区位于金山、松江、闵行、奉贤四区交界，距市中心约50千米。该景区以上海市新农村建设示范村——潘垫村为核心，依托万亩蔬菜、万亩粮田、万亩水产、万亩蜜梨和乡村特色节庆文化，形成了集田园风光欣赏、生态水乡体验、农副产品贸易为一体的“低碳旅游示范区”，先后为首批上海市农业旅游推荐单位、全国农业旅游示范点和国家AAA级旅游景区。

庄行暴动烈士纪念碑位于庄行镇东市南端，始建于1967年，1986年重建。1929年1月21日，庄行暴动由中共奉贤县委组织，在杭果人、陈云、严朴、茅学勤、刘晓、唐一新等率领下，举行庄行镇农民武装暴动。是日夜七时半，百余人的队伍中除备有17支驳壳枪、2支六寸手枪和一些土手榴弹外，多数人持大刀、铁叉、棍棒、长矛和土枪。暴动队伍高举红旗，每人颈佩红布条标记，分三路向奉贤庄行镇进发。八时半左右，打响进攻国民党公安支局的战斗，毙职员一人，伤警士两人，支局长张同昆逃跑，余者全部缴械。战斗结束后，另外两路队伍才赶到庄行。暴动队员把鞭炮点燃后放入煤油箱内，冒充机枪震摄敌人。暴动队伍攻占褚泾庙，俘虏三人。商团逃走，公安分队如鸟兽散，全镇的国民党武装，不到一小时全部被解决，暴动队伍占领乐庄行镇。豪绅地主都已逃跑一空，群众将搜查到的田单、契票、债据浇上煤油焚烧，不料成燎原之势，烧毁了一些房屋。10时许，把守路口的暴动队员击毙了企图潜往县城南桥报信的庄行镇地保韩永良。暴动中，共缴获枪30多支，队员张四弟、王多生等三人牺牲。

1929年1月22日凌晨2时左右，暴动队伍整队集合，宣布已达目的，即令队伍撤出庄行镇。杭果人、陈云、刘晓等立即撤回上海，唐一新、冯阿五、吴大龙、吴三龙等留在当地坚持斗争。茅学勤和高大生等5名红军战士，不幸在上海被捕，1929年2月6日就义。在县境内坚持斗争的中共党员和暴动骨干先后遭到当局迫害，唐一新等同志献出了宝贵的生命。

朱泾镇

朱泾镇位于金山区北部，东临张泾河，与亭林镇为界；西与枫泾镇接壤；南与吕巷镇为邻；北隔大、小泖港，与松江区泖港镇毗邻。镇域面积77.11平方千米，常住人口12.8万人。辖秀州、民主、大茫、新泾、待泾、万联、长浜、温河、五龙、牡丹、慧农11个村民委员会和东林、西林、南圩、北圩、凤翔、钟楼、临源、临东、罗星、新汇、金汇、金龙、广福、塘园、红菱、金来、浦银17个居民委员会。

朱泾镇历史悠久，文化底蕴深厚。自唐代建镇以来，已有千年历史。镇内名胜古迹繁多，民间艺术丰富，金山农民画远近驰名。朱泾人民热情好客，勤劳勇敢，为建设家乡奋力拼搏，朱泾也以自身的浓厚人文气质、优惠先进的人才政策吸引四面八方的人才。

改革开放后，朱泾镇新兴产业快速发展，朱泾工业园区于2006年被批准为市级工业园区，是金山三大市级工业园区之一。2009年被命名为上海市高新技术产业化新材料产业基地。园区确立以新材料、精密机械、电子电器产业为发展定位，通过“新材料基地”和“台资园”两个平台招商引资。

朱泾镇品牌农业稳步发展。成功打造“珠丰”品牌系列优势农产品，“蜜天下”甜瓜连续3年获得上海市甜瓜评比金奖。已形成5个千亩基地：千亩有机大米基地，千亩蔬菜基地，千亩西甜瓜基地，千亩花卉苗木基地，千亩特种水产养殖基地。

朱泾现代农业

朱泾镇文化旅游日趋凸显。以东林文化旅游为核心的的朱泾旅游，推进形成吃、住、行、游、购、娱的布局。高标准建设东林二期、宾馆等配套设施。拥有27洞世界一流的上海国际名人高尔夫俱乐部球场，配备有高档别墅区、高尔夫会所及酒店式公寓。上海马术运动场是目前上海规模最大、设施最完善、马术专业技术力量最雄厚的训练、竞赛、休闲场所。

朱泾镇的工业发展迅速。元代，朱泾已成为棉纺业集镇和粮米集散地。由于盛产细布，集中了一批染坊、端布坊和铁木业作坊，有“朱泾锭子吕巷车”之誉。诗人程超曾作诗描述当时棉纺业之盛：“鳞比人家纺织勤，木棉花熟白于银。邻家买得尤家锭，缫出丝丝胜绮纹。”并由于四乡盛产稻米，镇上米行米厂林立，商业繁荣。自上海开埠，现代纺织业兴起，朱径等地的手工纺织业衰落。解放初，全镇仅有碾米厂8家、印刷厂2家、电灯厂和石灰窑各1家。工业自1958年以后起步，70年代后期有较大发展，至1985年底，全镇共有各类工厂35家，其中：市属工厂5家，市、县联营厂3家，县属厂15家，另有镇办厂9家，乡办厂6家。

朱泾镇商业发展兴旺。明代商业已发达，明末赵慎征诗：“万家烟火似都城，元室曾经置大盈，估客往来都满载，至今人号小临清。”清时称朱泾“烟火稠密，商贾辐揍”。民国十年(1921)，已有商会和同业公会，并有万鼎顺、万同昌、协兴泰等有名的大商号20多家。抗日战争时期，日军入侵，商市一度萧条。抗战胜利后又趋兴盛，有商号438家。1985年，全镇共有国营、合作商业门市部136个；批发部、仓库25处和个体商贩多户。

朱泾镇上还有：紫金广

场、新华书店、朱泾大光明影城、青少年活动中心、金山农民画院、金山公园、船子缘公园、新天鸿名人高尔夫俱乐部、上海马术运动场、金山体育馆、“花开海上”生态园。朱泾镇的科教、卫生、文化、体育、商贸、餐饮设施一应俱全，这些既是提高了朱泾人的文化修养和素质，也给前来开拓事业者以生活便利和享受。

朱家角镇

朱家角镇，隶属于青浦区，位于上海市西部，紧靠淀山湖风景区。东临西大盈与环城分界，西濒淀山湖与大观园风景区隔湖相望，南与沈巷镇为邻(2001年与之合并)，北与江苏省昆山市淀山湖镇接壤。1991年，被列为上海四大历史文化名镇之一。2007年，被评为第三批“中国历史文化名镇(村)”。2016年10月14日，朱家角镇被住房城乡建设部评为第一批中国特色小镇。2018年5月24日，朱家角镇入选最美特色小城镇50强。

朱家角的气温，与上海市区大致相差无几，属北亚热带季风气候区，是典型的海洋性气候。四季分明，雨水充沛，无霜期长，日照充足，平均气温为15.5℃，年无霜期235天左右，年日照在137天左右，年降水量1100毫米左右。朱家角镇的自然资源主要集中在淀山湖一块，是上海境内唯一的淡水湖，面积62.0平方千米，其中青浦境内面积为47.5平方千米。青浦境内有青、草、鲢、鳙四大家鱼以及鲤、鳊、鲂、鲫、淀山湖银鱼等养殖鱼，还有河虾、中华绒螯蟹、甲鱼、螺蛳、黄蚬、河蚌。外地引进的鮰鱼、罗非鱼也在当地繁育成功。

截至2009年，朱家角镇有耕地面积49066亩(约3270公顷，不包括各类开发区)，水稻种植面积22039.6亩(约1470公顷)；蔬菜常年种植面积6000亩(400公顷)；葡萄、西甜瓜为主的瓜果种植面积6500亩(约430公顷)；苗木、花卉种植面积15000亩(1000公顷)；精养鱼塘6800亩(约450公顷)。泖河沿线的泖荡地区种植以茭白为主的水生蔬菜主产区；主干道路沿线、地势较高的圩区种植以大棚西瓜、果树等为主的经济作物主产区和主要骨干河道的大江、大湖沿线为优质水产品主产区。全镇已注册“悦更想”大米、“泖塔”蔬菜、“塘桥”蔬种、“朱家翠皮”西瓜、“百果园”水果、“古桥”农机等农产品商标，其中巷农公司在江西宜丰基地生产的大米获得绿色食品认证。

朱家角镇的土特产丰富，素以鱼虾为珍品。鲈鱼体形似纺锤，巨口细鳞，两鳃膨大，头两侧各有一对红纹，故名“四鳃鲈”，可以用其红烧、煮羹或者炖鸡汤更。“四鳃鲈”过去是上贡朝廷的珍品。淀山湖所产鲈鱼，以肉质细嫩鲜美著称。唯因近年湖泊的水质污染，以及建闸后阻断了洄游通道，产量日渐减少。

清水大闸蟹是淀山湖特产，连一岸之隔、

课植园

湖水相通的元荡湖出产的蟹，其形状与味道都不可同日而语。清水大闸蟹壳青、体壮、螯肥、脚细、膏多，在农历六月就见之于市，俗称“六月黄”。民谚云：“忙中忙，不能忘记六月黄。”意即不能错过这吃蟹的季节。待到金秋时节，特别是秋风一起，蟹壳坚硬，肉质饱满，有“九雌十雄”之谚，意为农历九月以雌蟹为佳，十月则以雄蟹为上。1964年，陈毅副总理视察青浦，过淀山湖时诗兴大发，留有“我愿秋凉再来此，满筐大蟹醉糊涂”的美好诗句。

鳗鲡身体长形，前部圆筒状，头尖皮厚，有胶汁黏液，背上部灰黑，腹部白色，性喜暗怕光、昼伏夜出。淀山湖所产鳗鲡，肉质鲜嫩，肥而不腻，蛋白质、脂肪含量高，维生素A含量特别丰富，并有磷、钙、铁等元素，是上等的食用鱼鲜之一，有“水中人参”之称。白露季节的簖鳗做成红焖鳗鲡，是一道名菜。

银鱼系太湖短吻银鱼，属小型淡水鱼类。身细长，在7~10厘米之间，银白透明无骨，肉质细洁，清明前后上市最多。银鱼可炒可蒸，或做自圆煮汤。把鸡蛋和银鱼烧成蛋饼，俗称“银鱼焖蛋”。如制成鱼圆，炒煮皆宜。也可晒成鱼干，可以入藏，用以煮汤或凉拌，为佐酒佳肴。

镇上的课植园建在镇西井街147号，这是一处庄园式的园林建筑，园主姓马，名维骐，自号农圃。园取以“耕读”之意，题名“课植”，俗称马家花园。民国元年(1912)始建，历时15年，花银30万元。花园坐西朝东，正墙门面对西井街巷。沿河有船舫、河埠、石驳岸。整个庄园由厅堂区、假山区、园林区三部分组成。各种建筑200余间，占地5.3万平方米。

北部为厅堂区，南部为假山区。假山区内高5层的逍遥楼顶，可俯瞰全镇景色。碑廊内，有明代江南四大才子——祝枝山书写的“梅花诗”等碑刻数块，文徵明“游西山诗”、唐寅、周天球的诗文石刻共12块。

荷花池西为园林区，亦称稻香村。内有数十亩的各种花卉树木；北部有“耕九余三堂”，西南角上是小游览区，有小假山、荷花池、九曲桥和倒挂狮子亭等。

该镇涵大隆酱园创建于1886年，现在墙上的店名仍是当年开业时写的。清朝中期，朱家角的酿造业发展迅速。以涵大隆为代表的一批酱园作坊将酿制的酱菜畅销各地。酱菜很快就成为朱家角的特色产品。涵大隆生产的各种酱油、酱菜、乳腐、酒和醋等，都有一套独特的工艺。在1915年巴拿马万国博览会上，涵大隆的玫瑰乳腐和双料酱油分别获奖，后来又在南洋劝业会和国货展览会上分别获奖。1956年，涵大隆和镇上另外几家大酱园合并，组成酒酱合作商店，总称涵大隆。

安亭镇

安亭镇，上海市嘉定区下辖镇，在汉代时沿用秦制，“十里一亭，以安名亭，以亭为镇”，安亭之名沿袭至今。安亭镇位于沪、苏交界处，东与马陆镇、南翔镇、黄渡镇毗连；西与江苏省昆山市花桥镇相邻；南隔沪宁高速公路与青浦区白鹤镇连接；北与外冈镇、菊园新区、嘉定工业区接壤。距上海市中心32千米，距上海虹桥机场20千米。全镇总面积89.28平方千米，有37个行政村、16个社区和4个农民别墅小区，常住人口近25万(2012年)。2014年安亭镇全年实现增加值284.2亿元。2018年5月24日，安亭镇入选最美特色小城镇50强。

安亭镇农业以粮为主。1987年粮食总产1033.2万千克，商品粮196.7万千克，其中2个商品粮基地提供50余万千克。为满足大工业企业员工生活的需要，全镇开辟果园27个，面积1406亩(约93公顷)，年产水果378吨。同时建立副食品生产和加工基地，以及为基地生产服务的饲料加工、冷藏、运输等的服务体系。对各大厂所需副食品实行合同供应。

安亭镇依托大工业，服务大工业，发展农村经济，使镇村工业汽车博物馆形成为汽车生产配套服务体系。1987年社会总产值1.45亿元，其中工业产值占75.7%，农业产值占10.7%。上海安亭客车厂年产鹿牌小客车300辆，安亭汽车配件厂能生产各类汽车配件200余种，安亭汽车改装厂年装配巨龙公交车50余辆。2012年，汽车零部件企业产值实现570亿元，同比2011年增长20%以上，占规模以上工业总产值比例由2006年的65%提高到75%。

汽车博物馆

2013年，安亭镇第二产业产值198.3亿元，汽车城261家规模以上企业实现产值1048亿元，镇级地方财力实现19.8亿元。在2012年全国城镇综合实力排名当中，安亭位列第十二名。引进外资项目40个，合同外资1.79亿美元。

2014年，安亭镇完成规模以上工业产值达1131.3亿元，同比增长8%，全年产值超亿元企业达127家，规模以上汽车零部件企业产值达到942亿元，在全镇规模以上工业产值中占83.3%。截至2014年5月，安亭镇全年引进合同外资1.79亿美元，其中服务业占69.5%，外资到位资金9094万美元。

安亭镇高端医疗产业开始发力，细胞免疫治疗中心完成注册，与瑞金医院签订上海瑞金广慈国际医疗健康诊所合作协议。安亭镇现有社区服务站6所，东方肝胆医院、安亭医院2家。安亭医院系一所区级综合性医院，位于上海安亭汽车城的中心，上海交通大学医学院附属仁济医院为该医院的上级医院。1960年建院以来，经过近40年的发展，目前占地面积20.75亩（约1.4公顷），建筑面积16463.97平方米，拥有病床200张，门急诊观察床30张；现有职工329人，其中卫生专业技术人员258人，中高级职称56人（副高以上13人，中级43人），年门诊工作量15万人次。

惠南镇

惠南镇是上海市浦东新区的下辖镇，地处上海市东部，惠南镇中心位于北纬31°03′，东经121°45′，惠南镇总面积为65.78平方千米。惠南镇东距老港镇9千米，南至大团镇12千米，北与祝桥镇相连，西北至周浦镇30千米，距上海人民广场42千米，往北8千米至上海浦东国际机场，往南28千米为芦潮港码头。

惠南镇地处长江三角洲东南边缘，是由长江顺流而下挟裹着大量泥沙的江水在海上与钱塘江水汇合，在海潮推托下沉淀成陆，属旱滨海平原区。惠南镇土壤发育于红海相沉积母质，根据形态特征的不同和理化性质，可分为4个土属、7个土种（强黄泥土种、黄泥土种、黑沼黄泥、半黄泥土种、黄夹沙土种、强黄泥果园土土种、黄泥果园土土种）。

这里盛产优质农产品。粮棉油类：棉花、籼稻、粳稻、糯稻、大麦、小麦、元麦、蓖麻、芝麻、荞麦、油菜籽、山芋、高粱、玉米等。豆类：蚕豆、

南汇葵园风景

黄豆、绿豆、豌豆、扁豆、白扁豆、豇豆、四季豆、刀豆等。蔬菜类:菠菜、甜菜、小白菜、大白菜、苋毛菜、白梗菜、塌棵菜、黄芽菜、荠菜、花菜、榨菜、大蒜、蒜苗等。瓜果类:桃、梨、苹果、橘、金橘、枇杷、柿、白枣、西瓜、甜瓜、菜瓜、南瓜等。

树竹类:水杉、榉树、楝树、桂花树、桑树、杨树、柳树、榔榆树、黄杨、乌柏树、银杏、松柏、梧桐、白榆树、刺槐、早沿竹、哺鸡竹、毛筋竹、冬青、香樟等。花卉类:鸡冠花、凤仙花、月季花、菊花、千日红、美人蕉、万年青、水仙花、夹竹桃、荷花、天竺、梅花、子花、梅花等。

1949年前,惠南镇区域内有各类学校22所(其中15所为私立初级小学),有学生2359人。1985年,在校总人数已超过9000人,在东城建设大学城,在惠南镇有上海电力学院、上海工商外国语学院、上海托普信息技术学院等高等院校。2002年底,惠南镇各类学校(不包括大学)有班级478个,学生总数23531人,教职工1408人。

1985年,惠南镇除有全县最大的南汇县中心医院以外,尚有中医院(光明中医院)、传染病院(南华医院)、精神病院、惠南乡卫生院和惠南镇卫生所(均已并入光明中医院)等。2013年,惠南镇全年献血1089人份,组织辅导144个市民高血压、糖尿病健康自我管理小组,开展各类健康教育活动300多场次。2014年,惠南镇累计开展环境整治行动30余次,创建1个市级、1个区级生物防制示范小区,建立全民健康生活方式示范场所10家。免费为1.74万名60岁以上老年人和441名低保人员实施健康体检。2013年,惠南镇承办浦东新区第五届运动会“木兰拳”项目、“幸福惠南杯”农民健身操(舞)邀请赛,组织参加市、区级体育比赛并获得28项荣誉。2014年,惠南镇举办“缤纷长三角、浦东惠南杯”莲湘邀请赛。承办市、区级体育赛事16场,组织参加各类比赛51个并获20多个奖项,1名运动员在仁川亚运会上获自行车团体赛金牌。

惠南镇主要名胜有桃花村,是上海桃花节主要活动场所之一,坐落在上海市浦东新区惠南镇北门路289号,距市中心约48千米,园内有360亩(24公顷)桃源、60多亩(4公顷)水泊及100多亩(约6.7公顷)各种名贵树种。

古钟园位于惠南镇西南角卫星河畔,始建于1982年,占地面积38700多平方米。古钟园现被列为上海市市级重点保护文物。古钟园园内路面以石板、卵石铺设,亭、榭、阁、桥、路、沟、渠的布局结构和飞檐翘角的建筑设计,显得古色古香。古钟园辟有钟亭、文源馆、藏拙苑、宝宝村4个景区。园内建有蟠龙岛、起凤台、日潭、月湖、镜亭、真意池、观潮阁、听雨亭、聚秀堂、真趣轩、十一曲河心桥等9座亭、7座桥,还有一舫三廊等古建筑。

惠南镇盛产的甜瓜

三、上海名景

东方明珠广播电视塔

东方明珠广播电视塔是上海的标志性文化景观之一，位于浦东新区陆家嘴，塔高约468米。该建筑于1991年7月兴建，1995年5月投入使用，承担上海6套无线电视发射业务，地区覆盖半径80千米。东方明珠广播电视塔是国家首批AAAAA级旅游景区。塔内有太空舱、旋转餐厅、上海城市历史发展陈列馆等景观和设施，1995年被列入上海十大新景观之一。

该塔直径50米的下球体室外观光廊标高90米。263米的上球体观光层直径45米，是东方明珠广播电视塔的主观光层。259米的悬空观光廊全长150米，宽2.1米，通过原第二球体观光平台的临边改造而成。该观光廊由24个可活动收放的“花瓣”状钢化透明夹胶玻璃组成，单元建筑面积17.29平方米。350米处的太空舱直径为16米，以未来主义的风格展现了太空场景的科幻魅力，是电视塔最高的观光层。

东方明珠广播电视塔的空中旋转餐厅坐落于东方明珠塔267米上球体，营业面积为1500平方米，可同时容纳350位游客用餐。

2001年5月，6000平方米的上海城市历史发展陈列馆在东方明珠广播电视塔的塔座开馆。陈列馆通过城厢风貌、开埠掠影、十里洋场、海上旧踪、建筑博览、车马春秋6个展馆的80多个景点，数百件珍贵历史文物，上百幢按

东方明珠广播电视塔

比例缩小的华美建筑，117个与真人般大小的蜡像，近千个小蜡像、小泥人，反映了上海的发展过程。

从2009年起，东方明珠广播电视塔加入了“地球一小时”的活动中，以此来响应世界自然基金会的节能减排号召。

每年3月8日，东方明珠广播电视塔点亮粉红色灯光，呼吁全社会关爱妇女；每年4月2日的世界自闭症日，东方明珠广播电视塔都会亮起蓝色灯光，以这种形式呼唤社会关注自闭症患者。

东方明珠在大堂设置的文化长廊，经常举办各类书画艺术、摄影图片展览，如东方飞羽——野生鸟类摄影艺术作品展、可可西里保护藏羚羊图片展、上海市少年儿童百米长卷主题书画展等。

东方明珠元旦迎新登高比赛，创办于1996年元旦，为上海每年元旦举办的传统全民健身体育赛事和上海社会各界庆祝新年到来的传统节目。

登高活动是中华民族传统的节庆活动，有着“新年步步高、节节向上攀”的美好寓意。登高比赛的形式是以东方明珠广播电视塔作为比赛场地，用最快速度从东方明珠城市广场至259米全透明观光廊，参赛人数一般控制在1000人左右，分男子组和女子组。

上海世博园

2010年上海世博会确立了“城市让生活更美好”的主题，并提出三大和谐的中心理念，即“人与人的和谐，人与自然的和谐，历史与未来的和谐”。而其中人与自然的和谐，表现为“人、城、自然”三者共存。来自同济大学的建筑与城市规划专家在对世博园的规划设计中进行了初步尝试，把绿色和智能建筑技术作为基础技术平台。设计者们希望通过这个尝试，获得更有效的绿色环境的建构模式，并为绿色和智能建筑技术的发展开拓更广阔的领域。

世博会中国馆(现为中华艺术宫)

世博园分为五大场馆群，分别为独立馆群、联合馆群、企业馆群、主题馆群和中国馆群。其中，独立馆的建筑群将集中在黄浦江边，每栋建筑物由一个国家出资建设，用于展示该国的科技成果；联合馆建筑群中的一部分将由一些国家联合建造；另外一些建筑将由我国出资建造，届时租赁给参展国使用；企业馆建筑群将成为国际参展商参展场所。

世博轴作为上海世博会上最大的单体建筑，长约1045米，宽约130米，总建筑面积超过25万平方米。由地上两层、地下两层组成，地下空间建筑面积约19万平方千米，是园区内的地标型建筑之一。

2010世博会会徽中三人合臂相拥的图形，形似美满幸福，相携同乐的三口之家；也可抽象概括为“你、我、他”的全人类，表达了世博会“理解、沟通、欢聚、合作”的理念，洋溢着崇尚和谐、聚合的中华民族精神，体现了2010年上海世博会以人为本的积

极追求。会徽图案形似汉字“世”，并与数字“2010”巧妙组合，相得益彰，表达了中国人民举办一届属于世界的、多元文化融合的博览盛会的强烈愿望。同时与吉祥物与汉字“人”为原形作呼应，可谓珠联璧合，突出了“以人为本”的民主思想，强化了人与地球、人与世界的紧密关联，深化了上海世博会的主题。会徽以绿色为主色调，富有生命活力，增添向上、升腾、明快的动感和意蕴，抒发了中国人民面向未来，追求可持续发展的创造激情。汉字书法的“世”字与2008年北京奥运会会徽——篆刻的“京”字交相辉映，有异曲同工之妙，寓意着21世纪初两项超大型国际活动在中国举办，倾诉着中国人民在融入世界的同时，弘扬传统文化的不懈努力。

世博会和奥运会、世界杯等超级大型活动一样，都十分重视吉祥物对于演绎主题、传承文化的重要作用。历届世博会标志和形象已经成为独特的无形资产，成为世界公认的遗产之一。世博会吉祥物，不仅是世博会形象品牌的重要载体，而且体现了世博会举办国家、承办城市独特的文化魅力，体现了世博会举办国家的民族文化和精神风貌，她已经成为世博会最具价值的无形资产之一。

朱家角

朱家角镇地处江、浙、沪交界处，为青浦、昆山、松江、吴江、嘉善五区（市）毗邻之中心，历来为江、浙、沪两省一市重要集镇之一。

朱家角境内地势平坦，河港纵横，道路宽广。东靠虹桥国际机场（仅距30千米），北连昆山，南接嘉兴，西通平望，镇南有公路大动脉“金色玉带”318国道横贯全镇，黄金水道槽港河穿镇而过，水陆交通，四通八达，十分便捷。

朱家角素有上海威尼斯、沪郊好莱坞之誉，又名珠街阁，雅称珠溪，俗称“角里”，原名朱家村，是上海保存最完整的江南水乡古镇。1991年被上海市政府命名为四大历史文化名镇之一。

朱家角历史悠久，民风淳朴，文化积淀深厚，早在5000年前的良渚时期，就有人类活动；早在1700多年前的三国时期，便已有村落集市；明朝万历年间已成为商贾云集、烟火千家的繁华集镇。现今仍可看到古色古香的明清时期街市、建筑和水乡泽国古朴的风土民情，放生桥、一线街、课植园、城隍庙、圆津禅院等众多名胜古迹，处处散发着浓郁的文化韵味。

悠久的历史文化，留下众多的人文景观。“水木清华文儒辈出”，从清代金石学家官至刑部右侍郎的王昶，到上海申报的创始人席裕福；从御医陈莲舫到清末民国初的著名通俗小说家陆士谔；从南社女诗人陆灵素到著名实业家蔡承烈；朱家角可谓钟灵毓秀，人才辈出。

以“小桥、流水、人家”格局及丰富的文化遗产著称于世的朱家角，堪称国之瑰宝。如

朱家角风景照

今，朱家角正从闭塞走向开放，从传统迈入现代，迈入“以文化兴旅游，以旅游兴古镇”的新阶段，成为上海后花园中一朵绚丽的奇葩。

古镇朱家角，桥多、弄多、角多，显露出无限的水乡文化气息。朱家角因水而秀，因水而盛，数百年造就了无数豪杰，今天，朱家角人又不断延伸了这条悠悠文化之源。于是，朱家角诞生出许许多多“特色角”，说是自娱自乐也罢，说是群众文化也罢，总之，“特色角”小荷才露尖尖角。比文化功底，讲文化品位，行文化消遣，吮文化内涵，已经成了朱家角人的生活时尚，犹如绿叶衬牡丹，给水乡泽国添上重重一笔。

朱家角有以下“特色角”：

1.京剧角。成立于20世纪30年代的京剧票友组织“韵声社”，其活动一直延续至今。镇上有老年业余京剧组，演员的平均年龄70岁，还常常“京韵袅袅绕古镇”。除传统剧目外，他们还表演现代京剧《智取威虎山》《沙家浜》等选段。他们的精彩表演时时被嘉定、松江、金山等区县邀请巡回演出。

2.歌唱角。朱家角有喜爱唱歌者10余人，自发汇聚在一起，几年来，他们每天坚持去公园、桥头练嗓，技艺日长夜进。他们通过专家辅导训练，有的已经走上舞台。陈耀祖先生一曲高亢流水般的《我爱五指山》歌曲，1996年获得全国农民演唱一等奖桂冠，他和另一位女业余歌手两重唱，曾被上海人民广播电台选为“星期广播音乐会”指定节目，多次代表青浦县参加比赛。其他几位歌手也硕果累累，分别在县、市级歌唱比赛中，屡屡获奖。

3.文学角。朱家角中学春晖文学社创立13年，已有200余人次，566篇作品在全国中学生报刊上发表。仅1998年上半年又有20余篇作品分别在《作品精粹》《优秀日记》图书中入选。13年中，文学社员以诗歌散文小说通讯等各种体裁共创作了8200余篇习作，创刊至今的106期“春晖文学”期刊流传全国各地。该文学社在多次评比中获奖，1995年被授予“优秀校园文学社团”称号。864名春晖人从最初哺育他们的朱家角山山水水，走向祖国的大江南北。另一支“文学艺术创作组”，系由朱家角镇文化馆牵头，成立至今已逾20余个春秋。这支队伍中有作者20余人，以作家、文学院创作员、微型小说会员、故事会会员居多，坚持业余，坚持笔耕，人称“古镇笔杆子”。

4.早茶角。朱家角人有喝早茶习俗，而且喝茶还能喝出许多花样，信不信由你。每天晨雾未消，朱家角放生桥下、漕港河畔的新开茶馆里，早已欢声笑语，茶客满座。来此处喝茶者都有固定一席，任凭风吹雨打，位子的主人始终如一，既有进镇卖菜的老农，也有本镇的常住百姓。一副大饼油条，一碗油汪汪的浇头面和一壶滚烫的“红茶”，虽比不上广东早茶丰盛，且也悠哉乐哉。茶客们边吃边谈社会新闻，边喝边侃镇上的生意和发展，多是探讨如今政策及生活的变化，更多的是相互交流各种各样的信息。偶尔也有些城里来的“头道客”，来茶馆小坐解乏，独酌独饮，远眺隔河的秀水绿山，领略乡下浓浓的乡情乡音，这就是朱家角早茶角的“茶文化”一角。不过，如今水乡茶馆发生了耳目一新的变化，它不再是“老茶客”一统天下，很多年轻人也喜欢来茶馆“轧闹猛”，他们说，朱家角的茶馆是“吃气氛”的理想场所。当然，你若有兴趣，不妨前往品尝品尝。

5.书画角。朱家角镇又一文化特色。如今书画爱好者从老到八旬老叟，小到十几岁娃娃，由于兴趣爱好，他们自觉组成兴趣小组，以书会友，以画传情，“腹有诗书气自华”，陶冶情操，有益有趣。居住在临街傍水老屋的赵福良，进门即书香扑鼻来，两年来他参加全国书法大赛30次，获奖就有20余次，其中在首届“华夏杯”和“笔悟杯”书法赛中两次获得全国一等奖，一时古镇商店都留有他的潇洒笔迹。还有两位书画角成员在全国硬笔书法比赛中取得好成绩。

外 滩

外滩位于上海市黄浦区的黄浦江畔，为中国历史文化街区。外滩全长1.5千米，南起延安东路，北至苏州河上的外白渡桥，东面即黄浦江，西面是上海金融、外贸机构的集中地。

外滩矗立着52幢风格迥异的古典复兴大楼，素有外滩万国建筑博览群之称，是中国近现代重要史迹及代表性建筑之一。1996年11月，国务院将其列入第四批全国重点文物保护单位。与外滩隔江相对的浦东陆家嘴，有上海标志性建筑东方明珠、金茂大厦、上海中心大厦、上海环球金融中心等，成为中国改革开放的象征和上海现代化建设的缩影。

外白渡桥，是旧上海的标志性建筑之一，处于苏州河下游河口，位于黄浦公园西侧，是架在中山东一路和东大名路之间的苏州河河段上。外白渡桥是一座全钢结构的桥梁，两跨52.16米，宽18.3米，是上海市区连接沪北、沪东的重要通道，过桥人流量和车流量很高。外白渡桥是位于今苏州河入黄浦江口的第一座桥，依次向里的桥也有俗称"里白渡桥"（今乍浦路桥）、三白渡桥（今四川路桥）。

外白渡桥经历过第一代、第二代和第三代桥体。据史料记载，外白渡桥最初是木桥，建于清咸丰六年（1856），中间设有活动桥面，船只驶过时须起吊。这座桥是由当时供职于怡和洋行的英国人威尔斯和其他人合资修建的，因而被命名为"威尔斯桥"。第二代外白渡桥位于"威尔斯桥"左侧，建于清同治十二年（1873）。因其毗邻外滩公园，当年的英国人叫它"花园桥"，而百姓则直呼为"外摆渡桥"。后来数十年，由于民间口误便逐渐被读成"外白渡桥"，并沿袭下来。此后，这里过桥不再付费，而威尔斯桥则由工部局拆除。清光绪三十三年（1907），租界工部局决定另建新桥代替，这才有了第三代的钢结构外白渡桥，并使用至今。

陈毅广场位于上海市南京东路外滩，广场中央矗立着新中国第一任上海市市长陈毅的塑像。陈毅塑像坐北朝南，用青铜浇注，高5.6米；底座用红色磨光花岗石砌成，高3.5米；塑像再现陈毅视察工作时的典型姿态。陈毅广场涌泉位于陈毅塑像南面，它的造型是外周正方、内圈椭圆的现代化喷水池。陈毅广场一个世纪前这里是英国驻华总督巴夏礼的纪念铜像。

外滩源是上海外滩的源头、起点，具体方位即外滩最北端、外白渡桥以南，是与黄浦公园隔路相望的公共绿地及一些历史建筑。这里是黄浦江与苏州河交汇的地方，也是外滩的初始地，称之为"外滩源"。它涵盖清同治十二年（1873）建成的原英国驻沪总领事馆及毗邻的圆明园路、虎丘路等一带欧洲风情的景观街。圆明园路是一条全长276米、宽16米的休闲步行街，路面铺设了深色九龙清花岗岩石

外滩夜景

子，近绿地一侧栽种北美鹅掌楸行道树；另一侧则是金融大楼、安培洋行、哈密大楼、兰心大楼等。

古猗园

古猗园位于上海市西北郊嘉定区南翔镇。园林最早建于明代嘉靖年间，离市中心21千米，占地10公顷。它以绿竹猗猗、静曲水幽、建筑典雅、楹联诗词以及花石小路等五大特色闻名，是上海五星级公园、江南名园之一和国家AAAA级旅游景点。古漪园初由河南通判闵士籍建于明代嘉靖年间(1522—1566)。后由嘉定竹刻家朱三松精心设计、营造。该园后归贡生李宜之，之后又归陆、李两姓。清乾隆十一年(1746)，又易主苏州洞庭山人叶锦。叶锦于翌年春起，重葺并拓地增筑幽赏亭等建筑，于次年秋落成后改名“古猗园”。乾隆五十三年，里人劝募捐置州城隍庙，古猗园遂为庙之灵苑。清嘉庆十一年(1806)，又募款修葺。清同治七年(1868)复修时添丰乐亭。

古猗园之后近二十年内又经历多次改扩建。最近一次改扩建在2009年，古猗园自向东扩22.57亩(约1.5公顷)，等于将原有古猗园扩容四分之一，扩建部分以竹为主，同时设计了曲溪鹤影、幽篁烟月、花香仙苑等景区。

古猗园分为花香仙苑，内有儿童园、九曲桥、南亭、南翔壁、曲香廊、百年牡丹；曲溪鹤影，内有鹤寿轩、普同塔、柳荫桥、盆景园、花神殿、双鹤斋、翔云阁；猗园，内有白鹤亭、不系舟、浮筠阁、鹤守轩、绘月廊、梅花厅、南厅、缺角亭、微音阁—唐经幢、五老峰、小云兜、猗园正门与采香廊、逸野堂、幽赏亭、鸢飞鱼跃轩；幽篁烟月，内有不可无竹居、君子堂、青清园门亭、瘦影碎月轩、玩石斋等。

其主要景点有：

1.缺角亭，位于古猗园竹枝山顶，是沪上闻名的爱国主义纪念地。当地居民在1931年“九一八”事变后建造一座纪念亭以志国耻。1933年4月，当地爱国志士朱寿明、陈少芸等六十人带头集资建亭。方亭建成后仅缺东北一角，象征东北三省的沦陷。建亭之后，人们将它命名为“缺角亭”，又名“补阙亭”，意为缺角志耻。高悬于亭内的“缺角亭”三字，由著名书法家胡问遂题写。

2.逸野堂，原为园内主厅，系园主接待宾客的场所。堂名“逸野”，表达了园主平静安逸的生活追求及隐逸为高的思想境界。此堂初建于明代，1937年毁于战火，1980年重建，因初建时以楠木为柱，且四面道路相通，登堂可览全园之胜，故俗称“楠木厅”“四面厅”。清代沈元禄《猗园》中有记载：“奠一园之体势者，莫如堂，堂后植桂，中秋赏月，庭中桂

古猗园

香，疑身在广寒宫中。”堂外“逸野堂”三字匾额由著名书法家唐云所书，拾阶走入堂内，抬头可见明代著名书法家董其昌题额“华岩墨海”，反映了当时文人相聚的盛况。逸野堂前对植盘槐，北侧一株是上海地区历史最悠久的古盘槐。

3.戏鹅池，是因为池内有白鹅成群，嬉水游弋。戏鹅池西边的白鹤亭是为了纪念“白鹤南翔”而建，是园中最古老名胜建筑之一。相传梁天监年间，常吸引一对对白鹤栖息于此，一位德齐和尚路过此地，认为白鹤祥舞乃佛地之兆，因此于天监四年（505年）建成一座佛寺，落成当天白鹤便向南飞去，故题寺名为“白鹤南翔寺”，此地也因寺成镇，取名为“南翔镇”。

多伦路文化街

多伦路文化街是上海的一条小街，南傍四川北路商贸闹市，北邻鲁迅公园、虹口足球场，背靠内环高架、轻轨明珠线，动静相间一里有余。街短而窄，路曲且幽。夹街小楼，栉比鳞次，风格各异。多伦路文化街虽在地图上难有立锥之地，但在近现代中国文化史上却是浓墨重彩的一笔。多伦路的路面用石块铺成，路两边的各式洋楼涂饰一新，门面洞开，皆为雅商，字画，古董，红木器具，一路看过去，甚是风雅。最有趣的是，有一家纹枰坊，供人下围棋，一天十元，且奉茶水。

在中国近现代史上，这条500米的街道居住着众多的文化名人，像鲁迅、茅盾、郭沫若、叶圣陶、柔石、冯雪峰及日本友人内山完造等，都曾经在这条小街上生活居住过，多伦路可以说是20世纪二三十年代文化界的大本营。中华艺术大学旧址曾经是中国左翼作家联盟成立大会的会场，多伦路上铭牌介绍：夏衍、冯雪峰、瞿秋白、柔石、许幸之、潘汉年、张爱萍都在这条小街上活动过；抗战胜利后，这里还有汤恩伯、孔祥熙和白崇禧的公馆，台湾著名作家白先勇的童年就是在多伦路210号的白公馆里度过的，在一条500多米的小街上集中如此多的著名人士遗迹在上海是罕见的。

多伦路街景

多伦路的路面用石块铺成，女人的高跟鞋踩在上面格外的清脆。多伦路文化街这条在地图上难觅其踪的小街，在中国近代文化史上却写下了浓重的一笔。诸多彪炳史册的文化名人如鲁迅、瞿秋白、郭沫若、茅盾等曾在这里聚首、呐喊、战斗。中国左翼作家联盟、中华艺大、上海艺术剧社、公啡咖啡馆这些都是他们的战场。一个多世纪以来，多伦路及周边的几条马路，从一个侧面集中显现了这个历史印迹和文化缩影。

左联纪念馆（十大文化名人展馆），位于多伦路145号。建成于20世纪20年代，外廊与柱式及砖墙的线条，凸显其富有代表性的美洲殖民地式建筑风格。曾作为左翼中华艺术大学校址和学生宿舍，现为左联纪念馆和十大文化名人展馆。

夕拾钟楼，位于多伦路119号。名称取自

鲁迅著名文集《朝花夕拾》。钟楼顶端所置机器人为上海交通大学高新技术产品。其古钟为青铜冶铸。整幢钟楼柽体用花岗石砌成,既表现超越时空的动感,又有凝重的哲人气质。机器人同时具有电脑语音系统功能,能说话,会唱歌。编入程序的电脑语音系统,可以准确报时,并能简略地介绍本地区近代历史演变的大事典故。

鸿德堂(苏韵阁),位于多伦路59号。主体建筑坐南朝北,突出的裙楼第四层为钟楼,建筑面积700多平方米,于1928年由中国教友捐献12万元自建。为上海市近代优秀保护建筑。作为西方宗教建筑而采用中式建筑的风格,在国内仅此一处,极为罕见。现底楼大厅辟为苏州刺绣展览馆,占地面积为500平方米,为苏州刺绣厂在上海的主要产品展示窗口,陈列展品有各种单面绣挂屏、条幅、册页、画体;双面绣品屏风、台屏、微型景泰蓝转屏;有绣花被面、被套、床罩、枕套、靠垫、台布、披肩、围巾、手帕、领带等旅游产品、礼品。

四、商贸法律、法规

(一)国家商贸法律、法规

国家新颁布商贸法律、法规目录

法律、法规名称	发布机关	发布日期	实施日期
关于纳税信用评价有关事项的公告	国家税务总局	2018.2.1	2018.4.1
快递暂行条例	国务院	2018.2.7	2018.5.1
关于规范保险机构开展内保外贷业务有关事项的通知	中国保监会、国家外汇管理局	2018.2.13	2018.2.13
关于《中华人民共和国海关企业信用管理办法》及相关配套制度实施有关事项的公告	海关总署	2018.3.3	2018.5.1
关于进一步支持商业银行资本工具创新的意见	银监局	2018.3.20	
关于融资租赁业务外汇管理有关问题的通知	国家外汇管理局	2018.3.23	2018.3.23
关于印发口岸进境免税店管理暂行办法补充规定的通知	财政部、商务部、文化和旅游部、海关总署、国家税务总局	2018.3.29	2018.3.29
企业境外投资管理办法	发改委令	2018.4.9	2018.3.1
关于进一步压缩企业开办时间的意见	国务院办公厅	2018.5.17	
关于开展工程建设项目审批制度改革试点的通知	国务院办公厅	2018.5.18	2017.5.19
关于改革国有企业工资决定机制的意见	国务院	2018.5.25	
关于全面取消《入/出境货物通关单》有关事项的公告	海关总署	2018.5.29	2018.6.1

（续表）

法律、法规名称	发布机关	发布日期	实施日期
关于积极有效利用外资推动经济高质量发展若干措施的通知	国务院	2018.6.10	
进一步深化“互联网+政务服务”推进政务服务“一网、一门、一次”改革实施方案	国务院办公厅	2018.6.22	
商务部批准《商品交易市场建设与经营管理术语》等11项国内贸易行业标准的公告	商务部	2018.6.27	2019.4.1
关于修改《外商投资企业设立及变更备案管理暂行办法》的决定	商务部	2018.6.30	2018.6.30
自由贸易试验区外商投资准入特别管理措施（负面清单	发展改革委、商务部	2018.6.30	2018.7.30
国务院办公厅转发商务部等部门关于扩大进口促进对外贸易平衡发展意见的通知	国务院办公厅转发商务部等部门	2018.7.2	
人力资源市场暂行条例	国务院第7次常务会议通过	2018.7.17	2018.10.1
中华人民共和国电子商务法	全国人大	2018.8.31	2019.1.1
专利代理条例	国务院	2018.9.6	2019.3.1
关于印发中国（海南）自由贸易试验区总体方案的通知	国务院	2018.9.24	
关于跨境电子商务综合试验区零售出口货物税收政策的通知	财政部、税务总局、商务部、海关总署	2018.9.28	2018.10.1
关于扩大境外投资者以分配利润直接投资暂不征收预提所得税政策适用范围的通知	财政部、税务总局、国家发展改革委、商务部	2018.9.30	2018.1.1
关于印发优化口岸营商环境促进跨境贸易便利化工作方案	国务院	2018.10.13	2018.1.1
关于对小微企业融资担保业务实施降费奖补政策的通知	财政部、工业和信息化部	2018.10.15	
进出口玩具检验监督管理办法	国家质量监督检验检疫总局	2018.10.23	2009.9.15
中华人民共和国旅游法	国务院	2018.10.26	2013.10.1
关于聚焦企业关切进一步推动优化营商环境政策落实的通知	国务院办公厅	2018.10.29	
关于支持自由贸易试验区深化改革创新若干措施的通知	国务院	2018.11.7	2018.5.1
进出境转基因产品检验检疫管理办法	国家质量监督检验检疫总局	2018.11.23	2018.11.23

（续表）

法律、法规名称	发布机关	发布日期	实施日期
出入境特殊物品卫生检疫管理规定	国家质量监督检验检疫总局	2018.11.23	2015.3.1
关于完善跨境电子商务零售进口监管有关工作的通知	商务部、发展改革委、财政部、海关总署、税务总局、市场监管总局	2018.11.28	2019.1.1
关于跨境电子商务零售进出口商品有关监管事宜的公告	海关总署	2018.12.10	2019.1.1
商务部行政执法人员资格管理办法	商务部	2018.12.12	2019.1.17
关于印发文化体制改革中经营性文化事业单位转制为企业和进一步支持文化企业发展两个规定的通知	国务院办公厅	2018.12.18	
关于2019年进出口暂定税率等调整方案	海关总署	2018.12.28	2019.1.1
中华人民共和国进出口商品检验法（2018年修正）	全国人大	2018.12.29.	1989.8.1
中华人民共和国食品安全法(2018修正)	全国人大	2018.12.29	2015.10.1
关于印发“无废城市”建设试点工作方案的通知	国务院办公厅	2018.12.29	
关于加快推进农业机械化和农机装备产业转型升级的指导意见	国务院	2018.12.30	2018.1.4
国家组织药品集中采购和使用试点方案	国务院办公厅	2019.1.1	2019.1.1
商务部、海关总署公布2019年出口许可证管理货物目录	商务部、海关总署	2019.1.4	2019.1.1.
关于促进综合保税区高水平开放高质量发展的若干意见	国务院	2019.1.12	
关于实施小微企业普惠性税收减免政策的通知	财政部、税务总局	2019.1.17	2019.1.1
关于支持综合保税区开展保税研发业务的公告	海关总署	2019.1.29	2019.1.29
关于实施综合保税区“四自一简”监管创新措施有关事项的公告	海关总署	2019.1.29	2019.1.29
关于进一步扩大赋予海关特殊监管区域企业增值税一般纳税人资格试点的公告	国家税务总局、财政部、海关总署	2019.1.31	2019.2.1
关于扩大小规模纳税人自行开具增值税专用发票试点范围等事项的公告	国家税务总局	2019.2.3	2019.3.1
关于对外援助项目实施企业资格认定有关事宜的公告	商务部	2019.2.12	

（续表）

法律、法规名称	发布机关	发布日期	实施日期
中共中央办公厅 国务院办公厅印发《关于加强金融服务民营企业的若干意见》	中共中央办公厅、国务院办公厅	2019.2.14	
商务部等12部门关于推进商品交易市场发展平台经济的指导意见	商务部等12部门	2019.2.27	
中华人民共和国外商投资法	全国人大	2019.3.15	2020.1.1
关于印发《服务业发展资金管理办法》的通知	财政部	2019.3.15	2019.3.15
关于印发《跨国公司跨境资金集中运营管理规定》的通知	国家外汇管理局	2019.3.18	
关于深化增值税改革有关政策的公告	财政部、税务总局、海关总署	2019.3.20	2019.4.1
关于做好2019年深化增值税改革第一阶段“开好票”相关工作的通知	国家税务总局	2019.3.21	
关于印发《2019年深化增值税改革纳税服务工作方案》的通知	国家税务总局办公厅	2019.3.21	
关于进一步做好减税降费政策落实工作的通知	国家税务总局	2019.4.12	
生产安全事故应急条例	国务院	2019.4.16.	2019.4.1

（二）上海商贸法律、法规

上海新颁布商贸法律、法规目录

法律、法规名称	发布机关	发布日期	实施日期
关于印发《上海市服务业发展引导资金使用和管理办法》的通知	上海市人民政府	2018.4.9	
上海市行政审批告知承诺管理办法	上海市人民政府	2018.4.26	2018.5.1
关于印发《进一步优化上海市机电类自动进口许可证申领和通关工作完善跨境贸易营商环境实施办法》的通知	上海市商务委	2018.5.18	2018.5.18
关于全面推进静安区国家服务业综合改革试点工作的若干意见	上海市人民政府	2018.5.28	2018.6.1
关于修改《上海市外商投资企业土地使用管理办法》的决定	上海市人民政府	2018.5.28	2018.5.28

（续表）

法律、法规名称	发布机关	发布日期	实施日期
关于印发修订后的《上海市鼓励跨国公司地区总部发展专项资金使用和管理办法》的通知	市商务委、市财政局	2018.6.27	2018.8.1
关于印发《上海市工程建设项目审批制度改革试点实施方案》的通知	上海市人民政府	2018.8.6	2018.9.1
关于印发《上海市分类监管管理办法》的通知	上海市人民政府	2018.8.7	2018.8.1
关于印发《中国(上海)自由贸易试验区跨境服务贸易负面清单管理模式实施办法》的通知	上海市人民政府	2018.9.10	2018.11.1
关于印发《上海市深化服务贸易创新发展试点实施方案》的通知	上海市人民政府	2018.10.9	2018.11.1
上海市公共数据和一网通办管理办法	上海市人民政府	2018.10.30	2018.11.1
关于修改《上海市建设工程抗震设防管理办法》和《上海市导游人员管理办法》的决定	上海市人民政府	2018.11.3	2001.6.1
关于印发《本市全面推进土地资源高质量利用若干意见》的通知	上海市人民政府	2018.12.10	2018.12.10
关于印发《上海市饮用水水源保护缓冲区管理办法》的通知	上海市人民政府	2019.1.31	2019.1.1
关于印发《上海市车船税实施规定》的通知	上海市人民政府	2019.1.31	2019.1.31
关于印发《上海市城镇土地使用税实施规定》的通知	上海市人民政府	2019.1.31	2019.1.31
关于批转市财政局、市海洋局修订的《上海市海域使用金征收管理办法》的通知	上海市人民政府	2019.2.13	2019.2.13
关于本市改革国有企业工资决定机制的实施意见	上海市人民政府	2019.2.19	2019.1.1
关于对本市增值税小规模纳税人减征部分地方税费的通知	上海市人民政府	2019.2.20	
关于印发《本市贯彻〈关于支持自由贸易试验区深化改革创新若干措施〉实施方案》的通知	上海市人民政府	2019.3.22	2019.3.31

上海商贸年鉴支持单位

SHANGHAI BUSINESS YEARBOOK SUPPORTERS

上海豫园(集团)有限公司

百联奥特莱斯广场（上海 · 青浦）

中国出口信用保险公司上海分公司

上海海通国际汽车物流有限公司

东方国际集团上海家纺有限公司

昌硕科技（上海）有限公司

安利捷（中国）投资有限公司

上海老凤祥有限公司

上海市奉贤区南桥镇杨王村村民委员会

上海大祥化学工业有限公司

江铜国际贸易有限公司

德高集团（中国）公司

无印良品（上海）商业有限公司

上海7-ELEVEN

养乐多（中国）投资有限公司

上海飞牛集达电子商务有限公司

香港太古地产有限公司

排名不分先后

上海商贸年鉴支持单位

SHANGHAI BUSINESS YEARBOOK SUPPORTERS

和通汽车投资有限公司

格朗吉斯铝业（上海）有限公司

村田汽车塑料零部件（上海）有限公司

挪信能源技术（上海）有限公司

上海百联杨浦滨江购物中心有限公司

上海华天房地产发展有限公司 （虹桥南丰城）

上海电气风电集团有限公司

上海新天地广场有限公司

上海长泰商业经营管理有限公司

三菱电机上海机电电梯有限公司

上海北蔡资产管理有限公司

宝理工程塑料贸易（上海）有限公司

浙江民泰商业银行股份有限公司 上海分行

上海市方达律师事务所

东芝开利空调销售(上海)有限公司

上海柯渡医学科技股份有限公司

上海嘉宝安石置业有限公司

排名不分先后

上海商贸年鉴支持单位

SHANGHAI BUSINESS YEARBOOK SUPPORTERS

施魏科工业设备（上海）有限公司

上海一通世界投资管理有限公司

上海外联发商务咨询有限公司

上汽大通汽车有限公司

上海吴淞口国际邮轮港发展有限公司

新智认知数据服务有限公司

上海华氏大药房有限公司

三菱电机自动化（中国）有限公司

集荟商业管理（上海）有限公司—上海悦荟广场

上海K11购物艺术中心

地素时尚股份有限公司

融创中国控股有限公司

三井化学（中国）管理有限公司

上海德必文化创意产业发展（集团）股份有限公司

巴斯夫催化剂（上海）有限公司

排名不分先后

Excellent 优秀

上汽大众汽车有限公司

新奥能源动力科技（上海）有限公司

华领医药技术（上海）有限公司

上海恒邦房地产开发有限公司

上海市金茂律师事务所

东方美谷企业集团股份有限公司

利丰（南京）投资实业有限公司上海分公司

安迪苏生命科学制品（上海）有限公司

宝钢资源控股（上海）有限公司

上海来伊份股份有限公司

上海优宁维生物科技股份有限公司

福斯润滑油（中国）有限公司

中铁二十四局集团有限公司

排名不分先后

企业风采

Enterprises Style

上海佳配电子商务有限公司

上海临港普洛斯国际物流发展有限公司

上海绿地商业（集团）有限公司

上海跨境电子商务公共服务有限公司

平安养老保险股份有限公司上海分公司

上海长园电子材料有限公司

硕腾（上海）企业管理有限公司

上海奉贤经济发展有限公司

上海浦东发展银行股份有限公司上海分行

上海航天壹亘智能科技有限公司

上海安吉星信息服务有限公司

上海超硅半导体有限公司

巴斯夫中国有限公司

排名不分先后

Excellent 优秀

上海古林国际印务有限公司

上海新世界集团假日酒店管理有限公司

上海金菲石油化工有限公司

百发（中国）投资有限公司

捷普科技（上海）有限公司

安莉芳（上海）有限公司

松下家电（中国）有限公司

金佰利（中国）有限公司

统一企业（中国）投资有限公司

连卡佛百货商贸（上海）有限公司

保乐力加（中国）贸易有限公司

上海梅龙镇广场有限公司

如新（中国）日用保健品有限公司北京如新北方分公司

排名不分先后

企业风采

Enterprises Style

上海正欧实业有限公司

汉堡王（中国）投资有限公司

上海通安房地产开发有限公司

上海交大电梯与控制设备有限公司

上海市宝山区顾村工业公司

上海港汇房地产开发有限公司

上海加美实业有限公司

上海豫园旅游商城股份有限公司

上海漕河泾开发区赵巷新兴产业经济发展有限公司

亚玛芬体育用品贸易（上海）有限公司

上海胜握胜林业有限公司

希思黎（上海）化妆品商贸有限公司

排名不分先后

www.svw-volkswagen.com

豪华运动型SUV大热门 上汽大众途昂X购车

入门豪华之选：
330TSI豪华版、380TSI豪华版

凭借丰富的全系标配装备，途昂X的入门车型即为豪华版，令消费者轻松享受豪华用车体验。途昂X车长4,905mm，宽1,989mm，高1,719mm，轴距长达2,980mm。超大的车身尺寸展现强者气场，大溜背的造型设计呈现运动豪华感，车内大5座的布局营造出宽敞舒适的空间体验。

330TSI豪华版配有带流光转向的全天候LED大灯、10.2英寸全数字液晶仪表与全触控数字空调面板。真皮D型赛车风格方向盘让驾驶者畅享运动驾驶体验。PLA3.0全方位智能泊车辅助系统、前排主驾座椅12向电动可调、KESSY五门免钥进入系统及一键启动系统、电动行李厢盖带位置记忆功能等诸多实用配置带来智能便捷的用车体验。

自5月28日上市以来，上汽大众旗舰豪华运动型SUV途昂X受到消费者的高度关注，成为细分市场的人气大热门。途昂X提供530V6、380TSI、330TSI三种动力选择，结合不同配置，共有6款车型，建议零售价31.69万元-48.89万元。

高价值之选：380TSI尊崇豪华版

途昂X的380TSI尊崇豪华版在380TSI豪华版的基础上拥有更多高端装备。在车内，380TSI尊崇豪华版的仪表台与门板处采用运动碳纤维套件，其配备高档真皮打孔座椅，集前排主/副驾座椅12向电动可调、主驾座椅记忆功能、前后排座椅可加热于一身。三区自动空调系统、十色可调的格调环境氛围灯、VSG双层静音玻璃等营造出私享舒适的座舱氛围，满足驾乘者的感官享受。

此外，行李厢盖感应开启、手机无线充电、疲劳检测等功能提供了更强的便利性。

旗舰尊贵之选：530V6尊崇旗舰版

作为途昂X的顶配车型，530V6尊崇旗舰版在动力、配置及科技等各方面均拥有卓越表现。

在动力方面，途昂X的530V6尊崇旗舰版搭载EA390 2.5T V6涡轮增压发动机，最大扭矩达500Nm，额定功率为220kW，百公里加速快至6.9秒。

其搭载晶璀双透镜全天候LED大灯带流光转向，该LED大灯拥有AFS 智能随动转向、DLA智能远光灯会车跟车调节功能。21吋高级镜抛铝合金轮毂光影效果夺目，霸气十足。在车内，采用全车顶Chamude超细纤维包覆，前排6向可调航空睡眠头枕、前排座椅主动通风、老板键、后排手动侧窗遮阳帘等为驾乘者提供尊享体验，丹麦Dynaudio立体环绕音响系统更可带来极致听觉享受。

在智能科技方面，530V6尊崇旗舰版配备了上汽大众首次应用的驾驶员智能主动识别系统及9.2英寸全触控娱乐信息系统。此外，TJA交通拥堵辅助系统、AEB城市紧急制动带毫米波前雷达行人横穿识别、ACC高级自适应定速巡航系统、盲区监测系统、Lane Assist车道保持系统、Pre-crash预防式乘员保护系统及11视角360度全景可视行车辅助系统等旗舰黑科技一应俱全。

上汽大众
大众品牌官方微信

上汽大众
SAIC VOLKSWAGEN

Teramont X
— 途昂 X —

✆400-820-1111

新奥动力

ENN Power

成为国际领先的

新奥动力专注于微、小型燃气轮机的研制，致力于填补国内微、小型燃气轮机产业化的空白。

公司现有员工200余人，其中研发人员100余人，60%以上具有硕士及以上学历，多数毕业于国内知名高校，囊括了气动、燃烧、结构、辅机、控制、工艺等学科专业技术人才；同时，形成了一支工种齐全、作业高效、技能娴熟的燃机工匠队伍。此外，还拥有一支实力强大的燃机研发顾问团队，成员均来自于国内外著名科研院所、高校和知名企业，均为业内顶尖专家；同时与多家国内外科研院所及机构开展产学研合作。

公司已建成国际一流的微、小型燃机研发平台，包括全三维数值仿真实验室，核心零部件加工检测中心，以及核心部件试验台、用于开发先进技术的空气轴承试验台和高速电机试验台、整机试车台等测试平台，已具备从设计、核心零部件加工、部件试验到样机装配、整机调试和产品定型的微、小型燃气轮机全周期研发能力。

型燃气轮机供应商，为综合能源系统提供核心动力。

www.ennturbine.cn 021-32588999 Xinaodongli_market@enn.cn
地址：上海市浦东新区新元南路600号上海临港新兴产业园A区7幢厂房101室

目前，新奥动力已成功研制出具有完全自主知识产权的100千瓦微型燃气轮机，核心零部件100%国产化，与国外同类产品相比具有更高性价比，已经进入市场应用阶段，填补了国内微燃机产业化的空白。同时也在开展系列化燃机的研发，其中300千瓦微燃机已完成产品定型；600千瓦燃机和1.5兆瓦燃机也已完成产品设计。

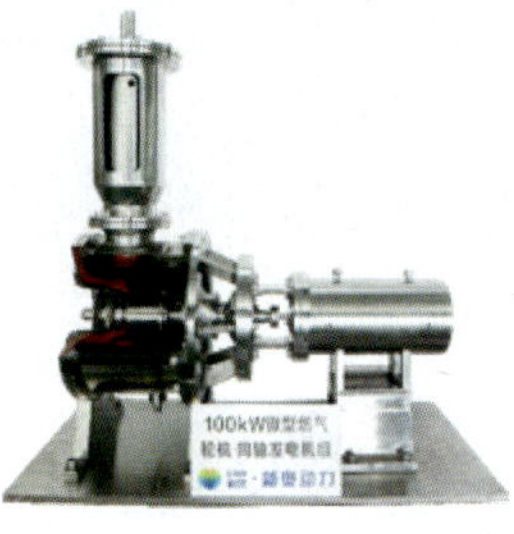

100千瓦微型燃气轮机

300千瓦微型燃气轮机

新奥动力科技（廊坊）有限公司成立于2018年5月，拟建设成为国际一流的微型燃气轮机智能制造基地，基地将主要进行100千瓦及300千瓦微燃机的批量生产，设计年产规模1000台。

新奥动力努力打造国际一流的燃机研发能力、智能制造能力、质量管控能力，和售后服务能力。为用户提供稳定可靠、技术经济性优良的燃机产品及能源服务，为国家的节能减排、能源安全做出贡献。

100千瓦微型燃气轮机发电机组

NYPRO

A JABIL COMPANY

捷普是一家面向全球电子设备技术公司提供完备的电子设计，生产以及产品制造服务的电子设备解决方案企业。它于1966年在密歇根州成立。捷普是全球第三大电子制造服务供应商。

我们通过在全球范围内提供完备的电子产品供应链管理来帮助促进电子产品更快的走向市场以及使成本控制更加的有效。捷普在全球四大洲拥有90家工厂，超过180，000名员工以及30.5百万平方英尺的生产区域，同时捷普在广泛的领域里为客户提供全面的，个性化，针对性的解决方案。在2013年，公司销售额达到183亿美金。

捷普亚洲总部-捷普科技（上海）有限公司成立于2002年9月2日，坐落于上海市漕河泾开发区，目前是研发的亚洲区总部，也是捷普亚洲区的医疗产品生产基地。现工厂占地面积155,000平方英尺。捷普科技（上海）有限公司始终倡导授权、团队合作、充分沟通的工作理念，并且为员工提供良好的职业发展机会。为打造全球一流的EMS企业，我们始终坚持质量是永远第一位，客户满意是工作的第一目标。

耐普罗在中国上海的制造工厂为多种行业提供专业的可配置产品的解决方案。独特的业务模式使我们在目标行业中与客户成为真正的合作伙伴，这些行业包括：医疗、分析仪器、网络、国防和航空航天、计算和存储以及工业控制。我们高度熟练并经验丰富的劳动力能够提供卓越的响应速度、效率和质量。

耐普罗医疗在行业领域中提供了最广阔的设计和制造能力。

拥有40年的经验，我们高度专业化的团队通过发展和制造成品药物输送设备、一次性用品、医疗电子及机械和系统解决方案，满足了复杂的医疗和医药市场的需求，也使一些世界领导品牌实现了他们的市场潜力。耐普罗所传达的创新、专业以及让人安心的概念，帮助我们的客户构建的产品能够维持或改善人们的生活。

为高复杂产品提供端对端的解决方案

耐普罗上海制造工厂战略定位为服务于高复杂产品及组件，为其提供扩展端对端制造和后期制造方案。在竞争日益激烈的全球市场中，我们提供：

设计与开发

- 产品设计服务包含从概念到详细的设计阶段
- 可制造性和可测试性设计
- 测试流程的设计与开发

原型设计和新产品导入服务

我们提供的新产品导入服务通过卓越的质量和工程支持，能够促进产品更快的进入市场。其优点包括：

- 丰富的经验—体现在监管要求、技术和产品的复杂性
- 灵活的解决方案—针对客户的需求
- 无缝过渡到生产—提升速度和知识转移

复杂产品制造

- 印刷电路板组装与测试（PCBA&T）
- 机电系统组装
- 背板组件

系统集成

- 机箱建造，设备建造，定制生产/按单配置（BTO / CTO），直接实现（DF）
- 先进技术及全球测试
- 印刷电路板组装及机电关键部件管理
- 附件整合，BTO / CTO，DF

物流服务

- 供应链设计与管理
- 售后服务
- 定制生产/按单配置
- 直接实现

单一联络点

以客户为中心是耐普罗的核心价值。公司为每个客户都设定一个联系人，并有一个支持团队在本地和全球范围内以确保最佳表现。我们有得天独厚的优势为客户提供高技能、积极向上及经验丰富的员工队伍、灵活适应性、加速进入市场、材料用杠杆以及全球供应链的合作伙伴。我们并承诺于不断开发人力资源和升级设备及工艺。

- 协作关系
- 灵活性
- 主动沟通
- 客户特定的解决方案
- 本地为中心的业务
- 一个单一的联络点专用资源

认证与经验

市场经验和应用

拥有超过20万平方尺的生产区域及10年以上的专业经验，我们的关注一直是战略性发展许多高要求和监管行业所需要的专业知识。耐普罗不同于任何其他制造服务公司表现在：

- 在全球所有耐普罗公司运行一个单一的全球企业资源规划系统（SAP）
- 持续监控和调整我们全球的覆盖区域，以满足市场需求和我们客户的需求
- 提供一个全球性的IT部署流程

非凡的能力　设计到制造的完美协同

Extraordinary Capabilities

Synergy of Design Through Manufacturing

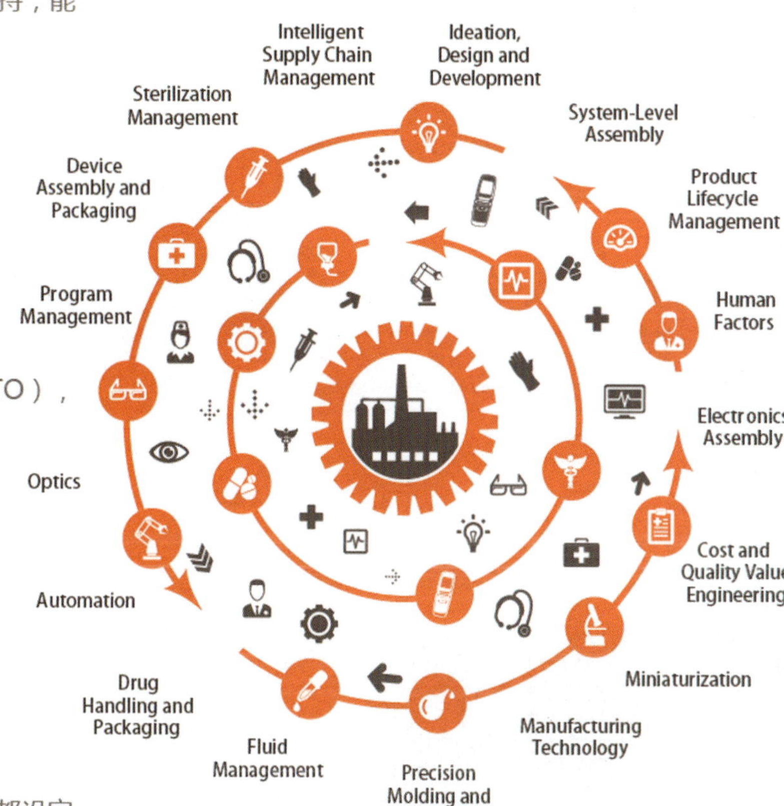

认证

- 中国国家药监局
- 环境：ISO 14001:2004
- 防静电S20：20
- ISO 13485
- TL9000
- OHSAS 18001
- 美国FDA
- 法规认证UL，CSA，TUV
- AS9100

松下创造性地关怀用户生活的方方面面——伴随人生不同阶段的你畅想憧憬的美好生活
二人世界·新规划
家虽小，但也要面面俱到
• 高颜值「白电」在开敞的空间也好不露怯
• 厨房+餐厅+工作室+客厅+娱乐厅
一体式「复合」空间
• 松下电器给小空间带来「灵活」变化方案
•「颜值」「灵活」「复合」利用有限的居住空间
增加生活是适度和仪式感
多面超人·斜杠人生
她在人生道路上努力奔跑
同时扮演着不一样的角色
每天经历着无止境的TO-DO-List
• 松下用「丰富」的产品线
希望能够帮助职场女性让生活轻松一点
• 松下 IoT 系统
更细致地服务于超人妈妈让每一件事半功倍
•「细致」「关怀」「丰富」
无论工作、育儿，还是自我回归
松下产品帮助你一人兼顾多种角色的需要
富足赢家·品质生活
穿梭于世界各地的差旅体验各具特色的优质服务，当最终回归是否能将世界各地的极致体验统统收集在家中？
• 松下让您在家充分地享受旅行中体验到的
顶级服务
• 五感私家沙龙「触·视·听·味·嗅」
• 松下用精湛的工艺，创造机智的五感空间
为您带来高品质的生活之美

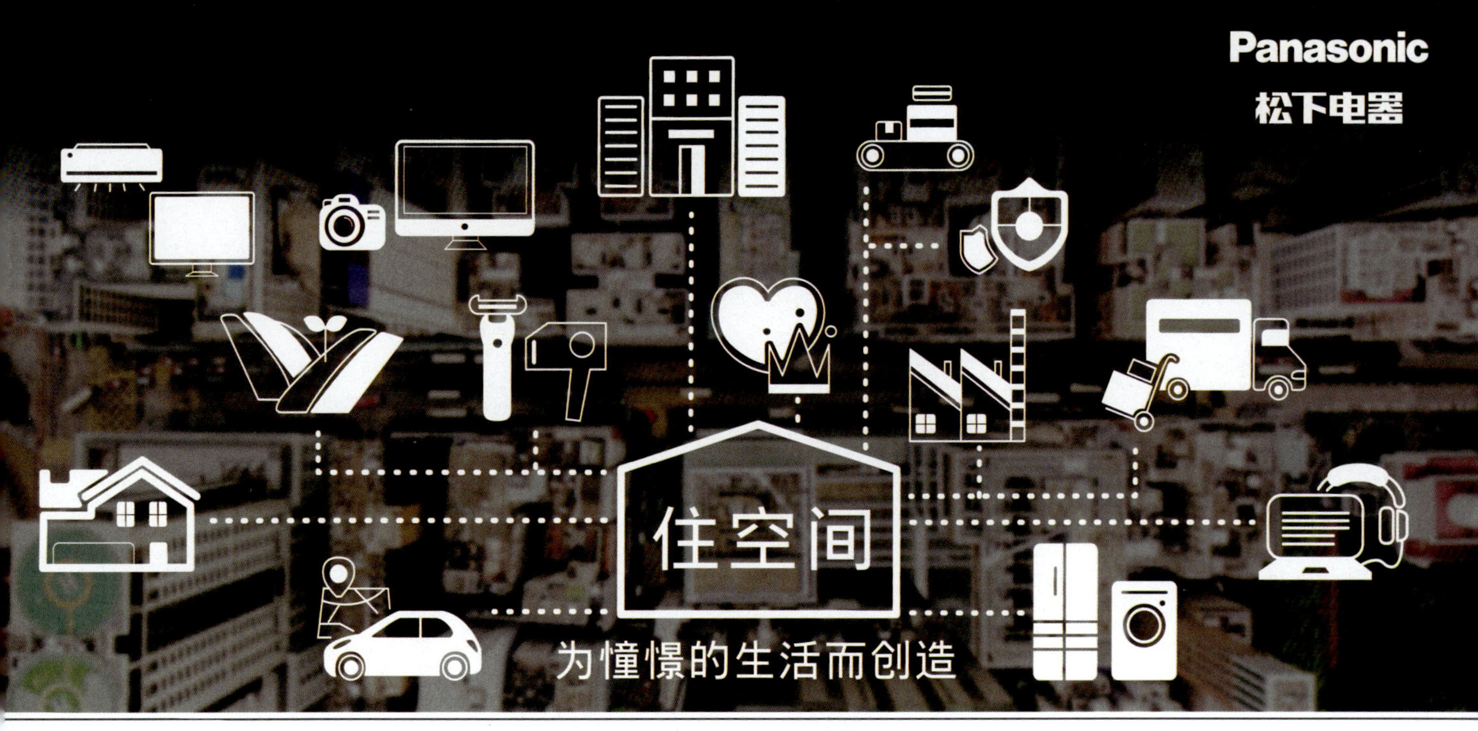

触 视 听 味 嗅 伴随人生迭代的五感私家沙龙

松下是以推动全球可持续发展及创新生活方式为经营宗旨的全球领先电子产品制造商。为居住、空间、移动、B2B的用户提供先进的电子技术、产品以及解决方案。历经百年沉淀，松下在中国事业也走过了第40个年头。2019年，松下中国不忘初心，恪守经营理念，在为中国消费者创造美好生活的同时，也让本地化经营绽放出崭新活力今后，松下也将一如既往以顾客需求为出发点，通过线上线下数据分析，从提供单品到提供空间服务，不断寻求创新与突破，丰富产品附加价值，带给每一个人憧憬的生活。

松下Alpha阿尔法洗衣机，拥有保时捷经典设计的同时，搭载松下nanoeX纳米水离子、Ag+光动银双重除菌、双极除螨技术等，融合卓越技术与丰富内涵，便是松下对高端家电的重新定义。

- Panasonic Beauty X系列美容产品以解决个人深层烦恼为目的，搭载松下nanoeX纳米水离子技术专利，让消费者在家就可以享受到美容院级别的专业护理。
- 轻厨房利用IoT与家电联动，为您提供最科学的定制菜单。在享用美味料理的同时体验健康的生活方式；烹饪同时分享生活的点滴幸福，与家人共享珍贵时刻。
- 健康一体机与魔镜互联，通过指纹识别管理，实时共享健康数据。了解身体，关心家人。让每一个平常的日子，都值得心动。

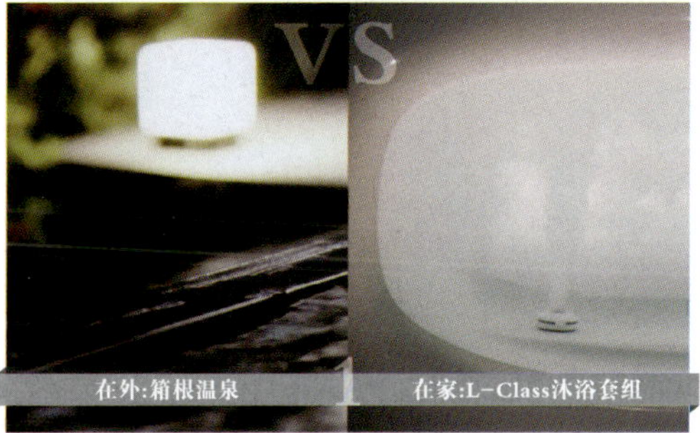

「月光」「微风」「温泉细水触感」

「专业衣物护理人员」

「您的贴身知心管家」

「肌肤改变事半功倍」

「模拟传统柴火烹饪」

「家宴氛围营造者制造惊喜」

Embry Form
安莉芳
安莉芳荣誉出品
匠心内衣44年
www.embrygroup.com

安莉芳控股有限公司简介

Embry Holdings Limited

安莉芳控股有限公司（「安莉芳控股」）连同其附属公司（[安莉芳]或[集团]）是中国主要的内衣品牌及零售企业。自1975年创办于中国香港，经过四十多年的经营，安莉芳已经发展成为一家现代大型企业。本着“扎根香港、北望神州、放眼世界”的业务发展方向，集团将总部设于中国香港，自置写字楼面积达5,000平方米，更分别在1987年于深圳成立安莉芳（中国）服装有限公司，1993年成立安莉芳（常州）服装有限公司，并将生产线设于两地。21世纪，在改革开放的第三个十年，安莉芳借势国家渤海湾大经济圈的发展战略，选址山东省明水经济开发区，建立了绿色生态工业园。2010年，安莉芳上海总部大厦正式落成启用。

集团聘用员工近8,000人，致力提升产品质素，加强服务水准。除了不断招聘经验丰富的技术人员外，更不断投资增置最新的生产和信息设备，成绩骄人。自九十年代初期进军国内市场以来，集团业务发展迅猛，品牌影响力日益强大。迄今为止，安莉芳的零售业务遍及中国包括港澳地区在内逾300个城市，拥有逾1,800个零售点。

安莉芳不仅是女性内衣的零售商，更成功地建立了高素质、多元化的八大内衣品牌系列：优雅、舒适、时尚的母品牌“EMBRY FORM安莉芳”；年轻时尚、SEXY&CHIC的“FANDECIE芬狄诗”；健康清雅、功能为主打的“COMFIT”；高贵奢华，充满爱与魅力的内衣奢侈品牌“LIZA CHENG”；时尚舒适、专业品质的亲民品牌“E-BRA”；崇尚清新性感，FRESH&SEXY的“安朵”、精细考究、低调奢华又充满时尚活力的精英男士品牌“IVU”；以及创造安全、健康、自在、奇趣的少女品牌“LUCIE'S WORLD”，多品牌的组合战略成就了东方内衣的魅力传奇。现时，集团旗下的产品种类包括胸围、内裤、睡衣、泳衣、棉毛衣、束衣、运动内衣、袜裤和孕妇哺乳内衣等，深受各界人士欢迎。

关爱女性群体，关爱社会，关爱环境，安莉芳用高品质的产品为女性创造健康与美丽，给予女性自信与活力。秉承内外兼修的发展理念，融合科技、文化与社会责任，安莉芳孜孜不倦地对美丽事业进行着丰富的诠释，在成就着东方内衣魅力传奇的同时，更盛放着美丽梦想……

Kimberly-Clark
金佰利

引领生活用品新典范
共创美好生活

- 全球健康卫生护理领域的领导者
- 2018年营业额逾185亿美元
- 全球员工近41,000人
- 在35个国家设有生产设施，产品销往超过175个国家和地区
- 每天全球近四分之一的人口在使用金佰利的产品
- 1983年以来，曾连续被《财富》杂志评为最值得敬佩的公司之一

家庭生活用纸

Kleenex®舒洁®，来自世界著名的生活用纸制造商金佰利公司，诞生于1924年。Kleenex®舒洁®品牌多年来被《商业周刊》评为全球最有价值前100品牌之一。每天全球140多个国家的几千万人和您一起享用Kleenex®舒洁®高品质产品。

婴儿护理用品

好奇®HUGGIES®品牌拥有专业的研发队伍，每年都会进行上百项大规模的产品测试，小小的纸尿裤上已经拥有多项的产品专利技术，并领导尿裤品类持续发展。目前好奇®HUGGIES®在中国市场推出的产品包括：好奇铂金装倍柔亲肤纸尿裤，好奇金装超柔贴身纸尿裤，好奇银装干爽舒适纸尿裤，好奇金装成长裤，好奇铂金装成长裤，好奇银装成长裤和好奇婴儿湿巾。

妇女卫生护理用品

高洁丝® Kotex®品牌1920年诞生于美国，是全球首个对大众进行经期知识教育的卫生巾品牌，并使一次性经期卫生护理产品被广泛接纳。近一个世纪以来，高洁丝®帮助全球无数女性享受这款革命性产品所带来的便利。秉持卓越的创新，高洁丝®以高品质的产品和贴心的设计，不仅满足女性朋友的生理需求，更令每位女性在生活中倍感呵护和自信。

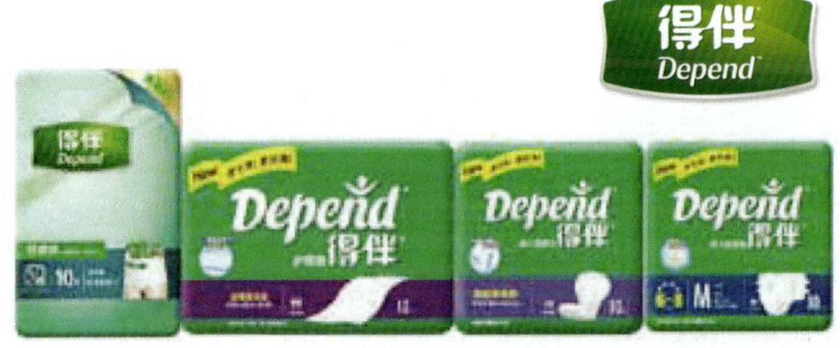

成人失禁护理用品

Depend®得伴，全球成人失禁护理领导品牌。自1980年诞生之日起，Depend®得伴始终坚持产品创新，研发出多款从轻度到中重度失禁的成人失禁护理产品。畅销全球几十个国家，为全球上千万尿失禁人群及看护者带来福音，使深受尿失禁困扰的人群受到舒适、专业的防漏保护。

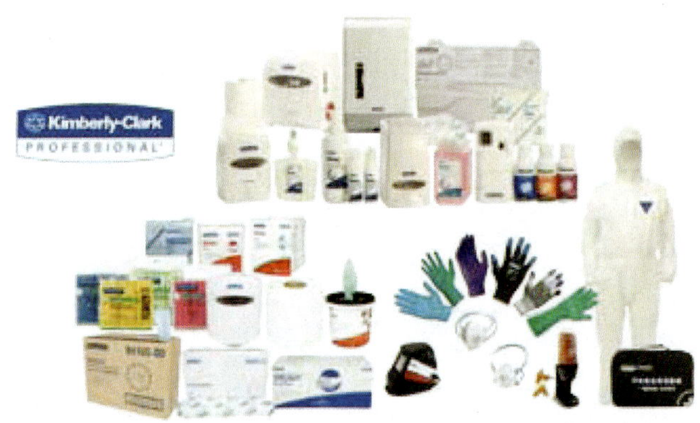

商用消费品

针对商业客户的卫生场所及工作区域中遇到的问题，运用专业技术及创新理念，不断研究开发品质卓越、物有所值的产品，力求提供最有效的解决方案，帮助您创造更健康、更安全、更高效的工作场所，我们称之为“完美工作新空间”。

如需更多资料，敬请浏览公司网站:www.kimberly-clark.com.cn

Lane Crawford

连卡佛于2013年10月开设了中国上海旗舰店，为消费者在上海提供一个高质量时尚和生活方式终点站。

上海旗舰店位于淮海中路99号的上海时代广场，面积达150,000平方英尺（约14,000平方米），合共四层。旗舰店汇聚1000多个国内外品牌，当中包括女装、美容、珠宝首饰、男装以及生活方式等商品组合，囊括了丰富的国内外知名品牌和设计师品牌。

该旗舰店的投资额约为四亿人民币，是连卡佛在大中华地区的第八家门店，占地面积广，为消费者提供了宽敞舒适的购物环境。

上海旗舰店是连卡佛与建筑事务所Yabu Pushelberg合作设计的。Yabu Pushelberg与连卡佛合作设计过四家门店。上海旗舰店采用了现代画廊的设计方法，使得全店能有一个充满活力的、启发性的和不断变化的整体环境。

上海旗舰店将面积超过20,000平方英尺（约1,800平方米）的空间辟为美容、时尚以及生活方式的个性化服务区域。64位个人形象顾问和礼宾人员将在这些舒适和私密的服务区域为顾客打造个性化的购物体验。

以「连通商务」策略将大中华区全部实体店与全球在线店铺实现对接，倾力打造无缝式购物体验。顾客可以在连卡佛线上商店订购商品，然后在上海旗舰店内的“线上商店礼宾部”取货或退货。

另外还有约3,000平方英尺（约278平方米）的名为The Hub的创意空间，专门展示创意作品。The Hub旨在通过在店中心展出新兴设计师和艺术家的作品，来支持他们的成长和发展。

About Pernod Ricard China
关于保乐力加中国

Introduction to Pernod Ricard China
保乐力加中国

在中国，保乐力加是进口酒类国际集团中无可争议的第一。早在二十多年前，一些主要品牌如芝华士、马爹利、皇家礼炮就已进入中国市场，并逐步成长为中国进口烈酒市场的领导品牌。近几年对联合多美和Vin & Sprit的成功收购，进一步巩固了保乐力加在中国的领导地位。随着2005年百龄坛、玛姆、巴黎之花、必富达、甘露和马利宝，2008年绝对伏特加以及2016年猴王47黑森林等品牌的加入，公司强大的产品组合得到不断丰富。

目前，保乐力加在中国拥有一家独资贸易公司——保乐力加（中国）贸易有限公司，总部位于上海，分销网络覆盖全国，并在北京、广州、厦门、武汉等地设有分公司。

In China, Pernod Ricard leads the way among all international wine and spirits groups. Key brands such as Chivas Regal, Martell and Royal Salute were introduced into the country over two decades ago, since then they have grown to become China's leading portfolio of imported spirits. The acquisition of Allied Domecq and Vin & Sprit further consolidated Pernod Ricard's leadership in China with the addition of Ballantine's, Mumm, Perrier-Jouët, Beefeater, Kahlúa and Malibu in 2005, Absolut vodka in 2008, and Monkey 47 in 2016 to the already strong brand portfolio.

Pernod Ricard has a wholly-owned trading company based in Shanghai, with a strong distribution network across China and key offices located in Beijing, Guangzhou, Xiamen, and Wuhan.

梅龙镇广场

位于上海市南京西路1038号，处于上海商圈黄金地带，为沪上时尚人士购物休闲的首选地之一。以“现代经典设计概念”为建筑特色，融汇典雅瑰丽的欧陆设计风格，为上海现代建筑艺术的典范。加上独特的空间设计，巨大的中厅从底层一直延伸到第七层，吸引了国际品牌在这里举办大型活动，如服装秀、新品发布等。一直以来，梅龙镇以经典不朽的风格配上时尚前瞻的态度，不断迎来世界各地的国际知名品牌，无不让人体会时尚新动态，更设上海及各国美食，知名伊势丹百货和UA电影城，让你尽情享受一站式的购物乐趣。来梅龙镇看看戏，品尝美食，逛逛时尚优品，不就是一种享受吗？爱上生活，爱上梅龙镇。

Located at the prosperous commercial hub of 1038 Nanjing West Road Shanghai, Westgate Mall is one of the best shopping meccas for Shanghai' s fashion goers. Designed with unique neo-classic European architectural style, Westgate Mall also boasts a seventh floor huge atrium which is ideal for leisure shopping and launch of mega promotional events such as fashion shows, grand product launch etc. Westgate Mall' s settings and tenant mix have not only attracted international fashion brand names, also, popular restaurants which serve Shanghai and western cuisines, the renowned Isetan Department Store and UA Cinemas, all you need to enjoy one-stop shopping pleasure . Come for the movies, enjoy in a café, get inspired by fashion brands, Westgate Mall is your ultimate shopping destination.

Westgate Mall
梅龙镇广场

地址：南京西路1038号　No. 1038 Nanjing Rd West
电话（Tel）：(021)62187878　传真（Fax）：(021)62186967
www.westgatemall.com.cn

如新（中国）日用保健品有限公司

NU SKIN 如新 30有诚 用心创造微笑

Nu Skin 如新集团于1984年创立于美国犹他州普罗沃市，并于1996年在纽约证券交易所挂牌上市，业务遍及全球50多个市场，是一家深耕于个人保养品和营养补充品领域的跨国企业。2018年，Nu Skin在全球营收达26.8亿美元。Nu Skin 整合了先进科技和阵容强大的科研团队，打造业界领先的抗衰老科研中心，持续为市场研发出优质、创新的抗衰老产品。

如新中国是 Nu Skin 在中国大陆设立的子公司。2014年4月，投资近5亿元人民币打造的GCIP在上海落成，这是 Nu Skin 发展史上最大的海外投资案。该园区整合了抗衰老科研中心、使命中心与长长服务中心，地块面积超过38,000平方米，建筑面积达34,000平方米，约相当于6个足球场，可支持未来销售业绩的成长。GCIP的优秀环保设计，更于2014年8月荣获由美国绿色建筑协会颁发的LEED金奖认证。除了GCIP，Nu Skin 在华投资还包括如新个人保养品生产基地（上海）、华茂植物提取原料生产基地（浙江）、华茂保健品生产基地（浙江）和如新华茂生物光子扫描仪生产基地（上海）。

Nu Skin 始终秉持"荟萃优质 纯然无瑕"的产品理念，将重点放在产品内容和品质上。如新在不断创新的基础上，将科技融合到产品中，从而把这种科技上的进步通过产品传递给消费者。

Nu Skin 积极承担社会责任，持续行善。「受饥儿滋养计划」已捐赠超过6亿份蜜儿餐给世界各地饥饿及营养不良的儿童；「Nu Skin如新中华儿童心脏病基金」已成功在大中华区募集善款超过1亿1900万元人民币，共救治8,798名贫困先心病患儿；「乐善汇」已组织超过45,791人次志愿者帮助陪伴109,606位受助人，贡献志愿时间174,522小时。

Nu Skin 在人才、产品、企业文化等表现上屡获肯定，迄今共囊括55项国际企业大奖。2019年4月，Nu Skin获美国《直销新闻》杂志（Direct Selling News，DSN）连续第四年授予「最佳雇主」称号，同时跻身DSN全球百大直销企业排行十强，位列第七。2019年5月，Nu Skin 获评2017年及2018年全球排名第一的居家美容仪器系列品牌。如新（中国）日用保健品有限公司，凭借在慈善事业中的突出贡献，分别在2008、2011、2012年、2016年及2018年，五度获得由中华人民共和国民政部颁发的「中华慈善奖」；同时自2010年至2018年连续九年荣膺「中国慈善排行榜十大慈善企业奖」。

- 深化与地方政府关系，为中国市场创造更大价值
- 支持中国未来经济转型与蓬勃发展

冯氏控股（1937）有限公司总部设于中国香港，是一家私人全资拥有的跨国集团。冯氏控股是冯氏集团的主要股东，集团的核心业务涵盖消费品市场的整个全球供应链管理，包括贸易、物流、分销及零售。冯氏集团在全球逾 40 个国家聘用 42,000名员工。冯氏集团的发展历程源远流长。集团始创于 1906 年，由经营出口贸易业务发展成全球供应链管理业务，集团见证了香港与珠三角地区蜕变为当今世界生产及贸易重地之一的光辉历史。今天，集团聚焦于创造未来的供应链，协助品牌和零售商在数码经济中驰骋，并在全球各地为品牌创造新机遇、开拓新产品类别和拓展新市场。

上海，二零一九年六月 – 全球领先的供应链管理跨国集团冯氏集团（下称"集团"）公布中国总裁办公室（下称"办公室"）正式开幕，重申集团整合资源和网络及为中国市场创造更大价值的承诺。集团主席冯国经博士、新任中国总裁冯裕津先生与其他全球管理层一同出席于上海利丰广场举办的开幕典礼，共同见证这一重要时刻。

中国一直是冯氏集团的一个关键市场。作为智慧零售供应链的引领者，冯氏集团以速度、创新和数字化为核心，开拓新零售与智慧供应链的新模式、新体验，不断为本地合作伙伴、客户、供应商和消费者带来价值。

集团在中国积极发展业务和创新生态系统，并于2015年成立利程坊，作为新零售、初创公司与智慧供应链的商业平台。近期，集团又与WeWork合作，吸引更多与集团有关联的企业进驻，打造创新社区网络。

集团还积极配合和支持各级政府工作，先后被授予"上海市外贸综合服务重点支持企业"和闵行区"现代服务业示范区"等光荣称号。

冯氏集团增设中国总裁办公室对于促进集团在中国的业务发展以及与政府、客户、供应商和员工等重要持份者建立更深入的关系起到至关重要的作用。冯氏集团中国总裁冯裕津先生表示:"中国是冯氏集团的一个重要市场，也一直是我们历史传承的重要组成部分。中国对集团未来的发展将继续占有重要的战略价值。办公室的设立将为我们与当地政府交流搭建更为紧密的纽带，促进双方业务部门之间更好的互动，优化资源整合，推进业务的开拓，助力中国经济蓬勃发展。"

冯氏集团的发展历程源远流长。集团创始于1906年，以经营进出口贸易业务起家，逐渐发展成为全球供应链管理跨国集团，并见证着香港与珠三角地区蜕变成为全球生产贸易重地之一的光辉历史。集团于2000年12月在上海闵行区首次设立中国总部，于诸多不同业务部门拥有数千名员工。

集团旗下的上市公司包括利丰有限公司（香港联交所股份代号：00494）、利标品牌有限公司（香港联交所股份代号：00787）和利亚零售有限公司(香港联交所股份代号： 00831)。集团的私营零售业务包括利弘投资有限公司、利时控股有限公司、利童服饰（控股）有限公司、玩具"反"斗城（亚洲）业务及 Suhyang Networks。

如欲了解详情，请浏览公司网址：www.funggroup.com

正欧系列企业集研发、生产、施工服务于一体，注册资金共计1.125亿元，建有先进的生产基地和设施完备的实验中心。是上海市高新技术企业，中国质量检验协会会员单位，先后荣获有关部门及行业数十项荣誉及表彰。

公司投入1亿多人民币，优化了设施，采用电脑控制的全封闭自动化流水线生产设备，大大改善了工作环境，提高了品质可靠性，遏制污染和跑冒滴漏现象产生。树立了企业良好的社会责任形象。是目前民族品牌中最大的地坪材料生产厂。

公司地坪材料产品全，施工经验丰富，设备先进，尤其擅长大项目突击作业。积累了2亿多㎡各类地坪的施工指导经验，广受客户好评。

从发展之初的产品同质化，无核心竞争力，到品质达到国际先进水平，在激烈的市场竞争中脱颖而出，我们克服了很多困难和挑战。

我们将不断的增加研发投入，不仅自己坚持创新探索，还积极与科研院校开展合作；一如既往地和用户保持密切联系，了解实际工程中碰到的疑难和新需求。使“正欧”成为国际品质商标的象征。

上海正欧实业有限公司
上海正欧涂料有限公司
上海正欧化工有限公司

地址：上海市金山区金环路228号
电话：400-779-1988、59959188
传真：021-59951582、59951952
网站：www.zheng.cc

BURGER KING
汉堡王
明星皇堡
真正火烤
100%牛肉
很有料!

晶随永续
sustainability becomes me
晶品Crystal Galleria位于上海黄金地段静安寺商圈。汇聚世界高端年轻潮流品牌、饕餮美食、动感娱乐、时尚乐活等全方位体验，是深受时尚达人、白领精英喜爱的潮流消费旗舰。晶品一直贯彻“永续”的理念，提倡环保与可持续发展，并将其融入品牌文化与商场活动之中。
在晶品，你可以找到H&M、Guess、Monki、Pandora等国际时尚潮流品牌，还能徜徉于世界级运动品牌Adidas、Under Armour、Nike、Jordan等；三楼魅力女人坊Allure Beauty及精致女鞋坊Allure Shoes；四楼的高科技品牌Samsung、Microsoft、Dell；配以五楼标杆级品牌舒适堡，加上七楼新型共享办公空间米域，全方位满足时尚潮流、健康乐活一族的需求。
晶品的特色餐饮为魔都掀起前所未有的“食”尚潮流，全馆拥有80余家的丰富餐饮选择，汇聚了人气港式餐饮稻香、获誉“米其林必比登餐厅”的文兴酒家、网红料理宴遇、火烧云傣家菜、牛角日本烧肉专门店，及风靡全上海的八盛酒藏精品、鳗樽、城南往事、饿龙厨房、东莱馋房、枚青、家府潮汕菜，凑凑火锅等。
从世界各国市集汲取灵感，引入独特美食和精致商品，晶品融合年轻人喜爱的“市集”文化，独家打造的“QPQ 市集方”，已成为其极具人气与文化特色的品牌。
至今，晶品已荣获各类国内外奖项，这别具一格的购物中心，如同绚烂的万花筒，正秉持“晶随永续”的精神绽放光芒。
crystal galleria 晶品
@晶品 CrystalGalleria
CrystalGalleria
地址：上海市静安区愚园路68号（近常德路/南京西路）
官网：http://www.crystalgalleria.com

上海交大电梯与控制设备有限公司

上海交大电梯与控制设备有限公司，是在上海市原主管局为破除垄断前提下推荐，于1989年开始由上海交通大学院、系联合，承接上海华亭集团各宾馆进口电梯的维修保养，并于1993年4月经上海交通大学同意控股成立的合资企业。上海市核发质资质编号为沪011号。

公司与交大合作完成了上海市职业培训指导中心电子电工及电梯技师考核鉴定的系统集成。1994年公司研发的电梯控制系统获得了上海市优秀发明选拔赛三等奖；2003年率先在维保行业内开展了质量体系认证工作；2004年在国家对电梯行业进行许可认定中，被认定为电梯维保A级、电梯改造B级资质，同时还认定许可停车设备维保B级资质。

20多年来，公司圆满完成了上海承办的东亚运动会、APEC会议、上海合作组织会议、奥运项目、世博会等重大会议活动中相关电梯运行的保障工作，被华亭宾馆称赞为"诚意服务、电梯博士"。是主管部门和行业里的放心单位；是上海市政府采购网的合格供应商可承接项目修理、改造及维修保养工作；是徐汇区特种设备应急管理协作单位。

公司致力于全面质量管理，注重全员综合素质的提高，以诚信和优质的技术，服务于社会。公司对各类（B、C级）电梯的改造，其配置合理，节能效果明显。公司自2011年起，连续5年在上海市主管部门的检查考核中名列前茅。

以诚取信、服务社会

荣誉证书

上海交大电梯与控制工程有限公司：

荣获2008年度徐汇区劳动关系和谐企业创建达标单位。

2004-2006年度徐汇区

先进集体

上海市徐汇区人民政府

二〇〇七年四月

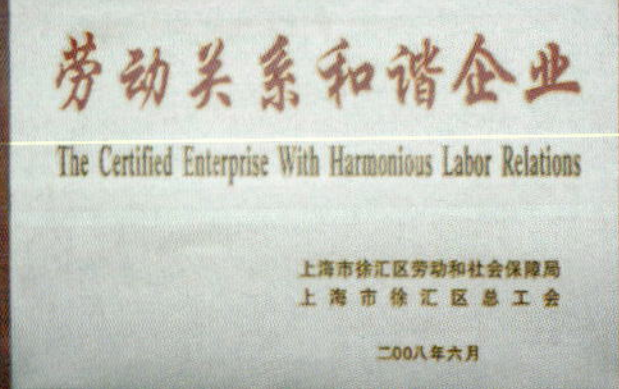
劳动关系和谐企业

The Certified Enterprise With Harmonious Labor Relations

上海市徐汇区劳动和社会保障局

上海市徐汇区总工会

二〇〇八年六月

荣誉证书

上海交大电梯与控制工程有限公司

荣获"2011-2012年度徐汇区劳动关系和谐企业、楼宇、园区、小区创建达标单位"称号。

特发此证，以资鼓励。

上海机器人产业园

园区简介

顾村工业园区是1994年经宝山区人民政府批准设立的区级工业园区，2006年经上海市人民政府批准整合升级为市级工业园区，列入上海市104产业园区。2012年经上海市经信委批准成立上海机器人产业园。园区总占地面积3.09平方公里，其中建设用地2830亩。2012年园区在全市中小型园区综合考评中位列第六名。

园区地理位置极佳，区位优势突出。东临南北高架、南靠S20外环高速、西邻上海市最大的郊野公园——顾村公园。外环线、郊环线、沪太路主干道和轨道交通1、7号线使园区连接上海主要港口、机场的距离均在半小时内，是离市中心最近的上海市‘104’区块。

目前园区入驻规模企业65家，机器人及配套企业11家。上海发那科机器人有限公司、上海鑫燕隆汽车流水线制造有限公司、上海法维莱交通车辆设备有限公司、上海复旦智能监控成套设备有限公司、上海小贝自动化设备有限公司、德欧机械设备（上海）有限公司等先后落户园区。园区将逐步形成机器人产业、智能装备制造业和高端生产性服务业集群式发展。

园区发展方向

围绕上海市“十二五”时期“创新驱动，转型发展”的工作主线，宝山区将“建设全市加快经济发展方式转变的示范区、推动城市转型发展的最佳实践区”，作为“十二五”时期区域发展的总体目标。根据镇“十二五”规划发展要求，考虑园区发展，立足“调结构、促转型”的思路，培育符合城市功能和要求相适应的产业，园区将形成三大产业集群式发展：

- 机器人产业链为核心的产业，主要包括汽车、电子、钢铁、航空航天等行业为主的机器人和以家庭机器人、医疗机器人等为主的服务机器人研发，关键核心部件制造、机器人应用开发与组装、机器人上下游应用产业、机器人技术培训等。
- 相关智能装备制造业，主要包括高端智能数控机床，智能仪器仪表电子等设备，关键零部件、元器件等。
- 高端生产性服务业，主要包括发展科技体验、展示交易、科研教育、高端论坛等配套产业。
- 机器人产业是未来成长性最好的行业之一，行业发展前景无可限量，而作为一个新兴产业，机器人产业目前在我国尚处于起步阶段，我们将通过建设上海机器人产业园这一机器人产业的聚集区，积极探索推动传统工业园区向高新技术、先进制造业和高端服务业转型发展，努力构建符合园区实际和可持续发展的现代产业体系，最终实现产业与城市化的融合发展！

港汇恒隆广场

徐家汇商圈，统合大型购物中心、甲级办公楼及高档酒店式公寓

徐家汇商圈，统合大型购物中心、甲级办公楼及高档酒店式公寓

港汇恒隆广场坐落于上海最繁华的商业中心——徐家汇商圈，统合大型购物中心、甲级办公楼及高档酒店式公寓。自1999年开幕至今，港汇恒隆广场现已成为上海滩无可取代的重要时尚地标。

港汇恒隆广场位处地铁徐家汇站上盖，尽占黄金地利。购物商场设有260余家商铺，汇聚各大知名品牌，近年更相继引进 Gucci、Loewe、Chaumet、Tiffany & Co.、Bottega Veneta 、Jimmy Choo等一线品牌，不断致力于打造更奢华的购物殿堂。经典的建筑设计及人性化的服务设施，也令港汇恒隆广场成为上海滩众多商业项目中的典范。

两幢各楼高51层的办公楼，多家名列财富500强的世界知名企业均在港汇恒隆广场办公楼的租户名单上。高端酒店式公寓提供600多套不同户型的单元可供出租，配备各项豪华私家会所设施，一直吸引国际企业租用作为派驻海外高级行政人员留居上海的住所。

为进一步巩固市场的领导地位，并配合整个徐家汇商圈的大规模升级改造，港汇恒隆广场于2017年开启19年来最大规模的升级改造工程。随着北座重装开业，整个商场除原本的高档奢侈品牌外，也具备了许多备受潮人喜爱的“网红店”。从星巴克中国首家以焙烤美食为特色的臻选咖啡焙烤坊、UNDEFEATED全国首店、Lululemon等新的主力店品牌来看，港汇恒隆广场此轮调整旨在带给消费者更多新鲜有趣的商业内容。即将入驻的引领动感生活方式的健身品牌SPACE，具有独特设计哲学的品牌VGRASS STUDIO和喜茶全新旗舰店型等具有丰富个性的品牌，为港汇恒隆广场的升级带来了新的活力。地铁9、11号线徐家汇站也与北座无缝连接，为商业创造无限机会。 港汇恒隆广场的改造工程不仅为消费者带来升级的购物环境和体验，也将一定程度上带动整个徐家汇商圈的产业升级。

时尚地标

柯赛德在中国

现在柯赛德建立了覆盖全球的生产、销售和服务网络，100多家柯赛德子公司和宽广的各种产品活动在润滑油服务领域。柯赛德在亚洲的销售与服务地区包括日本、韩国、新加坡等工业领先的国家。2010年柯赛德来到中国，和中国的企业建立战略合作伙伴关系，建设系统的润滑油服务网络。

另外，柯赛德在中国已经建立了现代化实验室，使用进口精密仪器，雇佣高素质的科技研发人员，进行着产品的改进和开发创造新产品的工作，希望我们可以做到，满足中国这样一个需求更多高品质润滑油的市场。先进的德国技术，国际上最棒的生产设备，加上最新的调制工艺，还有全球统一采购原材料，柯赛德真的合理有效的使用了集团资源。所有生产厂都遵守严格的质量保证系统，先后通过了ISO/TS16949，ISO9001质量体系认证，ISO14001环境体系认证及BSOHSAS18001职业健康安全管理体系认证，ISO9001:2008柯赛德中国证书、ISO9001:2008柯赛德中国证书。

润滑油技术研发我们一直走在前沿

很多年，柯赛德一直是能源行业的技术先驱。我们20多位科研人员和超过一百位的技术工程师专门从事润滑油的研发，专注于设计协调的润滑油产品组合和相关技术服务。对柯赛德而言，技术创新不是闭门造车，柯赛德是一个有机的整体，每个环节都有密切的联系，技术工程师按照客户使用需要研发新产品，新产品的出现，帮助客户战胜行业面临的挑战。所以柯赛德创造出满足客户需要的产品，支持更高的效率和保护设备性能。

因为环保与机械工业的发展，对润滑油产品提出了更多的要求：高的抗氧化安定性、节能环保性、更好的粘温性、好的低温流动性以及优良的稳定性与抗磨性。未来的润滑油产品，会有更多方面的需要。节能、低排、无污染、长寿命成为柯赛德润滑油研发的新目标。

基础油：柯赛德基础油是加氢技术生产的APIⅡ / Ⅲ类基础油，硫、氮及芳烃含量低，黏度指数高，热氧化安定性好，挥发性低，换油周期长。

添加剂：柯赛德将纳米材料用在润滑油(脂)里，研究提高润滑油的抗磨损和抗极压性能。我们发现纳米颗粒作为润滑油(脂)添加剂具有一定的修复功能，纳米微粒可以填充在工件表面的微坑和损伤部位，能实现摩擦表面的修复，从而降低摩擦和磨损。

宗旨：德国品质，信赖是价值！

柯赛德的利润是提供帮助客户的产品或服务！柯赛德销售的不全是产品，更是那个完整的润滑解决方案。选择柯赛德润滑油，您买的的不仅是润滑产品，是更好更全面的设备润滑保护！我们承诺向客户提供最好的产品，同样承诺最好的服务帮助客户有效地使用产品。柯赛德润滑油紧密跟随最新科学技术发展方向，依靠自己强大的科技研发能力，通过与设备制造商的紧密合作，不断研发和生产符合最新设备需要的产品。

1948年在德国创建的品牌，德国的工业重镇曼海姆是我们的发源地。柯赛德在建立的时候，就强调：科研才能领先，让创新的成为品牌观念，一直从事润滑油新技术的研究。几十年的时间，柯赛德创造生产了金属加工润滑油、特种合成润滑油、特种合成润滑脂、工业润滑脂、工业设备润滑油的四个系列的产品，我们有几百种润滑产品，能够在电力、钢铁、化工、玻璃、造纸、纺织、水泥矿山、压缩机、金属加工等许多领域使用。

今天柯赛德的优势是**快速的创新**和**适应市场需要**的产品生产，我们依靠发现和满足客户的希望，聚集资源创造关键竞争力的管理观念，不仅专注的去开发世界上最优秀的润滑油产品，同时积极推广新产品来解决客户的经营问题，从而使所有的润滑产品具有真正的意义。

为客户提供有意义的产品或服务是柯赛德的价值，我们与客户变成利益相关者，最后成为战略合作伙伴。这样以来，柯赛德就可以精确地了解客户的需求，为他提供一个完整的润滑解决方案。如此帮助客户减少了运营成本，为客户带来了利润空间。柯赛德销售的不全是产品，更是那个完整的润滑解决方案，我们的工程师会全面检查客户的润滑油使用情况，将发现的问题总结分析，为客户提出更好的解决方案来节省成本，这是免费的。

几十年了，柯赛德都在研发中高端、环保的绿色润滑油产品，我们生产最新技术的合成润滑油，应对来自能源需求快速增长的挑战。柯赛德注重创新、持续成长，追求利润与高的标准，提高自己在亚太市场的影响，**我们的目标是成为世界上最有性价比的高端润滑产品供应商。**

豫园商城

“中国一流旅游品牌”

黄金珠宝、餐饮、商旅文地产、中医药、旅游零售

地处上海市黄浦区的豫园地区，从元、明、清到民国初年，700多年来一直是上海的政治、经济、文化中心，被称为“上海的根”，是上海特有的人文标志和文化名片，其中方圆5.3公顷的豫园商城，起源于150多年前清同治年间的老城隍庙市场，集邑庙、园林、建筑、商铺、美食、旅游等为一体，从而构成了上海700年历史文脉的物化展示和上海城市文明的视觉演绎，丰厚的文化底蕴、浓郁的民俗风情、鲜明的经营特色更使豫园商圈成为全上海最中国的地方而享誉海内外。

1992年，上海豫园旅游商城股份有限公司正式挂牌成立。2002年，民营高科技企业复星集团成为豫园股份的第一大股东。

如今，豫园股份已发展成为涵盖黄金珠宝、餐饮、商旅文地产、中医药、旅游零售等商业经营为主业以及商业投资、战略投资相结合的中国著名商业类上市公司。历史的积淀与延承赋予豫园股份众多优质的品牌资源，公司以旗下2个中国名牌、3个中国驰名商标、15个上海著名商标及13个中华老字号品牌的优势资源，跻身于中国500最具价值品牌第77位。

豫园股份营运品质持续提升、品牌影响持续扩大、行业地位持续提高，2016年实现营业收入156.43亿元人民币，净利润4.79亿元人民币，总股本14.37 亿股。

截至2016年末,豫园股份外拓网点1929家。其中黄金珠宝业在全国布网总量已达1828家，包含直营连锁店、品牌加盟店、特约经销点等多种经营模式；餐饮业拥有国内直营门店33家，海外门店10家；中医药业拥有上海市区连锁药店、品牌专卖柜58家。

公司将集中精力、重点发展黄金珠宝业、餐饮业、商旅文地产业和中医药业，加速培育、打造多个产业独角兽。与此同时，公司还将积极支持旅游零售商业各企业以及电子商务等企业在细分领域中谋求各自的行业地位，将豫园商圈倾力打造成为“上海第一旅游品牌”，并在此基础上进军“中国一流旅游品牌”行列。未来，豫园股份将通过产业经营和产业投资的双轮驱动打造成为全球化的快乐时尚大平台。

第九编　商贸统计

一、对外贸易往来的国家和地区

2018年，在以习近平同志为核心的党中央坚强领导下，全市以习近平新时代中国特色社会主义思想为指导，全面贯彻落实党的十九大和十九届二中、三中全会精神，按照当好全国改革开放排头兵、创新发展先行者的要求，坚持稳中求进工作总基调。全市对外贸易继续保持平稳发展态势。

全年上海市货物进出口总额34009.93亿元，比上年增长5.5%。其中，进口20343.08亿元，增长6.4%；出口13666.85亿元，增长4.2%。按贸易方式分，一般贸易进出口17644.76亿元，增长8.0%；加工贸易进出口7503.70亿元，与上年持平。按经济类型分，国有企业进出口5126.87亿元，增长11.2%；外商投资企业进出口21941.61亿元，增长2.1%；私营企业进出口6684.03亿元，增长12.6%。全年全市外商直接投资合同项目5597个，比上年增长41.7%；外商直接投资合同金额469.37亿美元，增长16.8%。外商直接投资实际到位金额173.00亿美元，增长1.7%。

2018年上海对外贸易往来国家（地区）一览表

国别(地区)			进出口		出口额		进口额	
			金额（万美元）	比上年(±%)	金额（万美元）	比上年(±%)	金额（万美元）	比上年(±%)
亚洲	中国	香港	2171080	18.25	2001240	11.41	169836	327.58
		澳门	8693	52.74	8406	56.44	286	-9.84
		台湾	2721570	9.54	770785	11.33	1950790	8.85
	东亚	日本	5753820	10.10	2150890	11.17	3602940	9.47
		韩国	2673120	7.05	687805	8.47	1985320	6.57
	东盟		6407380	2.40	2572940	9.31	3834440	-1.77
	中东		—	—	—	—	—	—
非洲			991087	21.15	434579	14.10	556508	27.29
欧洲	欧盟		10705600	6.23	3683830	7.14	7021740	5.77
	俄罗斯		515575	16.75	284048	18.44	231527	14.73
美洲	美国		7688690	-0.16	4751010	2.27	2937670	-3.85
	加拿大		688799	31.03	271794	6.07	417005	54.77
	拉丁美洲		2791250	15.16	935429	1.79	1855820	23.33
大洋洲	澳大利亚		2220430	21.03	540526	2.08	1679910	28.72
	新西兰		255243	6.90	66687	12.17	188557	5.15

2014—2018年上海与中国香港贸易情况表

年份	进出口		出口		进口	
	金额(万美元)	比上年(±%)	金额(万美元)	比上年(±%)	金额(万美元)	比上年(±%)
2014	1925436	10.06	1846457	10.11	78979	9.09
2015	2146910	11.50	1934340	4.76	212578	169.16
2016	2222600	3.75	1813960	-6.00	408637	92.22
2017	1836072	-17.43	1796351	-1.03	39720	-90.28
2018	2171080	18.25	2001240	11.41	169836	327.58

2014—2018年上海与中国澳门贸易情况表

年份	进出口		出口		进口	
	金额(万美元)	比上年(±%)	金额(万美元)	比上年(±%)	金额(万美元)	比上年(±%)
2014	7821	55.24	7208	70.12	613	-23.48
2015	14237	82.04	13600	88.68	636	3.83
2016	10401	-26.85	10065	-25.90	336	-47.16
2017	5691	-45.28	5374	-46.61	317	-5.58
2018	8693	52.74	8406	56.44	286	-9.84

2014—2018年上海与中国台湾贸易情况表

年份	进出口		出口		进口	
	金额(万美元)	比上年(±%)	金额(万美元)	比上年(±%)	金额(万美元)	比上年(±%)
2014	2315757	5.18	668217	15.39	1647540	1.54
2015	2168750	-6.35	612301	-8.37	1556450	-5.53
2016	2232730	3.05	644102	5.26	1588630	2.18
2017	2485807	69.24	692390	7.49	1793416	12.86
2018	2721570	9.54	770785	11.33	1950790	8.85

2014—2018年上海与日本贸易情况表

年份	进出口		出口		进口	
	金额(万美元)	比上年(±%)	金额(万美元)	比上年(±%)	金额(万美元)	比上年(±%)
2014	5448775	-1.08	2331280	-6.41	3117495	3.32
2015	4986090	-8.49	2132220	-8.54	2853870	-8.46
2016	4851890	-2.20	1920680	-9.07	2931210	2.89
2017	5225130	7.69	1934942	0.76	3290188	12.24
2018	5753820	10.10	2150890	11.17	3602940	9.47

2014—2018年上海与韩国贸易情况表

年份	进出口		出口		进口	
	金额(万美元)	比上年(±%)	金额(万美元)	比上年(±%)	金额(万美元)	比上年(±%)
2014	2624618	9.81	716236	15.30	1908382	7.88

（续表）

年份	进出口		出口		进口	
	金额(万美元)	比上年(±%)	金额(万美元)	比上年(±%)	金额(万美元)	比上年(±%)
2015	2868290	9.28	847982	18.39	2020310	5.87
2016	2367320	-17.39	734451	-13.20	1633170	-19.15
2017	2496439	5.44	634120	-13.67	1862318	14.03
2018	2673120	7.05	687805	8.47	1985320	6.57

2014—2018年上海与东盟贸易情况表

年份	进出口		出口		进口	
	金额(万美元)	比上年(±%)	金额(万美元)	比上年(±%)	金额(万美元)	比上年(±%)
2014	5379677	-0.24	2341681	9.41	3037996	-6.59
2015	5339950	-0.74	2202980	-5.92	3136970	3.26
2016	5324140	-0.16	2192050	-0.06	3132090	-0.23
2017	6257491	17.52	2353981	7.39	3903510	24.62
2018	6407380	2.40	2572940	9.31	3834440	-1.77

2014—2018年上海与中东贸易情况表

年份	进出口		出口		进口	
	金额(万美元)	比上年(±%)	金额(万美元)	比上年(±%)	金额(万美元)	比上年(±%)
2014	1159711	1.38	728183	2.35	431528	-0.23
2015	—	—	—	—	—	—
2016	—	—	—	—	—	—
2017	—	—	—	—	—	—
2018	—	—	—	—	—	—

2014—2018年上海与非洲贸易情况表

年份	进出口		出口		进口	
	金额(万美元)	比上年(±%)	金额(万美元)	比上年(±%)	金额(万美元)	比上年(±%)
2014	874773	2.42	448466	-9.98	426307	19.77
2015	772632	-11.69	417953	-6.82	354679	-16.80
2016	733927	-4.87	365203	-12.58	368724	4.22
2017	817951	11.50	380887	4.30	437064	18.64
2018	991087	21.15	434579	14.10	556508	27.29

2014—2018年上海与欧盟(28国)贸易情况表

年份	进出口		出口		进口	
	金额(万美元)	比上年(±%)	金额(万美元)	比上年(±%)	金额(万美元)	比上年(±%)
2014	10370735	13.24	3884079	7.31	6486656	17.11
2015	9276670	-10.61	3622310	-6.83	5654360	-12.87

（续表）

年份	进出口		出口		进口	
	金额(万美元)	比上年(±%)	金额(万美元)	比上年(±%)	金额(万美元)	比上年(±%)
2016	8658010	-6.33	3017010	-16.10	5641000	-0.10
2017	10077600	16.38	3438506	13.96	6639074	17.68
2018	10705600	6.23	3683830	7.14	7021740	5.77

2014—2018年上海与俄罗斯贸易情况表

年份	进出口		出口		进口	
	金额(万美元)	比上年(±%)	金额(万美元)	比上年(±%)	金额(万美元)	比上年(±%)
2014	496350	8.35	301718	0.92	194632	22.30
2015	452097	-8.92	170823	-43.38	281275	44.52
2016	373141	-17.45	164659	-3.59	208482	-25.87
2017	441632	18.30	239849	45.60	201783	-3.25
2018	515575	16.75	284048	18.44	231527	14.73

2014—2018年上海与美国贸易情况表

年份	进出口		出口		进口	
	金额(万美元)	比上年(±%)	金额(万美元)	比上年(±%)	金额(万美元)	比上年(±%)
2014	7639797	4.09	4984520	-1.59	2655277	16.72
2015	7411020	-3.00	4557890	-8.56	2853140	7.45
2016	7204020	-1.84	4491630	-0.66	2712390	-3.73
2017	7701100	6.89	4645750	3.44	3055350	12.60
2018	7688690	-0.16	4751010	2.27	2937670	-3.85

2014—2018年上海与加拿大贸易情况表

年份	进出口		出口		进口	
	金额(万美元)	比上年(±%)	金额(万美元)	比上年(±%)	金额(万美元)	比上年(±%)
2014	540785	-4.99	282270	-5.04	258516	-4.93
2015	498837	-7.76	209919	-25.63	288918	11.76
2016	493865	-0.94	199989	-4.70	293876	1.80
2017	525656	6.43	256342	28.18	269314	-8.37
2018	688799	31.03	271794	6.07	417005	54.77

2014—2018年上海与拉丁美洲贸易情况表

年份	进出口		出口		进口	
	金额(万美元)	比上年(±%)	金额(万美元)	比上年(±%)	金额(万美元)	比上年(±%)
2014	2407811	5.74	997587	-1.21	1410225	11.29
2015	2143030	-11.00	831160	-16.68	1311870	-6.97
2016	1953350	-8.74	743848	-10.36	1209510	-7.72

（续表）

年份	进出口		出口		进口	
	金额(万美元)	比上年(±%)	金额(万美元)	比上年(±%)	金额(万美元)	比上年(±%)
2017	2424050	24.09	919046	23.55	1505000	24.42
2018	2791250	15.16	935429	1.79	1855820	23.33

2014—2018年上海与澳大利亚贸易情况表

年份	进出口		出口		进口	
	金额(万美元)	比上年(±%)	金额(万美元)	比上年(±%)	金额(万美元)	比上年(±%)
2014	1646343	15.51	582694	0.08	1063650	26.16
2015	1634740	-0.71	501821	-13.88	1132920	6.51
2016	1501110	-7.95	490142	-1.51	1010970	-10.77
2017	1834010	22.18	529536	8.04	1304480	29.03
2018	2220430	21.03	540526	2.08	1679910	28.72

2014—2018年上海与新西兰贸易情况表

年份	进出口		出口		进口	
	金额(万美元)	比上年(±%)	金额(万美元)	比上年(±%)	金额(万美元)	比上年(±%)
2014	227140	7.22	54487	11.78	172653	5.86
2015	164900	-27.40	46803	-14.10	118096	-31.60
2016	204250	23.91	51152	9.26	153099	29.72
2017	238766	16.87	59452	16.22	179314	17.09
2018	255243	6.90	66687	12.17	188557	5.15

资料来源：上海海关。

说明：2017年数据海关略有修正，2018年比上年百分比数据以修正值计算。

二、上海与"一带一路"沿线国家进出口贸易

(一)中国、蒙古、东盟12国

2016—2018年上海与中国贸易情况表

年 份	进出口		出口		进口	
	金额(万美元)	比上年(±%)	金额(万美元)	比上年(±%)	金额(万美元)	比上年(±%)
2016	1067050	−12.53	—	—	1054750	−13.54
2017	1144490	7.19	—	—	1144490	8.44
2018	1268310	10.82	—	—	1268310	10.82

说明:根据2006年3月1日起实行的《中华人民共和国海关统计条例》中第九条,如果货物的原产国是中国,那么进口该货物的原产国为中国,也就是国货复进口。

2016—2018年上海与蒙古国贸易情况表

年 份	进出口		出口		进口	
	金额(万美元)	比上年(±%)	金额(万美元)	比上年(±%)	金额(万美元)	比上年(±%)
2016	7633	−25.81	4692	−40.39	2941	21.69
2017	7051	−7.62	6751	43.87	300	−89.79
2018	12882	82.70	8619	27.68	4263	1319.56

2016—2018年上海与新加坡贸易情况表

年 份	进出口		出口		进口	
	金额(万美元)	比上年(±%)	金额(万美元)	比上年(±%)	金额(万美元)	比上年(±%)
2016	1250630	−1.82	662471	69.23	588154	1.15
2017	1632680	30.51	734370	10.84	898307	52.64
2018	1375840	−15.70	694102	−5.48	681734	−24.07

2016—2018年上海与马来西亚贸易情况表

年份	进出口		出口		进口	
	金额(万美元)	比上年(±%)	金额(万美元)	比上年(±%)	金额(万美元)	比上年(±%)
2016	1377250	-6.41	354834	-0.7881	1022420	-8.22
2017	1505120	9.29	368376	3.83	1136740	11.18
2018	1572380	4.47	427014	15.96	1145370	0.75

2016—2018年上海与印度尼西亚贸易情况表

年份	进出口		出口		进口	
	金额(万美元)	比上年(±%)	金额(万美元)	比上年(±%)	金额(万美元)	比上年(±%)
2016	610346	18.41	270738	-0.29	339609	39.21
2017	679079	11.26	270945	0.07	408134	20.18
2018	725724	6.84	344996	27.33	380728	-6.76

2016—2018年上海与缅甸贸易情况表

年份	进出口		出口		进口	
	金额(万美元)	比上年(±%)	金额(万美元)	比上年(±%)	金额(万美元)	比上年(±%)
2016	43554	-3.35	36181	-5.97	7373	11.90
2017	46083	5.79	38888	7.46	7195	-2.42
2018	55599	20.66	45796	17.78	9802	36.25

2016—2018年上海与泰国贸易情况表

年份	进出口		出口		进口	
	金额(万美元)	比上年(±%)	金额(万美元)	比上年(±%)	金额(万美元)	比上年(±%)
2016	813541	2.20	359879	3.04	453662	1.54
2017	904819	11.23	366187	1.77	538632	18.73
2018	1026050	13.39	429569	17.31	596485	10.72

2016—2018年上海与老挝贸易情况表

年份	进出口		出口		进口	
	金额(万美元)	比上年(±%)	金额(万美元)	比上年(±%)	金额(万美元)	比上年(±%)
2016	6788	-67.89	2206	-9.32	4582	-75.50
2017	9283	36.75	3055	38.48	6228	35.92
2018	7194	-22.50	2747	-10.09	4448	-28.59

2016—2018年上海与柬埔寨贸易情况表

年份	进出口		出口		进口	
	金额(万美元)	比上年(±%)	金额(万美元)	比上年(±%)	金额(万美元)	比上年(±%)
2016	52746	7.27	33146	13.47	19601	-1.79
2017	59783	13.34	34861	5.17	24922	27.15
2018	85458	42.94	39932	14.55	45526	82.66

2016—2018年上海与越南贸易情况表

年份	进出口		出口		进口	
	金额(万美元)	比上年(±%)	金额(万美元)	比上年(±%)	金额(万美元)	比上年(±%)
2016	766668	5.98	312050	4.75	454618	6.84
2017	923353	20.43	341122	9.31	582232	28.07
2018	1007360	9.10	359146	5.29	648214	11.34

2016—2018年上海与文莱贸易情况表

年份	进出口		出口		进口	
	金额(万美元)	比上年(±%)	金额(万美元)	比上年(±%)	金额(万美元)	比上年(±%)
2016	7527	266.12	2900	104.59	4627	624.79
2017	9161	21.72	7742	166.99	1419	-69.33
2018	22789	148.75	20734	167.80	2055	44.82

2016—2018年上海与菲律宾贸易情况表

年份	进出口		出口		进口	
	金额(万美元)	比上年(±%)	金额(万美元)	比上年(±%)	金额(万美元)	比上年(±%)
2016	395091	-9.15	157647	2.93	237444	-15.71
2017	488133	23.55	188436	19.53	299697	26.23
2018	528987	8.37	208900	10.85	320086	6.81

(二)西亚18国

2016—2018年上海与伊朗贸易情况表

年份	进出口		出口		进口	
	金额(万美元)	比上年(±%)	金额(万美元)	比上年(±%)	金额(万美元)	比上年(±%)
2016	120424	-15.16	89201	-10.07	31223	-26.96

（续表）

年份	进出口		出口		进口	
	金额(万美元)	比上年(±%)	金额(万美元)	比上年(±%)	金额(万美元)	比上年(±%)
2017	150693	25.15	107106	20.09	43587	39.60
2018	138877	−7.86	90679	−15.35	48198	10.55

2016—2018年上海与伊拉克贸易情况表

年份	进出口		出口		进口	
	金额(万美元)	比上年(±%)	金额(万美元)	比上年(±%)	金额(万美元)	比上年(±%)
2016	13003	−9.16	12990	−9.23	13	405.50
2017	16076	23.63	16072	23.73	4	−70.77
2018	11958	−25.61	11957	−25.60	1	−72.16

2016—2018年上海与土耳其贸易情况表

年份	进出口		出口		进口	
	金额(万美元)	比上年(±%)	金额(万美元)	比上年(±%)	金额(万美元)	比上年(±%)
2016	160726	−11.69	106086	−21.50	54640	16.61
2017	173972	8.24	110210	3.88	63762	16.70
2018	181200	4.19	102403	−7.03	78796	23.58

2016—2018年上海与叙利亚贸易情况表

年份	进出口		出口		进口	
	金额(万美元)	比上年(±%)	金额(万美元)	比上年(±%)	金额(万美元)	比上年(±%)
2016	2000	−19.49	1914	−18.29	86	−39.37
2017	3474	73.71	3460	80.77	14	−84.12
2018	2947	−15.18	2938	−15.09	8	−37.62

2016—2018年上海与约旦贸易情况表

年份	进出口		出口		进口	
	金额(万美元)	比上年(±%)	金额(万美元)	比上年(±%)	金额(万美元)	比上年(±%)
2016	9405	1.61	7350	−11.20	2056	109.84
2017	10318	9.71	6747	−8.20	3571	73.73
2018	13700	32.77	9198	36.33	4501	26.04

2016—2018年上海与黎巴嫩贸易情况表

年份	进出口		出口		进口	
	金额(万美元)	比上年(±%)	金额(万美元)	比上年(±%)	金额(万美元)	比上年(±%)
2016	5781	−8.93	5746	−8.89	35	−15.55
2017	11853	105.04	11796	105.29	57	63.76
2018	5824	−50.87	5758	−51.19	66	16.41

2016—2018年上海与以色列贸易情况表

年份	进出口		出口		进口	
	金额(万美元)	比上年(±%)	金额(万美元)	比上年(±%)	金额(万美元)	比上年(±%)
2016	114378	−1.64	35272	−20.53	79106	10.03
2017	113281	−1.01	37774	7.08	75508	−4.62
2018	140851	24.34	40535	7.31	100316	32.86

2016—2018年上海与巴勒斯坦贸易情况表

年份	进出口		出口		进口	
	金额(万美元)	比上年(±%)	金额(万美元)	比上年(±%)	金额(万美元)	比上年(±%)
2016	109	−27.88	109	−28.07	0	773.79
2017	161	47.54	160	47.36	1	112.00
2018	219	35.78	214	33.16	5	628.48

2016—2018年上海与沙特阿拉伯贸易情况表

年份	进出口		出口		进口	
	金额(万美元)	比上年(±%)	金额(万美元)	比上年(±%)	金额(万美元)	比上年(±%)
2016	133822	−12.83	80829	−6.00	52994	−21.53
2017	178556	33.47	89248	10.42	89308	68.66
2018	240100	34.54	71286	20.13	168813	89.22

2016—2018年上海与也门贸易情况表

年份	进出口		出口		进口	
	金额(万美元)	比上年(±%)	金额(万美元)	比上年(±%)	金额(万美元)	比上年(±%)
2016	3153	−4.70	3114	−4.31	39	−28.07
2017	2839	−9.95	2819	−9.49	20	−47.23
2018	4829	70.06	4816	70.83	13	−35.92

2016—2018年上海与阿曼贸易情况表

年 份	进出口		出口		进口	
	金额(万美元)	比上年(±%)	金额(万美元)	比上年(±%)	金额(万美元)	比上年(±%)
2016	16835	8.57	13957	17.96	2878	-21.68
2017	10504	-37.61	8204	-41.22	2301	-20.07
2018	27329	160.17	13124	59.97	14206	517.42

2016—2018年上海与阿联酋贸易情况表

年 份	进出口		出口		进口	
	金额(万美元)	比上年(±%)	金额(万美元)	比上年(±%)	金额(万美元)	比上年(±%)
2016	269691	-2.56	184210	1.51	85480	-10.32
2017	255986	-5.10	157233	-14.67	98754	15.54
2018	255463	-0.20	158577	0.86	96886	-1.88

2016—2018年上海与卡塔尔贸易情况表

年 份	进出口		出口		进口	
	金额(万美元)	比上年(±%)	金额(万美元)	比上年(±%)	金额(万美元)	比上年(±%)
2016	19821	-40.51	7375	-66.36	12446	9.22
2017	34718	75.13	10510	42.44	24208	94.50
2018	45709	31.66	13877	32.04	31832	31.50

2016—2018年上海与科威特贸易情况表

年 份	进出口		出口		进口	
	金额(万美元)	比上年(±%)	金额(万美元)	比上年(±%)	金额(万美元)	比上年(±%)
2016	26472	15.44	16394	-11.90	10078	133.11
2017	24392	-7.85	19926	21.54	4466	-55.68
2018	37030	51.81	19259	-3.35	17771	297.88

2016—2018年上海与巴林贸易情况表

年 份	进出口		出口		进口	
	金额(万美元)	比上年(±%)	金额(万美元)	比上年(±%)	金额(万美元)	比上年(±%)
2016	5903	-37.68	4831	-48.79	1072	2699.03
2017	7422	25.75	5638	16.72	1784	66.44
2018	12561	69.23	11541	104.68	1020	-42.83

2016—2018年上海与希腊贸易情况表

年 份	进出口		出口		进口	
	金额(万美元)	比上年(±%)	金额(万美元)	比上年(±%)	金额(万美元)	比上年(±%)
2016	32136	86.91	24873	130.98	7263	13.04
2017	29618	−7.84	19403	−21.99	10215	40.64
2018	34890	17.80	29265	50.83	5625	−44.94

2016—2018年上海与塞浦路斯贸易情况表

年 份	进出口		出口		进口	
	金额(万美元)	比上年(±%)	金额(万美元)	比上年(±%)	金额(万美元)	比上年(±%)
2016	1759	−47.24	1467	−54.04	292	106.91
2017	7461	324.13	6974	375.24	487	66.91
2018	2886	−61.31	2451	−64.85	435	−10.58

2016—2018年上海与埃及贸易情况表

年 份	进出口		出口		进口	
	金额(万美元)	比上年(±%)	金额(万美元)	比上年(±%)	金额(万美元)	比上年(±%)
2016	49324	3.59	39887	−2.63	9436	41.88
2017	39924	−19.06	27445	−31.19	12479	32.23
2018	58232	45.81	42299	54.06	15932	27.68

(三)南亚8国

2016—2018年上海与印度贸易情况表

年 份	进出口		出口		进口	
	金额(万美元)	比上年(±%)	金额(万美元)	比上年(±%)	金额(万美元)	比上年(±%)
2016	737409	−6.43	462118	−8.14	275292	−3.40
2017	871585	18.13	496010	7.23	375575	36.44
2018	936295	7.06	528415	6.50	404880	7.80

2016—2018年上海与巴基斯坦贸易情况表

年 份	进出口		出口		进口	
	金额(万美元)	比上年(±%)	金额(万美元)	比上年(±%)	金额(万美元)	比上年(±%)
2016	90149	3.93	77815	12.62	12334	−30.09

（续表）

年 份	进出口		出口		进口	
	金额(万美元)	比上年(±%)	金额(万美元)	比上年(±%)	金额(万美元)	比上年(±%)
2017	90253	0.11	77379	-0.56	12873	4.35
2018	100215	11.07	87848	13.57	12367	-3.93

2016—2018年上海与孟加拉贸易情况表

年 份	进出口		出口		进口	
	金额(万美元)	比上年(±%)	金额(万美元)	比上年(±%)	金额(万美元)	比上年(±%)
2016	137379	8.68	94263	8.70	43134	8.62
2017	131041	-4.63	88844	-5.76	42198	-2.17
2018	152306	16.22	100056	12.62	52250	23.82

2016—2018年上海与阿富汗贸易情况表

年 份	进出口		出口		进口	
	金额(万美元)	比上年(±%)	金额(万美元)	比上年(±%)	金额(万美元)	比上年(±%)
2016	1047	23.63	1042	25.19	5	-65.07
2017	662	-36.83	639	-38.71	23	346.33
2018	1678	153.67	1536	140.52	142	520.81

2016—2018年上海与斯里兰卡贸易情况表

年 份	进出口		出口		进口	
	金额(万美元)	比上年(±%)	金额(万美元)	比上年(±%)	金额(万美元)	比上年(±%)
2016	26858	-3.22	19539	-12.32	7319	33.85
2017	29590	10.17	21275	8.89	8314	13.60
2018	32576	10.09	23389	9.94	9187	10.49

2016—2018年上海与马尔代夫贸易情况表

年 份	进出口		出口		进口	
	金额(万美元)	比上年(±%)	金额(万美元)	比上年(±%)	金额(万美元)	比上年(±%)
2016	1013	125.90	1011	131.61	2	-86.81
2017	1516	49.69	1512	49.48	4	186.30
2018	974	-35.77	972	-35.69	2	62.58

2016—2018年上海与尼泊尔贸易情况表

年份	进出口		出口		进口	
	金额(万美元)	比上年(±%)	金额(万美元)	比上年(±%)	金额(万美元)	比上年(±%)
2016	1862	−1.38	1667	−0.61	195	−7.45
2017	3383	81.65	3150	88.97	233	19.17
2018	3768	10.83	3599	13.62	170	−27.14

2016—2018年上海与不丹贸易情况表

年份	进出口		出口		进口	
	金额(万美元)	比上年(±%)	金额(万美元)	比上年(±%)	金额(万美元)	比上年(±%)
2016	52	−35.63	52	7.41	0	—
2017	46	−11.23	46	−11.45	0	—
2018	26	−43.31	26	43.31	0	—

(四)中亚5国

2016—2018年上海与哈萨克斯坦

年份	进出口		出口		进口	
	金额(万美元)	比上年(±%)	金额(万美元)	比上年(±%)	金额(万美元)	比上年(±%)
2016	43391	−40.28	11481	−22.02	31910	−44.92
2017	37385	−13.84	12371	7.75	25015	−21.61
2018	55644	48.84	25994	110.14	29651	8.53

2016—2018年上海与乌兹别克斯坦贸易情况表

年份	进出口		出口		进口	
	金额(万美元)	比上年(±%)	金额(万美元)	比上年(±%)	金额(万美元)	比上年(±%)
2016	18557	87.00	6886	−20.92	11671	860.17
2017	15774	−15.00	9261	34.48	6513	−44.19
2018	22371	41.83	16353	76.59	6018	−7.59

2016—2018年上海与土库曼斯坦贸易情况表

年份	进出口		出口		进口	
	金额(万美元)	比上年(±%)	金额(万美元)	比上年(±%)	金额(万美元)	比上年(±%)
2016	1250	−42.08	864	−48.49	385	−19.62
2017	1132	−9.42	871	0.77	261	−32.28

（续表）

年 份	进出口		出口		进口	
	金额(万美元)	比上年(±%)	金额(万美元)	比上年(±%)	金额(万美元)	比上年(±%)
2018	640	−43.43	594	−31.79	46	−82.28

2016—2018年上海与塔吉克斯坦贸易情况表

年 份	进出口		出口		进口	
	金额(万美元)	比上年(±%)	金额(万美元)	比上年(±%)	金额(万美元)	比上年(±%)
2016	863	−27.36	860	−12.81	3	−98.39
2017	1270	47.12	1267	47.39	2	−24.26
2018	4194	230.01	4160	227.96	34	1280.66

2016—2018年上海与吉尔吉斯斯坦贸易情况表

年 份	进出口		出口		进口	
	金额(万美元)	比上年(±%)	金额(万美元)	比上年(±%)	金额(万美元)	比上年(±%)
2016	1665	−25.84	1663	−25.87	1	50.96
2017	1855	11.43	1852	11.35	3	119.51
2018	8401	352.95	8385	352.77	16	464.91

（五）独联体7国

2016—2018年上海与俄罗斯贸易情况表

年 份	进出口		出口		进口	
	金额(万美元)	比上年(±%)	金额(万美元)	比上年(±%)	金额(万美元)	比上年(±%)
2016	373141	−17.45	164659	−3.59	208482	−25.87
2017	441632	18.30	239849	45.60	201783	−3.25
2018	515575	16.75	284048	18.44	231527	14.73

2016—2018年上海与乌克兰贸易情况表

年 份	进出口		出口		进口	
	金额(万美元)	比上年(±%)	金额(万美元)	比上年(±%)	金额(万美元)	比上年(±%)
2016	45191	19.05	17975	14.33	27216	22.39
2017	50522	11.80	23965	33.32	26557	−2.42
2018	67174	32.99	34280	43.04	32894	23.91

2016—2018年上海与白俄罗斯贸易情况表

年份	进出口		出口		进口	
	金额(万美元)	比上年(±%)	金额(万美元)	比上年(±%)	金额(万美元)	比上年(±%)
2016	6422	73.17	5641	121.70	781	−32.91
2017	9656	50.38	8494	50.59	1163	48.88
2018	14413	49.26	12913	52.02	1500	29.05

2016—2018年上海与格鲁吉亚贸易情况表

年份	进出口		出口		进口	
	金额(万美元)	比上年(±%)	金额(万美元)	比上年(±%)	金额(万美元)	比上年(±%)
2016	3256	−17.42	2596	−21.42	661	3.22
2017	4816	47.87	3024	16.47	1792	171.27
2018	7124	47.93	5913	95.57	1812	64.33

2016—2018年上海与阿塞拜疆贸易情况表

年份	进出口		出口		进口	
	金额(万美元)	比上年(±%)	金额(万美元)	比上年(±%)	金额(万美元)	比上年(±%)
2016	1746	−35.67	1583	−16.94	164	−79.75
2017	2946	68.71	2859	80.68	87	−46.86
2018	4223	43.33	3967	38.75	256	193.80

2016—2018年上海与亚美尼亚贸易情况表

年份	进出口		出口		进口	
	金额(万美元)	比上年(±%)	金额(万美元)	比上年(±%)	金额(万美元)	比上年(±%)
2016	1070	−5.78	325	23.08	745	−14.53
2017	1662	55.27	559	72.00	1102	47.96
2018	2314	39.21	502	−10.30	1812	64.33

2016—2018年上海与摩尔多瓦贸易情况表

年份	进出口		出口		进口	
	金额(万美元)	比上年(±%)	金额(万美元)	比上年(±%)	金额(万美元)	比上年(±%)
2016	1339	−9.80	336	−1.32	1003	−12.33
2017	1763	31.70	470	39.98	1293	28.92
2018	2193	24.40	434	−7.70	1759	36.07

（六）中东欧16国

2016—2018年上海与波兰贸易情况表

年份	进出口		出口		进口	
	金额(万美元)	比上年(±%)	金额(万美元)	比上年(±%)	金额(万美元)	比上年(±%)
2016	166476	−13.00	98541	2.85	67935	−28.90
2017	187717	12.76	100860	2.35	86857	27.85
2018	192933	2.78	113302	12.34	79631	−8.32

2016—2017年上海与立陶宛贸易情况表

年份	进出口		出口		进口	
	金额(万美元)	比上年(±%)	金额(万美元)	比上年(±%)	金额(万美元)	比上年(±%)
2016	13415	−2.47	6509	−3.87	6906	−1.11
2017	15289	13.97	6621	1.72	8668	25.51
2018	19049	24.59	8039	21.41	11010	27.02

2016—2018年上海与爱沙尼亚贸易情况表

年份	进出口		出口		进口	
	金额(万美元)	比上年(±%)	金额(万美元)	比上年(±%)	金额(万美元)	比上年(±%)
2016	14560	13.95	9277	11.77	5283	18.00
2017	14622	43.56	7556	−18.55	7066	33.77
2018	11707	−19.94	7212	−4.55	4495	−36.39

2016—2018年上海与拉脱维亚贸易情况表

年份	进出口		出口		进口	
	金额(万美元)	比上年(±%)	金额(万美元)	比上年(±%)	金额(万美元)	比上年(±%)
2016	9543	28.05	6820	28.58	2722	26.75
2017	10211	7.01	7167	5.08	3044	11.84
2018	9626	−5.73	6177	−13.81	3449	13.29

2016—2018年上海与捷克贸易情况表

年份	进出口		出口		进口	
	金额(万美元)	比上年(±%)	金额(万美元)	比上年(±%)	金额(万美元)	比上年(±%)
2016	170646	−24.57	111575	−32.91	59071	−1.41
2017	222225	30.22	155675	39.51	66550	12.66
2018	273967	23.28	192554	23.69	81413	22.33

2016—2018年上海与斯洛伐克贸易情况表

年 份	进出口		出口		进口	
	金额(万美元)	比上年(±%)	金额(万美元)	比上年(±%)	金额(万美元)	比上年(±%)
2016	50037	29.73	20425	39.93	29612	23.53
2017	61481	22.87	29853	46.16	31627	6.81
2018	319242	419.26	29126	−2.44	290117	817.30

2016—2018年上海与匈牙利贸易情况表

年 份	进出口		出口		进口	
	金额(万美元)	比上年(±%)	金额(万美元)	比上年(±%)	金额(万美元)	比上年(±%)
2016	75339	10.99	20300	9.45	55039	11.57
2017	86889	15.33	21133	4.09	65756	19.47
2018	95134	9.49	27919	32.10	67215	2.22

2016—2018年上海与斯洛文尼亚贸易情况表

年 份	进出口		出口		进口	
	金额(万美元)	比上年(±%)	金额(万美元)	比上年(±%)	金额(万美元)	比上年(±%)
2016	18884	25.76	12611	35.80	6273	9.48
2017	19839	5.06	12370	−1.91	7469	19.06
2018	25074	26.36	14892	20.35	10182	36.33

2016—2018年上海与克罗地亚贸易情况表

年 份	进出口		出口		进口	
	金额(万美元)	比上年(±%)	金额(万美元)	比上年(±%)	金额(万美元)	比上年(±%)
2016	7906	44.43	3404	−7.64	4502	151.74
2017	7876	−0.74	4539	32.22	3338	−25.87
2018	8593	8.98	6341	39.46	2252	−32.54

2016—2018年上海与波黑贸易情况表

年 份	进出口		出口		进口	
	金额(万美元)	比上年(±%)	金额(万美元)	比上年(±%)	金额(万美元)	比上年(±%)
2016	2523	−31.91	283	−7.64	2240	−34.10
2017	3068	21.58	404	42.66	2664	18.92
2018	4060	32.33	320	−20.76	3740	40.38

2016—2018年上海与黑山贸易情况表

年份	进出口		出口		进口	
	金额(万美元)	比上年(±%)	金额(万美元)	比上年(±%)	金额(万美元)	比上年(±%)
2016	370	−68.93	312	−72.84	58	38.26
2017	700	88.82	333	6.40	367	533.40
2018	1268	81.10	557	67.26	711	93.64

2016—2018年上海与塞尔维亚贸易情况表

年份	进出口		出口		进口	
	金额(万美元)	比上年(±%)	金额(万美元)	比上年(±%)	金额(万美元)	比上年(±%)
2016	5346	32.59	1536	28.30	3810	34.40
2017	5963	11.53	2102	36.84	3861	1.33
2018	6844	14.78	3497	66.37	3347	−13.31

2016—2018年上海与阿尔巴尼亚贸易情况表

年份	进出口		出口		进口	
	金额(万美元)	比上年(±%)	金额(万美元)	比上年(±%)	金额(万美元)	比上年(±%)
2016	2153	−1.04	874	−3.89	1279	1.01
2017	2351	9.28	967	10.64	1384	8.35
2018	2202	−6.34	914	−5.42	1287	−6.99

2016—2018年上海与罗马尼亚贸易情况表

年份	进出口		出口		进口	
	金额(万美元)	比上年(±%)	金额(万美元)	比上年(±%)	金额(万美元)	比上年(±%)
2016	67941	4.98	21574	−0.46	46367	7.71
2017	78450	15.46	22849	5.90	55601	19.91
2018	84931	8.26	24563	7.50	60369	8.58

2016—2018年上海与保加利亚贸易情况表

年份	进出口		出口		进口	
	金额(万美元)	比上年(±%)	金额(万美元)	比上年(±%)	金额(万美元)	比上年(±%)
2016	20601	−32.76	6138	6.09	14463	−41.80
2017	24187	17.41	7078	15.33	17109	18.29
2018	24266	0.76	9053	27.89	15214	−10.53

2016—2018年上海与马其顿贸易情况表

年 份	进出口		出口		进口	
	金额(万美元)	比上年(±%)	金额(万美元)	比上年(±%)	金额(万美元)	比上年(±%)
2016	766	−4.47	204	7.57	562	−8.19
2017	1580	106.38	302	48.31	1278	127.40
2018	1705	7.90	431	42.83	1274	−0.35

三、商业、服务业

2018年全市经济社会发展总体平稳、稳中有进、稳中向好，经济发展的韧性、活力和包容性增强，高质量发展态势显现。

全年全市商品销售总额119461.28亿元，比上年增长5.6%；社会消费品零售总额12668.69亿元，增长7.9%。分行业看，批发和零售业零售额11568.83亿元，增长8.2%；住宿和餐饮业零售额1099.86亿元，增长4.2%。分商品类别看，家用电器和音像器材类、服装鞋帽针纺织品类以及化妆品类增长较快，增速分别为43.7%、14.2%和13.2%。全年无店铺零售业态零售额1925.99亿元，比上年增长13.8%，增速比上年提高4.4个百分点。其中，网上商店零售额1506.70亿元，增长15.8%，增速提高6.2个百分点。

2014—2018年上海社会消费品零售总额情况表

（单位：亿元）

年份	社会消费品零售总额	按商品用途分			
		食品类	衣着类	用品类	燃料类
2014	9303.49	2065.56	1313.05	5210.09	714.79
2015	10131.50	2248.70	1531.97	5769.28	581.55
2016	10946.57	2399.22	1776.87	6205.12	565.36
2017	11830.27	2485.79	2165.34	6450.15	728.99
2018	12668.69	2517.31	2535.51	6803.73	812.13

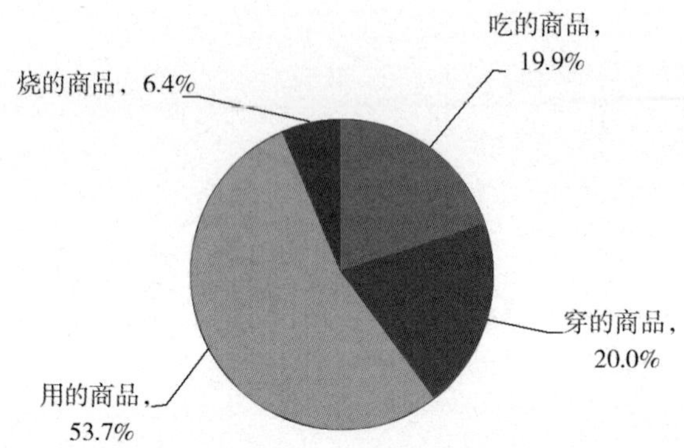

2018年上海社会消费品零售总额商品类别占比示意图

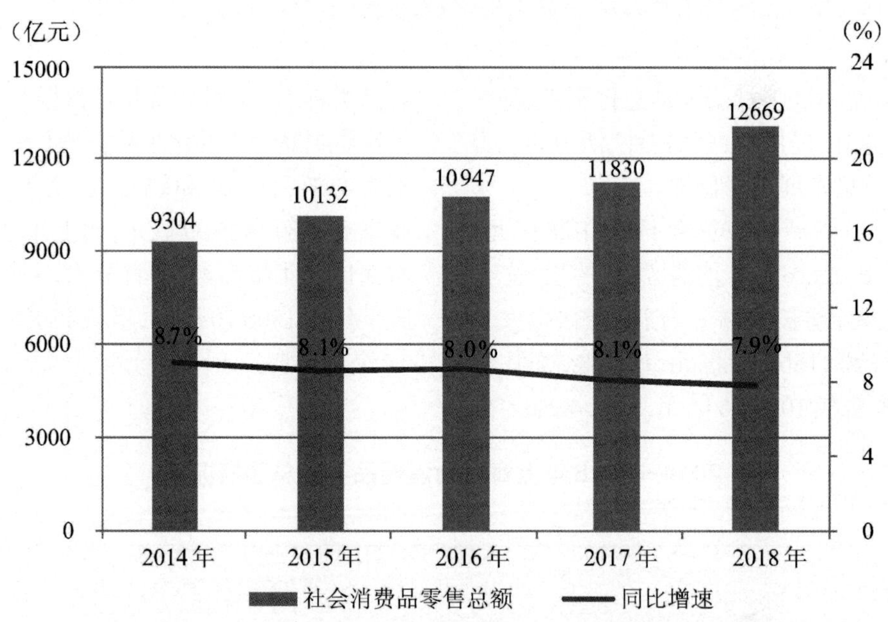

2014—2018年上海市社会消费品零售总额增长情况示意图

2018年上海社会消费品零售总额及其增长速度表

指标	绝对值(亿元)	比上年(±%)
社会消费品零售总额	12668.69	7.9
批发零售贸易业	11568.83	8.2
住宿餐饮业	1099.86	4.2
国　有	126.55	3.6
私　营	29.13	5.8
股份有限公司	49.96	-0.1
港澳台商投资	536.52	0.1
外商投资	3248.04	3.3
无店铺零售额	1925.99	13.8
网上商店零售额	1506.70	15.8

2018年上海居民消费价格指数表

指标	指数(以上年价格为100)
居民消费价格指数	101.6
食品烟酒	102.3
衣 着	98.3
居 住	100.2
生活用品及服务	101.4
交通和通信	104.0
教育文化和娱乐	103.1
医疗保健	102.4
其他用品和服务	102.4

2018年上海旅游设施情况表

指标	单位	绝对值
星级宾馆	家	206
五星级	家	72
四星级	家	65
旅行社	家	1639
经营出境旅游业务的旅行社	家	292
A级旅游景区(点)	个	113
5A级景区(点)	个	3
4A级景区(点)	个	59
红色旅游基地	个	34
全国红色旅游基地	个	12
旅游咨询服务中心	个	60
旅游集散中心站点	个	6

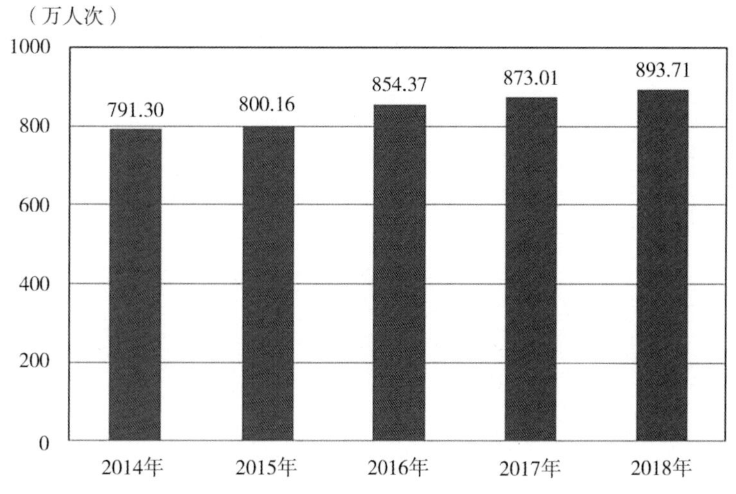

2014—2018年上海国际旅游入境人数增速图

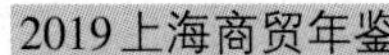

2016—2018年上海国际会展情况表

指标	2016年	2017年	2018年
举办国际会展次数(次)	287	293	300
国际会展展出总面积(万平方米)	1228	1329	1415

四、上海关区及市区进出口贸易

2015—2018年按国别(地区)分的上海关区出口总额情况表

(单位:亿美元)

国别(地区)	2015年	2016年	2017年	2018年
总计	5005.80	4798.74	5116.76	5624.46
亚洲	2145.10	2080.64	2191.83	2371.17
中国香港	260.67	249.00	252.50	268.03
中国台湾	137.00	139.29	149.05	161.37
日本	474.49	435.14	435.00	462.24
韩国	212.30	203.74	198.77	213.02
新加坡	117.74	104.80	113.33	117.66
马来西亚	78.47	78.97	85.31	95.77
泰国	99.26	100.48	109.65	116.87
菲律宾	49.70	44.95	51.96	62.02
巴基斯坦	32.55	46.09	49.13	46.97
科威特	5.48	5.66	7.05	6.94
沙特阿拉伯	34.23	27.58	26.88	26.39
阿拉伯联合酋长国	49.20	45.34	42.10	43.55
非洲	168.00	144.26	155.40	172.05
埃及	16.43	18.63	19.68	23.05
苏丹	3.20	2.41	2.69	1.91
欧洲	1033.36	973.63	1073.72	1169.54
德国	186.34	174.65	184.21	204.41
法国	75.35	71.91	79.06	83.79
意大利	84.83	79.83	86.88	96.37
荷兰	167.30	135.51	177.77	184.33
英国	142.14	125.96	128.61	132.90
瑞典	19.52	18.25	19.77	21.23

（续表）

国别(地区)	2015年	2016年	2017年	2018年
俄罗斯	55.68	51.14	65.50	74.09
美洲	1510.83	1457.21	1591.58	1747.63
美国	1127.24	1114.53	1199.32	1309.02
加拿大	75.11	70.52	82.46	88.74
巴西	76.11	61.60	75.74	89.73
智利	25.89	26.17	28.16	33.00
大洋洲	—	143.00	154.07	164.05
澳大利亚	118.27	115.08	129.06	140.87
新西兰	13.51	14.37	15.87	17.97
大洋洲其他国家(地区)	—	0. 01	—	0.03
其他	—	—	—	—

2015—2018年按国别(地区)分的上海关区进口总额情况表

（单位：亿美元）

国别(地区)	2015年	2016年	2017年	2018年
总计	3182.06	3127.25	3647.91	4090.77
亚洲	1599.12	1538.44	1843.72	2050.69
中国香港	8.97	23.97	10.02	20.89
中国台湾	225.94	230.80	265.40	290.22
日本	293.87	406.59	460.95	502.72
韩国	346.03	295.48	391.91	479.43
新加坡	73.92	69.92	106.57	87.58
马来西亚	120.27	110.83	123.89	129.33
泰国	62.99	64.38	74.20	76.65
菲律宾	33.81	31.03	34.87	42.31
巴基斯坦	3.81	3.06	3.51	3.30
科威特	0.47	0.58	0.35	0.37
沙特阿拉伯	14.08	10.47	13.50	19.92
阿拉伯联合酋长国	5.38	4.82	5.70	7.34
非洲	37.10	34.89	42.07	56.89
埃及	0.94	0.91	1.52	1.47
南非	14.04	14.13	0.06	0.04
欧洲	924.89	972.25	1081.72	1208.08
德国	297.18	304.92	350.45	379.70
法国	80.22	75.76	86.59	96.21
意大利	70.69	73.87	99.30	96.23
荷兰	24.85	28.50	27.11	30.36
英国	70.31	60.41	61.48	65.18

（续表）

国别(地区)	2015年	2016年	2017年	2018年
瑞典	34.62	33.61	42.42	49.44
俄罗斯	34.56	31.32	29.76	40.57
美洲	508.98	490.57	561.83	614.98
美国	344.59	327.66	377.16	382.92
加拿大	25.09	30.73	28.81	37.51
巴西	21.62	24.10	24.02	30.21
智利	57.45	54.65	66.20	87.58
大洋洲	—	90.58	118.01	159.14
澳大利亚	96.07	74.34	96.02	133.65
新西兰	14.40	15.86	21.33	25.10
大洋洲其他国家(地区)	—	—	—	0.00
其他	0.74	—	—	—

2014—2018年上海关区出口总额分类情况表

（单位：亿美元）

年份	关区出口总额	其中				
		一般贸易	来料加工装配贸易	进料加工贸易	对外承包工程货物	出料加工贸易
2014	5232.12	3112.37	126.18	1601.78	85.04	0.05
2015	5005.80	3016.20	133.26	1497.66	67.43	0.04
2016	4798.74	2978.08	132.05	1307.63	73.73	0.07
2017	5166.76	3256.88	135.63	1385.12	84.12	0.03
2018	5624.46	3666.32	116.73	1423.57	88.30	0.12

2014—2018年上海关区进口总额分类情况表

（单位：亿美元）

年份	关区出口总额	其中				
		一般贸易	来料加工装配贸易	进料加工贸易	对外承包工程货物	出料加工贸易
2014	3402.43	1777.08	164.31	568.61	26.63	40.52
2015	3182.06	1616.79	155.92	502.04	13.89	23.12
2016	3127.25	1674.22	141.84	452.20	9.00	2.87
2017	3647.91	2002.06	93.30	594.74	8.79	1.94
2018	4090.77	2234.96	61.41	750.68	6.68	2.95

资料来源：上海海关。

2014—2018年上海市进出口总额情况表

年份	进出口总额（亿美元）	进口总额（亿美元）	出口总额（亿美元）	进出口差额（亿美元）
2014	4666.22	2563.45	2102.78	-460.67
2015	4517.33	2547.64	1969.69	-577.95
2016	4338.05	2503.38	1834.67	-668.71
2017	4761.23	2824.42	1936.81	-887.61
2018	5156.49	3084.79	2071.70	-1013.09

资料来源：上海市统计局。

2014—2018年上海外贸进出口贸易额及其增长速度情况表

年份	进出口总额		出口额		进口额	
	金额(亿美元)	比上年(±%)	金额(亿美元)	比上年(±%)	金额(亿美元)	比上年(±%)
2014	4666.22	5.71	2102.78	2.95	2563.45	8.08
2015	4517.33	-3.19	1969.69	-6.33	2547.64	-6.17
2016	4338.05	-3.97	1834.67	-6.86	2503.38	-1.74
2017	4761.23	9.75	1936.81	5.57	2824.42	12.81
2018	5156.49	8.30	2071.70	6.97	3084.79	9.21

资料来源：上海市统计局。

2017—2018年上海与世界各地进出口贸易往来情况表

（单位：万美元）

国别（地区）	2017年				2018年			
	进出口	进口	出口	进出口差额	进出口	进口	出口	进出口差额
总值	47612300	28244200	19368100	-8876100	51564900	30847900	20717000	-10130900
亚洲	21649800	12913900	8735890	-4178010	23455800	13893800	9562010	-4331790
中国香港	1836070	39720	1796350	1756630	2171080	169836	2001240	1831404
印度	871585	375575	496010	120435	933295	404880	528415	123535
日本	5225130	3290190	1934940	-1355250	5753820	3602940	2150890	-1452050
韩国	2496440	1862320	634120	-1228200	267.3120	1985320	687805	-1297515
中国	1144490	0	1144490	1144490	1268310	1268310	—	—
中国台湾	2485810	1793420	692390	-1101030	2721570	1950790	770785	-1180005
东盟	6257490	3903510	2353980	-1549530	6407380	3834440	2572940	-1261500
马来西亚	1505120	1136740	368376	-768364	1572380	1145370	427014	-718256
新加坡	1632680	898307	734370	-163937	1375840	681734	694102	12368
泰国	904819	538632	366187	-172445	1026050	596485	429569	-166916
非洲	817951	437064	380887	-56177	991087	556508	434579	-121929

（续表）

国别（地区）	2017年				2018年			
	进出口	进口	出口	进出口差额	进出口	进口	出口	进出口差额
欧洲	12329900	8559050	3770810	−4788240	13386000	9274730	4111240	−5163490
英国	1069040	621827	447212	−174615	1076030	634464	441568	−192896
德国	3317320	2681050	636263	−2044787	3336970	2643290	693676	−1949614
法国	936092	713272	222820	−490452	1020000	780509	242087	−538422
意大利	1057440	792284	265154	−527130	1028040	740902	287137	−453765
荷兰	1176540	241378	935157	693779	1220550	246058	974489	728431
拉丁美洲	2424050	1505000	919046	−585954	2791250	1855820	935429	−920391
巴西	920552	720038	200514	−519524	1113180	902279	210897	−691382
智利	411025	331552	79473	−252079	501071	417170	83902	−333268
北美洲	8227630	3325310	4902320	1577010	8378730	3355370	5023370	1668000
美国	7701100	3055350	4645750	1590400	7688690	2937670	4751010	1813340
大洋洲	2157420	1499400	658016	−841384	2553400	1903040	650351	−1252689
澳大利亚	1834010	1304480	529536	−774944	2220430	1679910	540526	−1139384

2015—2018年上海外贸出口市场构成情况表

国别（地区）	2015年		2016年		2017年		2018年	
	出口额（万美元）	占比（%）	出口额（万美元）	占比（%）	出口额（万美元）	占比（%）	出口额（万美元）	占比（%）
总值	19696900	100.00	18346700	100.00	19368100	100.00	20717000	100.00
亚洲	9113280	46.27	8585460	46.80	8735890	45.11	9562010	46.16
中国香港	1934340	9.82	1813960	9.89	1796350	9.28	2001240	9.66
印度	503084	2.55	462118	2.52	496010	2.56	528415	2.55
日本	2132220	10.83	1920680	10.47	1934940	9.99	2150890	10.38
韩国	847982	4.30	734451	4.00	634120	3.27	687805	3.32
中国台湾	612301	3.11	644102	3.51	692390	3.58	770785	3.72
东盟	2202980	11.18	2192050	11.95	2353980	12.15	2572940	12.42
马来西亚	357797	1.82	354834	1.93	368376	1.90	427014	2.06
新加坡	701671	3.56	662471	3.61	734370	3.79	694102	3.35
泰国	349253	1.77	359879	1.96	366187	1.89	429569	2.07
非洲	417953	2.12	365203	1.99	380887	1.97	434579	2.10
欧洲	3876090	19.68	3286680	17.91	3770810	19.47	4111240	19.85
英国	564534	2.87	436895	2.38	447212	2.31	441568	2.13
德国	695176	3.53	589900	3.22	636263	3.29	693676	3.35
法国	246397	1.25	217738	1.19	222820	1.15	242087	1.17
意大利	273986	1.39	242109	1.32	265154	1.37	287137	1.39
荷兰	906938	4.60	604705	3.30	935157	4.83	974489	4.70

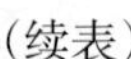
（续表）

国别（地区）	2015年		2016年		2017年		2018年	
	出口额（万美元）	占比（%）	出口额（万美元）	占比（%）	出口额（万美元）	占比（%）	出口额（万美元）	占比（%）
拉丁美洲	831160	4.22	743848	4.05	919046	4.75	935429	4.52
巴 西	189798	0.96	159132	0.87	200514	1.04	210897	1.02
智 利	62691	0.32	62341	0.34	79473	0.41	83902	0.41
北 美 洲	4768540	24.21	4691820	25.57	4902320	25.31	5023370	24.25
美 国	4557890	23.14	4491630	24.48	4645750	23.99	4751010	22.25
大 洋 洲	689871	3.50	673696	3.67	658016	3.40	650351	3.14
澳大利亚	501821	2.55	490142	2.67	529536	2.73	540526	2.61

2015—2018年上海外贸进口市场构成情况表

国别（地区）	2015年		2016年		2017年		2018年	
	进口额（万美元）	占比（%）	进口额（万美元）	占比（%）	进口额（万美元）	占比（%）	进口额（万美元）	占比（%）
总 值	25476400	100.00	25033800	100.00	28244200	100.00	30847900	100.00
亚 洲	11851400	46.52	11467500	45.81	12913900	45.72	13893800	45.04
中国香港	212578	0.83	408637	1.63	39720	0.14	169836	0.55
印 度	284926	1.12	275292	1.10	375575	1.33	404880	1.31
日 本	2853870	11.20	2931210	11.71	3290190	11.65	3602940	11.68
韩 国	2020310	7.93	1633170	6.52	1862320	6.59	1985320	6.44
中 国	1313510	5.16	1054750	4.21			1268310	4.11
中国台湾	1556450	6.11	1588630	6.35	1793420	6.35	1950790	6.32
东 盟	3136970	12.31	3132090	12.51	3903510	13.82	3834440	12.43
马来西亚	1113790	4.37	1022420	4.08	1136740	4.03	1145370	3.71
新 加 坡	579542	2.28	588154	2.35	898307	3.18	681734	2.21
泰 国	447097	1.76	453662	1.81	538632	1.91	596485	1.93
非 洲	344679	1.35	368724	1.47	437064	1.55	556508	1.80
欧 洲	7551280	29.64	7799860	31.16	8559050	30.30	9274730	30.07
英 国	643841	2.53	580364	2.32	621827	2.20	634464	2.06
德 国	2247210	8.82	2339980	9.35	2681050	9.49	2643290	8.57
法 国	692095	2.72	629435	2.51	713272	2.53	780509	2.53
意 大 利	551350	2.16	573324	2.29	792284	2.81	740902	2.40
荷 兰	205021	0.81	207072	0.83	241378	0.86	246058	0.80
拉丁美洲	1311870	5.15	1209510	4.83	1505000	5.33	1855820	6.02
巴 西	433113	1.70	446063	1.78	720038	2.55	902279	2.93
智 利	415567	1.63	355240	1.42	331552	1.17	417170	1.35
北 美 洲	3142480	12.34	3006870	12.01	3325310	11.77	3355370	10.88

（续表）

国别（地区）	2015年		2016年		2017年		2018年	
	进口额（万美元）	占比（%）	进口额（万美元）	占比（%）	进口额（万美元）	占比（%）	进口额（万美元）	占比（%）
美国	2853140	11.20	2712390	10.84	3055350	10.82	2937670	8.52
大洋洲	1259110	4.94	1177510	4.70	1499400	5.31	1903040	6.17
澳大利亚	1132920	4.45	1010970	4.04	1304480	4.62	1679910	5.45

说明：1.根据2006年3月1日起施行的《中华人民共和国海关统计条例》中第九条，如果货物的原产国是中国，那么进口该货物的原产国统计就列名为中国，也就是国货复进口。

2.以上进出口资料来源除已注明来自上海市统计局外，其余均来自上海海关。

第十编　商贸便览

一、上海商贸资料

2018年中国及上海商贸情况对照表

类别	项目	单位	中国		上海	
			数量	比上年（±%）	数量	比上年（±%）
国内生产总值	国内生产总值	亿元	900309	6.6	32679.87	6.6
	其中：第一产业增加值	亿元	64734	3.5	104.37	-6.9
	第二产业增加值	亿元	366001	5.8	9732.54	1.8
	第三产业增加值	亿元	469575	7.6	22842.96	8.7
	其中：商业增加值	亿元	—	—	—	—
国内贸易	商品销售总额	亿元	338271	8.9	119500	5.6
	社会消费品零售总额	亿元	380987	9.0	12668.69	7.9
	电子商务消费额	亿元	—	—	28938.20	19.3
	其中：B2B	亿元	—	—	18552.60	14.1
	网上购物	亿元	70198	25.4	1506.70	15.8
货物贸易	进出口总额	亿元	305050	9.7	34009.93	5.5
	其中：出口额	亿元	164177	7.1	13666.85	4.2
	进口额	亿元	140874	12.9	20343.08	6.4
服务贸易	进出口总额	亿元	52402	11.5	—	—
	其中：出口额	亿元	17658	14.6	—	—
	进口额	亿元	34744	10.0	—	—
利用外资	新批外资项目	个	60533	69.8	5597.00	41.7
	合同利用外资	亿美元	—	—	469.37	16.8
	实际利用外资	亿美元	1350	3.0	173.00	1.7
	累计利用外资	亿美元	—	—	—	—
总部经济	累计：在沪跨国公司地区总部	家	—	—	670.00	7.2
	投资性公司	家	—	—	360.00	4.3
	研发中心	家	—	—	441.00	3.5

（续表）

类别	项目	单位	中国		上海	
			数量	比上年（±%）	数量	比上年（±%）
总部经济	累计：在沪跨国公司地区总部	家	—	—	670.00	7.2
	投资性公司	家	—	—	360.00	4.3
	研发中心	家	—	—	441.00	3.5
对外投资	新批对外投资项目	个	—	—	792.00	30.3
	投资总额	亿美元	—	—	—	—
	其中：中方投资总额	亿美元	—	—	168.70	57.0
对外经济合作	新签对外承包工程合同额	亿美元	—	—	119.00	9.6
	完成营业额	亿美元	1690	0.3	75.40	24.1
	派出劳务人员	万人次	49	—	0.88	-37.0
	年末在外人员	万人	—	—	—	—

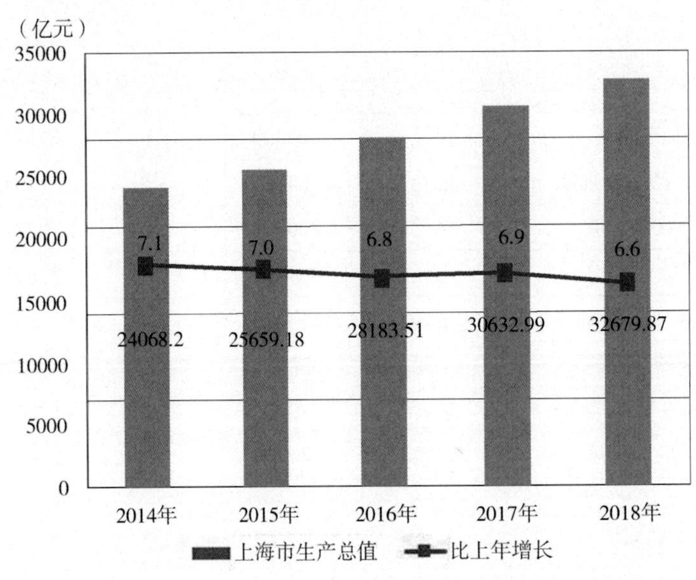

2014—2018年上海市生产总值及其增长速度图

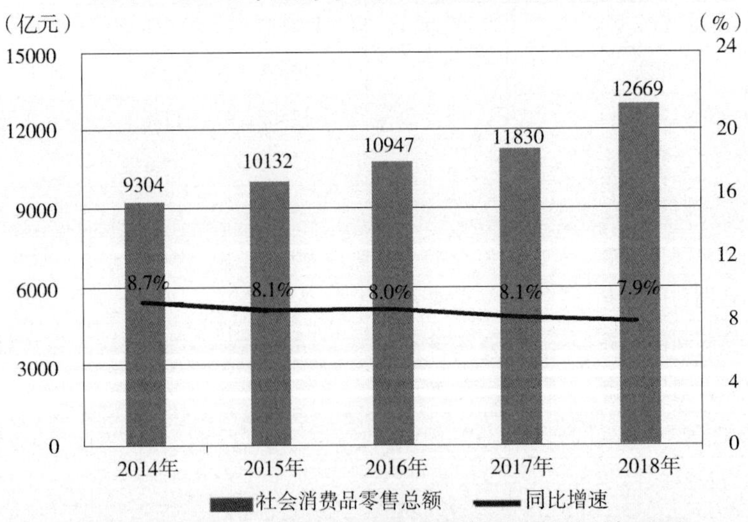

2014—2018年上海社会消费品零售总额增长情况图

2018年中国(上海)自由贸易试验区主要经济指标及其增长速度表

指标	单位	绝对值	比上年(±%)
税收总额	亿元	2680.20	12.1
一般公共预算收入	亿元	648.16	12.0
外商直接投资实际到位金额	亿美元	67.70	–3.5
全社会固定资产投资总额	亿元	638.07	–6.2
规模以上工业总产值	亿元	4965.00	–0.7
社会消费品零售额	亿元	1515.67	1.4
商品销售总额	亿元	40874.86	7.2
服务业营业收入	亿元	5723.97	11.8
外贸进出口总额	亿元	14600.00	4.1
出口额	亿元	4542.50	8.3
期末监管类金融机构数	个	887	4.5

2018年上海市进出口贸易往来前20位国家(地区)一览表

排序	国别(地区)	进出口额(万美元)	比上年(±%)	排序	国别(地区)	进出口额(万美元)	比上年(±%)
1	美　国	7688685	–0.16	11	中　国	1268310	10.82
2	日　本	5753824	10.10	12	荷　兰	1220547	3.70
3	德　国	3336969	0.59	13	巴　西	1113176	20.93
4	中国台湾	2721570	9.54	14	英　国	1076032	0.66
5	韩　国	2673119	7.05	15	意大利	1028039	2.77
6	澳大利亚	2220434	21.03	16	泰　国	1026053	13.39
7	中国香港	2171079	18.25	17	法　国	1022597	9.24
8	瑞　士	1910503	17.45	18	越　南	1007360	9.10
9	马来西亚	1572379	4.47	19	印　度	933295	7.06
10	新加坡	1375837	15.70	20	智　利	501071	21.91

历届中国华东进出口商品交易会一览表

届次	年份	展馆(万平方米)	摊位(个)	参展省市(个)	参展企业(家)	到会外商(人次)	国别(地)(个)	总成交额(万美元)
1	1991	22.10	1050	7	607	6018	71	102261
2	1992	2.90	1450	7	700	6341	78	133247
3	1993	3.50	1750	15	1000	6741	84	164784
4	1994	3.60	1800	20	1000	7788	90	180508
5	1995	5.10	2500	36	1400	7906	100	214100
6	1996	4.90	2500	37	1500	7543	104	223600
7	1997	6.42	2537	35	1500	7738	125	223144
8	1998	6.38	2625	33	2000	6518	150	195500

（续表）

届次	年份	展馆（万平方米）	摊位（个）	参展省市（个）	参展企业（家）	到会外商（人次）	国别（地）（个）	总成交额（万美元）
9	1999	5.18	2216	32	2000	6108	130	120600
10	2000	4.40	1926	32	1926	7277	120	129500
11	2001	6.12	2807	37	340	10562	126	153200
12	2002	5.76	2850	35	3000	13646	154	168900
13	2003	5.75	2966	35	3000	15749	175	204000
14	2004	8.05	4158	14	3100	18915	—	255900
15	2005	8.05	4158	39	3300	20558	151	297372
16	2006	10.35	5346	39	3540	23660	—	332119
17	2007	10.35	5346	39	3522	18557	117	355300
18	2008	10.35	5346	39	3592	19263	145	367800
19	2009	10.35	5312	39	3500	18229	140	224000
20	2010	10.35	5310	39	3376	19029	123	273300
21	2011	10.35	5310	39	3326	20105	133	283900
22	2012	11.50	5880	39	3420	21124	128	312200
23	2013	11.50	5880	39	3607	20016	115	275900
24	2014	11.50	5780	13	3441	21433	117	275900
25	2015	11.50	5780	13	3378	21200	114	256600
26	2016	11.50	5480	—	3153	21454	114	231000
27	2017	12.09	5670	13	3900	22140	110	231700
28	2018	12.36	5707	12	4600	22311	109	232000

2018年上海企业100强名单

排序	企业名称	排序	企业名称
001	上海汽车集团股份有限公司	015	上海烟草集团有限责任公司
002	中国宝武钢铁集团有限公司	016	中国东方航空集团有限公司
003	交通银行股份有限公司	017	上海均和集团有限公司
004	中国太平洋保险(集团)股份有限公司	018	东方国际(集团)有限公司
005	上海浦东发展银行股份有限公司	019	中国石化上海石油化工股份有限公司
006	绿地控股集团股份有限公司	020	上海电气(集团)总公司
007	中国建筑第八工程局有限公司	021	国网上海市电力公司
008	光明食品(集团)有限公司	022	复星国际有限公司
009	上海万科企业有限公司	023	上海银行股份有限公司
010	益海嘉里投资有限公司	024	上海钢联电子商务股份有限公司
011	上海建工集团股份有限公司	025	上海华谊(集团)公司
012	东浩兰生(集团)有限公司	026	上海永达控股(集团)有限公司
013	太平人寿保险有限公司	027	百联集团有限公司
014	上海医药集团股份有限公司	028	上海找钢网信息科技股份有限公司

（续表）

排序	企业名称	排序	企业名称
029	中智上海经济技术合作公司	065	上海苏宁云商销售有限公司
030	上海仪电（集团）有限公司	066	上海大名城企业股份有限公司
031	上海城建（集团）公司	067	上海展志实业集团有限责任公司
032	老凤祥股份有限公司	068	上海广微投资有限公司
033	中运富通控股集团有限公司	069	上海交运（集团）公司
034	申能（集团）有限公司	070	中国建材国际工程集团有限公司
035	上海国际港务（集团）股份有限公司	071	上海外高桥造船有限公司
036	上海农村商业银行股份有限公司	072	上海鑫冶铜业有限公司
037	环旭电子股份有限公司	073	上海龙旗科技股份有限公司
038	海通证券股份有限公司	074	上海紫江企业集团股份有限公司
039	上海均瑶（集团）有限公司	075	五冶集团上海有限公司
040	上海宝冶集团有限公司	076	上海新世界（集团）有限公司
041	中铁上海工程局集团有限公司	077	中兵（上海）有限责任公司
042	中铁二十四局集团有限公司	078	上海临港经济发展（集团）有限公司
043	上海城投（集团）有限公司	079	上海百润企业发展有限公司
044	上海振华重工（集团）股份有限公司	080	亿达中国控股有限公司
045	中芯国际集成电路制造有限公司	081	上海东方电视购物有限公司
046	中国万向控股有限公司	082	欧普照明股份有限公司
047	德邦物流股份有限公司	083	正泰电气股份有限公司
048	月星集团有限公司	084	上海家化联合股份有限公司
049	沪东中华造船（集团）有限公司	085	上海美特斯邦威服饰股份有限公司
050	上海中梁地产集团有限公司	086	上海晨光文具股份有限公司
051	上海胜华电缆(集团)有限公司	087	鹏欣环球资源股份有限公司
052	上海龙宇燃油股份有限公司	088	上海汉滨实业发展有限公司
053	奥盛集团有限公司	089	科世达（上海）管理有限公司
054	上海三盛宏业投资（集团）有限责任公司	090	上海申华控股股份有限公司
055	上海机场（集团）有限公司	091	上海置信电气股份有限公司
056	协鑫集成科技股份有限公司	092	远纺工业（上海）有限公司
057	上海春秋国际旅行社（集团）有限公司	093	网宿科技股份有限公司
058	江南造船（集团）有限责任公司	094	龙盛集团控股（上海）有限公司
059	上海闽路润贸易有限公司	095	华东建筑集团股份有限公司
060	致达控股集团有限公司	096	上海三爱富新材料股份有限公司
061	大华(集团)有限公司	097	福然德股份有限公司
062	上海华虹（集团）有限公司	098	上海浦原对外经贸有限公司
063	上海景域文化传播股份有限公司	099	上海亚泰建设集团有限公司
064	红星美凯龙家居集团股份有限公司	100	阿克苏诺贝尔太古漆油（上海）有限公司

2018年上海制造业企业100强名单

排序	企业名称	排序	企业名称
001	上海汽车集团股份有限公司	037	阿克苏诺贝尔太古漆油(上海)有限公司
002	中国宝武钢铁集团有限公司	038	上海菱重增压器有限公司
003	光明食品(集团)有限公司	039	上海起帆电缆股份有限公司
004	益海嘉里投资有限公司	040	思源电气股份有限公司
005	上海医药集团股份有限公司	041	上海斐讯数据通信技术有限公司
006	上海烟草集团有限责任公司	042	上海申龙客车有限公司
007	中国石化上海石油化工股份有限公司	043	新大洲本田摩托有限公司
008	上海电气(集团)总公司	044	上海加冷松芝汽车空调股份有限公司
009	复星国际有限公司	045	上海太太乐食品有限公司
010	上海华谊(集团)公司	046	上海新朋实业股份有限公司
011	上海仪电(集团)有限公司	047	上海飞科电器股份有限公司
012	老凤祥股份有限公司	048	金安国纪科技股份有限公司
013	中运富通控股集团有限公司	049	伽蓝(集团)股份有限公司
014	环旭电子股份有限公司	050	上海新时达电气股份有限公司
015	上海振华重工(集团)股份有限公司	051	上海普利特复合材料股份有限公司
016	中芯国际集成电路制造有限公司	052	上海金发科技发展有限公司
017	沪东中华造船(集团)有限公司	053	上海岱美汽车内饰件股份有限公司
018	上海胜华电缆(集团)有限公司	054	太安堂集团有限公司
019	奥盛集团有限公司	055	上海永利带业股份有限公司
020	协鑫集成科技股份有限公司	056	亚东石化(上海)有限公司
021	江南造船(集团)有限责任公司	057	上海东隆羽绒制品有限公司
022	致达控股集团有限公司	058	上海凯泉泵业(集团)有限公司
023	上海华虹(集团)有限公司	059	科大智能科技股份有限公司
024	上海外高桥造船有限公司	060	上海华峰超纤材料股份有限公司
025	上海鑫冶铜业有限公司	061	上海剑桥科技股份有限公司
026	上海紫江企业集团股份有限公司	062	上海韦尔半导体股份有限公司
027	欧普照明股份有限公司	063	上海界龙集团有限公司
028	正泰电气股份有限公司	064	爱普香料集团股份有限公司
029	上海家化联合股份有限公司	065	蒂森克虏伯电梯(上海)有限公司
030	上海美特斯邦威服饰股份有限公司	066	上海璞泰来新能源科技股份有限公司
031	上海晨光文具股份有限公司	067	上海高桥电缆集团有限公司
032	鹏欣环球资源股份有限公司	068	上海合全药业股份有限公司
033	科世达(上海)管理有限公司	069	上海保隆汽车科技股份有限公司
034	上海置信电气股份有限公司	070	上海联明投资集团有限公司
035	远纺工业(上海)有限公司	071	上海海得控制系统股份有限公司
036	上海三爱富新材料股份有限公司	072	鹏起科技发展股份有限公司

（续表）

排序	企业名称	排序	企业名称
073	上海锦湖日丽塑料有限公司	087	上海凯宝药业股份有限公司
074	上海龙阳精密复合铜管有限公司	088	柯马(上海)工程有限公司
075	上海顺灏新材料科技股份有限公司	089	上海杨铜电气成套有限公司
076	上海恩梯恩精密机电有限公司	090	华荣科技股份有限公司
077	上海荣泰健康科技股份有限公司	091	上海连成(集团)有限公司
078	上海神奇制药投资管理股份有限公司	092	上海良信电器股份有限公司
079	上海东富龙科技股份有限公司	093	上海汇得科技股份有限公司
080	上海南大集团有限公司	094	亚士创能科技(上海)股份有限公司
081	上海鸣志电器股份有限公司	095	上海安诺其集团股份有限公司
082	南亚新材料科技股份有限公司	096	上海雪榕生物科技股份有限公司
083	上海双鹿上菱企业集团有限公司	097	上海明凯投资(集团)有限公司
084	上海汉钟精机股份有限公司	098	上海福尔欣线缆有限公司
085	上海科华生物工程股份有限公司	099	上海康德莱企业发展集团股份有限公司
086	上海泰胜风能装备股份有限公司	100	上海创力集团股份有限公司

2018年上海服务业企业100强名单

排序	企业名称	排序	企业名称
001	交通银行股份有限公司	021	海通证券股份有限公司
002	中国太平洋保险(集团)股份有限公司	022	上海均瑶(集团)有限公司
003	上海浦东发展银行股份有限公司	023	上海城投(集团)有限公司
004	绿地控股集团股份有限公司	024	中国万向控股有限公司
005	上海万科企业有限公司	025	德邦物流股份有限公司
006	东浩兰生(集团)有限公司	026	月星集团有限公司
007	太平人寿保险有限公司	027	上海中梁地产集团有限公司
008	中国东方航空集团公司	028	上海龙宇燃油股份有限公司
009	上海均和集团有限公司	029	上海三盛宏业投资(集团)有限责任公司
010	东方国际(集团)有限公司	030	上海机场(集团)有限公司
011	国网上海市电力公司	031	上海春秋国际旅行社(集团)有限公司
012	上海银行股份有限公司	032	上海闽路润贸易有限公司
013	上海钢联电子商务股份有限公司	033	大华(集团)有限公司
014	上海永达控股(集团)有限公司	034	上海景域文化传播股份有限公司
015	百联集团有限公司	035	红星美凯龙控股集团有限公司
016	上海找钢网信息科技股份有限公司	036	上海苏宁云商销售有限公司
017	中智上海经济技术合作公司	037	上海大名城企业股份有限公司
018	申能(集团)有限公司	038	上海展志实业集团有限责任公司
019	上海国际港务(集团)股份有限公司	039	上海广微投资有限公司
020	上海农村商业银行股份有限公司	040	上海交运(集团)公司

（续表）

排序	企业名称	排序	企业名称
041	中国建材国际工程集团有限公司	071	上海金桥(集团)有限公司
042	上海龙旗科技股份有限公司	072	上海江杰荣泰置业(集团)有限公司
043	上海新世界(集团)有限公司	073	上海吉电电子技术有限公司
044	中兵(上海)有限责任公司	074	大众交通(集团)股份有限公司
045	上海临港经济发展(集团)有限公司	075	东方财富信息股份有限公司
046	上海百润企业发展有限公司	076	万达信息股份有限公司
047	亿达中国控股有限公司	077	上海淮海商业(集团)有限公司
048	上海东方电视购物有限公司	078	上海汉得信息技术股份有限公司
049	上海汉滨实业发展有限公司	079	上海恒升企业(集团)有限公司
050	上海申华控股股份有限公司	080	上海三湘(集团)有限公司
051	网宿科技股份有限公司	081	华丽家族股份有限公司
052	龙盛集团控股(上海)有限公司	082	上海康耐特旗计智能科技集团股份有限公司
053	福然德股份有限公司	083	上海怡亚通供应链有限公司
054	上海浦原对外经贸公司	084	上海润欣科技股份有限公司
055	上海大众公用事业(集团)股份有限公司	085	上海爱婴室商务服务股份有限公司
056	永乐(中国)电器销售有限公司	086	上海雅仕投资发展股份有限公司
057	上海金开利集团有限公司	087	上海环创机电工程有限公司
058	上海润达医疗科技股份有限公司	088	上海大汉三通通信股份有限公司
059	中国海诚工程科技股份有限公司	089	劲霸男装(上海)有限公司
060	上海丝绸集团股份有限公司	090	上海风语筑展示股份有限公司
061	中锐控股集团有限公司	091	天海融合防务装备技术股份有限公司
062	上海强生控股股份有限公司	092	上海厂长经理人才有限公司
063	上海中晨电子商务股份有限公司	093	上海复医天健医疗服务产业股份有限公司
064	上海来伊份股份有限公司	094	上海龙韵广告传播股份有限公司
065	金鹏航空股份有限公司	095	上海新文化传媒集团股份有限公司
066	上海钢宇实业集团有限公司	096	上海东铪商贸有限公司
067	上海二三四五网络控股集团股份有限公司	097	鼎捷软件股份有限公司
068	恺英网络股份有限公司	098	卫宁健康科技集团股份有限公司
069	光大嘉宝股份有限公司	099	上海增裕实业有限公司
070	中钢银通电子商务股份有限公司	100	东奉集团有限公司

2018年上海民营企业100强名单

排序	企业名称	排序	企业名称
001	上海万科企业有限公司	006	中运富通控股集团有限公司
002	复星国际有限公司	007	上海均瑶(集团)有限公司
003	上海钢联电子商务股份有限公司	008	中国万向控股有限公司
004	上海永达控股(集团)有限公司	009	德邦物流股份有限公司
005	上海找钢网信息科技股份有限公司	010	月星集团有限公司

（续表）

排序	企业名称	排序	企业名称
011	上海中梁地产集团有限公司	048	思源电气股份有限公司
012	上海胜华电缆(集团)有限公司	049	上海斐讯数据通信技术有限公司
013	上海龙宇燃油股份有限公司	050	上海申龙客车有限公司
014	奥盛集团有限公司	051	上海金开利集团有限公司
015	上海三盛宏业投资（集团）有限责任公司	052	上海润达医疗科技股份有限公司
016	协鑫集成科技股份有限公司	053	上海丝绸集团股份有限公司
017	上海春秋国际旅行社（集团）有限公司	054	上海加冷松芝汽车空调股份有限公司
018	致达控股集团有限公司	055	中锐控股集团有限公司
019	大华(集团)有限公司	056	上海中晨电子商务股份有限公司
020	源山投资控股有限公司	057	上海新朋实业股份有限公司
021	上海景域文化传播股份有限公司	058	上海飞科电器股份有限公司
022	红星美凯龙控股集团有限公司	059	金安国纪科技股份有限公司
023	上海苏宁云商销售有限公司	060	上海来伊份股份有限公司
024	上海大名城企业股份有限公司	061	伽蓝（集团）股份有限公司
025	上海展志实业集团有限责任公司	062	上海新时达电气股份有限公司
026	上海广微投资有限公司	063	上海普利特复合材料股份有限公司
027	上海鑫冶铜业有限公司	064	金鹏航空股份有限公司
028	上海龙旗科技股份有限公司	065	上海金发科技发展有限公司
029	上海紫江企业集团股份有限公司	066	上海岱美汽车内饰件股份有限公司
030	上海百润企业发展有限公司	067	太安堂集团有限公司
031	亿达中国控股有限公司	068	上海钢宇实业集团有限公司
032	欧普照明股份有限公司	069	上海二三四五网络控股集团股份有限公司
033	正泰电气股份有限公司	070	恺英网络股份有限公司
034	上海家化联合股份有限公司	071	上海永利带业股份有限公司
035	上海美特斯邦威服饰股份有限公司	072	光大嘉宝股份有限公司
036	上海晨光文具股份有限公司	073	中钢银通电子商务股份有限公司
037	鹏欣环球资源股份有限公司	074	红阳建工集团有限公司
038	上海汉滨实业发展有限公司	075	上海江杰荣泰置业（集团）有限公司
039	网宿科技股份有限公司	076	上海东隆羽绒制品有限公司
040	龙盛集团控股（上海）有限公司	077	上海吉电电子技术有限公司
041	福然德股份有限公司	078	上海凯泉泵业（集团）有限公司
042	上海亚泰建设集团有限公司	079	科大智能科技股份有限公司
043	上海大众公用事业（集团）股份有限公司	080	大众交通（集团）股份有限公司
044	上海起帆电缆股份有限公司	081	东方财富信息股份有限公司
045	上海全筑建筑装饰集团股份有限公司	082	上海华峰超纤材料股份有限公司
046	永乐(中国)电器销售有限公司	083	上海剑桥科技股份有限公司
047	上海海怡建设(集团)有限公司	084	万达信息股份有限公司

（续表）

排序	企业名称	排序	企业名称
085	上海韦尔半导体股份有限公司	093	上海保隆汽车科技股份有限公司
086	上海界龙集团有限公司	094	上海联明投资集团有限公司
087	上海森信建设集团有限公司	095	上海海得控制系统股份有限公司
088	上海高桥电缆集团有限公司	096	鹏起科技发展股份有限公司
089	上海合全药业股份有限公司	097	上海康耐特旗计智能科技集团股份有限公司
090	上海恒升企业（集团）有限公司	098	上海锦湖日丽塑料有限公司
091	上海三湘（集团）有限公司	099	上海怡亚通供应链有限公司
092	华丽家族股份有限公司	100	上海荣泰健康科技股份有限公司

2018年上海民营制造业企业100强名单

排序	企业名称	排序	企业名称
001	复星国际有限公司	028	太安堂集团有限公司
002	中运富通控股集团有限公司	029	上海永利带业股份有限公司
003	上海胜华电缆(集团)有限公司	030	上海东隆羽绒制品有限公司
004	奥盛集团有限公司	031	上海凯泉泵业（集团）有限公司
005	协鑫集成科技股份有限公司	032	科大智能科技股份有限公司
006	致达控股集团有限公司	033	上海华峰超纤材料股份有限公司
007	上海鑫冶铜业有限公司	034	上海剑桥科技股份有限公司
008	上海紫江企业集团股份有限公司	035	上海韦尔半导体股份有限公司
009	欧普照明股份有限公司	036	上海界龙集团有限公司
010	正泰电气股份有限公司	037	爱普香料集团股份有限公司
011	上海家化联合股份有限公司	038	上海璞泰来新能源科技股份有限公司
012	上海美特斯邦威服饰股份有限公司	039	上海高桥电缆集团有限公司
013	上海晨光文具股份有限公司	040	上海合全药业股份有限公司
014	鹏欣环球资源股份有限公司	041	上海保隆汽车科技股份有限公司
015	上海起帆电缆股份有限公司	042	上海联明投资集团有限公司
016	思源电气股份有限公司	043	上海海得控制系统股份有限公司
017	上海斐讯数据通信技术有限公司	044	鹏起科技发展股份有限公司
018	上海申龙客车有限公司	045	上海锦湖日丽塑料有限公司
019	上海加冷松芝汽车空调股份有限公司	046	上海顺灏新材料科技股份有限公司
020	上海新朋实业股份有限公司	047	上海荣泰健康科技股份有限公司
021	上海飞科电器股份有限公司	048	上海神奇制药投资管理股份有限公司
022	金安国纪科技股份有限公司	049	上海东富龙科技股份有限公司
023	伽蓝（集团）股份有限公司	050	上海南大集团有限公司
024	上海新时达电气股份有限公司	051	上海鸣志电器股份有限公司
025	上海普利特复合材料股份有限公司	052	南亚新材料科技股份有限公司
026	上海金发科技发展有限公司	053	上海双鹿上菱企业集团有限公司
027	上海岱美汽车内饰件股份有限公司	054	上海泰胜风能装备股份有限公司

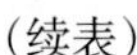

（续表）

排序	企业名称	排序	企业名称
055	上海凯宝药业股份有限公司	078	上海鑫益瑞杰有色合金有限公司
056	上海杨铜电气成套有限公司	079	上海双汇大昌有限公司
057	华荣科技股份有限公司	080	开能健康科技集团股份有限公司
058	上海连成（集团）有限公司	081	上海纳尔数码喷印材料股份有限公司
059	上海良信电器股份有限公司	082	上海题桥纺织染纱有限公司
060	上海汇得科技股份有限公司	083	上海回天新材料有限公司
061	亚士创能科技（上海）股份有限公司	084	中路股份有限公司
062	上海安诺其集团股份有限公司	085	上海华时机电有限公司
063	上海雪榕生物科技股份有限公司	086	南洋电缆集团有限公司
064	上海明凯投资（集团）有限公司	087	上海熊猫线缆股份有限公司
065	上海福尔欣线缆有限公司	088	上海德朗能动力电池有限公司
066	上海康德莱企业发展集团股份有限公司	089	上海阿妙食品有限公司
067	上海创力集团股份有限公司	090	上海鑫博海农副产品加工有限公司
068	上海五星铜业股份有限公司	091	上海洋帆实业有限公司
069	上海森马服饰有限公司	092	上海柘中电气有限公司
070	上海东方泵业（集团）有限公司	093	上海晨兴希姆通电子科技有限公司
071	帅翼驰新材料集团有限公司	094	安科瑞电气股份有限公司
072	日播时尚集团股份有限公司	095	华东理工大学华昌聚合物有限公司
073	上海科泰电源股份有限公司	096	上海精益电器厂有限公司
074	上海英汇科技发展有限公司	097	上海华银日用品有限公司
075	上海嘉乐股份有限公司	098	上海宝临电气集团有限公司
076	上海北特科技股份有限公司	099	上海威士机械有限公司
077	上海金力泰化工股份有限公司	100	上海洗霸科技股份有限公司

2018年上海民营服务业企业100强名单

排序	企业名称	排序	企业名称
001	上海万科企业有限公司	013	大华(集团)有限公司
002	上海钢联电子商务股份有限公司	014	源山投资控股有限公司
003	上海永达控股（集团）有限公司	015	上海景域文化传播股份有限公司
004	上海找钢网信息科技股份有限公司	016	红星美凯龙控股集团有限公司
005	上海均瑶（集团）有限公司	017	上海苏宁云商销售有限公司
006	中国万向控股有限公司	018	上海大名城企业股份有限公司
007	德邦物流股份有限公司	019	上海展志实业集团有限责任公司
008	月星集团有限公司	020	上海广微投资有限公司
009	上海中梁地产集团有限公司	021	上海龙旗科技股份有限公司
010	上海龙宇燃油股份有限公司	022	上海百润企业发展有限公司
011	上海三盛宏业投资（集团）有限责任公司	023	亿达中国控股有限公司
012	上海春秋国际旅行社（集团）有限公司	024	上海汉滨实业发展有限公司

（续表）

排序	企业名称	排序	企业名称
025	网宿科技股份有限公司	063	上海新文化传媒集团股份有限公司
026	龙盛集团控股（上海）有限公司	064	上海东铃商贸有限公司
027	福然德股份有限公司	065	鼎捷软件股份有限公司
028	上海大众公用事业（集团）股份有限公司	066	卫宁健康科技集团股份有限公司
029	永乐(中国)电器销售有限公司	067	上海增裕实业有限公司
030	上海金开利集团有限公司	068	东奉集团有限公司
031	上海润达医疗科技股份有限公司	069	上海巴安水务股份有限公司
032	上海丝绸集团股份有限公司	070	上海雅运纺织化工股份有限公司
033	中锐控股集团有限公司	071	上海张铁军翡翠股份有限公司
034	上海中晨电子商务股份有限公司	072	上海富控互动娱乐股份有限公司
035	上海来伊份股份有限公司	073	新杰物流集团股份有限公司
036	金鹏航空股份有限公司	074	上海锦和投资集团有限公司
037	上海钢宇实业集团有限公司	075	上海申丝企业发展有限公司
038	上海二三四五网络控股集团股份有限公司	076	上海宏泉集团有限公司
039	恺英网络股份有限公司	077	上海泛微网络科技股份有限公司
040	光大嘉宝股份有限公司	078	上海华测导航技术股份有限公司
041	中钢银通电子商务股份有限公司	079	上海金桥信息股份有限公司
042	上海江杰荣泰置业（集团）有限公司	080	上海中信信息发展股份有限公司
043	上海吉电电子技术有限公司	081	上海博海餐饮集团有限公司
044	大众交通（集团）股份有限公司	082	浩德科技股份有限公司
045	东方财富信息股份有限公司	083	上海钰丰生态农业科技发展有限公司
046	万达信息股份有限公司	084	上海通江投资集团有限公司
047	上海汉得信息技术股份有限公司	085	上海中石化工物流股份有限公司
048	上海恒升企业（集团）有限公司	086	上海安硕信息技术股份有限公司
049	上海三湘（集团）有限公司	087	上海苏浙汇投资管理咨询有限公司
050	华丽家族股份有限公司	088	上海明华物业管理有限公司
051	上海康耐特旗计智能科技集团股份有限公司	089	华平信息技术股份有限公司
052	上海怡亚通供应链有限公司	090	上海富瀚微电子股份有限公司
053	上海润欣科技股份有限公司	091	上海华蜂日用品有限公司
054	上海爱婴室商务服务股份有限公司	092	上海东方投资监理有限公司
055	上海雅仕投资发展股份有限公司	093	上海财安金融服务集团股份有限公司
056	上海环创机电工程有限公司	094	上海移为通信技术股份有限公司
057	上海大汉三通通信股份有限公司	095	上海天玑科技股份有限公司
058	劲霸男装（上海）有限公司	096	上海朗脉洁净技术股份有限公司
059	上海风语筑展示股份有限公司	097	上海贝电实业（集团）股份有限公司
060	天海融合防备装备技术股份有限公司	098	上海会畅通讯股份有限公司
061	上海厂长经理人才有限公司	099	上海肯耐珂萨人力资源科技股份有限公司
062	上海龙韵广告传播股份有限公司	100	上海智臻智能网络科技股份有限公司

2018年上海外资营业收入百强企业名单

排序	企业名称	排序	企业名称
001	上汽大众汽车有限公司	038	欧莱雅(中国)有限公司
002	苹果电脑贸易(上海)有限公司	039	英华达(上海)科技有限公司
003	上汽通用汽车有限公司	040	邦吉(上海)管理有限公司
004	上海三星半导体有限公司	041	迅销(中国)商贸有限公司
005	昌硕科技(上海)有限公司	042	舍弗勒贸易(上海)有限公司
006	达功(上海)电脑有限公司	043	必胜(上海)食品有限公司
007	中国石化上海石油化工股份有限公司	044	巴斯夫(中国)有限公司
008	江铜国际贸易有限公司	045	上海瑞博置业有限公司
009	延锋汽车内饰系统有限公司	046	村田电子贸易(上海)有限公司
010	中国东方航空股份有限公司	047	上海海亮铜业有限公司
011	益海嘉里食品营销有限公司	048	宝钢新日铁汽车板有限公司
012	托克投资(中国)有限公司	049	交银康联人寿保险有限公司
013	保时捷(中国)汽车销售有限公司	050	华硕电脑(上海)有限公司
014	捷豹路虎(中国)投资有限公司	051	上海雀巢产品服务有限公司
015	工银安盛人寿保险有限公司	052	英业达科技有限公司
016	康成投资(中国)有限公司	053	玛莎拉蒂(中国)汽车贸易有限公司
017	宝洁(中国)营销有限公司	054	通用电气医疗系统贸易发展(上海)有限公司
018	上海银行股份有限公司	055	摩科瑞(中国)金属资源有限公司
019	蔻驰贸易(上海)有限公司	056	康德乐(上海)医药有限公司
020	益海嘉里(上海)国际贸易有限公司	057	敦豪全球货运(中国)有限公司
021	福特汽车(中国)有限公司	058	欧尚(中国)投资有限公司
022	科思创聚合物(中国)有限公司	059	群邑(上海)广告有限公司
023	天安财产保险股份有限公司	060	罗氏诊断产品(上海)有限公司
024	联想(上海)电子科技有限公司	061	英迈电子商贸(上海)有限公司
025	联强国际贸易(中国)有限公司	062	飞利浦(中国)投资有限公司
026	嘉能可有限公司	063	嘉吉投资(中国)有限公司
027	惠普贸易(上海)有限公司	064	沃尔沃汽车销售(上海)有限公司
028	联合汽车电子有限公司	065	德尔福派克电气系统有限公司
029	北京外企德科人力资源服务上海有限公司	066	宜家贸易(中国)有限公司
030	上海振华重工(集团)股份有限公司	067	上海小糸车灯有限公司
031	锦江麦德龙现购自运有限公司	068	丰田通商(上海)有限公司
032	上海电气集团股份有限公司	069	上海大众动力总成有限公司
033	达丰(上海)电脑有限公司	070	上海ABB工程有限公司
034	松下电器机电(中国)有限公司	071	上海索广映像有限公司
035	上海三菱电梯有限公司	072	强生(上海)医疗器材有限公司
036	上海浦东国际机场航空油料有限责任公司	073	佳通轮胎(中国)投资有限公司
037	路易达孚(上海)金属有限公司	074	融屿贸易(上海)有限公司

（续表）

排序	企业名称	排序	企业名称
075	全球国际货运代理（中国）有限公司	088	上海国际商务有限公司
076	瑞表企业管理（上海）有限公司	089	光大证券股份有限公司
077	三井物产（上海）贸易有限公司	090	国际商业机器（中国）有限公司
078	泰科电子（上海）有限公司	091	中芯国际集成电路制造（上海）有限公司
079	延锋安道拓座椅有限公司	092	高田（上海）汽配制造有限公司
080	上海罗氏制药有限公司	093	上海诺基亚贝尔股份有限公司
081	埃克森美孚化工商务（上海）有限公司	094	滔搏投资（上海）有限公司
082	沙伯基础（上海）商贸有限公司	095	环旭电子股份有限公司
083	迅达（中国）电梯有限公司	096	米其林（中国）投资有限公司
084	矢崎（中国）投资有限公司	097	上海电气电站设备有限公司
085	远东国际租赁有限公司	098	滔搏企业发展（上海）有限公司
086	大金空调（上海）有限公司	099	耐克商业（中国）有限公司
087	上海纳铁福传动系统有限公司	100	天虹（中国）投资有限公司

2018年上海外资进出口总额百强企业名单

排序	企业名称	排序	企业名称
001	昌硕科技(上海)有限公司	024	邦吉(上海)管理有限公司
002	达功(上海)电脑有限公司	025	上汽大众汽车有限公司
003	英特尔贸易(上海)有限公司	026	上海索广映像有限公司
004	英运物流(上海)有限公司	027	科思创聚合物(中国)有限公司
005	晟碟半导体(上海)有限公司	028	展讯通信(上海)有限公司
006	保时捷(中国)汽车销售有限公司	029	东芝物流(上海)有限公司
007	安靠封装测试(上海)有限公司	030	罗氏诊断产品(上海)有限公司
008	达丰(上海)电脑有限公司	031	国基电子(上海)有限公司
009	金士顿科技(上海)有限公司	032	中芯国际集成电路制造(上海)有限公司
010	环旭电子股份有限公司	033	玛莎拉蒂(中国)汽车贸易有限公司
011	捷豹路虎汽车贸易(上海)有限公司	034	上海浦东国际机场航空油料有限责任公司
012	英华达(上海)科技有限公司	035	通用电气药业(上海)有限公司
013	上海近铁国际物流有限公司	036	日月光封装测试(上海)有限公司
014	近铁国际物流（中国）有限公司	037	联合汽车电子有限公司
015	康德乐(上海)医药物流营运有限公司	038	瑞表企业管理(上海)有限公司
016	嘉吉投资(中国)有限公司	039	益海嘉里(上海)国际贸易有限公司
017	福特汽车(中国)有限公司	040	沃尔沃汽车销售(上海)有限公司
018	上海洋山保税港区世天威物流有限公司	041	雅培贸易(上海)有限公司
019	上汽通用汽车有限公司	042	上海罗氏制药有限公司
020	上海振华重工(集团)股份有限公司	043	强生(上海)医疗器材有限公司
021	英业达科技有限公司	044	上海中油能源控股有限公司
022	嘉能可有限公司	045	台积电(中国)有限公司
023	世天威物流(上海外高桥保税物流园区)有限公司	046	埃克森美孚化工商务(上海)有限公司

（续表）

排序	企业名称	排序	企业名称
047	上海日东光学有限公司	074	上海华虹宏力半导体制造有限公司
048	上海诺基亚贝尔股份有限公司	075	三菱电机自动化(中国)有限公司
049	泰科电子(上海)有限公司	076	路易威登(中国)商业销售有限公司
050	富士通将军(上海)有限公司	077	宜家采购(上海)有限公司
051	藤仓电子(上海)有限公司	078	杜邦贸易(上海)有限公司
052	日产国际贸易(上海)有限公司	079	大陆泰密克汽车系统(上海)有限公司
053	捷普科技(上海)有限公司	080	上海理光数码设备有限公司
054	磐亚班拿物流(上海)有限公司	081	岱生贸易(上海)有限公司
055	全球物流(上海)有限公司	082	上海日上星国际货运代理有限公司
056	宜家分拨(上海)有限公司	083	上海海亮铜业有限公司
057	上海诺华贸易有限公司	084	上海索广电子有限公司
058	东芝电子(中国)有限公司	085	历峰商业有限公司
059	友达光电(上海)有限公司	086	斯凯孚分拨(上海)有限公司
060	托克投资(中国)有限公司	087	舍弗勒贸易(上海)有限公司
061	惠氏(上海)贸易有限公司	088	远纺工业(上海)有限公司
062	瑷利珈(上海)企业管理有限公司	089	上海美蓓亚精密机电有限公司
063	上海晶澳太阳能科技有限公司	090	德尔福中央电气(上海)有限公司
064	明尼苏达矿业制造(上海)国际贸易有限公司	091	赢创特种化学(上海)有限公司
065	星科金朋(上海)有限公司	092	达伟(上海)物流仓储有限公司
066	上海ABB工程有限公司	093	亨睿保仓储(上海)有限公司
067	安捷伦科技贸易(上海)有限公司	094	上海佰可益供应链管理有限公司
068	天虹(中国)投资有限公司	095	超科林微电子设备(上海)有限公司
069	阿尔法罗密欧(上海)汽车销售有限公司	096	奥林巴斯贸易(上海)有限公司
070	上海夏普电器有限公司	097	基恩士(中国)有限公司
071	美敦力(上海)管理有限公司	098	宜家贸易(中国)有限公司
072	迅达(中国)电梯有限公司	099	捷敏电子(上海)有限公司
073	天合汽车零部件(上海)有限公司	100	陶氏化学(上海)有限公司

2018年上海外资纳税总额百强企业名单

排序	企业名称	排序	企业名称
001	上汽大众汽车有限公司	009	科思创聚合物（中国）有限公司
002	保时捷（中国）汽车销售有限公司	010	光大证券股份有限公司
003	上汽通用汽车有限公司	011	沃尔沃汽车销售（上海）有限公司
004	中国石化上海石油化工股份有限公司	012	腾讯科技（上海）有限公司
005	捷豹路虎（中国）投资有限公司	013	历峰商业有限公司
006	中国东方航空股份有限公司	014	延锋汽车内饰系统有限公司
007	玛莎拉蒂（中国）汽车贸易有限公司	015	联合汽车电子有限公司
008	上海银行股份有限公司	016	上海罗氏制药有限公司

（续表）

排序	企业名称	排序	企业名称
017	上汽通用汽车金融有限责任公司	055	强生(上海)医疗器材有限公司
018	华硕电脑(上海)有限公司	056	上海巴斯夫聚氨酯有限公司
019	罗氏诊断产品(上海)有限公司	057	苹果电脑贸易(上海)有限公司
020	飞利浦(中国)投资有限公司	058	舍弗勒贸易(上海)有限公司
021	泰科电子(上海)有限公司	059	苹果采购运营管理(上海)有限公司
022	福特汽车(中国)有限公司	060	上海国际港务(集团)股份有限公司
023	远东国际租赁有限公司	061	上海三菱电梯有限公司
024	路易威登(中国)商业销售有限公司	062	思爱普(中国)有限公司
025	欧莱雅(中国)有限公司	063	英业达(上海)有限公司
026	上海国际航运服务中心开发有限公司	064	三菱电机自动化(中国)有限公司
027	海恩斯莫里斯(上海)商业有限公司	065	上海仲骏房地产开发有限公司
028	迅销(中国)商贸有限公司	066	中银消费金融有限公司
029	瑞表企业管理(上海)有限公司	067	康成投资(中国)有限公司
030	宝洁(中国)营销有限公司	068	通用电气(中国)有限公司
031	天安财产保险股份有限公司	069	普华永道中天会计师事务所(特殊普通合伙)
032	百度(中国)有限公司	070	上海中通吉网络技术有限公司
033	上海瑞虹新城有限公司	071	爱特思亚太企业管理有限公司
034	通用电气医疗系统贸易发展(上海)有限公司	072	纽迪希亚生命早期营养品管理(上海)有限公司
035	平安国际融资租赁有限公司	073	上海纳铁福传动系统有限公司
036	可口可乐饮料(上海)有限公司	074	百胜咨询(上海)有限公司
037	保乐力加(中国)酒业有限公司	075	上海电气电站设备有限公司
038	惠氏(上海)贸易有限公司	076	永诚财产保险股份有限公司
039	上海莉源房地产开发有限公司	077	国际商业机器(中国)有限公司
040	埃克森美孚化工商务(上海)有限公司	078	辉瑞投资有限公司
041	大金空调(上海)有限公司	079	福特汽车金融(中国)有限公司
042	雅诗兰黛(上海)商贸有限公司	080	康宝莱(上海)管理有限公司
043	瑷利珈(上海)企业管理有限公司	081	尤妮佳生活用品(中国)有限公司
044	路威酩轩香水化妆品(上海)有限公司	082	爱马仕(上海)商贸有限公司
045	美乐家(中国)日用品有限公司	083	基恩士(中国)有限公司
046	益海嘉里(上海)国际贸易有限公司	084	古驰(中国)贸易有限公司
047	爱茉莉太平洋贸易有限公司	085	保乐力加(中国)贸易有限公司
048	东方证券股份有限公司	086	衣念(上海)时装贸易有限公司
049	阿尔法罗密欧(上海)汽车销售有限公司	087	法拉利汽车国际贸易(上海)有限公司
050	德尔福派克电气系统有限公司	088	锦江麦德龙现购自运有限公司
051	巴斯夫(中国)有限公司	089	百丽鞋业(上海)有限公司
052	昌硕科技(上海)有限公司	090	科勒(中国)投资有限公司
053	香奈儿(中国)贸易有限公司	091	碧迪医疗器械(上海)有限公司
054	如新(中国)日用保健品有限公司	092	博柏利(上海)贸易有限公司

（续表）

排序	企业名称	排序	企业名称
093	上海陆家嘴金融贸易区开发股份有限公司	097	上海骏兴房地产开发有限公司
094	东风日产汽车金融有限公司	098	支付宝(中国)信息技术有限公司
095	西门子医疗系统有限公司	099	德勤华永会计师事务所(特殊普通合伙)
096	亿滋食品企业管理(上海)有限公司	100	上海三星半导体有限公司

2018年“上海市荣誉市民”称号、“白玉兰奖”和“白玉兰纪念奖”名录

为表彰外籍人士对上海市经济建设做出的贡献，上海市政府于1989年设立上海市对外表彰系列奖项。其中“上海市荣誉市民”是上海对外表彰的最高荣誉，以下依次为“白玉兰荣誉奖”和“白玉兰纪念奖”。2018年，共有61名外籍人士入选年度上海市对外表彰各奖项。其中，“上海市荣誉市民”1名，“白玉兰荣誉奖”10名，“白玉兰纪念奖”50名。

2018年“上海市荣誉市民”获奖者名录

姓名(中文)	姓名(英文)	国籍	单位及职务
藤本道生	Michio Fujimoto	日　本	冈山县和气町原町长、冈山县共同募金会会长

2018年上海市“白玉兰荣誉奖”获奖者名录

序号	姓名(中文)	姓名(英文)	国籍	单位及职务
1	杜　莹	Ying Du	美　国	再鼎医药(上海)有限公司董事长兼首席执行官
2	蒋　德	David Andrew Jones	美　国	浦发硅谷银行行长
3	谢尔盖·基尔泽克	Sergii Kirzyk	乌克兰	中国商飞上海飞机设计研究院特聘专家
4	派特里克·莱特维奇	Patrick John Ledwidge	爱尔兰	科克市副行政官兼战略规划和经济发展局局长
5	李树锦	Shoo Kim Lee	加拿大	加拿大健康研究院人类发育与儿童健康研究院学术主任
6	林奕彰	John Yi-Chang Lin	美　国	上海亿贝网络信息服务有限公司首席执行官
7	林　博	Paul Richard Lindblad	美　国	瓦克化学大中华区总裁
8	麦予甫	Paul Yee Mak	美　国	玫琳凯(中国)有限公司总裁
9	森浩生	Hiroo Mori	日　本	上海环球金融中心有限公司董事长
10	毕韦西·穆克基	Bivash Kumar Mukherjee	印　度	上海日报社外国专家

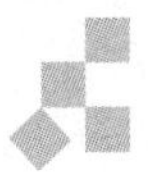

2018年上海市“白玉兰纪念奖”获奖者名录

序号	姓名(中文)	姓名(英文)	国籍	单位及职务
1	安瑞璋	Fernando Arenzana	西班牙	中科院上海巴斯德研究所科研联合所长
2	朗奴·保尔	Ronald Harold Bali	加拿大	依合斯电梯扶手(上海)有限公司主席
3	卡西莫·斑比	Cosiso Banbi	意大利	复旦大学教授
4	杨葆焱	Yann Fablen Bozec	法　国	COACH大中华区总裁兼首席执行官
5	巴里·加尔·凯西	Barry Gall Cathey	美　国	中国商飞上海飞机制造有限公司ARJ21事业部生产管理高级顾问
6	陈　俊	Jun Chen	美　国	美国匹兹堡大学医学中心脑疾病与康复研究所所长、RK Mellon讲席教授
7	张荣耀	Weng Yew Chong	马来西亚	半岛酒店集团区域副总裁
8	周　虹	Hong Chow	德　国	上海罗氏制药有限公司总经理
9	埃里克·科尼埃尔	Eric Cornuel	法　国	中欧国际工商学院欧方理事
10	福思德	Fousto Dalle Mese	意大利	利雅路热能设备(上海)有限公司总经理
11	方诺德	Bruno De Feraudy	法　国	米其林集团中国区总裁
12	胡安·卡洛斯·迪亚兹	Juan Carlos Diaz Vazquez	西班牙	国际展览局展陈顾问
13	爱睿思	Iris Angela Borowy	德　国	上海大学“上海市千人计划”特聘教授
14	陈马克	Mark David Ecklesdafer	美　国	上海宋庆龄学校国际部小学副校长
15	伯纳德·费林加	Bernard Lucas Feringa	荷　兰	荷兰格罗宁根大学杰出教授
16	孟昊文	Javier Gimeno	西班牙	圣戈班集团亚太区总裁
17	邬丽福	Ulrike Glueck	德　国	德国CMS德和信律师事务所驻上海代表处首席代表
18	高查克	Werner Wilhelm Heinrich Gottschalk	德　国	上海电气电站设备有限公司上海汽轮机厂副总经理
19	高晟天	Jean-Etienne Gourgues	法　国	保乐力加中国董事总经理

（续表）

序号	姓名（中文）	姓名（英文）	国籍	单位及职务
20	黑克尔	Werner Friedrich Hickel	德　国	梅塞尔格里斯海姆（中国）投资有限公司首席执行官
21	何国伟	Kwok Wai Andy Ho	加拿大	荷兰皇家飞利浦公司全球执委会委员，大中华区首席执行官
22	黄海澄	Huang Haicheng	巴　西	上海澄之然珠宝有限公司法定代表人、总经理
23	石渡小夏	Konatsu Ishiwata	日　本	上海城市交响乐团团长
24	前那帕提·贾加迪什	Chennupati Jagaidsh	澳大利亚	澳大利亚国立大学杰出教授
25	姜馔可	Ru Ka Luke Kang	美　国	华特迪士尼公司北区董事总经理
26	林欣欣	Melissa Yin-Yin Lam	美　国	英域成语言培训（上海）有限公司总经理兼首席代表
27	李新荣	Sing-Long Lee	美　国	超威半导体（上海）有限公司总经理兼首席代表
28	林泰慷	Karl Lintel	比利时	百时美施贵宝（中国）投资有限公司总经理
29	路为奇	Drazen Lukic	新西兰	上海诺基亚贝尔股份有限公司执行副总经理
30	鲁墨睿	Maurizio Lupi	意大利	佛罗伦萨小镇董事总经理
31	汉斯·马文	Hans Marvin	荷　兰	荷兰瓦格宁根大学心研究中心食品安全研究所食品安全高级科学家
32	格　兰	Glen Gade Mikkelsen	丹　麦	上海迪恩拜企业管理咨询有限公司总裁
33	弗兰克·戴维斯	Frank Norman Morris-Davies	英　国	上海曜影医医投资管理有限公司医疗总监
34	莫立森	Bradley Ronald Norrison	澳大利亚	巴斯夫全球高级副总裁
35	西松江英	Koei Nishimatsu	日　本	森松（中国）投资有限公司总经理
36	彭振科	Jean Christophe Pointeau	法　国	赛诺菲中国区总裁
37	卡萨雷	Raj Kumar Khose	印　度	上海印度人协会主席
38	图尔多·斯蒂芬·拉提欧	Tudor Stefan Ratiu	瑞　士	上海交通大学讲席教授

（续表）

序号	姓名（中文）	姓名（英文）	国籍	单位及职务
39	杨·卢什卡	Jan Ruzicka	捷　克	捷克共和国卫生部国际关系特使
40	施岱岭	Oliver Wolfgang Walter Stelling	德　国	西德科东昌汽车座椅技术有限公司总经理
41	高桥洋	Hiroshi Takahashi	日　本	索尼（中国）有限公司董事长、总裁
42	寺崎治	Osamu Terasaki	日　本	上海科技大学物质学院电镜中心主任
43	露木俊明	Toshiaki Tsuyuki	日　本	上海索广电子有限公司董事、总经理
44	卫政喜	Steve Michel Vermant	法　国	默克化工技术（上海）有限公司董事总经理
45	克里斯蒂安·维拉德森	Kristian Skovbakke Villadsen	丹　麦	盖尔建筑事务所合伙人、项目主管
46	王　炜	Wei Wang	美　国	CDP集团董事长兼首席执行官
47	魏廉昇	Thomas Walter Willemsen	德　国	葛兰素史克（中国）投资有限公司副总裁，中国处方药及疫苗部总经理
48	杨晓明	Slmon Xiaoming Yang	美　国	安波福亚太区总裁
49	张志尧	Zhiyao Zhang	加拿大	加拿大女王大学中国代表处主任
50	朱　戟	Ji Zhu	新加坡	卡博特公司全球资深副总裁、亚太区总裁

二、中国商贸资料

(一)

2006—2018年中国进出口贸易额情况表

年份	进出口总额(亿美元)	比上年(±%)	占世贸总额的比重(%)	位次(名)	出口额(亿美元)	比上年(±%)	进口额(亿美元)	比上年(±%)	顺逆差额(亿美元)
2006	17606.9	23.8	7.20	3	9690.8	27.2	7916.1	19.9	1018.8
2007	21738.0	23.5	8.00	3	12180.0	25.7	9558.0	20.8	2622.0
2008	25616.3	17.8	—	3	14285.5	17.2	11330.8	18.5	2954.7
2009	22072.7	-13.9	—	—	12016.7	-16.0	10056.0	-11.2	1960.7
2010	29728.0	34.7	10.00	2	15779.0	31.3	13948.0	38.7	1831.0
2011	36420.6	22.5	—	2	18986.0	20.3	17434.6	24.9	1551.4
2012	38668.0	6.2	10.50	2	20489.0	7.9	18178.0	4.3	2311.0
2013	41600.0	7.6	10.75	1	22096.0	7.9	19504.0	7.3	2592.0
2014	43030.0	3.4	—	1	23427.0	6.0	19603.0	0.5	3824.0
2015	39569.0	-8.0	—	1	22749.5	-2.9	16819.5	-14.2	5930.0
2016	36849.3	-6.8	—	1	20974.4	-7.7	15874.8	-5.5	5099.6
2017	41044.7	11.4	—	—	22634.9	7.9	18409.8	15.9	4225.1
2018	46230.4	12.6	—	—	24874.0	9.9	21356.4	16.0	3517.6

1999—2018年中国利用外资情况表

年份	总计		年份	总计	
	项目数(个)	实际利用额(亿美元)		项目数(个)	实际利用额(亿美元)
1999	17022	526.60	2001	26139	468.46
2000	22347	493.56	2002	34171	527.43

（续表）

年份	总计		年份	总计	
	项目数(个)	实际利用额(亿美元)		项目数(个)	实际利用额(亿美元)
2003	48081	535.05	2011	27712	1160.10
2004	43664	606.30	2012	24925	1117.00
2005	44011	603.25	2013	22773	1175.86
2006	41473	630.21	2014	23778	1195.60
2007	37872	747.00	2015	26575	1263.00
2008	27514	923.95	2016	27900	1260.00
2009	23435	900.30	2017	35652	1310.40
2010	27406	1057.00	2018	60533	1350.00

2018年中国对外贸易往来前5位国别(地区)情况表

排序	国别(地区)	贸易额(亿美元)	比上年(±%)
1	欧 盟	6821.6	10.6
2	美 国	6335.2	8.5
3	东 盟	5878.7	14.2
4	日 本	3276.6	8.2
5	中国香港	3105.6	8.4

2018年中国对主要国家和地区货物进出口金额、增长速度及其比重表

国家和地区	出口额(亿元)	比上年增长(%)	占全部出口比重(%)	进口额(亿元)	比上年增长(%)	占全部进口比重(%)
欧 盟	26974	7.0	16.4	18067	9.2	12.8
美 国	31603	8.6	19.2	10195	-2.3	7.2
东 盟	21066	11.3	12.8	17722	11.0	12.6
日 本	9709	4.4	5.9	11906	6.2	8.5
韩 国	7174	3.1	4.4	13495	12.3	9.6
中国香港	19966	5.7	12.2	564	13.8	0.4
中国台湾	3212	7.9	2.0	11714	11.0	8.3
巴 西	2214	12.9	1.3	5119	28.2	3.6
俄罗斯	3167	9.1	1.9	3909	39.4	2.8
印 度	5054	9.5	3.1	1242	12.2	0.9
南 非	1072	6.9	0.7	1799	8.9	1.3

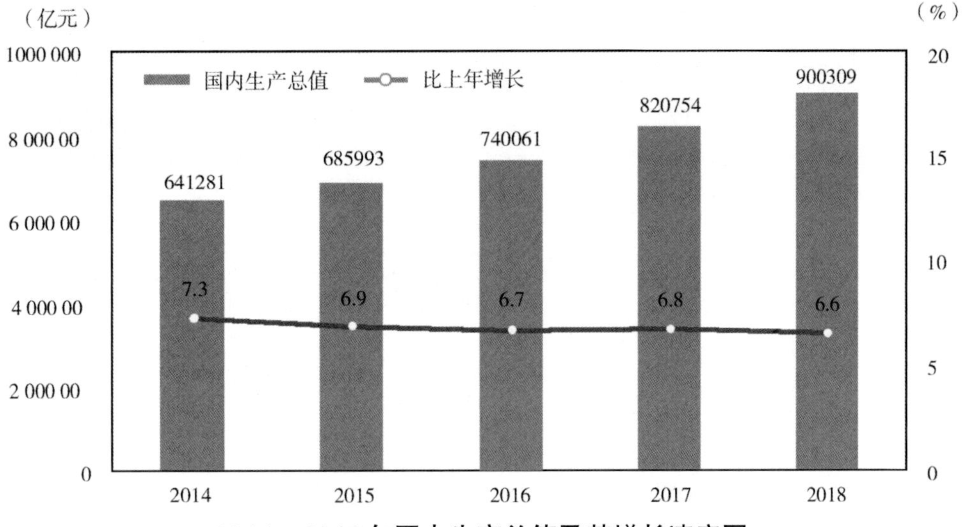

2014—2018年国内生产总值及其增长速度图

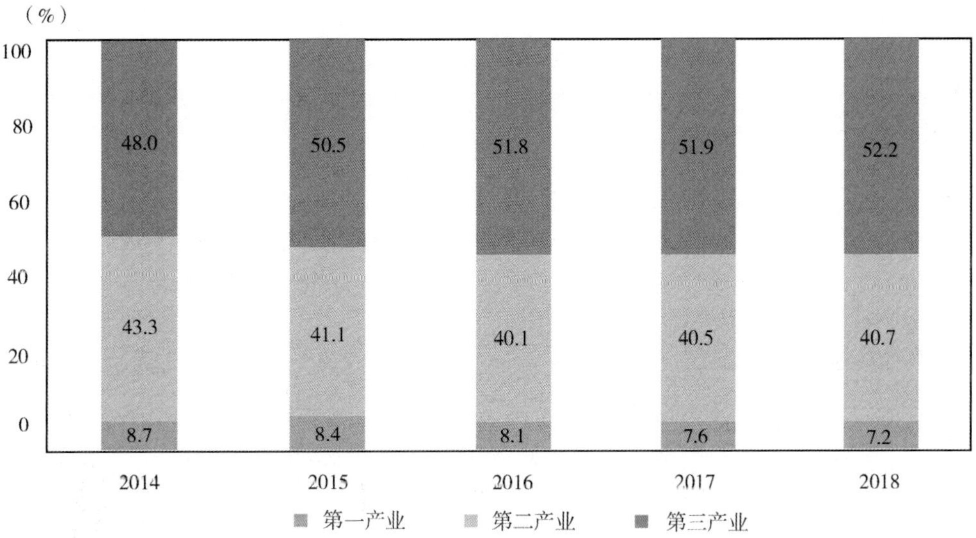

2014—2018年第一、第二、第三产业增加值占国内生产总值比重图

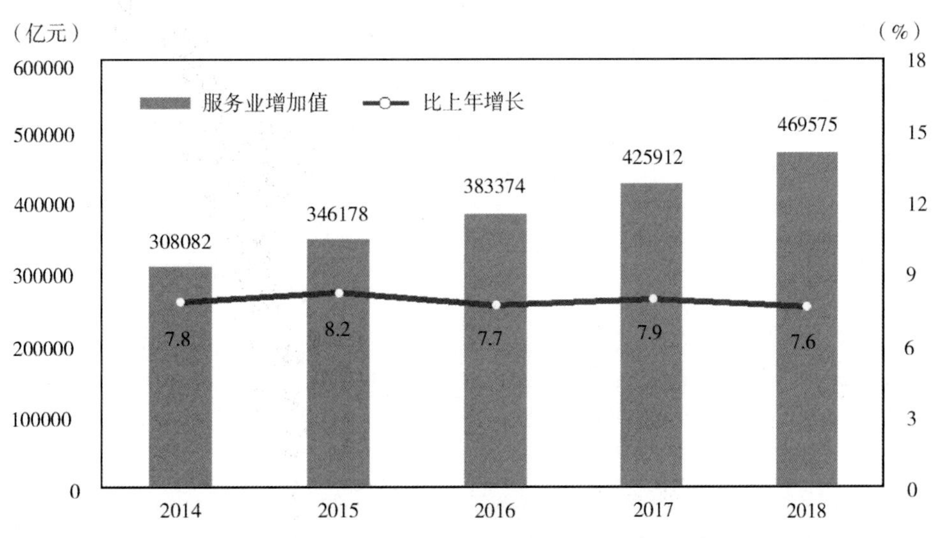

2014—2018年服务业增加值及其增长速度图

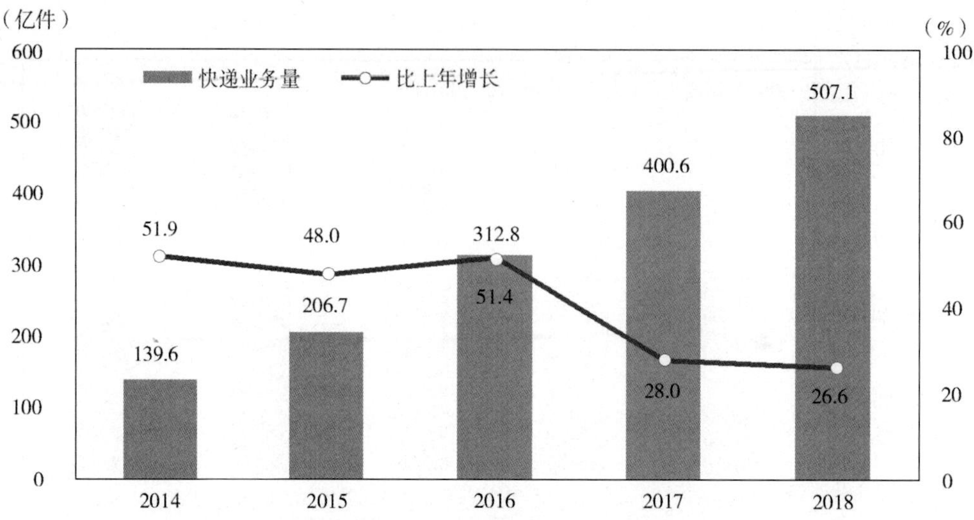

2014—2018年快递业务量及其增长速度图

2004—2018年中国出口商品交易会一览表

年份	届次		到会客商(人)		来自国别和地区(个)		成交额(百万美元)		全年成交额(百万美元)	比上年(±%)
	春季	秋季	春季	秋季	春季	秋季	春季	秋季		
2004	96	96	159717	167926	203	203	24510	27200	51710	107.59
2005	97	98	195464	177000	210	210	29230	29430	56935	10.10
2006	99	100	190011	192691	210	212	32220	34060	66280	16.41
2007	101	102	206749	189500	211	213	36390	37450	73840	11.41
2008	103	104	192013	174562	210	213	38230	31550	75680	2.49
2009	105	106	165436	188170	209	212	26230	34070	60300	-20.32
2010	107	108	203996	200612	212	208	34300	34833	69133	14.65
2011	109	110	207103	209175	209	210	36860	37900	74760	8.14
2012	111	112	210000	188145	213	211	36030	32680	68710	-8.09
2013	113	114	202766	189646	211	212	35540	31690	67230	-2.15
2014	115	116	188119	186104	214	211	31051	29160	60211	-10.44
2015	117	118	184801	177544	216	213	28056	27010	55066	-8.50
2016	119	120	185596	185704	210	213	28084	27890	55974	1.65
2017	121	122	196490	191950	213	213	30020	30160	60180	7.51
2018	123	124	203346	189812	214	215	30080	29860	59940	-0.40

2018年中国互联网企业100强排行榜

排名	中文名称	企业简称	品牌与服务
1	阿里巴巴集团	阿　里	淘宝网、支付宝、蚂蚁金服、优酷
2	深圳市腾讯计算机系统有限公司	腾　讯	微信、QQ、腾讯网、腾讯游戏
3	百度公司	百　度	百度、爱奇艺
4	京东集团	京　东	京东商城、京东金融、京东云
5	网易集团	网　易	网易游戏、网易新闻、网易云音乐
6	新浪公司	新　浪	新浪网、新浪微博
7	搜狐公司	搜　狐	搜狐、搜狗、畅游
8	美团点评集团	美　团	美团、大众点评、美团外卖、美团打车
9	北京奇虎360科技有限公司	360	360安全卫士、360杀毒、360手机卫士
10	北京小米科技有限责任公司	小　米	小米商城、小米手机
11	北京字节跳动科技有限公司	今日头条	今日头条、抖音短视频、火山小视频
12	网宿科技股份有限公司	网宿科技	网　宿
13	58集团	58集团	58同城、赶集网、安居客、转转
14	珠海金山软件有限公司	金山软件	西山居、金山云、金山办公
15	携程计算机技术(上海)有限公司	携　程	携程旅行网
16	上海二三四五网络控股集团股份有限公司	二三四五	2345导航,2345加速浏览器
17	美图公司	美　图	美图秀秀、美颜相机、美拍、美图手机
18	新华网股份有限公司	新华网	新华网
19	苏宁控股集团有限公司	苏宁控股	苏宁易购、苏宁金融
20	北京车之家信息技术有限公司	汽车之家	汽车之家、二手车之家
21	用友网络科技股份有限公司	用友网络	用友云、U8C、超客营销
22	咪咕文化科技有限公司	咪　咕	咪咕视讯、咪咕音乐、咪咕动漫
23	三七互娱(上海)科技有限公司	三七互娱	37游戏、智铭网络、极光网络
24	北京天盈九州网络技术有限公司	凤凰网	凤凰网、凤凰视频、凤凰FM
25	恺英网络股份有限公司	恺英网络	全民奇迹MU、传奇盛世
26	东方明珠新媒体股份有限公司	东方明珠	百视通、东方购物、SITV新视觉
27	北京昆仑万维科技股份有限公司	昆仑万维	昆仑游戏、闲徕互娱、opera浏览器
28	广州华多网络科技有限公司	广州华多	多玩游戏网、YY音乐、虎牙直播
29	易车公司	Bitauto	易车网
30	湖南快乐阳光互动娱乐传媒有限公司	快乐阳光	芒果TV
31	鹏博士电信传媒集团股份有限公司	鹏博士	长城宽带、鹏博士数据、宽带通
32	唯品会(中国)有限公司	唯品会	唯品会
33	央视国际网络有限公司	央视网	中国IPTV、中国互联网电视、央视网
34	四三九九网络股份有限公司	4399	4399小游戏平台
35	凡普金科集团	凡普金科	爱钱进、钱站、任买、凡普信
36	福建网龙计算机网络信息技术有限公司	网龙网络	魔域、征服、英魂之刃

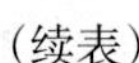
(续表)

排名	中文名称	企业简称	品牌与服务
37	上海波克城市网络科技股份有限公司	波克城市	波克捕鱼、捕鱼达人、超级斗地主
38	上海米哈游网络科技股份有限公司	米哈游	崩坏学园2、崩坏3
39	贵阳朗玛信息技术股份有限公司	朗玛信息	39互联网医院、39健康网、贵阳互联网医院
40	上海幻电信息科技有限公司	哔哩哔哩	哔哩哔哩
41	巨人网络集团股份有限公司	巨人网络	球球大作战、征途、街篮
42	北京猎豹移动科技有限公司	猎豹移动	猎豹浏览器、猎豹安全大师
43	同程旅游集团	同程旅游	同程旅游、旅交汇
44	黑龙江龙采科技集团有限责任公司	龙采科技	龙采正元软件、龙采正和影视公司
45	科大讯飞股份有限公司	科大讯飞	讯飞输入法、讯飞听见、晓译翻译机
46	世纪龙信息网络有限责任公司	21CN	189邮箱、天翼云盘、流量800
47	杭州泰一指尚科技有限公司	泰一指尚	数字营销平台AdTime、网络视频营销平台OTV
48	北京光环新网科技股份有限公司	光环新网	光环云、AWS云计算
49	竞技世界(北京)网络技术有限公司	竞技世界	JJ比赛平台、5599游戏平台
50	东方财富信息股份有限公司	东方财富	东方财富网、天天基金网、股吧
51	游族网络股份有限公司	游族网络	游族网络、游族影业、游族体育
52	武汉斗鱼网络科技有限公司	斗鱼直播	斗鱼直播
53	宜人贷公司	宜人贷	宜人财富、宜人贷借款
54	北京中钢网信息股份有限公司	中钢网	中钢网
55	东软集团股份有限公司	东软集团	东软社保平台、熙康云医院
56	北京慧聪国际资讯有限公司	慧聪国际	慧聪网B2B电子商务平台
57	马鞍山百助网络科技有限公司	百助网络	百助智能推荐云下载器、桔梗网址导航
58	腾邦国际商业服务集团股份有限公司	腾邦国际	旅游、机票、差旅管理和金融服务
59	深圳市迅雷网络技术有限公司	迅雷网络	迅雷下载、迅雷影音、迅雷直播
60	厦门吉比特网络技术股份有限公司	吉比特	问道、斗仙、不思议迷宫
61	微贷(杭州)金融信息服务有限公司	微贷网	微贷网
62	上海连尚网络科技有限公司	连尚网络	WiFi万能钥匙
63	上海钢银电子商务股份有限公司	钢银电商	钢银网
64	前锦网络信息技术(上海)有限公司	前程无忧	前程无忧网站
65	上海找钢网信息科技股份有限公司	找钢网	找钢网
66	北京密境和风科技有限公司	花椒直播	花椒直播
67	好未来教育集团	好未来	学而思在线
68	苏州蜗牛数字科技股份有限公司	蜗牛数字	蜗牛游戏
69	福建游龙网络科技有限公司	游龙网络	19196手机游戏俱乐部
70	北京六间房科技有限公司	六间房	六间房秀场(石榴直播)
71	上海东方网股份有限公司	东方网	东方网、翱翔新闻、东方头条
72	北京搜房科技发展有限公司	房天下	房天下网

（续表）

排名	中文名称	企业简称	品牌与服务
73	无锡艾德无线广告有限公司	艾德无线	SEM搜索广告管理平台
74	深圳市岚悦网络科技有限公司	中手游	逃亡兔、开心打麻将、新仙剑奇侠传
75	无锡华云数据技术服务有限公司	华云数据	华云（云计算服务）
76	联动优势科技有限公司	联动优势	联动支付、联动信息、联动数据
77	东峡大通（北京）管理咨询有限公司	OFO小黄车	ofo小黄车
78	南京途牛科技有限公司	途　牛	途牛旅游、途牛金服
79	深圳市创梦天地科技有限公司	创梦天地	乐逗游戏平台
80	深圳市思贝克集团有限公司	思贝克	思贝克工业品O2O电子商务交易平台
81	湖北盛天网络技术股份有限公司	盛天网络	易乐游网娱平台、易乐玩、随乐游
82	深圳市梦网科技发展有限公司	梦网科技	梦网IM云、梦网视频云、梦网物联云
83	重庆猪八戒网络有限公司	猪八戒网	猪八戒网
84	杭州平治信息技术股份有限公司	平治信息	超阅小说、话匣子听书
85	上海景域文化传播股份有限公司	驴妈妈	驴妈妈旅游网
86	北京当当网信息技术有限公司	当当网	当当网
87	广州趣丸网络科技有限公司	趣丸网络	TT游戏（手游社交平台）
88	拓维信息系统股份有限公司	拓维信息	云课云宝贝智慧幼教平台
89	佳缘国际有限公司	世纪佳缘	世纪佳缘网、佳缘金融
90	深圳市房多多网络科技有限公司	房多多	房多多（移动互联网房产交易平台）
91	天鸽互动控股有限公司	天鸽互动	喵播、水晶直播、欢乐直播、疯播
92	上海创蓝文化传播有限公司	创蓝253	创蓝253云通讯短信平台、创蓝万数平台
93	北京爱酷游科技股份有限公司	爱酷游	爱酷游游戏网、猫尾草电竞平台、乐市场平台
94	无锡市不锈钢电子交易中心有限公司	不锈钢交易中心	Exbxg中国不锈钢交易网
95	沪江教育科技（上海）股份有限公司	沪　江	沪江网校（专业的互联网学习平台）
96	河南锐之旗网络科技有限公司	锐之旗	锐之旗、企汇网
97	北京风行在线技术有限公司	风　行	风行网
98	厦门美柚信息科技有限公司	美　柚	美柚、柚宝宝、柚子街
99	北京世纪互联宽带数据中心有限公司	世纪互联	世纪互联、蓝云、快网、光载无限
100	上海优刻得信息科技有限公司	优刻得	UCloud云（中立云计算服务商）

（二）

共建“一带一路”

2018年，是中国改革开放40周年，也是共建“一带一路”走过了五年的时光。在2018年推进“一带一路”建设工作5周年座谈会上，习近平主席为共建“一带一路”下一步工作定下了总基调：推动共建“一带一路”向高质量发展转变。“大写意”走向“工笔画”，作为承前启后的2018年，一带一路建设又迈出了重要一步。

1.共建"一带一路"六大新动向

习近平主席指出，"一带一路"倡议的首要合作伙伴是周边国家，首要受益对象也是周边国家。而共建"一带一路"，则让周边外交有了抓手。

向北看，俄罗斯和蒙古国是中蒙俄经济走廊重要参与方，蒙古国政府2017年底出台的支持"一带一路"3项措施在2018年已全部启动，为"一带一路"提供便利通道；蒙古国"一带一路"中资大型企业俱乐部也在2018年揭牌。2018年，中俄经贸合作实现强劲增长，全年突破1000亿美元；5月，中国与包括俄罗斯在内的欧亚经济联盟各成员国共同签署了《中国与欧亚经济联盟经贸合作协定》，推动中俄双方在"一带一路"建设与欧亚经济联盟建设对接合作上取得重要阶段性成果。此外，中俄等国合作的亚马尔液化天然气项目第三条生产线提前近一年正式投产，中俄原油管道二线于年初全线贯通，中俄天然气管道东线按计划推进，中俄大项目合作如火如荼。

向西南看，中缅经济走廊已迈出坚实一步，中缅双方签署合作备忘录，并搭建中缅经济走廊联合委员会，就12个重点合作领域成立专项工作组。"人"字形中缅经济走廊将中国基础设施建设的经验同缅甸发展基建项目的需求紧密结合，把缅甸最贫穷的地区和最发达的地区连接起来，有望重新整合缅甸的经济发展格局，推动缅甸经济发展。

向西看，伊姆兰·汗领导的巴基斯坦新政府上台，在外界的种种猜疑之下，新政府确认将中巴经济走廊作为"国家优先事项"，服务中巴经济走廊建设的中巴跨境大巴客运服务也在2018年11月正式启用，备受边境民众的欢迎。目前，中巴经济走廊四大合作领域中已有10个项目完工，12个项目在建，给巴基斯坦创造了7万个就业机会，带动巴每年经济增长1~2个百分点。

向南看，由中国与新加坡两国政府合作的"中新(重庆)互联互通南向通道"提出一年九个月后，正式更名为"国际陆海贸易新通道"(New International Land-Sea Trade Corridor，简称"陆海新通道")。新名称意味互联互通建设的地域范围与方向更广泛，项目也更紧密与"一带一路"倡议衔接，有望进一步推动中新(重庆)项目的扩大与辐射。

向东看，2018年是中日和平友好条约缔结40周年，日本首相安倍晋三完成日本首相时隔7年来的首次访华。日方表达了积极参与"一带一路"建设的意愿，愿同中方积极开拓第三方市场合作，实现互利共赢。在双方共同努力下，中日第三方市场合作成为新形势下中日经贸关系发展新的增长点，为两国务实合作开辟了新的路径。

向海上看，海上邻国柬埔寨、印尼分别与中国签订了“一带一路”合作文件，印尼“全球海洋支点”计划和菲律宾“大建特建”计划与“一带一路”倡议形成对接。中国的周边邻国中，签订“一带一路”合作协议的国家已有16个，“一带一路”建设连点成线，织线成网，增进了中国与周边国家的利益共融。

2. 4次自主下调关税，达成17个自贸协定

下调关税
推动4次自主下调关税，关税总水平已由9.8%降至7.5%

跨境电商
跨境电子商务综合试验区的数量增加至35个，向内陆延伸态势明显

自贸协定
已与25个国家和地区达成了17年自贸协定，正与28个国家商谈13个新的自贸协定

外资政策
出台23项积极有效利用外资政策举措，放宽外资准入领域，简化外商投资企业设立程序

境外经贸合作区
在24个沿线国家在建合作区82家，累计投资约290亿美元，为当地创造税收超过20亿美元

与“一带一路”参与国开展区域经济合作，是“一带一路”建设的关键环节。2018年，中国签署了中国—新加坡自贸协定升级议定书，结束了中国—毛里求斯自贸协定谈判，启动中国—巴拿马、中国—巴勒斯坦自贸协定谈判和中国—秘鲁自贸协定升级谈判，中国已与25个国家和地区达成了17个自贸协定，涵盖38%的对外贸易额。目前正与28个国家商谈13个新的自贸协定，《区域全面经济伙伴关系协定》谈判举行了第二次领导人会议，80%内容已经完成谈判，中韩自贸协定第二阶段谈判、中国—挪威、中国—以色列等自贸协定谈判也在进一步推进。

与此同时，中国与沿线国家的贸易往来也在不断加强，一直高于中国对外贸易的整体增长速度。2018年前11个月，我国与沿线国家货物贸易进出口总额1.2万亿美元，同比增长18.3%，高出全国整体增速3.5个百分点，有望达到历史新高。

这一方面有赖于中国贸易自由化便利化水平进一步提升。2018年，商务部落实世贸组织《贸易便利化协定》，推动4次自主下调关税，降低包括医药品、日用消费品、汽车和工业品的关税，关税总水平已由9.8%降至7.5%。与中东欧国家达成服务贸易合作倡议，与多个国家签署服务贸易合作文件，多双边服务贸易促进平台更加完善。

另一方面，也有赖于中国不断放宽外资准入条件，打造优良营商环境。商务部、发改委、财政部等有关部门推动出台23项积极有效利用外资政策举措，放宽外资准入领域，简化外商投资企业设立程序，我国营商环境国际排名比2017年提升32位。2018年前11个月，沿线国家对华直接投资59.3亿美元，同比增长18.4%；我国对沿线国家非金融类直接投资129.6亿美元，同比增长4.8%。

国家层面的开放政策仍在持续加码。2018年8月，跨境电商综试区扩展到22个，南昌、武汉等中西部地区城市占据9个席位，沈阳、长春、哈尔滨等东北地区城市占据3个席位，向内陆延伸态势明显。至此，中国跨境电子商务综合试验区的数量增加至35个。除跨境电商综试区扩围外，2018年8月1日起，海关进出口货物将实行整合申报，报关单、报检单合并为一张报关单，对于重速度、效率、体验的跨境电商业来说，此举措意味着诸多红利。

境外经贸合作区是推进“一带一路”建设和国际产能合作的重要载体，是中国企业“抱

团出海”的新型平台。2018年是改革开放40周年，也是国务院批复设立境外经贸合作区10周年，我国企业已在24个沿线国家在建合作区82家，累计投资约290亿美元，为当地创造税收超过20亿美元。

3.亚投行3次扩容，新增9位成员

2018年，亚投行迎来3次扩容，新纳入9名成员，其中7个都是域外成员，累计成员总数达到93个，成员分布全世界各大洲。2018年新批准了10个国家的11个项目，项目贷款额33亿多美元，如果按5倍撬动资本金来计算，就撬动了165亿美元的投资，覆盖交通、能源、电信、城市发展等多个领域。

11个项目中有4个“花落”印度，印度获批的亚投行贷款项目累计达到9个，贷款额总计超过20亿美元，是目前获得亚投行投资最多的国家，能帮助印度解决电力、交通、饮水等方面的发展困境。此外，2018年6月，亚投行批准发放6亿美元贷款用于土耳其图兹湖天然气地下储库扩建项目，这是土耳其首次拿到亚投行的贷款，该项目有助于土耳其保障能源安全，降低碳排放强度，符合亚投行的绿色理念。

外界对亚投行的发展也给予充分支持。2018年7月，亚投行接受来自中国香港1000万美元专项基金，将用于亚投行的低收入成员中可融资的基础设施项目。12月20日，第73届联大全会协商一致，邀请亚投行以观察员身份参加联大的届会和活动，有利于亚投行同联合国进行更密切的交流沟通，开展更广泛、深入的合作。

4.数十个重大项目取得重大进展

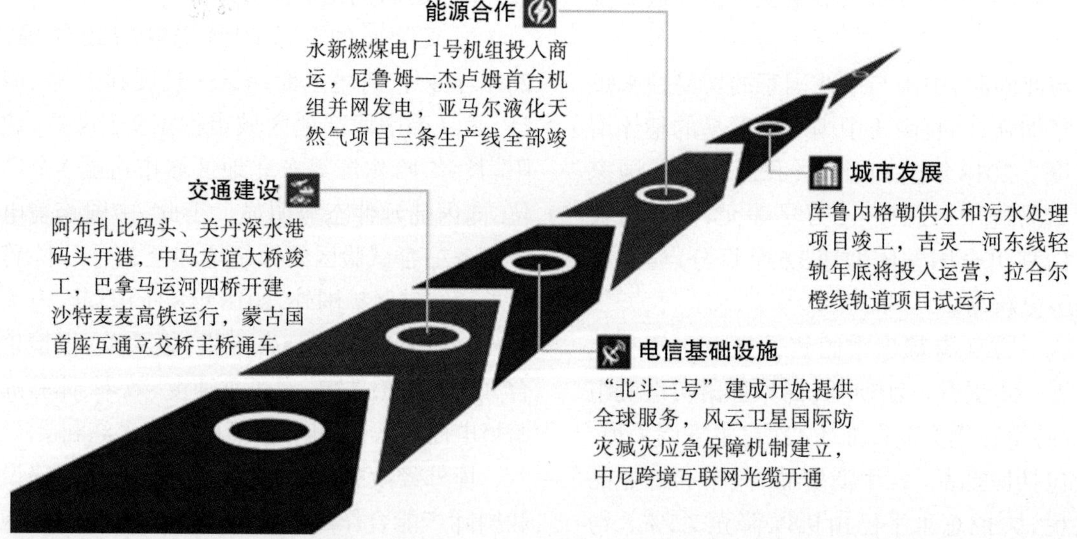

推进“一带一路”建设的第五年，又有一大批项目陆续签约或开工，一批综合效益好、带动作用大的项目完成建设，用实力回应了国际社会上的一些疑虑和误解。而新开工的项目中，民生、文化领域项目占据越来越大的比例，为当地民众带来实实在在的收益。

交通方面　阿联酋阿布扎比码头、马来西亚关丹深水港码头正式开港，尼日利亚莱基深水港开工，瓜达尔港具备完全作业能力，汉班托塔港二期工程主体完工；亚吉铁路开通运营，马尔代夫中马友谊大桥竣工，巴拿马运河四桥开建，沙特麦麦高铁运行，蒙古国首座互通立交桥主桥通车……交通基础设施“多点开花”，为多个国家互联互通提供了客观基础，也为人民生活赢得了巨大改善。

马尔代夫中马友谊大桥

电信基础设施方面　中国成功完成北斗三号基本系统星座部署，2018年底正式开通运行，19颗组网卫星将向“一带一路”国家和地区提供基本导航服务；风云卫星国际用户防灾减灾应急保障机制2018年4月建立，已有老挝、缅甸等10个“一带一路”国家正式申请成为应急机制用户。历经三年半施工的中尼跨境互联网光缆2018年正式开通，尼泊尔通过中国的线路接入互联网，喜马拉雅山南麓国家搭起了“数字丝路”。

能源合作方面　2018年初，越南永新一期项目1号机组投入商运，这是中国企业在越南首个采用BOT（建设—运营—移交）模式投资的电力项目，每年可提供约80亿千瓦时发电量，满足当地125万居民的用电需求。巴基斯坦最大的水电站项目尼鲁姆—杰卢姆首台机组4月实现并网发电，被赞为巴基斯坦“三峡工程”。中俄合作的亚马尔液化天然气项目三条生产线全部竣工，比计划提前了一年，“冰上丝路”穿越北极，彰显了中国高端制造的能力。

城市发展方面　斯里兰卡库鲁内格勒供水和污水处理项目2018年8月竣工，这是斯里兰卡首个供水和污水处理合建项目；斯里兰卡最大规模的水利枢纽工程莫勒格哈坎达水库竣工移交，从南到北贯穿斯里兰卡，旱涝不再令人发愁。越南吉灵—河东线轻轨年底将正式投入运营，“摩托车王国”的交通压力可明显减轻；巴基斯坦拉合尔橙线轨道项目试运行，两地交通从2.5小时缩短到了45分钟。

巴基斯坦最大的水电站项目尼鲁姆—杰卢姆首台机组并网发电

5.中欧班列:提前2年实现目标

提到"一带一路"旗舰项目,中欧班列占据着重要一笔。2018年3月,中欧班列年累计开行数量达到1000列——2016年破千用了256天,2017年破千用了133天,2018年破千仅用88天。

2018年,中欧班列共开行6300列,同比增长72%。其中返程班列2690列,同比增长111%。累计开行超过12000列,提前两年实现了《中欧班列建设发展规划2016—2020年》确定的"年开行5000列"目标。

2018年,中欧班列的朋友圈继续扩展,国内开行城市增加了13个,目的地新增2个欧洲国家的8个城市,目前中国境内开行中欧班列的城市达到56个,可到达欧洲15个国家的49个城市,回程班列数量与去程班列的占比已达到71%,基本实现"去4回3",重箱率、计划兑现率等质量指标也均达到了历史最好水平。

56个国内开行城市中,成都、重庆、西安、郑州、武汉2018年分别开行1587列、1442列、1235列、752列、423列,名列前五。这五城开行班列数量占总开行数量的八成以上,大幅"领跑"。

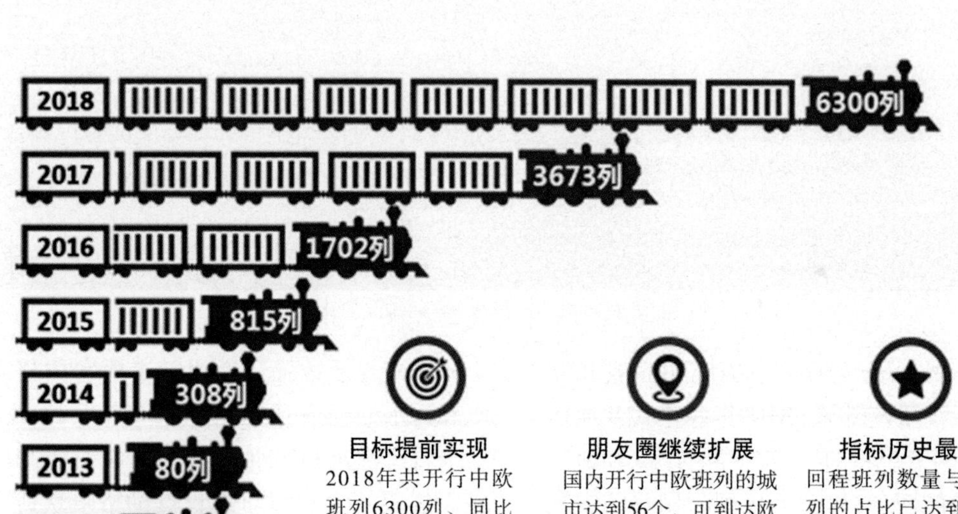

6. 31个省区市"百花齐放"

全国31个省、自治区、直辖市充分发挥比较优势,优化调整对接策略,围绕"一带一路"建设形成百花齐放、各具特色的局面。

山西、北京出台了2018—2020年推进"一带一路"建设三年行动计划,北京将着力优化提升对外交往平台、科技支撑平台、人文交流平台和服务支持平台的功能作用,山西计划利用区位优势,加快对外开放,将全省打造成对外开放的新高地。

江苏、江西、陕西、广西、天津等省市印发了2018年参与"一带一路"建设工作要点,河北发布《积极参与"一带一路"建设推进国际产能合作的实施方案》,根据自身优势和发展方向对全年工作作出规划,设立了推进工作的近期目标。

其中,江西将加快全省铁路、航空等基础设施建设,全面构建通江达海、联通内外的对外开放通道;广西提出九个方面的重点工作任务,特别是海洋经济合作和边境贸易将重点推进;四川成都发布《关于加快构建国际门户枢纽全面服务"一带一路"建设的意见》,38条政策举措构建联通全球通江达海的战略大通道。2018年12月,江苏重点推进的国家目前

山西、北京
出台2018年—2020年推进“一带一路”建设三年行动计划

陕西、广西等五省市
印发2018年参与“一带一路”建设工作要点

辽宁
发布“一带一路”综合试验区建设方案，省级层面首创

浙江
发布打造“一带一路”枢纽行动计划

上海
发布年度“科技创新行动计划”“一带一路”国际合作项目指南

河南等三省份
发布本省2018—2020年标准联通共建“一带一路”行动计划

新疆
乌鲁木齐国际陆港区中欧班列集结中心完成改扩建五条线

福建
开行的“丝路海运”纳入16条外贸集装箱班轮航线

唯一明确的“一带一路”产能合作园区——中阿（联酋）产能合作示范园管理服务中心主体封顶，首家入园企业开工。

此外，辽宁发布“一带一路”综合试验区建设方案，是国内首个在省级层面全域建设“一带一路”的路径拓展和实践创新，提出推动辽宁与俄罗斯、日本、韩国、朝鲜、蒙古共建“东北亚经济走廊”，携手打造东北亚命运共同体。

浙江发布《浙江省打造“一带一路”枢纽行动计划》，支持杭州申办“数字丝绸之路”国际峰会，打造“数字丝绸之路”门户枢纽。上海发布2018年度“科技创新行动计划”“一带一路”国际合作项目指南，这是该指南的第二年连续发布，为推动与“一带一路”沿线开展持续性的联合研究及重大科研项目提供支持。

2017年底，推进“一带一路”建设工作领导小组办公室印发《标准联通共建“一带一路”行动计划（2018—2020年）》；紧接着，2018年河南、浙江、陕西等省市陆续发布了各自的2018—2020年标准联通共建“一带一路”行动计划，推动中国标准海外应用，引领沿线国家标准化共同发展。

围绕海丝核心区建设，福建12月开行的“丝路海运”是国内首个以航运为主题的“一带一路”国际综合物流服务品牌。目前，16条外贸集装箱班轮航线被纳入为首批“丝路海运”航线，未来还将与“中欧班列”无缝衔接、构建陆海内外联动、东西双向互济新通道。

7.六大经济走廊

“六廊六路多国多港”是共建“一带一路”的主体框架，为各国参与“一带一路”合作提供了清晰的导向。其中，“六廊”即新亚欧大陆桥、中蒙俄、中国—中亚—西亚、中国—中南半岛、中巴和孟中印缅六大国际经济合作走廊。

新亚欧大陆桥经济走廊　建设以中欧班列等现代化国际物流体系为依托，重点发展经贸和产能合作，拓展能源资源合作空间，构建畅通高效的区域大市场。

中蒙俄经济走廊　2014年9月11日，中国国家主席习近平在出席中国、俄罗斯、蒙古国三国元首会晤时提出，将“丝绸之路经济带”同“欧亚经济联盟”、蒙古国“草原之路”倡议对接，打造中蒙俄经济走廊。2015年7月9日，三国有关部门签署了《关于编制建设中蒙俄经济走廊规划纲要的谅解备忘录》。2016年6月23日，三国元首共同见证签署了《建设中蒙俄经济走廊规划纲要》，这是共建“一带一路”框架下的首个多边合作规划纲要。在三方的共同

努力下，规划纲要已进入具体实施阶段。

中国—中亚—西亚经济走廊　中国—中亚—西亚经济走廊由中国西北地区出境，向西经中亚至波斯湾、阿拉伯半岛和地中海沿岸，辐射中亚、西亚和北非有关国家。2014年6月5日，中国国家主席习近平在中国—阿拉伯国家合作论坛第六届部长级会议上提出构建以能源合作为主轴，以基础设施建设、贸易和投资便利化为两翼，以核能、航天卫星、新能源三大高新领域为突破口的中阿“1+2+3”合作格局。2016年G20杭州峰会期间，中哈（萨克斯坦）两国元首见证签署了《中哈丝绸之路经济带建设和“光明之路”新经济政策对接合作规划》。中国与塔吉克斯坦、吉尔吉斯斯坦、乌兹别克斯坦等国签署了共建丝绸之路经济带的合作文件，与土耳其、伊朗、沙特、卡塔尔、科威特等国签署了共建“一带一路”合作备忘录。中土双方就开展土耳其东西高铁项目合作取得重要共识，进入实质性谈判阶段。

中国—中南半岛经济走廊　中国—中南半岛经济走廊以中国西南为起点，连接中国和中南半岛各国，是中国与东盟扩大合作领域、提升合作层次的重要载体。

2016年5月26日，第九届泛北部湾经济合作论坛暨中国—中南半岛经济走廊发展论坛发布《中国—中南半岛经济走廊倡议书》。中国与老挝、柬埔寨等国签署共建“一带一路”合作备忘录，启动编制双边合作规划纲要。推进中越陆上基础设施合作，启动澜沧江—湄公河航道二期整治工程前期工作，开工建设中老铁路，启动中泰铁路，促进基础设施互联互通。设立中老磨憨—磨丁经济合作区，探索边境经济融合发展的新模式。

中巴经济走廊　中巴经济走廊是共建“一带一路”的旗舰项目，中巴两国政府高度重视，积极开展远景规划的联合编制工作。2015年4月20日，两国领导人出席中巴经济走廊部分重大项目动工仪式，签订了51项合作协议和备忘录，其中近40项涉及中巴经济走廊建设。“中巴友谊路”——巴基斯坦喀喇昆仑公路升级改造二期、中巴经济走廊规模最大的公路基础设施项目——白沙瓦至卡拉奇高速公路顺利开工建设，瓜达尔港自由区起步区加快建设，走廊沿线地区能源电力项目快速上马。

孟中印缅经济走廊　孟中印缅经济走廊连接东亚、南亚、东南亚三大次区域，沟通太平

亚投行主要成员股份及投票权占比（截至2018年12月）

法定股本：1000亿美元

域外成员：250亿美元			域内成员：750亿美元		
	股份/亿美元	投票权占比		股份/亿美元	投票权百分比
德国	44.8		中国	297.8	
法国	33.8		印度	83.7	
英国	30.5		俄罗斯	65.4	
意大利	25.7		韩国	37.4	
西班牙	17.6		澳大利亚	36.9	
荷兰	10.3		印度尼西亚	33.6	
加拿大	9.6		土耳其	26.1	
波兰	8.3		沙特阿拉伯	25.4	
瑞士	7.1		伊朗	15.8	
埃及	6.5		泰国	14.3	
其他	22.4		其他	102.2	

洋、印度洋两大海域。2013年12月,孟中印缅经济走廊联合工作组第一次会议在中国昆明召开,各方签署了会议纪要和联合研究计划,正式启动孟中印缅经济走廊建设政府间合作。2014年12月召开孟中印缅经济走廊联合工作组第二次会议,广泛讨论并展望了孟中印缅经济走廊建设的前景、优先次序和发展方向。

8.亚投行

(1)名称与组成

亚投行全称亚洲基础设施投资银行(Asian Infrastructure Investment Bank,AIIB),是政府间性质的亚洲区域多边开发机构,也是全球首个由中国倡议设立的多边金融机构。

亚投行成员扩充历程(截至2018年12月)

域外	域内
2015年12月	创始成员国:57个
奥地利、丹麦、法国、芬兰、德国、冰岛、意大利、卢森堡、荷兰、挪威、波兰、葡萄牙、西班牙、瑞典、瑞士、英国、马耳他、巴西、埃及、南非	阿塞拜疆、孟加拉国、文莱、柬埔寨、中国、印度、印度尼西亚、伊朗、以色列、约旦、哈萨克斯坦、韩国、科威特、吉尔吉斯斯坦、老挝、马来西亚、马尔代夫、蒙古国、缅甸、尼泊尔、阿曼、巴基斯坦、菲律宾、卡塔尔、沙特阿拉伯、新加坡、斯里兰卡、塔吉克斯坦、格鲁吉亚、泰国、土耳其、阿联酋、乌兹别克斯坦、越南、澳大利亚、新西兰、俄罗斯
2017年3月	第一次扩容:70个
比利时、加拿大、埃塞俄比亚、匈牙利、爱尔兰、秘鲁、苏丹、委内瑞拉	中国香港、阿富汗、亚美尼亚、斐济、东帝汶
2017年5月	第二次扩容:77个
玻利维亚、智利、希腊、罗马尼亚	巴林、塞浦路斯、萨摩亚
2017年6月	第三次扩容:80个
阿根廷、马达加斯加	汤加
2017年12月	第四次扩容:84个
白俄罗斯、厄瓜多尔	库克群岛、瓦努阿图
2018年5月	第五次扩容:86个
肯尼亚	巴布亚新几内亚
2018年6月	第六次扩容:87个
	黎巴嫩
2018年12月	第七次扩容:93个
阿尔及利亚、加纳、利比亚、摩洛哥、塞尔维亚、多哥	

亚投行重点支持基础设施建设,成立宗旨在促进亚洲区域的建设互联互通化和经济一体化的进程,并且加强中国及其他亚洲国家和地区的合作。2015年12月25日正式成立,总部设在北京。

亚投行意向创始成员国确定为57个,其中域内国家37个、域外国家20个。法定资本1000亿美元,中国出资50%,为最大股东。治理结构分理事会、董事会、管理层三层。理事会是最高决策机构,每个成员在亚投行有正副理事各一名。董事会有12名董事,其中域内9名,域外3名。管理层由行长和5位副行长组成。中国财政部部长楼继伟被选举为亚投行首届理事会主席,金立群当选亚投行首任行长。副行长:丹尼·亚历山大(Danny Alexander)、冯·阿姆斯贝格(Joachimvon Amsberg)、D.J.Pandian、洪起泽(Kyttack Hong)、Luky Eko Wuryanto。

(2)四次扩容历程

亚投行2016年开业运营时共有57名创始成员。两年间亚投行先后进行七次扩容,批准了36个成员的加入申请,包括比利时、加拿大、匈牙利、爱尔兰、阿富汗、希腊、智利、阿根廷等多个国家。“随着亚投行成员的不断增加,我们的触角也从亚洲延伸至了全球。”亚投行副行长丹尼·亚历山大表示。

(3)投资24个项目,贷款总额42亿美元

截至2017年12月,亚投行已展开24个投资项目,项目贷款总额为42亿美元,主要涉及能源、交通、城市基础设施等领域。这些项目都位于亚洲,包括菲律宾、印度、巴基斯坦、孟加拉国、缅甸、印尼等国,内容涉及贫民窟改造、防洪、天然气基础设施建设、高速公路/乡村道路、宽带网络、电力系统等方面。

2017年12月11日,亚投行公布首个对华项目,批准2.5亿美元贷款用于“北京空气质量改善和煤改气”项目。亚投行表示,该项目覆盖大约510个村,连接大约21.7万户家庭的天然气输送管网等工程,能有效降低北京地区的空气可悬浮细颗粒物浓度、减少碳排放、减少

煤炭消耗，从而改善北京地区空气质量和环境质量。

9.丝路基金

丝路基金是由中国外汇储备、中国投资有限责任公司、中国进出口银行、国家开发银行共同出资，依照《中华人民共和国公司法》，按照市场化、国际化、专业化原则设立的中长期开发投资基金，重点是在“一带一路”发展进程中寻找投资机会并提供相应的投融资服务。

作为单边金融机构，丝路基金完全由中国出资，初期设计规模为400亿美元，上不封顶，首期100亿美元资本金，源于中国外汇储备以及中国进出口银行、中国投资有限责任公司、国家开发银行。其中，外储出资65亿美元，进出口银行、中投公司各出资15亿美元，国开行出资5亿美元。丝路基金是政府的投资平台，不针对个人投资者。

成立背景：2014年11月8日，习近平主席在北京APEC会议期间宣布，中国将出资400亿美元成立丝路基金。这是中国推进“一带一路”建设的一项重要举措，是利用中国资金实力直接支持“一带一路”建设的具体体现，也是中国积极参与全球关于扩大基础设施投融资、促进世界经济可持续增长倡议的一个实际行动。

2014年12月29日，丝路基金有限责任公司在北京注册成立并正式开始运行，高级经济师金琦出任公司董事长。丝路基金定位为中长期开发投资基金，秉承“开放包容、互利共赢”的理念，为“一带一路”框架内的经贸合作和双边多边互联互通提供投融资支持，促进中国与沿线国家和地区共同发展、共同繁荣。

设立目的：(1)为“一带一路”(丝绸之路经济带和21世纪海上丝绸之路)沿线国家的基础设施、资源开发、产业和金融合作等与互联互通有关项目提供投融资支持。(2)丝路基金将为连接亚洲市场的基础设施建设融资，为邻国提供资金支持将提升中国在亚洲的影响力。

重要活动：2015年12月14日，丝路基金与哈萨克斯坦出口投资署签署框架协议，并出资20亿美元，建立中国—哈萨克斯坦产能合作专项基金，这是丝路基金成立以来设立的首个专项基金。2015年丝路基金先后宣布了三单项目投资，分别是支持中国三峡集团在巴基斯坦等南亚国家投资建设水电站等清洁能源、支持中国化工集团并购意大利倍耐力轮胎公司、参与俄罗斯亚马尔液化天然气一体化项目的投融资。

上海漕河泾赵巷科技绿洲

上海漕河泾开发区赵巷新兴产业经济发展有限公司（以下简称"漕河泾赵巷公司"）成立于2017年3月14日，为国有有限责任公司。漕河泾赵巷公司由上海市漕河泾新兴技术开发区发展总公司与上海赵巷商业商务投资发展有限公司共同出资设立，注册资本为人民币13.53亿元。

漕河泾赵巷公司主要负责漕河泾赵巷科技绿洲项目的开发建设、招商服务和经营管理，先后荣获"2018年度上海市重点工程实事立功竞赛优秀团队"及"2019年上海市工人先锋号"称号。作为漕河泾开发区"区区合作"与"品牌联动"的发展重点，漕河泾赵巷公司依托临港集团、漕河泾开发区在产业集聚和科创孵化的成功经验及品牌影响力，秉承漕河泾开发区发展总公司"高与新永远是我们的追求"的企业精神，"客户至上、追求卓越、和谐共生、互动发展"的核心价值观，在原有产业基础之上，结合上海市西软件信息园主导产业方向，紧密对接虹桥商务区，汇聚各方面优质资源，以科创为核心，以战略性新兴产业为主导，重点打造软件信息、人工智能、大数据、生命健康、新材料等多元化产业结构，并协同上海市西软件信息园共同推动互联网+、云计算、5G等高新科技产业在园区内聚集，全力打造一个融多重功能为一体的新一代高端智慧产城社区。

漕河泾赵巷科技绿洲位于青浦区赵巷镇、轨道交通17号线嘉松中路站两侧，青浦区是对接长三角地区的"上海之门"，是国家长江三角洲区域一体化发展战略的重要组成区域。项目规划建设用地约492亩，总建筑面积超过100万平方米，总投资约100亿元。项目范围东至嘉松中路，西至佳驰路，北至佳恒路，南至镇中路。园区共分四期开发，融商务办公、研发中心、休闲商业、人才公寓、公共配套于一体，将打造高端总部经济聚集区、国际研发中心基地。园区还将引入一流科技企业孵化器、企业加速器、中小企业服务机构，为入园企业提供优质多元服务，力争成为青浦东部区域新地标、产城融合发展新典范。

亚玛芬体育是一家拥有国际知名品牌的体育用品公司，旗下品牌包括Salomon、Arc’teryx、Peak Performance、Atomic、Suunto、Wilson及Precor。公司技术先进的运动装备、鞋履、服装及配饰旨在改善消费者在运动及户外活动时的表现，并提升乐趣。亚玛芬体育旗下的品牌形成一个广泛而又均衡的组合，并在欧洲、美国和亚太等世界主要市场均有所布局。

salomon

Salomon萨洛蒙，品牌成立于1947年。这个来自于法国阿尔卑斯山脉中心地带的品牌一直致力于通过创新和科技帮助人们享受山地运动，发掘自身潜能，拓展运动边界。萨洛蒙为雪板、雪板固定器、滑雪靴和滑雪服创造了众多革命性新概念，并不断为越野跑、登山、徒步等其他运动带来创新的解决方案。

SUUNTO

SUUNTO颂拓。1936年，芬兰定向越野选手、液体野外罗盘的发明者Tuomas Vohlonen创立了颂拓。从那时起，颂拓一直走在潜水电脑、潜水仪器和运动手表的设计和创新的最前沿，产品被世界各地的探险爱好者所使用。从最高的山脉到最深的海洋，颂拓在身体上和精神上帮助户外探险者征服新的领地。

PRECOR

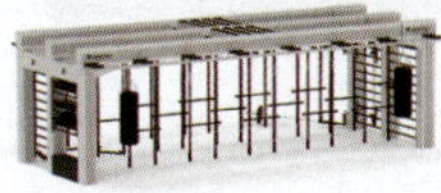

Precpr必确怀着对健身的热情，是全球健身行业的领导者，致力于通过专业和消费洞察来创新和扩展其市场。必确设计和制造的高级商用健身器材，让客户感觉称心舒适。自1980年以来，必确一直是为客户创造创新健身解决方案的先驱，必确的专业健身器材被全球90多个国家众多健身俱乐部、酒店、水疗中心和个人健身者所选择。

PeakPerformance

Peak Performance由两位狂热的滑雪达人1986年在瑞典创办的高端户外运动时尚品牌。从那时起，独特，创新，功能的完美结合让Peak Performance独具一格。产品全因运动和时尚而生，跨越不同季节和天气，从专业运动性能到街头流行搭配，让你从山野户外到繁华都市无缝穿越，随心所动，灵动自如。

ARC'TERYX

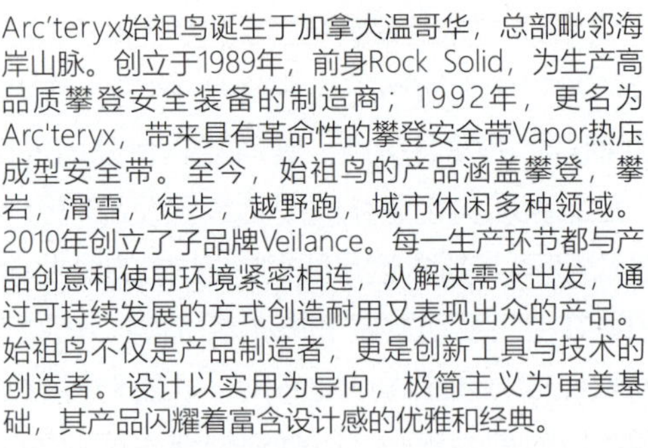

Arc’teryx始祖鸟诞生于加拿大温哥华，总部毗邻海岸山脉。创立于1989年，前身Rock Solid，为生产高品质攀登安全装备的制造商；1992年，更名为Arc'teryx，带来具有革命性的攀登安全带Vapor热压成型安全带。至今，始祖鸟的产品涵盖攀登，攀岩，滑雪，徒步，越野跑，城市休闲多种领域。2010年创立了子品牌Veilance。每一生产环节都与产品创意和使用环境紧密相连，从解决需求出发，通过可持续发展的方式创造耐用又表现出众的产品。始祖鸟不仅是产品制造者，更是创新工具与技术的创造者。设计以实用为导向，极简主义为审美基础，其产品闪耀着富含设计感的优雅和经典。

Wilson

Wilson威尔胜是世界领先运动装备品牌。威尔胜的核心系列涵盖网球、棒球、篮球、美式橄榄球、高尔夫球、排球、足球、垒球、羽毛球和壁球。一个多世纪以来，没有任何一家公司可以像威尔胜一样，在网球、高尔夫、棒球和美式橄榄球运动中有如此深远的影响力。作为技术革命的领航者，威尔胜在其参与的每一项运动中都缔造了传奇和经典，并且赢得了全世界范围的认同。在几代运动员的支持下，威尔胜已经成为世界运动装备领域的一块金字招牌。

Atomic品牌诞生于1955年，传承着奥地利阿尔卑斯山的纯正“雪”统。在高山地区Altenmarkt生产的滑雪专业产品，不仅成就了滑雪运动员持续赢得殊荣，更让许多滑雪爱好者享受高山滑雪、自由式、登山滑雪以及越野滑雪等丰富运动。我们充满激情和创新，深入理解用户及运动员对产品的需求，这也是保持品牌成功的基石。

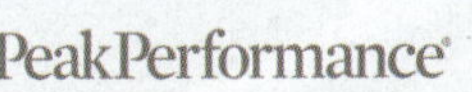

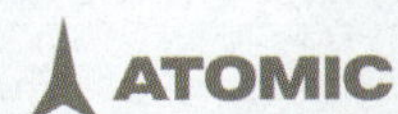

PRECOR

上海胜握胜林业有限公司

承担生态责任，关爱全球森林

做生态产业领袖、创世界一流企业

国际森林体系认证

森林管理委员会认证

上海胜握胜林业有限公司成立于2011年，是国务院国资委管理的中央企业——中国林业集团有限公司的全资二级子企业。自成立以来，充分利用上海市作为国内贸易、航运、金融中心的综合优势，以供给侧结构性改革为主线，在中林产业模式大调整的战略引导下，坚持**“境外林地资源+市场销售网络+港口物流+产业园区”**的木材全产业链经营模式，创新发展理念，不断调整业务结构。2018年，营业收入突破百亿，逐步领军林产品贸易类企业。

青年文明号

中央企业团工委
二〇一七年七月

中国林产品指标机制
首批指标企业

国家林业局林产品国际贸易研究中心

作为上海百强外贸重点（进口）企业，胜握胜秉承中林集团——**“承担生态责任，关爱全球森林”**的发展理念，在推进林业可持续发展与国际资源开发合作板块上持续发挥模范引领作用。

未来我们将继续积极服务国家战略，突出木材贸易主营业务，不断开拓创新。坚持中林集团**“做生态产业领袖、创世界一流企业”**的发展目标，充分发挥在木材经营领域的综合优势，努力开拓上海胜握胜林业有限公司的崭新未来。

统一企业于1967年在中国台湾台南成立，由最初的食品制造本业开始，生产及销售面粉、油脂及方便面等产品，一路发展至今，包括食品、连锁便利、贸易、食用油、马口铁、物流、生物科技等产业领域，涵盖如贸易、证券、休闲、零售百货等包括了多项民生相关的消费品及服务产业，已成为一个多元化、国际化经营的综合生活产业集团。事业版图已扩充至祖国大陆、越南、印度尼西亚、菲律宾以及泰国等地。

1992年，统一企业集团开始在祖国大陆投资设厂。1998年，统一企业（中国）投资有限公司在上海成立，统筹管理所属各子公司生产和销售的方便面、饮料、包装水、乳品等产品。统一企业一直秉持“三好一公道”的经营理念，致力于提供品质安全的产品，让消费者吃得放心、吃得健康，在全国创立了众多饮料和方便面知名品牌，如统一冰红茶，统一绿茶，统一鲜橙多，阿萨姆奶茶、统一冰糖雪梨、海之言、小茗同学、如饮、雅哈、水趣多、爱夸、统一老坛酸菜牛肉面、统一卤肉面、满汉宴、满汉大餐、汤达人、都会小馆、相拌一城、小浣熊、冠军榜、统一100、来一桶等，深受广大消费者的喜爱。

保障食品安全是企业的生存之本，更是企业肩负的社会责任。不论是原物料还是产品，大陆统一企业持续推动食品安全的有效管理，并成立了通过中国合格评定国家认可委员会（CNAS）认可的食品安全检测中心。公司内部一直坚持对所有原材料进行严格质检，并不断加强对产业链上下游的控制，确保产品质量安全。

统一企业在经营事业的同时，也善尽社会公民的责任，参与祖国大陆的社会公益活动。2008年第二十九届奥林匹克运动会在北京隆重举行，统一企业积极参与奥运，成为奥运有史以来唯一的方便面赞助商。我们捐助奥运希望工程、希望小学等，同时也积极捐赠救助汶川地震、青海玉树地震、甘肃舟曲泥石流、雅安地震、定西地震、昭通地震等。

统一企业一直秉持公司“三好一公道”的经营理念，致力于提供品质安全，以及深受消费者喜爱的产品。统一企业，以成为全球最大的食品公司之一作为21世纪的战略目标，掌握时代脉搏，全心尽力演奏出一首永为大家喜爱的食品交响乐，传播健康与快乐，与消费者携手共创美好的生活。

开创健康快乐的明天
统一企业（中国）投资有限公司
UNI-PRESIDENT ENTERPRISES (CHINA) INVESTMENT CO.,LTD.

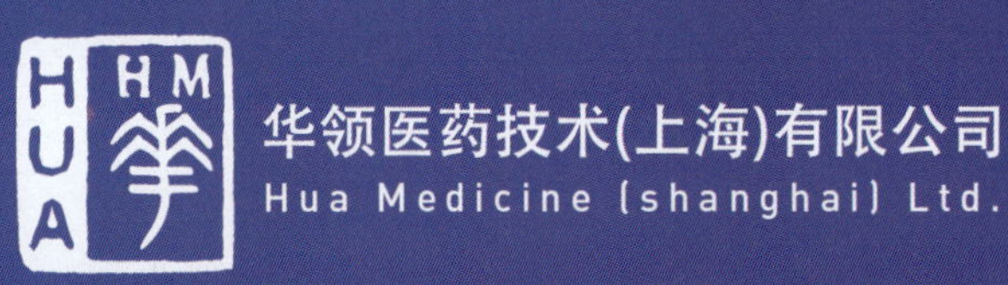

中西合璧 | 联合创新
患者为先·良药为民·创新为本

公司概述

华领医药是一家立足中国，针对全球糖尿病患者尚未满足的临床需求，研发全球原创新药的生物技术公司。华领医药汇聚全球高端人才和科技资源，以国际顶级生物医药投资团队为依托，成功实现了全球首创糖尿病新药Dorzagliatin（HMS5552）在中国完成药品可开发性临床验证，率先进入注册性临床试验阶段。公司已在中国开展2个III期临床试验，分别针对新发未经治疗的和二甲双胍治疗失效的2型糖尿病患者人群。公司将启动药品生命周期管理相关临床试验，并拓展糖尿病个性化治疗和管理的先进理念，联合中国和美国糖尿病领域专家，实现对糖尿病和代谢性疾病及其并发症的有效控制。

2010
- 天使融资
- 华领开曼

2012
- HMS5552申报中国临床I期

2013
- HMS5552获得临床I期批件

2014
- HMS5552申报临床II期
- 完成A轮2,500万美元融资

2015
- HMS5552获得II/III期临床批件
- 完成B轮融资2,500万美元

2016
- 完成II期临床 CFDA批准HMS5552进入临床III期
- 完成C轮5,000万美元融资

2017
- 启动HMS5552注册临床试验
- 组建商业运营团队

2018
- HMS5552 II期临床研究结果在《柳叶刀》子刊发表
- 香港 IPO Stock Code: HK 2552
- 完成D&E轮1.1亿美元融资

上海市浦东张江高科技园区爱迪生路275号, 201203
275 Ai Di Sheng Road, Zhangjiang Hi-Tech Park, Pudong, Shanghai 201203

电话：+86 21 5886 5299
+86 21 5886 6110
www.huamedicine.com

欢迎关注"华领医药"微信公众号

恒隆广场办公楼被誉为知名国际甲级商厦，两幢分别楼高6
层及48层的办公楼总楼面面积达160,000平方米，深受跨国
公司、资讯科技及时装企业欢迎。此外，恒隆广场设有占地
近60,000平方米的停车场，提供800多个地下停车位，供租
户和顾客使用。

恒隆广场于2018年推出全新顾客关系管理计划“恒隆
会”，专属贵宾室 The Lounge 也正式向绿宝会员开放。本
着“以客为本”的理念，恒隆广场未来将通过一系列市场推
广策略和尊尚服务，在其龙头地位之上再创新的里程。

恒隆廣場 · 上海

恒隆广场以 Home to Luxury 为定位，引领高端时尚潮流，是新一代高净值人群娱乐消闲的必到之所。项目位于上海市静安区最知名的商业购物区——南京西路1266号，总楼面面积超过270,000平方米。自2001年开业以来，一直是屹立上海市的瞩目地标，更曾被评为中国商业发展最成功的项目之一。

恒隆广场是上海人所熟知的奢侈品高地，五层高的购物商场云集了世界100多个知名奢侈品牌，租户名单仿如一本“品牌名人录”，而年轻潮流品牌和高端餐饮食肆的不断入驻更是为恒隆广场注入了新的活力。恒隆广场也一直致力于引领高端生活方式，为宾客创造更优质的多元化体验，此前就在消费者活动方面荣获了2017亚洲—太平洋史蒂夫奖，是名副其实汇聚时尚潮流和品味生活的 Home to Luxury。

请关注
PLAZA 66
官方微信

微博：@上海恒隆广场
网址：www.plaza66.com
电话：2225 1800

金融证券、外商投资与公司、基础设施与房地产、环境资源与能源、医疗健康与安全、知识产权和信息技术、劳动和人力资源、海事海商和物流、两岸法律事务

金茂律师事务所（"金茂所"）于1988年12月24日在上海正式成立，是一家从事专业法律服务的大规模合伙制律师事务所。金茂所拥有律师和辅助人员逾百位，现有一级律师两位、高级职称律师七位，并拥有大批专业特长的资深律师，众多律师曾在海外留学或者在国际性法律事务所工作。金茂所业务范围包括金融证券、外商投资与公司、基础设施与房地产、环境资源与能源、医疗健康与安全、知识产权和信息技术、劳动和人力资源、海事海商和物流、两岸法律事务、国际国内争议解决十大板块，基本覆盖了业内各个重要的法律领域。

金茂所总部位于上海，在中国香港、江苏昆山设有分所，并与日本东京岩田合同法律事务所等建立联盟。自创建以来，金茂所与美国、英国、德国、瑞士、挪威、澳大利亚、加拿大、巴西、韩国、新加坡和中国台湾等多家律师事务所建立了长期稳定的合作关系。

由于在专业领域取得的杰出业绩以及在国际同业之间的良好声誉，金茂所多次获得国际性专业荣誉，包括Asia Law、Legal 500等专业法律刊物多次将金茂所列为中国排名领先的律师事务所之一。

金茂律师事务所
JIN MAO LAW FIRM
上海市黄浦区汉口路266号申大厦15/19/20楼
邮箱：info@jinmao.com.cn
网址：www.jinmao.com.cn

自成立以来，金茂所获得了多项荣誉、表彰和认可

1990年 中国司法部授予"全国先进合作制律师事务所"荣誉称号
1993年 中国司法部、证监会首批认定具有证券法律业务资格
2000年 中国司法部、证监会首批认定具有从事拥有境内权益的境外公司股票发行和上市法律业务资格
2000年 上海市司法局授予"文明律师事务所"荣誉称号
2005年 中华全国律师协会授予"全国优秀律师事务所"荣誉称号
2007年 上海市司法局授予"上海市司法行政系统先进集体"荣誉称号
2007年 中国银行间市场交易商协会接纳为首批中介机构会员单位
2010年 上海市商务委员会、上海市司法局首批认定"上海市专业服务贸易重点单位（法律服务类）"
2011年 上海市人民政府授予"上海市文明单位"荣誉称号
2011年上海股权投资协会、上海市担保行业协会接纳为会员单位
2011年中华环保联合会授予"环境维权志愿律师事务所"
2012年 上海上市公司协会、上海小额贷款公司协会接纳为会员单位
2013年 上海市人民政府授予"上海市文明单位"荣誉称号
2013年 中国服务贸易协会商业保理专业委员会接纳为会员单位
2013年 上海市商务委员会、上海市司法局认定"上海市专业服务贸易重点单位（法律服务类）"
2014年 上海市高级人民法院认定为"企业破产管理人"
2015年 上海浦东商业保理行业协会副主任单位
2015年 上海市律师协会授予"2011-2015年度上海市十佳律师事务所"荣誉称号
2015年 中国仲裁法学研究会接纳为会员单位
2015年 上海市人民政府授予"上海市文明单位"荣誉称号
2015年 国家知识产权局颁发专利代理机构资质证书
2016年 上海联合产权交易所接纳为会员单位
2016年 上海市商业保理同业公会推选为副主任单位
2016年 中国保险资产管理业协会接纳为会员单位
2017年 上海市人民政府授予"上海市文明单位"荣誉称号
2018年 上海市律师协会授予"2017年度上海市律师行业贡献奖"

东方美谷企业
集团股份有限公司

东方美谷集团全称东方美谷企业集团股份有限公司，是奉贤区第一家区属一级国有股份公司，注册资本6亿元。

集团作为推动“东方美谷”发展的市场化主体，以“产业投资，专业招商”为主要业务，并以“产业集群，企业上市”为发展目标，致力于全面整合资源，拓展东方美谷美丽健康产业的承载空间，提升产业发展品质，加快产业发展速度，丰富产业发展内涵，并对美丽健康全产业链相关优质资产开展收购兼并和股权投资，打造全区美丽健康产业的投资管理平台，推动奉贤区美丽健康产业集群集聚发展。

集团通过投资、收购全区乃至全市范围内104板块适合产业开发的土地和拟实施产业结构调整的土地，与当地政府进行合作开发，打造以实现美丽健康产业集群发展为目标，运用专业化、现代化、国际化的招商思路和手段，吸引、培育一批行业顶尖、具有国际影响力的美丽健康产业企业和机构落户，形成国内规模最大的美丽健康产业集群和具有行业引领作用的发展高地。

东方美谷集团将围绕东方美谷“五大平台”和“八大中心”，构建产业支撑体系。

五大平台——产业发展平台、产业资源平台、产业孵化平台、产业服务平台、产业政策平台。

八大中心——研发中心、设计中心、检测中心、展示中心、营销中心、体验中心、服务中心、指导中心。

宝钢资源（国际）有限公司

成为世界一流的矿产资源综合服务商

宝钢资源（国际）有限公司是中国宝武钢铁集团有限公司的全资子公司，成立于2006年7月，主要从事钢铁冶金原燃料的贸易、物流及投资运营，品种涵盖铁矿石、煤炭、合金、有色金属、废钢、辅料等钢铁冶金主要原燃料，在中国上海、中国香港、澳大利亚、新加坡、南非、印尼等多地拥有办公机构及业务团队，与超过100家境外供应商、40余家境外客户保持长期合作关系。2018年，公司共实现销售量近6000万吨，销售收入360亿元，是具有较强实力的矿产资源服务商。标普、穆迪和惠誉三大国际评级机构分别给予宝钢资源的主体信用评级为BBB+、Baa2和A-。

核心业务

贸易经营板块是宝钢资源的核心业务之一。公司充分依托钢铁生态圈，不断创新业务模式，为客户提供优质资源与物流配送服务。

（1）铁矿石贸易领域，围绕各类进口铁矿石（粉矿、块矿、球团矿）及辅料等经营品种，年贸易量近3000万吨，与澳大利亚、巴西、南非等主要供应商保持长期战略合作关系，为客户提供各种优质的铁矿石产品和专业的配矿等增值服务。

（2）煤炭贸易领域，经营品种涵盖炼焦煤、喷吹煤、动力煤、块煤和冶金焦，年贸易规模达千万吨以上，具有稳定的国、内外煤炭资源供应渠道，为客户提供港口仓储、物流配送等优质服务。

（3）合金贸易领域，主要经营镍（红土镍矿、镍铁），铬（铬矿、铬铁），锰（锰矿、锰合金），钛（钛矿、海绵钛）等品种。2018年锰矿进口贸易规模位居行业第一，荣获全国锰矿综合实力十强之第二名。镍矿、铬矿贸易量均位居业内前三强。与印尼、菲律宾、南非、澳大利亚等主流供应商保持长期战略合作关系，与国内多家合金厂商保持长期战略合作，为客户提供一站式资源保障服务。

（4）有色金属贸易领域，主要涉足铜、镍、铅、锌、锡、铝、锂、钴及矿产品，年贸易额达50亿元人民币。与国内及俄罗斯、南非、智利、印度、韩国等主要供应商和客户建立了长期协议合作关系，提供代理采购、销售寄售、JIT及时送货服务等全方位增值服务。

（5）金属再生资源贸易领域，经营品种包括工业下脚料纯净废钢、汽车板切片、品种废钢、合金废钢、不锈钢废钢、拆船废钢、拆车废钢等，具有较强的优质废钢铁资源获取能力和客户技术服务能力。

物流航运板块是宝钢资源的另一核心优势。公司拥有集远洋运输、国内水运、港口中转、船代、货代于一体的钢铁原燃料综合物流服务体系。远洋及沿海运力共18艘，总载重吨达174万吨。下属浙江舟山武港设计吞吐能力3000万吨，拥有25万吨级卸船泊位1个，5万吨级装船泊位1个，1万吨级装船泊位2个，堆场15万平方米。

此外，宝钢资源还致力于聚焦优质稀缺资源，在铁矿石、煤炭、合金、物流业务等多个领域，通过项目投资、风险勘探、矿权运作、产融结合等方式，共同构筑资源产业合作平台。海外投资区域遍及澳大利亚、巴西、非洲及东南亚地区，项目综合竞争力处于行业前列。

让世界矿产资源产业因宝钢资源而不同
是宝钢资源执着追求的“资源梦”

让我们精诚合作，共创美好未来！

www.baosteelresources.com

1999年，这是来伊份两位创始人施永雷和郁瑞芬的创业起点，夫妻二人经营冰激凌生意赚到人生第一桶金，继而接触炒货行业。18年来从一家家门店做起，一路带领来伊份发展成为今日的“主板零食第一股”，建立起一个坐拥近2700家门店和全渠道逾2700万会员的零食王国。因这份事业的源起是一份甜蜜的爱之硕果，来伊份自成立之日起，始终坚持为消费者提供安全、健康、“有爱”的零食。

公司产品主要覆盖坚果炒货、肉类零食、果干蜜饯、糕点饼干、果蔬零食、豆干小食、海味即食、糖巧果冻、膨化食品、进口类产品等10大核心品类，近1400个产品，产品来自全球20个国家和国内25个省市。倾力打造的原创3D动画《超级伊仔》，在各大平台播出后，迅速获得观众青睐，市场份额高达13.26%，领先许多国内经典动画IP。

截至2018年12月31日，公司共有连锁门店2697家，门店覆盖上海、江苏、浙江、北京、天津、安徽、江西、重庆、广东等全国20个省（自治区、直辖市），遍布全国百余个大中城市。同时，依托互联网、物联网、大数据等技术创新，打通全渠道商品支付、库存、会员等环节，来伊份形了线下连锁门店、特通渠道、线上电商以及自营APP等全渠道资源融合发展模式，满足以消费者为中心的个性化、场景化消费需求。

秉承“全球直采、世界甄选”的理念，来伊份创办进口品牌“亚米Youngme”，并于2018年亮相首届中国国际进口博览会，以“全球化视野”牢牢把握“Made for china”的中国经济发展脉搏。“亚米”专注进口休闲食品，品牌涉及九大品类近百款商品，主要来自澳大利亚、菲律宾、俄罗斯、日本、韩国、法国、英国等20多个国家和地区的一线品牌合作商，其中“一带一路”国家有6个，为消费者提供纯正的世界特色休闲食品，让世界美味能为中国而造。

中国品牌、世界制造、全球共享，来伊份秉承“建设家庭生活生态大平台，成为客户、家人幸福的加油站”的企业愿景，让中国的健康美食走向世界，让全球华人都能吃到家乡的味道，让国外友人能爱上中国的美食，让爱普照美食者心田。

全球直采 世界甄选

MADE FOR CHINA

univ
优宁维生物
www.univ-bio.com
抗体专家！免费查询服务！

上海优宁维生物科技股份有限公司

上海优宁维生物科技股份有限公司（简称：优宁维，官方网站www.univ-bio.com，4008-168-068） 是国内专业、全面的抗体供应商和抗体专家，专注于为生命科学、生物医药、医疗诊断、分析检测等领域科研工作者提供线下线上一站式抗体、抗体相关产品及实验技术外包服务。

2004年底公司成立于复旦科技园，总部位于上海，自有1600㎡总部办公大楼和2500㎡科研大楼。目前在全国有36个办事处，北至内蒙，南至海南，东至黑龙江，西到新疆，覆盖30多个城市。目前有300多名员工，80%拥有本科及以上学历，其中硕士博士占10%。2017年公司全新的抗体电商网站正式上线，为客户提供全方位的线上线下一站式抗体电商服务。2015~2017年，公司荣获上海市“专精特新”中小企业、上海名牌（服务类）和2017年度上海杨浦区双创小巨人等称号。

公司2010年创立爱必信自主品牌，2013年成立流式事业部，2014年成立科学仪器事业部，2015年创立LabEx实验室服务自主品牌，2015年成立免疫组化事业部和电商事业部。

目前我们提供60万种抗体、60万种生化试剂、100多万种试剂产品、科学仪器和抗体相关实验外包等服务。可从电脑端或移动端在网站平台和微信公众平台（优宁维抗体专家）快捷下单，享受更多网上会员服务。

LabEx科研大楼

物流中心

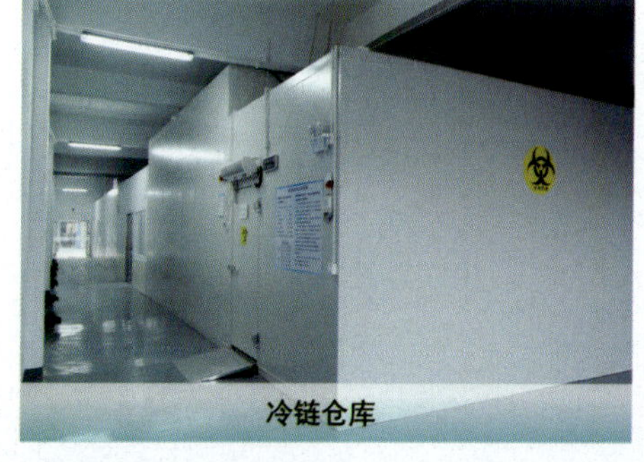
冷链仓库

关注福斯中国
微信公众号

高效的金属加工厂
Efficient metalworking
最节能的汽油机和
蒸汽涡轮机
Energy-optimized
gas and steam
turbines
沼气厂
Biogas plants
低能耗引擎和变速箱
Low-consumption
engines and gearboxes
环保的农林业
Environmentally
friendly forestry
and agriculture
风力场
Wind farms

Technology
that pays back

LUBRICANTS.
TECHNOLOGY.
PEOPLE.
FUCHS

德国福斯润滑油

福斯润滑油（中国）有限公司
上海市嘉定区南翔高科技园区嘉绣路888号
电话：+86 21 3912 2000
www.fuchs.com.cn

中铁二十四局集团有限公司

中铁二十四局集团有限公司现为中国铁建股份有限公司的全资子公司，成立于2004年3月16日，由原上海铁路局所属上海铁路建设（集团）有限公司、福建铁路建设（集团）有限公司和原南昌铁路局所属南昌铁路工程（集团）有限责任公司三家企业整合重组而成。企业注册资本金200000万元。

通新客运专线阿尔乡跨304国道特大桥

公司现拥有铁路工程施工总承包特级（含铁道行业甲（II）级资质）、建筑工程施工总承包特级（含建筑行业甲级资质）、市政公用工程施工总承包特级（含市政行业甲级资质），公路工程施工总承包特级（含公路行业甲级资质）、机电工程施工总承包壹级、电力工程施工总承包贰级、矿山工程施工总承包贰级、水利水电工程施工总承包叁级、通信工程施工总承包叁级、桥梁工程专业承包壹级、公路路基工程专业承包壹级、隧道工程专业承包壹级、铁路铺轨架梁工程专业承包壹级、防水防腐保温工程专业承包贰级、建筑装修装饰工程专业承包贰级、公路交通工程（公路安全设施工程）专业承包贰级、公路交通工程（公路机电工程）专业承包贰级、公路路面工程专业承包三级。同时，拥有对外援助成套项目总承包企业资格，测绘乙级资质。

龙里朵花河湿地公园

杭黄高铁

中铁二十四局集团本部设在上海市。下属的 11家全资子公司及4家分公司分布在安徽、江苏、浙江、福建、江西、上海等华东五省一市。集团公司积极参与了全国20多个省、自治区、直辖市的市政公用、房屋建筑、公路、水利水电、通信、电力、信号、电气化、桥梁、隧道和城市轨道交通等一大批大中型基础设施建设项目的施工，为加快地方城市基础设施建设作出了积极的贡献。先后荣获中国建筑工程鲁班奖、国家优质工程奖、中国土木工程詹天佑奖、中国市政工程金杯奖等20余项，省部级优质工程奖80余项，获得“全国优秀施工企业”、“全国质量管理先进企业”、“全国用户满意企业”、“全国守合同重信用企业”、“全国建筑业诚信企业”、全国“安康杯”竞赛优胜企业等国家、省部级荣誉60余项。

世界首个科幻主题乐园——贵阳“东方科幻谷”

公司高度重视新技术、新工艺的开发和应用，在长期的工程建设中积累了丰富的施工经验。在高速铁路施工、铁路既有线改造、大跨度桥梁建造、各类异型桥梁建设、铁路既有线下长大箱涵顶进、软土地基处理、长大隧道、通信、电力、信号、电气化、高速公路、高层建筑和城市轨道交通等施工领域形成了自己的特色，具有强大而雄厚的施工能力，年施工能力达300亿元以上，荣获了一批省部级科技进步奖，编制了一批国家级、省部级工法，申领了一批国家专利，创造了一批“中国企业新纪录”。

“信守承诺、奉献精品、追求卓越”是我们的优良传统和不懈追求。中铁二十四局集团有限公司愿与社会各界精诚合作，共谋发展，共创和谐，共迎美好明天！

极配正品

G-PART.CN

做中国汽配服务
第一品牌

极配电子商务有限公司（以下简称“极配”）成立于2014年，是华胜集团（1998年成立）重组上海隆丰（1984年成立）承接其供应链资源而成立的全国大型高端汽配流通服务企业。

极配共代理全球50多个国际一线汽车零部件品牌，是奔驰、宝马、奥迪、大众品牌配件的一级经销商。已在全国20多个省市设立了近40个专业仓储配送网点，服务及配送范围覆盖全国。

极配以“做中国汽配服务第一品牌”为企业愿景，践行“不卖假件”的承诺、“正心　正品”为价值观的发展理念，着力于全面建设汽配流通商务平台，致力于为修理厂提供整体解决方案。

成立至今，极配营业收入快速增长，预计到2019年，极配营业收入将超过20亿元。

普洛斯
GLP

临港普洛斯国际物流园区

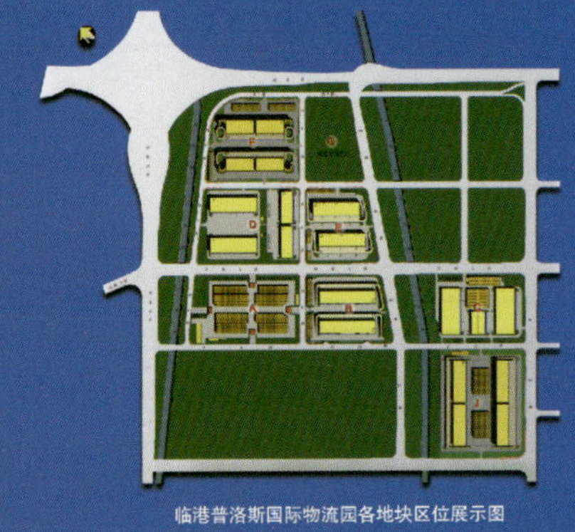

临港普洛斯国际物流园各地块区位展示图

定位与优势

- 由普洛斯和上海临港集团所共同投资与开发
- 上海临港产业区内唯一的公共物流设施平台；
  依托洋山自由贸易区，紧邻浦东国际空港，辐射长三角
- 保税与非保税相配套；　国内配送和国际配送相结合

大体量现代化通用物流设施

- 总物业面积超过90万平方米
- 2,000㎡~5,000㎡的单元面积方便客户自由组合
- 7.5m~9m仓库净高，便于安装各类货架
- 既有方便货物进出的双面开门仓库，也有适合汽配、服装物流的单边开门仓库
- 3%的屋顶自然采光，高效节能
- 园区CCTV监控，协助客户安全管理
- 下沉式地下助动车停车库，有效管理园区交通
- 9m宽自动升降卷帘门，6m宽月台，9m宽雨棚，高效配合客户24/7全时作业

客户业务类型

- 海运集拼进出口
- 服装进出口加工
- 电子商务国内配送
- 汽车零部件
- 生产物料管理
- 大宗货物贸易

优越的地理位置

- 位于上海东南角的临港产业区内
- 距洋山深水港32公里
- 距浦东国际机场37公里
- 距上海市中心75公里
- 距虹桥机场80公里
- 毗邻铁路中心站、沪芦高速、两港大道等发达的交通网络

绿地商贸集团，是世界500强和全球领先的跨国综合性企业集团——绿地集团（600606.SH）旗下的核心成员企业。公司以协同绿地集团主业为目标，以消费升级和市场需求为导向，提升海外商品上游采购优势，打造进口贸易、消费零售、商贸物流、商业运营、电子消费全产业链发展、平台化扩张。公司致力于成为中国商贸流通行业的大型龙头企业集团、海外优质进口商品全经营业态的领军企业以及绿地的又一重要增长板块。

进口贸易快速发展。为全方位对接首届中国国际进口博览会，2018年，公司在上海青浦高标准建设全品类、全渠道、常态化的进口商品展示交易服务平台——“绿地全球商品贸易港”，全面打造集商品交易、企业总部、智慧物流等功能的40万平方米产业主体平台和一个交易规模上千亿的线上贸易平台，并以绿地全球商品贸易港为核心，加快大商贸产业平台建设，放大进口贸易规模，承接全球企业贸易需求。为更好掌握产业链上游资源，公司同步切入进口商品贸易流通领域，通过上下游渠道整合，建立形成具有绿地平台特色的低风险、高效率、轻资产贸易模式，通过收购具有一定上下游资源的中小型贸易企业，丰富自营商品品类及分销渠道。凭借绿地品牌在海内外的影响力，公司与国外政府机构、行业协会、驻沪领馆及商会深入合作，积极拓展高性价比上游商品资源。

消费零售布局全国。公司牢牢把握扩大进口及国内消费升级机遇，通过“自产+直采+直销”模式构筑零售全产业链布局。全力打造的进口商品实体零售业态——G-Super绿地全球商品直销中心现已进入北京、上海、南京、杭州、郑州、长沙、成都、重庆、西安、济南、南昌等全国18座一、二线城市，全国门店数达到65家，推出“绿地鲸选”小程序（微信）和新零售业态“吃喝研究所”，提升全渠道消费体验。G-Super为消费者精选8000余种优质商品，门店进口商品占比达到90%，生鲜商品占比达到45%。同时，借助绿地平台实力及海外资源配置优势，公司快速搭建覆盖300余种商品的进口直采网络，持续为中国消费者带来安全、健康、新鲜、高性价比的进口商品。

商贸物流加速全国开拓。公司在近年来充分发挥消费零售及进口贸易的产业附加优势，围绕自有产业全国化布局，规划落地区域零售运营中心及物流贸易总部基地，在提升零售供应链运营能级的同时，进一步助力区域产业升级。目前，公司已在武汉、苏州、嘉兴等地成功拓展物流及工业用地项目，并在北京、天津、郑州、芜湖、常州等地获得上千亩土地储备项目。

商业运营成熟运作。凭借在商业地产领域丰富的操盘经验，公司目前运营及筹建项目达到8座，倾力打造的新一代品牌体验式购物中心——“绿地缤纷城”相继在北京、上海、武汉、西安、南昌等重点一二线城市亮相。近年来，公司持续完善品牌定位、提升运营质量、引入创新业态、丰富体验元素，有效推动客流及效益提升，多个项目历经打磨已在业内积累了较高的知名度和影响力。已开业项目如北京大兴绿地缤纷城、北京房山绿地缤纷城、南昌绿地缤纷城、上海黄浦绿地缤纷城、上海徐汇绿地缤纷城均成为区域商业发展的新标杆及城市新生活的体验场。

除进口商品零售外，消费电子也是绿地零售产业的重要部分。公司目前持有苹果、微软、华为、索尼、戴尔等主流厂商电子产品销售代理权，在华东地区开设二十余家门店，在苏州开业全球首家微软全产品旗舰店，并创新落地消费电子体验业态“创世集”品牌。

上海跨境电子商务公共服务有限公司

上海跨境电子商务公共服务有限公司（以下简称“跨境公服”）于2016年2月注册成立。根据《上海市人民政府办公厅关于印发<中国（上海）跨境电子商务综合试验区实施方案>的通知》（沪府办发〔2016〕23号），跨境公服建设和运营上海跨境电子商务公共服务平台（以下简称“平台”）。

平台是公益性的跨境电子商务一站式公共服务平台，承担数据交互与监管服务功能。跨境公服依托上海电子口岸平台的技术保障，为进出口电商和支付、物流、仓储等企业提供数据交换服务，为海关、税务、外管等部门提供信息共享平台，实现“一次申报、一次查验、一次放行”，提高口岸监管便利化程度，简化企业申报办理流程，建立公平、开放、透明、高效的对接服务机制。同时，跨境公服充分运用平台的集成数据，健全统计监测体系，完善风险防范机制，建立跨境电子商务企业信用数据库，为上海跨境电子商务持续健康发展提供有力支撑。

跨境公服致力于打造公平、开放、高效、阳光的跨境电子商务公共服务平台，持续优化平台功能，提升服务能级，提高服务效率，以更好地满足上海跨境电子商务高质量发展要求和企业发展需求，推动上海跨境电商产业规模化、标准化、集群化发展。

平台定位

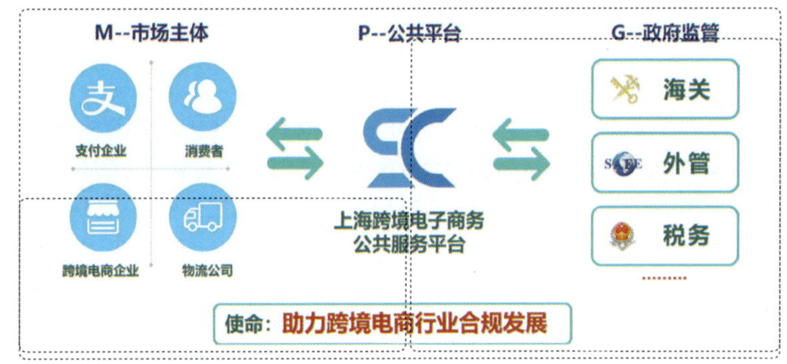

平台功能

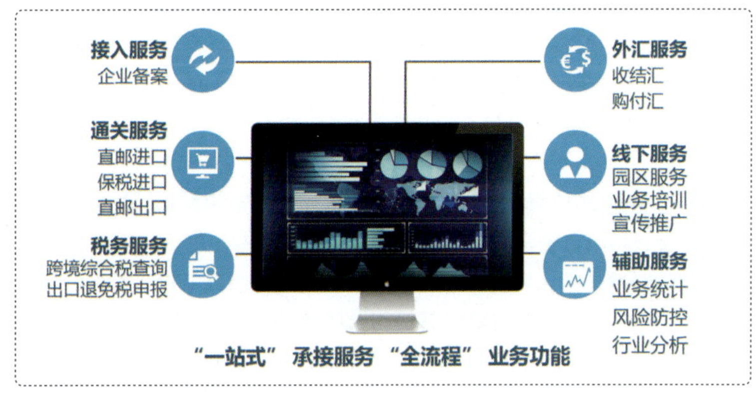

入驻企业

▶截至2019年5月年底，平台入驻企业总量1569家。

企业荣誉

中国平安 PING AN

金融·科技

公司概况

平安养老保险股份有限公司

平安养老保险股份有限公司(以下简称平安养老险)是平安集团子公司,2004年12月在上海成立, 是国内首家专业养老险公司。2006年与平安人寿团体保险重组,主要经营以年金为主的养老资产管理,以企业员工福利保障和城乡居民大病保障为主的保险业务,具备企业年金、职业年金、基本养老金、第三方资管、基础设施和不动产投资等资质。公司自主研发的一站式企业全福利综合金融服务平台——"好福利",为企业提供集保险、年金、健康、年节等于一体的一站式企业全福利解决方案。公司拥有遍布全国的服务网络和优秀的专业团队,设立35家分公司,百余家中心支公司。截至2018年末,公司注册资本48.6亿元,公司员工总数10300余人,拥有投资人员、年金产品经理250余人,精算、保险两核人员360余人,运营及客服人员1900余人,IT开发人员320余人。

自2006年重组以来,公司业务规模不断扩大,经营绩效持续提升。2010年,平安养老险成为业内首家盈利的养老险公司,并持续盈利。凭借综合实力、行业优势,公司当选中国保险行业协会常务理事兼养老保险专业委员会主任单位,并获评"亚洲最佳养老险公司"。如今,公司已跨入大公司行列,成为行业领军公司。

2018年,平安养老险短期险和长期险业务(含税延)规模分别为215.00亿元和100.72亿元,市场份额均居行业前列。截至2018年12月31日,公司管理的企业年金受托资产、投资资产及其他委托管理资产共计6101.49亿元,其中,企业年金受托资产2364.62亿元,企业年金投资资产2065.28亿元,养老保障及其他委托管理资产1671.59亿元,在国内专业养老保险公司中保持前列。

截至2018年末,平安养老险累计为236万团体客户提供了企业年金及保险服务,正在为43万团体客户、1.96亿个人客户提供年金、保险、资管及医保服务。

放眼未来,平安养老险将以"专业的养老资产管理机构"和"专业的民生福利保障供应商"为目标,继续肩负服务民生保障的重任,坚持创新、协调、绿色、开放、共享的发展理念,将更加聚焦民生服务事业并支持养老健康产业发展,解决好老百姓"老有所养、病有所医、贫有所助"的民生问题,为全面建成小康社会作出更大的贡献。

平安养老保险股份有限公司上海分公司

平安养老保险股份有限公司上海分公司(以下简称平安养老险上海分公司),分公司自2006年重组以来,紧紧抓住了平安养老险成立快速发展、做大做强的历史机遇,精耕细作,迎难而上,经过十一年的发展,在平安养老险系统内综合贡献排名第一。2018年平安养老险上海分公司实现短险再创新高,保费规模28.7亿,同比增长9.4%,市场份额42.3%。

作为市场上首批同时拥有受托、投资、帐管三项资格的专业养老险公司,平安养老险上海分公司凭借平安养老险强大的专业能力和集团强大的后台IT系统,为上海地区广大客户提供"三位一体"的年金服务。在2019年上海市机关事业单位职业年金计划受托人评选中,平安养老险脱颖而出,成功中标。

同时,作为企业保险福利的供应商,平安养老险上海分公司全面关注员工健康,协助企业完善员工福利体系,十几年间为众多行业知名企业提供优质保险服务,受到广大客户的普遍认可。

平安养老险上海分公司是首批承办上海市职工医保个人账户资金自愿购买商业医疗保险的保险公司之一。而且顺利搭建了医保个账业务全线上的运营平台,投保、保全、理赔、续保全面覆盖,系统在行业内领先。截止2018年末,平安养老险上海分公司全年承保上海市场个账产品单数为119771单,占比57.96%,承保保费5778.64万元,占比57.66%。

CYG长园

上海长园电子材料有限公司

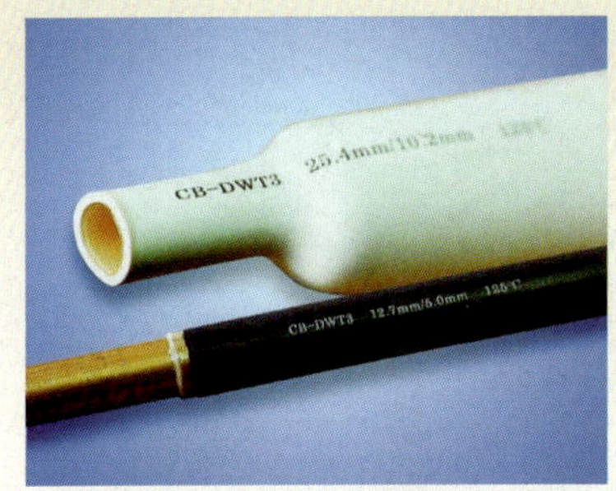

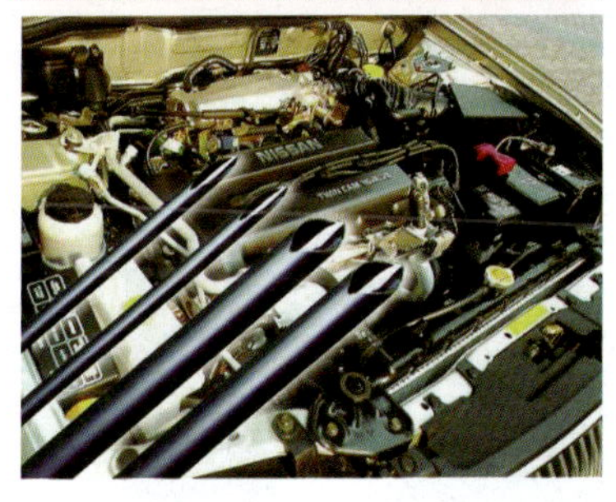

上海长园电子材料有限公司是一家专业研发生产热收缩套管的上海高新技术企业，是国内最大的热缩材料研发与制造厂家。2000年7月注册于上海蓝天经济城，2001年1月，正式投入生产。上海长园电子现有资产2亿多元,占地面积37000平方米,建筑使用面积为48000平方米，年生产能力达六亿米。公司现有员工494人,其中大专以上学历人数为175人，其中工程技术人员98人。上海长园电子先后通过了ISO9001、IATF16949、ISO14001等质量管理体系认证,公司产品品种规格齐全、品质优良,通过了UL、CSA、SONY、SGS等认证,是行业中的知名品牌。

公司建立有知识产权管理体系，截至2018年10月20日，公司共申请专利224件。其中，发明专利119件，实用新型105件。公司拥有授权发明专利23件，实用新型专利88件。公司持有GB/T 29490“知识产权管理体系”证书；2014年，公司被评为“上海市专利工作试点企业,2017年，公司被评为“上海市专利工作示范企业”。公司始终坚持“遵纪守法、预防污染、持续改进，创造人与自然和谐的环境”的环境方针和“预防为主，第一次就把工作做好，持续改进，为顾客提供安全、可靠、方便的产品和满意的服务”的质量方针，本着“对股东负责、对客户负责、对员工负责，对社会负责”的经营理念。上海长园自2000年成立以来取得了良好的经营业绩，员工队伍从2000年的13人发展到现在的近500人，销售收入从2000年350万增长到2018年的3.2亿。业务市场从国内拓展到海外，目前客户遍布亚洲、欧洲、美洲、非洲共100多个国家。

公司先后被评为“上海市科技小巨人培育企业”、上海市“先进企业”、上海市“文明单位”、上海市“模范职工之家”、上海市守合同重信用企业、嘉定区“先进民营企业”、嘉定区“五好党组织”，并连续五届被评为嘉定区“文明单位”、连续多年被评为上海市“先进集体”，共组织员工无偿献血17次。公司已被评为“国家火炬计划重点高新技术企业”、“上海市高新技术企业”、“上海市科技小巨人培育企业”、“安全生产标准化二级企业”、“上海市专利工作试点企业”、“上海市专利工作示范企业”、上海市“先进企业”、上海市“文明单位”、上海市“守合同重信用企业”、“嘉定区专利工作示范企业”、上海市“模范职工之家”、嘉定区“先进民营企业”、嘉定区“五好党组织”，并连续四年被评为“嘉定区小巨人企业”、连续六年被评为嘉定区“文明单位”、连续十年被评为“ 上海蓝天经济城经济发展一等奖”等。

FOR ANIMALS. FOR HEALTH. FOR YOU.

zoetis

硕腾 作为一家全球领先的动物保健公司，致力于为客户及其业务提供最有力的支持。秉承60年的行业经验，硕腾为用户提供优质的兽药和疫苗、业务支持和技术培训。我们始终不懈努力，并帮助饲养和关爱动物的人们，为他们解决所面临的各种挑战。

地址：上海市奉贤区南桥镇宏伟路24号
电话：67190580　67190706

2016年12月，上海奉贤经济发展有限公司（以下简称公司）由上海市奉贤区供销合作总社、上海奉贤工业总公司、奉贤区粮油总公司三家企业合并组建而成，并负责这三家公司（社）经营管理业务的拓展。公司秉承“服务城市发展、服务百姓生活”的理念，现有全资企业20家，控、参股企业17家，注册资本3亿元，总资产24.27亿元，净资产11.71亿元，资产面积40万平方米，土地面积72万平方米。

以资产经营为基础，提升发展能级。结合存量资产招商，注重“租金”“税金”联动发展。结合上海城市更新和奉贤特色小镇建设，以规划为引领，以市镇、社区、街道为单位进行资产改造，扩大优质资产覆盖面，积极参与“生活驿站”建设，探索打造社区中小商业综合体。运用信息化手段，提升资产出租经营水平。运营管理9.6万平方米上海市工业综合开发区乐活青年社区轻资产项目，深化合作，寻求共赢，实施无边界经营。2018年，公司资产经营收入近亿元。

以招商引资为关键，做大发展总量。围绕奉贤东方美谷建设，积极发展医疗器械、文化创意、食品流通专业园区。公司驻上海招商服务中心正式运行。打造的公司医疗器械产业园现有10幢厂房，税收近亿元。“奉工源”文创园成为第一批区级文创园，现已开工建设。食品流通产业园已完成样板房装修工作。以东方美谷园中园建设为机遇，改造建设供销经济园区东方美谷园中园，组建专业团队，开展专业园区招商。公司赴北京、深圳、石家庄召开招商推介会，积极引入龙头企业和“金凤凰”。2018年，公司商贸型税收8.34亿元，同比增长32.38%；新增有效纳税户1749户，同比增长19.52%。

以为民服务为宗旨，推进乡村振兴。以粮油购销公司为龙头，2018年秋粮收购达7.6万吨，创20年来历史新高。8万吨奉城新粮库建设项目去年底开工建设。保障军粮供应，做好“双拥”工作。“全国诚信市场”南桥集贸市场加强标准化、智慧菜场建设，彰显公办菜场的公益性、引领性和示范性。完善农资经营管理体制。参与“两网融合”实施工作，全面参与垃圾分类新时尚产业，率先在南桥镇建立回收点36家。做好农业专业合作社蜜梨、黄桃等优质农产品的销售。深化推进贵州、青海对口帮扶工作，加快筹建帮扶地区农产品在沪销售平台工作，销售贵州遵义地区农产品近500万元。

以多元发展为突破，增强发展后劲。鼓励产权经纪融入上海产权联交所服务体系，典当、拍卖等走出奉贤，到更大、更广阔的市场搏击。加大对投资参股企业的监管力度，不断提高经营效益。积极探索对商业资产收购及股权的投入，确保国有资产的保值增值。重视“鼎丰”等老字号品牌保护和企业发展。2018年，公司系统共申请专利20多项，2家公司获得中国轻工业百强企业称号，2家公司分别获得上海市优秀发明金奖提名和银奖。

以国企党建为引领，强化发展保障。公司党委发挥领导核心和政治核心作用，切实做到把方向、管大局、保落实。坚持改革创新，开展作风建设和大调研工作，走访调研基层企业。强化工匠精神，重视企业文化建设，沉淀公司的特色文化。

站在新的起点，上海奉贤经济发展有限公司将传承光荣传统，抓住时代契机，积极开拓进取，重铸企业辉煌，为区域经济社会发展作出新贡献。

浦发银行小微金融业务发展介绍

小微企业是国民经济的生力军，在支持经济增长，缓解就业压力，改善经济结构上发挥着重要的作用。早在建行之初，浦发银行就高度重视小微金融服务，将支持小微企业发展定位成一项长期的战略性事业。

2005年6月，浦发银行设立中小客户部专司中小微金融业务；2009年9月，经过中国银监会批准，浦发银行“中小企业业务经营中心”挂牌成立，该机构是上海市场上最早设立的中小企业专营机构，实现了浦发银行中小企业业务管理的专业化和独立化；2012年12月，浦发银行再次明确将中小微业务作为全行五大重点战略突破领域之一；2014年2月，浦发银行在战略上更加专注于小微金融服务，将小微企业业务与个人经营性贷款业务整合，建立小企业金融服务中心，从管理架构、产品模式、审批流程、考核政策等方面进行了融合，服务对象进一步下沉，明确了以小微企业和个人经营者为浦发银行小微金融的重点服务对象，体现了浦发银行支持小微、真正服务实体经济的决心和力度。

金融服务创新方面，自2009年起，秉承“笃守诚信、创造卓越”的经营理念，浦发银行积极探索金融创新，以专营机构为载体，以解决中小企业融资难问题为宗旨，积极打造“科技金融”品牌，奠定了浦发银行在科技型中小企业领域的领先地位；2012年初，浦发银行再推创举，针对小微企业推出“五宝一厂”体系，包括投贷宝、银元宝、银通宝、银链宝、微小宝五大专属系列产品及信贷工厂专门业务系统；2014年，机构整合后，浦发银行在原有开发模式的基础上，进一步创新升级，结合电商金融、互联网融资的发展趋势，全新推出了“银商宝”（替代原“银通宝”）、“银链宝”、“银元宝”三类实体批量开发方案，以及“电商通”和“网贷通”两类线上批量平台，形成了具有浦发小微特色的“三宝两通”批量开发模式。在搭建批量模式的基础上，浦发银行小微特色产品持续丰富，对于高成长型小微客户，建立“千人千户”培育计划，提供定制化金融服务；对于小微集群客户，通过“三宝两通”业务模式，提供批量化金融服务；对于小微一般客户，则通过“4+1”小微金融特色产品体系提供标准化金融服务，浦发银行小微金融产品借款主体涵盖了小微企业或者企业主、主要经营者等个人，更贴合小微企业以及企业主的经营特点和实际需求。

浦发银行小微金融一贯秉持“积小善而臻大成”的经营理念，积极探索小微金融创新。未来浦发银行将结合移动金融的领先优势和互联网融资的发展趋势，继续保持对小微金融的全心投入，时刻活跃在服务小微实体经济的第一线。

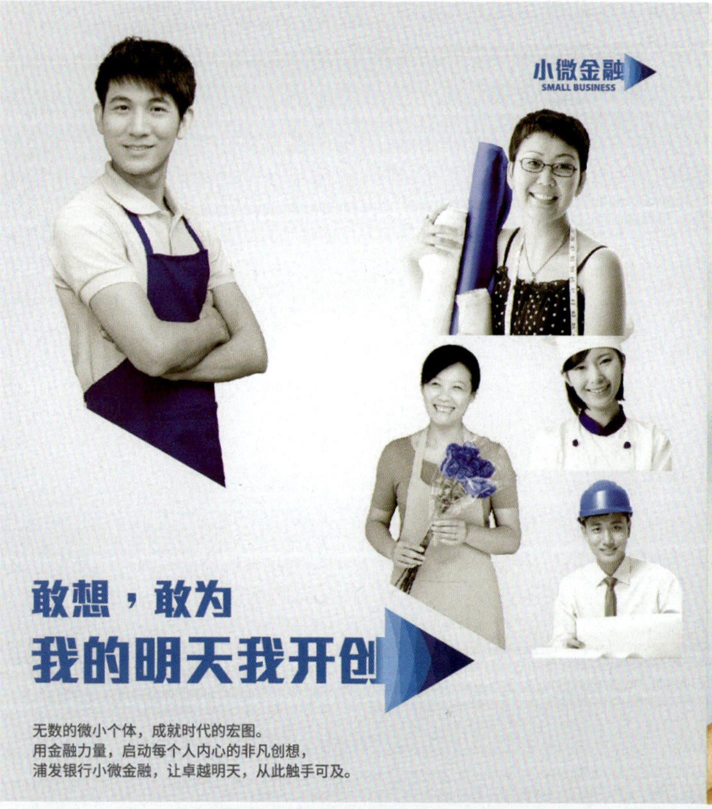

小微金融 SMALL BUSINESS

敢想，敢为

我的明天我开创

无数的微小个体，成就时代的宏图。
用金融力量，启动每个人内心的非凡创想，
浦发银行小微金融，让卓越明天，从此触手可及。

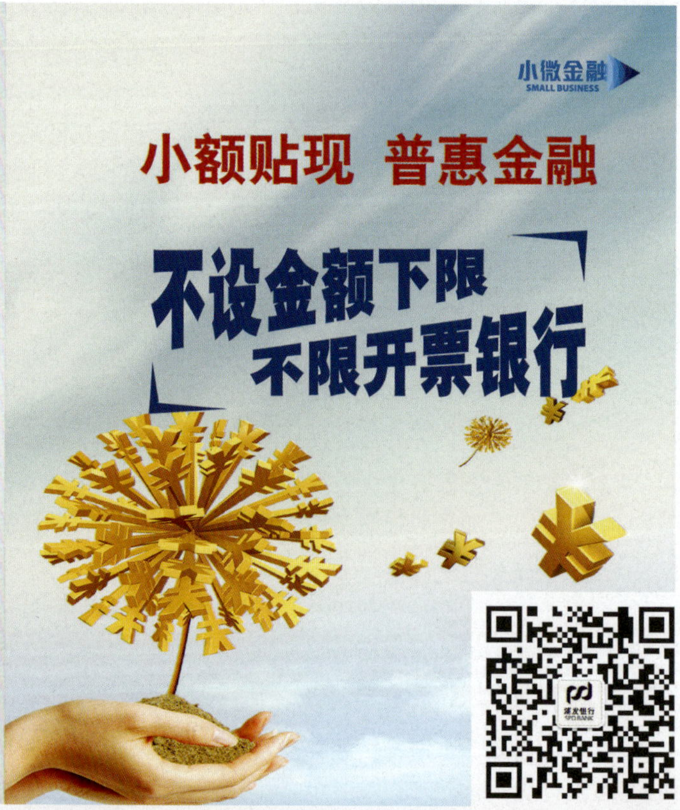

小微金融 SMALL BUSINESS

小额贴现 普惠金融

不设金额下限
不限开票银行

新思维 心服务

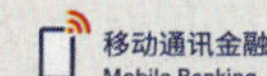

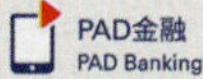

客户服务热线 95528
spdb.com.cn

致力打造
为智能制造系统集成商和方案解决商

上海航天壹亘智能科技有限公司是上海航天八院下属的混合所有制公司。公司依托于航天平台优势，紧抓客户需求，定制高端产品，通过大量试验，以及技术积累与沉淀，现已掌握机床核心部件的关键技术，并结合自主研发的传感器、芯片及物联网等技术，致力将公司打造为智能制造系统集成商和方案解决商。

公司目前研发的主要产品包含高端五轴数控加工设备及核心部件、增-减材复合制造一体机、智能生产线、智能终端及智能制造系统平台等系列产品，同时兼备智能设计、智能管理、智能应用、智能物流等业务能力。以个性化定制对接海量用户，以智能制造满足更广阔市场需求，产品和服务广泛覆盖航天航空、船舶等装备制造行业。

公司自主研制的SMU系列五轴联动万能铣床，采用对称温度结构以及对称机械结构，具有刚性好、抗扭强度高、热稳定性好、精度高等特点具，配置丰富，可根据实际需求进行选配，该系列机型设有刚性工作台和回转工作台选项。

SMU系列五轴联动万能铣床

刚 性 好　抗扭强度高　热稳定性好　精 度 高

上海安吉星信息服务有限公司
Shanghai OnStar Telematics Co., Ltd.

吉星呵护 一路随行

上海安吉星信息服务有限公司成立于2009年10月28日，由通用汽车、上汽集团和上汽通用共同出资组建。安吉星为上汽通用在华制造、生产和销售的系列车型提供全方位车载信息服务。目前，OnStar安吉星在中国地区活跃用户数量近100万，6年多已经累计为用户提供了约2亿次客户交互服务，获得了消费者的广泛好评。

安吉星小O手机应用

安吉星用户可直接通过自助语音系统进行目的地查询、违章查询、安吉星服务查询和远程遥控操作，还可以跟小O互动吐槽，为服务提供意见反馈。

安吉星车载4G LTE

安吉星车载4G LTE首创车载Wi-Fi热点（Car-Fi），可支持多达7台设备同时接入，网络覆盖面积达700平方米，为车主提供高速、稳定、安全、便捷的无线网络环境。

安吉星专席管家服务提供滴滴代驾、高尔夫预订、机票酒店预订、商旅租车、异地酒店租车，以及当地特色商旅路线等服务项目，更为凯迪拉克车主推出季节限定特惠礼遇，畅享经典度假线路。

安吉星凯迪拉克专席管家服务

专席服务再度升级

商旅度假尊崇相伴

商旅租车服务 • 专业度假服务 • 季节限定度假产品礼遇

安吉星微信服务号二维码

安吉星手机应用二维码

安吉星微信订阅号二维码

欲了解更多安吉星服务，敬请登录www.onstar.com.cn，请关注安吉星官方微信订阅号和微信服务号描安吉星手机应用二维码进行服务体验。

上海超硅半导体有限公司

上海超硅半导体有限公司成立于2008年7月，位于上海市松江区双金公路258弄158号，注册资本约10.11亿元，法人代表、董事长和总经理为陈猛博士。2018年，公司积极发挥自身优势，追求创新、锐意进取，成绩卓越：

300mm中试生产线全面建成，产品通过多家认证。第七批上海市战略性新兴产业重大项目——中试规模集成电路用300mm硅片生产线全面建成投产。产品在TSMC，HJTC，CSMC，SMIC等多家客户通过测试认证，效果良好，具备技术推广能力，为建立我国300mm硅片规模化生产线打下坚实的基础。

产业核心技术装备取得实质性重大突破，获得用户使用认可。公司完成产业核心技术装备——集成电路级单晶硅生长炉的设备制造和系统集成，在用户使用中生长出集成电路用无缺陷200mm/300mm/450mm单晶硅晶锭，性能稳定可靠。此项目成功突破国内集成电路产业化发展的瓶颈，获得上海市高端智能装备首台（套）突破和示范应用专项（首台突破）资金扶持。

300毫米集成电路级硅片全自动智能化量产生产线破土动工。2018年7月31日，在上海市委、市政府，云南省委、省政府的支持下，“300毫米全自动智能化生产线项目”在松江经济技术开发区举行了开工奠基仪式。十九届中央候补委员、中国科学院院士、科学技术部副部长、中国科协副主席、中国科学院上海微系统与信息技术研究所所长王曦，区委书记，副区长，上海农商银行，云南城投集团等相关领导出席奠基仪式并做重要指示。此项目是上海G60科创走廊百亿级先进制造业的重大项目，建成后将形成年产360万片300mm抛光片和外延片以及12万片450mm抛光片生产能力，对于上海构建完整的集成电路产业链具有重要的战略性意义。

创新体系持续升级，专有技术日臻完善，获科创成果奖。2018年公司新增授权及受理专利19项，其中发明专利授权1项，受理8项。累积拥有各项知识产权110项，涵盖公司全工艺流程，专有技术日臻完善。为表彰公司在G60科创走廊建设中做出的突出贡献，被松江区委、区政府授予“重大科创成果奖”及“领军科创项目奖”。

广告

你的未来
我们一起创造

我们的创新解决方案
让城市高效节能，
让空气更加洁净，
让电动交通获得持久动力。
在巴斯夫，科学让我们乐见未来。

探索巴斯夫的创新故事，
wecreatechemistry.com

BASF
We create chemistry

上海古林国际印务有限公司

上海古林国际印务有限公司创建于一九九四年七月，是由日本古林纸工株式会社和上海包装造纸＜集团＞有限公司合资组建的综合性包装企业。

本公司注册地址：上海市闸北区陈家宅路56号，注册资金1000万美元。其中日方占股份60%，中方占股份40%。本公司充分发挥日本印刷包装界先进技术及经营管理方式，在日本古林纸工株式会社八十余年来制造纸容器的丰厚经验和独特技术的基础上，将款式设计、生产技术、质量管理、售前售后服务融合一体，形成了可迅速满足客户的产销体制，赢得了众多著名制药公司（世界500强制药公司）和化妆品公司的信赖，并成为他们最重要的供应商。

由于本公司不断采用创新工艺技术，采用BACD、折光、荧光、线条等多种综合一体的高科技防伪印刷手段的产品，已达到世界包装行业先进水平行列。

本公司坚持奉行以包装奉献社会的经营理念和“让客户更满意”的方针，1991年和2004年率先在全行业中荣获ISO9001质量管理体系和ISO14001环境管理体系认证。

上海新世界集团假日酒店管理有限公司主营宾馆酒店业务，现有直营酒店11家。目前拥有“海上星喔”和“海上小喔”两大自主品牌。2015年，公司被上海市旅游局、上海市质量技术监督局定为“上海市级旅游标准化示范单位”；2016年，公司总经理刘智勤荣获黄浦区首届区长质量奖（个人）；2018年，被中国智慧酒店联盟选举为常务理事单位、中国智慧酒店标准化示范单位，并获评为“上海市首家机器人酒店。

自2016年开始，我公司开始布局传统酒店向智慧型酒店转型，其中海上星喔吴宫大酒店部分楼层及海上小喔陆家嘴店已完成转型。在我们的酒店里，您可以通过自助机器人刷脸入住；在客房内呼吸到近似于手术室的洁净空气，水净化设备和紫外线消毒功能的智能座便器让您使用更安心；布草和水杯内的智能芯片，让您可以随时掌握客房内客用品的清洗更换情况；入夜后防蚊防虫抑菌的乳胶床垫、隔音和防漏光兼备的房门封尘条及自动调节室内温度的多种智能睡眠模式，让您有更高质量的睡眠；您不仅可以与AI音箱聊天查询各种当地生活资讯，还能通过它对客房内所有的电器下达指令；全高清的数字频道，可足不出户看大片；通过我们购物平台购买的伴手礼，都会由我们的智能送物机器人为您送至客房。

公司旨在以互联网和智能设备为基础，与物联网相结合，以更精细的人工服务，让宾客不仅仅是简单地住宿酒店，而是遇见未来的生活方式。

公司官网：http://www.nwhotel.cn　　订房热线：400-066-1535　　微信公众号：nwholiday

上海金菲石油化工有限公司

一流的技术，先进的工艺，优质的产品，出色的服务

上海金菲石油化工有限公司成立于1995年12月，是上海石油化工股份有限公司与美国Chevron Phillips Chemical Company LLP（简称CPChem）组建的合资企业，公司位于上海市金山区卫三路99号，厂区占地10.6公顷，总投资为13,591万美元。2018年10月外方股权转让后，金菲公司成为上海石化投资发展有限公司的全资子公司，注册资本4.15亿元人民币。

公司设计年产10万吨全密度聚乙烯。采用美国CPChem的环管淤浆法技术，生产工艺运行过程应用DCS系统（Honeywell TDC 3000）进行监视与控制，主要工艺参数采用APCS（先进过程控制系统）进行控制，产品各项质量性能指标稳定。

公司主要有中空吹塑、挤出管材、薄膜和通信电缆绝缘料四大系列产品。产品的共同性状为无毒、无味、无臭的半透明状本色扁圆颗粒或粉状颗粒，具有良好的耐热性、耐寒性、加工稳定性、化学稳定性，以及优良的刚性、韧性和耐环境应力开裂性。其中，挤出管材类产品TR-480AT通过了国家PE80认证。公司产品采用“中石化”商标，并获得了全国产品与服务统一代码（NPC）的赋码；公司也获得了上海塑料行业名优品牌企业的称号。公司产品符合《食品安全国家标准 食品接触用塑料树脂》（GB 4806.6）。

公司以“一流的技术，先进的工艺，优质的产品，出色的服务”为质量方针，以“提供质量可靠的产品和一流的技术服务”为质量承诺，来满足广大客户的需求。

公司已通过GB/T19001-2016/ISO9001:2015质量管理体系、GB/T28001-2011/OHSAS18001:2007职业健康安全管理体系、GB/T24001-2016/ISO14001:2015环境管理体系及Q/SHS0001.1-2001中国石化安全、环境与健康（HSE）管理体系的认证。

公司是上海市外商投资先进技术企业，并且连续8年荣获上海工业企业销售收入排名前500强。

遠東集團
FAR EASTERN GROUP

远东企业集团由纺织崛起，历经半个世纪以来持续的投资扩展，遂行产业垂直与水平的整合，目前集团经营领域已涵盖了石化能源、聚酯化纤、水泥建材、百货零售、金融服务、海陆运输、通讯网路、营造建筑、观光旅馆、社会公益等十余项行业，资产总额超过人民币5300亿（823亿美元），2018年营业金额超过人民币1600亿（243亿美元)，共有九家上市公司，股东人数51万人。

远东集团旗下的远东SOGO百货和远东百货占据中国台湾百货零售业的三甲的两席，是中国台湾盈利能力最强的百货零售公司。远东集团在内地百货业的拓展将以远东百货和上海太平洋百货两个零售百货品牌实施双品牌策略。目前大陆地区拥有5家百货公司，分别在上海、重庆、大连。

上海太平洋百货 徐汇店

上海太平洋百货 不夜城店

重庆远东百货 江北店

重庆远东百货 大都会店

大连 MID TOWN

YEARBOOK PROGRESS

《上海商贸年鉴》（简称年鉴）是一部大型的上海商贸专业工具书，由上海商贸年鉴编纂委员会负责组织编纂。其主要任务是全面收集上海每一年的商贸发展情况及资料信息，并编辑整理，汇集成册。

《年鉴》的前身为《上海对外经济贸易年鉴》，创刊于1995年，每年编纂出版1卷，其中包含《上海商务年鉴》7卷。2016年改名为《上海商贸年鉴》。

《年鉴》在国内外具有一定影响力。自创刊至2018年，有8517篇图文被中国知网收录，供广大读者查阅和下载。

《年鉴》充分反映上海商贸新的特色以及商贸系统在“创新驱动、转型发展”中出现的新成果和新经验。全书约70万字，收集图照150余幅，国内外公开发行。回顾年鉴历程，展望未来，我们将始终以展示上海商贸的崭新风貌为己任，更好地为广大读者服务。

《上海商贸年鉴》编纂委员会

途昂X 强者卓行
旗舰豪华运动型SUV

2年0利率

6500元保险补贴

突破规则定义，超越想象边界！
途昂X集豪华运动科技于一身，
动感溜背车身，搭配豪华碳纤维套件；
DCC自适应动态悬架，可根据路况瞬时改变悬架，实现全路况行驶；
9.2英寸Glass Design全触控面板带手势控制功能，
可轻松完成在线导航等操作。

车之道,为大众

上汽大众
SAIC VOLKSWAGEN

Teramont X
— 途昂X —

☏400-820-1111